러시아,
위대한 강대국 재현을 향한 여정

Russia on the Path toward Reemerging as a Great Power

편저자 기 연 수

한국외국어대학교 출판부

❖ 국립중앙도서관 출판시도서목록(CIP) ❖

러시아, 위대한 강대국 재현을 향한 여정 / 편저자: 기연수. -- 서울 : 한국외국어대학교출판부, 2009
p. ; cm

색인수록
ISBN 978-89-7464-531-1 93300 : ₩25000

러시아(국명)[Russia]

929.08-KDC4
947.086-DDC21 CIP2009000962

이 도서의 국립중앙도서관 출판시도서목록(CIP)은 e-CIP 홈페이지(http://www.nl.go.kr/ecip)에서 이용하실 수 있습니다.(CIP제어번호: CIP2009000962)

Russia on the Path toward Reemerging as a Great Power

Россия – путь к возрождению великой державы

Edited by
Yun Soo KEE

HUFS PRESS
Seoul, Korea
2009

머리말

물론 크레믈린이 아니고 '백악관(白堊館, White House, Белый Дом)'이 워싱턴뿐만 아니라 모스크바에도 있다는 사실, 그리고 오늘날 모스크바 백악관의 주인이 워싱턴 백악관의 주인보다도 훨씬 더 집중된 권력을 가지고 러시아 국내는 물론 국제무대에서 결정적인 영향력을 행사하고 있다는 사실을 과연 우리는 얼마나 절실히 알고 있는가? 2009년 1월 세계 정·재계 지도자들의 모임인 제38차 다보스 포럼(World Economic Forum)의 개막식 기조연설에서 작금의 글로벌 금융위기로 인한 세계경제 파탄의 책임을 미국의 유아독존적 신(新)자유주의의 책임으로 몰아붙이며, 중국의 원자바오 총리와 더불어 워싱턴 백악관의 새로운 주인인 버락 오바마 대통령의 신(新)보호주의적 고립정책을 강력히 비난하고 나선 사람이 바로 전 러시아 연방 대통령이자 21세기의 표트르 대제라고까지 불리는 모스크바 백악관의 주인 블라디미르 푸틴 총리라는 것을 우리는 얼마나 자세히 알고 있는가?

천 년(千年)을 훌쩍 넘어서는 러시아의 역사 속에서 소비에트 제국(帝國)은 불과 70여 년 동안에 로마제국의 천 년 못지않은 영향을 인류역사·문화에 끼치고 1991년 말 해체되었다. 그러나 소비에트 사회주의 공화국 연방(소련, U.S.S.R. CCCP)의 붕괴와 더불어 소비에트 제국의 핵심체였던 러시아 소비에트 연방 사회주의 공화국(러시아 공화국, R.S.F.S.R. РСФСР)이 러시아 연방(Russian Federation, Российская Федерация)이라는 새로운 이름으로 국제사회에서 소련의 적통 후계자임을 인정받고, 그러한 자격의 연장선상에서 오늘날 국가의 모든 대내외정책을 수행하고 있음을 볼 때, 소련의 붕괴는 로마제국의 멸망과는 전혀 다른 역사적, 현실적 의미를 지닌다고 할 수 있다.

1991년 12월 소련의 붕괴와 더불어 그 후계자로 등장한 러시아 연방, 즉 새로운 러시아는 보리스 옐친 대통령의 통치 아래 정치적으로는 서구식 의회민주주의를, 경제적으로는 자유시장경제를 지향함으로 해서 더 이상 이데올로기적인 측면에서는 물론 현실적인 정치·경제체제의 측면에서도 서방세계와 적대적이지 않게 되었다. 그러나 이와 같은 전대미문의 이중적 이행 작업은 극도로 체제변혁과정의 어려움을 초래하였고, 게다가 지역주의와 민족분리주의 운동까지 발발하여 정치·경제적 표류가 심각하게 일어났다. 따라서 과거 초강대국 소련이 누렸던 것과 같은 국가위신의 상실은 물론, 특히 경제의 어려움으로 인하여 옐친 전반기의 러시아는 서구로부터의 경제적 지원 및 서구로부터의 안보위협 제거 등을 바라면서 적극적인 친서방정책을 추구하였다.

그러나 서구식 의회민주주의와 자유시장경제 체제를 지향하는 친서방 정책은 러시아의 전통적 가치관, 즉 베체(вече)와 미르(мир)를 바탕으로 한 집단주의(коллективизм) 및 집권주의(централизм) 가치관과 충돌하였음은 물론, 서방세계의 주권간섭적 요구 및 NATO 확대, MD체제의 구축 확대 등을 통한 미국의 패권추구정책으로 소기의 성과를 거두지 못하였다. 그 결과 러시아의 대국적 위신추락은 물론, 경제적 어려움도 더욱 가중되었다. 결국 이에 대한 반발로 1990년대 후반 러시아의 지도부에는 예브게니이 쁘리마꼬프 등을 중심으로 한 유라시아주의, 대국주의, 민족주의 세력들이 대두하여 기존의 친서방 세력들과 경쟁을 벌이게 되었고, 올리가르히(олигархи, 정경유착을 통한 신흥 금융·언론재벌)와 얽힌 정경유착의 국가·사회 부패 현실, 체첸사태 재발 등이 옐친의 건강악화와 중첩되면서 정치·경제현실 모두가 방향타를 잃은 채 더욱 표류하게 되었다.

결국 옐친 말기 러시아는 그의 민주주의 발전을 위한 체제변혁의 긍정적 노력에도 불구하고 제반 국내정치의 표류로 강력한 정부, 강력한 중앙집권적 통치권의 복원을 더욱 절원하게 되었다. 그리고 대외정책에 있어서도 서구나 미국과 일방적으로 화해 또는 타협함으로써 이들로부터 지원을 기대하기보다는 스스로의 힘의 축적과 국제무대에서의 세력관계 재편을 적극 주도하여 미국의 독주를 저지하는 것만이 국가안보와 국익을 보장받을 수 있다는 사실을 절감하게 되었다. 바로 이러한 시점에서 강력한 정부, 강력한 러시아의 건설과 안정적 경제의 구축을 바탕으로 새로운 외교정책을 수립하여 안보와 국익을 효과적으로 구축해나가겠다고 나선 지도자가 바로 푸틴 대통령이었다.

총리(1999. 8), 대통령 권한대행(1999. 12)을 거쳐 대선에서 승리(2000. 3)를 거두고 2000년 5월 러시아 연방 대통령에 취임한 푸틴은 실질적으로 옐친 대통령의 절대적인 신임 아래 이미 총리 시절부터 사실상 국정운영의 중추적 역할을 담당하였다. 바로 이러한 실권자의 위치에서 그가 줄곧 내세운 국정목표는 대내적으로는 '강력한 국가권력의 확립과 경제재건'이었고, 대외적으로는 '강대국 지위의 회복과 국내문제 해결, 특히 경제위기의 극복을 위한 유리한 대외환경의 조성'이었다. 그는 이러한 국정목표를 달성하기 위해 '민주주의란 법의 독재'라는 주장 아래 우선 정치·경제 분야에서 획기적인 조치들을 취하였다. 즉 옐친 시대의 이행기적 상황과 집권 후반기 권력의 불확실성 속에서 누적된 부정부패 및 정경유착을 최소화하고 반정부적 언론매체에 대한 통제를 강화하기 위해 대표적 올리가르히들을 탈세 및 범법행위 등의 명목으로 입건하여, 정치권에 대한 이들의 영향력을 엄격히 차단하였다. 또한 그는 부정부패 및 범죄만연, 그리고 경제위기와 연방분열 현상의 심화에 따른 국가 취약성의 극복은 연방정부의 지방정부에 대한 통제권 확립과 이를 통한 효율적인 행정권 확립이 전제되어야 한다면서 연방정부의 지방행정부에 대한 통제권을 강화하는 권력의 중앙집권적 수직화 작업을 단행하였다.

푸틴의 대통령 취임 후 러시아 외교정책은 강대국 지위 회복, 다극화된 국제질서 구축, 체제전환에 호의적인 국제환경 조성, CIS 지역 우선외교, 경제외교 강화, 그리고 이를 달성하기 위한 유라시아주의 노선의 강화와 아시아를 향한 동·서 균형외교의 실시, NATO의 동진정책에 대응하여 CIS의 통합을 강화하는 정책 등이 핵심이었다. 또한 푸틴 대통령은 세계 경제로의 편입 및 경제위기 극복을 위한 경제·통상 외교의 활발한 추진과 더불어 대량파괴무기의 지속적인 감축과 미국의 MD체제 확대 추진을 저지하기 위한 외교적 노력을 끊임없이 전개하였다. 특히 미국과는 긴밀한 우호·협력 관계를 강조하면서도 미국의 패권적 행태가 러시아의 안보를 크게 위협하는 요인으로 파악, 미국을 견제하고 또한 이를 통한 다극화 국제질서의 구축을 위해 중국 · 인도 · 일본 · 한국 · 북한 등 아시아 국가들과는 물론 EU 국가들과의 협력 강화를 위한 정상외교를 적극 추진하였다.

푸틴 대통령은 2008년 그의 임기 마지막 해, 헌법을 개정해서라도 대통령직을 계속 유지할 것이라는 국내외의 온갖 예단에도 불구하고 자신이 8년 전 취임 초 주장했던 대로 '법에 의한 독재' 즉 헌법에 규정된 대통령 임기 조항의 준수를 몸소 보여주면서 대통령직과 크레믈린을 드미트리 메드베데프에게 넘겨주고 자신은 총리직과 집권당의 의장직을 맡아 백악관으로 옮겨 앉았다. 8년 임기 동안 사실 푸틴 대통령은 그가 취임 초 계획했던 국정목표를 초과달성했다는 것이 국내외의 일치된 평가였다. 퇴임 당시 러시아 시민들의 그의 국정에 대한 지지도가 무려 80%에 육박한 사실과 국제무대에서의 막강한 영향력이 이를 잘 대변해주고 있다. 그리고 그의 이러한 지지도와 영향력은 신임 메드베데프 대통령의 등장에도 불구하고 수렴청정 섭정의 모습으로 오늘날까지 여전히 계속되고 있는 것이다. 바로 이러한 모습의 러시아를 우리는 이제 '멀고도 가까운 나라'가 아닌 '가깝고도 가까운 나라' 이웃으로 면밀히 고찰하면서, 그들의 핵심적 현실정책을 명확히 파악할 필요가 있다. 그래야만 21세기 국제무대의 가혹한 풍랑을 우리는 효과적으로 헤쳐 나갈 수 있을 것이기 때문이다.

그래서 이를 위해 본서의 편저자는 이번 러시아 연구 외길 40여 년에 교수직 정년(停年)을 맞이하여 동학 후배들과 함께 『러시아, 위대한 강대국 재현을 향한 여정』이라는 책을 내기로 하였다. 물론 여기에 실린 논문들이 오늘날 러시아 연방의 모든 문제를 다 포괄하고 있는 것은 아니다.

그러나 각각 자신들의 전공분야에서 적지 않은 세월 동안 연구에 정진한 필자들의 정성어린 논문을 통해 독자들은 작금의 러시아에 대한 본질적이고도 핵심적인 이해는 물론 미래의 러시아가 어떠한 모습일지를 조망해보는데 크게 도움을 얻을 것으로 확신한다. 따라서 본 편저자는 본서의 집필에 참여해준 연구자들과 특히 본서를 편찬하는데 총괄적으로 기획을 담당함과 동시에 독자들의 이해를 돕기 위해 총론과 1·2·3부의 개설을 집필한 홍완석 교수의 노고, 그리고 우리의 러시아 연구에 대한 애정과 사명감을 이해하시고 본서의 출판을 흔쾌히 맡아 주신 한국외국어대학교 출판부 관계자 여러분들께 진심으로 감사를 드린다.

2009년 1월 31일

편저자 奇 連 洙

목차

| 머리말 |

총 론 : 표트르 대제(大帝)의 개혁에 관한 고찰
개혁의 성격규명을 중심으로

총론 개설 : 푸틴과 표트르 대제의 유비(類比) 3

1. 표트르 대제(大帝)의 개혁에 관한 고찰
개혁의 성격규명을 중심으로 | 기연수 |

Ⅰ. 서 론 6
Ⅱ. 개혁의 시대적 배경과 대제(大帝)의 생애 8
Ⅲ. 개혁의 실제 17
Ⅳ. 결 론 29

제1부 러시아 국가의 재건과 외교정책

제1부 개설 35

1. 러시아 연방관계의 변동: 현황과 전망 | 박정호 |

Ⅰ. 서 론 42
Ⅱ. 옐친 통치기 러시아 연방관계 46
Ⅲ. 푸틴 통치기 러시아 연방관계 56
Ⅳ. 결론 73

2. 푸틴의 리더십과 러시아의 군 개혁 | 이홍섭 |

Ⅰ. 서 론 79
Ⅱ. 러시아의 군 개혁 80

Ⅲ. 푸틴의 리더십과 군 개혁 논리 ······ 89
Ⅳ. 푸틴시기 군 개혁의 전개 및 평가 ······ 94
Ⅴ. 결 론 ······ 104

3. 북핵 문제에 대한 러시아의 접근: 인식, 해법, 전략 ❙ 홍완석 ❙

Ⅰ. 들어가며: 북핵 위기와 러시아의 상관성 ······ 110
Ⅱ. 북핵문제에 대한 러시아의 인식과 해법 ······ 114
Ⅲ. 러시아의 북핵 전략 ······ 120
Ⅳ. 북핵문제 해결과정에서 러시아의 비중과 역할 ······ 127
Ⅴ. 나오며: 러시아 '활용하기' ······ 133

4. 러시아 에너지 외교와 동북아 ❙ 고재남 ❙

Ⅰ. 시 론 ······ 142
Ⅱ. 러시아 에너지 외교의 추진 배경 ······ 144
Ⅲ. 러시아 에너지 외교의 물적 토대 ······ 150
Ⅳ. 푸틴 정부의 에너지 외교 추진 현황 ······ 161
Ⅴ. 동북아 에너지협력에 대한 함의 ······ 166
Ⅵ. 맺음말 ······ 173

제2부 러시아의 시장화와 국가자본주의

제2부 개설 ······ 181

5. 러시아 토지 사유화의 전개과정 ❙ 조영관 ❙

Ⅰ. 서 론 ······ 188
Ⅱ. 러시아 토지 사유화의 전개 및 특성 ······ 192
Ⅲ. 토지 사유화의 영향 ······ 210
Ⅳ. 결 론 ······ 214

6. 러시아 민간의 해외 자본도피 ▎이종문▎

Ⅰ. 서 론 ········ 220
Ⅱ. 러시아에서 자본도피 발생원인 ········ 222
Ⅲ. 러시아에서 자본도피 방법 및 유형 ········ 226
Ⅳ. 러시아의 해외자본도피 규모 측정 ········ 228
Ⅴ. 자본도피가 러시아 경제에 미친 영향력 ········ 238
Ⅵ. 결 론 ········ 243

7. 러시아 은행제도의 개혁: 이슈와 쟁점 ▎김상원▎

Ⅰ. 서 론 ········ 247
Ⅱ. 러시아 은행제도의 변화 ········ 249
Ⅲ. 러시아 은행구조와 문제점 ········ 256
Ⅳ. 러시아 은행제도의 개혁 ········ 265
Ⅴ. 결 론 ········ 274

8. 푸틴 시기 러시아 경제의 국가 부문 확대 ▎조영관▎

Ⅰ. 머리말 ········ 278
Ⅱ. 국가 부문 확대의 배경 ········ 281
Ⅲ. 국영기업에 대한 통제 강화: 내부적 통제 ········ 289
Ⅳ. 대형 국영기업의 설립과 전략산업에서의 국가부문 확대: 외부적 영역 확대 ········ 292
Ⅴ. 맺음말 ········ 306

제3부 러시아의 세계화와 이슬람

제3부 개설 ········ 317

9. 세계화에 대한 러시아의 도전과 응전 – 신 유라시아주의 ▎김우승▎

Ⅰ. 머리말 ········ 323

Ⅱ. 사상적 전통 속에서의 유라시아주의 327
Ⅲ. 세계화 과정 속에서의 유라시아주의 331
Ⅳ. 러시아인의 의식 속에서의 유라시아주의 342
Ⅴ. 맺음말: 푸틴과 신 유라시아주의 347

10. 러시아의 세계화와 기업들의 해외투자 그리고 국부펀드: 국가안보전략의 일환인가 아니면 Globalization의 추세인가? ❙ 김석환 ❙

Ⅰ. 러시아의 적극적인 국제 경제체제 참여와 새로운 국제질서 353
Ⅱ. 냉전 종식 후 러시아 기업들의 해외투자와 세계화 364
Ⅲ. 러시아 세계화의 방향과 모델, 전략 그리고 시사점 391
Ⅳ. 세계화와 국가안보 개념의 융합적 운용 395

11. 분열된 '움마': 러시아 이슬람의 현재와 공인 종교인 ❙ 현승수 ❙

Ⅰ. 서 론 401
Ⅱ. 러시아 역사 속의 이슬람 404
Ⅲ. 러시아 이슬람의 현재 407
Ⅳ. 공인 종교인의 분열과 경쟁 424
Ⅴ. 결 론 436

※ 찾아보기 443
※ 필진 약력 455

총론

표트르 대제(大帝)의 개혁에 관한 고찰: 개혁의 성격규명을 중심으로

총론 개설

푸틴과 표트르 대제의 유비(類比)

8년의 대통령직 재위와 이후 실세 총리로서 전방위적인 국가개혁을 진두지휘하고 있는 푸틴은 많은 점에서 표트르 대제와 '닮은꼴'이다. 우선 두 인물의 공통점을 이어주는 일차적 연결고리는 제정러시아의 수도 상트페테르부르크이다. 푸틴은, 표트르 대제가 대대적인 서구적 개혁을 위한 강한 의지의 상징으로 창건한 상트페테르부르크 출신이다. 푸틴과 표트르 대제 모두 국가주의자이자 애국주의자이면서 동시에 현실주의자로서 러시아 국력의 강화를 개혁의 최대 목표로 삼았다. 이 밖에 러시아의 후진성을 극복하기 위한 근대화 정책, 부국강병을 위한 강한 열정과 그것을 현실화시키는 추진력, 개혁가로서의 카리스마적 리더십, 서구와의 문명적 상호작용 강화를 통한 훼손된 유럽적 정체성의 회복 등에서도 푸틴과 표트르 대제의 이미지는 맞닿아 있다.

주지하듯, 러시아는 988년 기독교를 수용함으로써 비로소 유럽세력의 일원으로 편입된다. 그러나 240여 년 동안의 몽고지배(1240-1480)는 유럽세계와의 단절뿐만 아니라 러시아에 아시아적 후진성을 남겨놓았다. 이런 몽고 지배시대의 역사적 잔재를 극복하고 러시아 국가의 정체성을 유럽과 일치시키기 위해 표트르 대제는 1703년 유럽과 가장 근접한 지역에 신도시, 즉 상트페테르부르크를 건설하고 1712년에는 수도를 모스크바에서 이곳으로 옮겨 전면적인 서구화 정책을 실시한다. 천도(遷都) 이래 표트르 대제는 상트페테르부르크를 "유럽을 향한 창"으로 활용하는 가운데 러시아의 근대적 부국강병을 위해 국가의 시스템을 서구적 방식으로 개조하는 대개혁을 단행했다. 그 결과 제정러시아는 18세기 중엽부터 유럽의 변방국가에서 그 중심적 강대국으로, 나아가 유라시아 대제국으로까지 성장하게 된다.

그러나 표트르가 추구했던 서구적 근대화는 약 200년 후인 1917년 볼셰비키 혁명으로 말미암아 좌초되었고, 이후 등장한 소비에트체제 또한 서방과의 이념적 갈등과 정치적 단절을 초래해 유럽세계와 격리되어 있었다는 측면에서 몽고지배 시대와 마찬가지로 일종의 역사적 '변종'이었다. 결국 70여 년 동안의 거대한 사회주의 실험이 실패로 돌아가, 1991년 출범한 옐친의 신 러시아는 몽고가 남긴 그것처럼 소련이 물려준 부정적 유산의 후유증, 즉 서구세계로부터의 지정학적 고립과 경제적 후진성을 경험해야만 했다. 그리고 또 하나의 역사적 분수령인 새 천년의 경계선에서 푸틴은 옐친이 해소하지 못한 소련의 유산을 그대로 짊어진 채, "위대한 강대국 러시아의 재건"을 외치며 새롭게 등장했다.

이런 맥락에서 러시아에서 푸틴의 등장과 민주주의 그리고 시장경제를 착근시키기 위한 국가 개혁은 표트르 대제의 서구화정책 연장선상에서 파악할 수 있다. 유럽세계와의 단절이 초래한 지정학적 고립에서 벗어나 서구적 발전모델의 수용을 통해 러시아를 서구문명 세계에 편입시키려는, 동시에 러시아의 유럽적 정체성을 재정립하고 글로벌화를 가속화하려는, 그럼으로써 위대한 강대국 러시아를 조속히 재건하려는 푸틴의 강한 의지 속에서 표트르 대제가 추구했던 개혁의 유전자를 발견할 수 있다. 바로 이 점이 오늘날 푸틴이 제2의 표트르 대제로 불리는 이유를 구성한다.

전기(前記)한 바처럼, 표트르 대제의 개혁은 푸틴의 러시아가 추구하는 개혁의 방향을 이해하는데 중요한 열쇠를 제공한다. 기연수 교수의 논문 "표트르 대제의 개혁에 관한 고찰 - 개혁의 성격규명을 중심으로"는 표트르 대제가 추구했던 개혁의 내용, 방향, 성격에 대한 입체적인 이해를 통해 푸틴의 강한 러시아 만들기 작업의 요체를 포착할 수 있다는 점에서 본 저술의 총론(總論)적 의미를 갖는다. 논문에서 기연수 교수는 표트르 대제의 생애와 권좌에 등극할 당시 러시아를 둘러싼 대내외적 상황을 면밀하게 검토한 후, 표트르 대제로 하여금 서구적 근대화로 요약되는 대대적인 국가 개혁의 필요성을 각인시킨 동인과 개혁의 순서 및 내용을 일목요연하게 분석하였고, 이를 토대로 표트르 대제의 개혁이 지닌 성격을 예리하게 규명하고 있다.

필자는 표트르 대제의 서구화 개혁이 대외전쟁, 즉 스웨덴과의 북방전쟁(1700~1721)과 동시에 수행되었다는 점에 주목한다. 그런 연유로 국가 개혁의 방향은 대외전쟁의 승리에 초점을 맞출 수밖에 없었고, 따라서 최우선적으로 군사개혁이 단행되었으며, 다음으로 군사개혁을 뒷받침하기 위한 산업개혁, 산업개혁의 효율적 완수를 위한 행정개혁, 교회에 대한 황제의 지배력을 강화하기 위한 종교개혁, 교육·문화개혁 등으로 이어졌다고 지적한다. 궁극적으로 이 모든 개혁들은 철저하게 군주의 통치권을 강화하기 위한 방향에서 이루어졌음을 강조한다.

표트르 대제 개혁의 성격에 대해 필자는 군주의 중앙집권적 절대 권력에 의해 견인된 전형적인 위로부터의 개혁으로 규정한다. 그리고 표트르 대제의 제(諸)개혁은 획기적으로 국력을 신장시키고 국가발전을 이룩하기는 했지만, 러시아 근대 사학(史學)의 아버지 끌류체프스끼(В. О. Ключевский, 1841~1911)의 표현을 빌려 "국가는 살쪄 가는데, 인민은 여위어 갔다"라고 평가한다. 인민의 삶과 행복이 국가의 조직과 권력에 의해 희생당하는, 대다수 국민인 피지배계급의 생활조건이나 복지 증진을 위한 개혁이 되지 못하고 오히려 군주의 절대권과 지배계급의 권익만을 강화시키는 결과를 초래했으며, 개혁이 역사적으로 불가피한 것이었다 할지라도 훗날의 러시아 역사에 커다란 짐을 지워주었다고 보고 있다. 결론에 이르러 필자는 표트르 대제의 개혁을 푸틴의 개혁과 결부시키면서, 표트르 대제 개혁의 성격을 주의 깊게 관찰하면 오늘날 '국가주의'라는 하나의 단어로 함축되는 푸틴의 중앙집권적 개혁 드라이브 정책을 명징하게 이해할 수 있다고 강조한다.

1

표트르 대제(大帝)의 개혁에 관한 고찰*

개혁의 성격규명을 중심으로

기 연 수

Ⅰ. 서 론

어느 나라나 그 역사의 전개를 들여다보면 크게 어려운 고비들이 있기 마련이다. 그런 경우 그 나라는 그 어려운 고비들을 주어진 시대적 상황과 요구에 부응하면서 개혁을 통해 발전적으로 헤쳐 나가고자 하거나 아니면 반동적으로 되어 후퇴하다가 혁명을 자초하게 된다.[1] 바로 이러한 역사적 갈림길에서 결정적 역할을 하는 것이 최고 지도자의 국정운영(國政運營)임은 주지의 사실이다. 따라서 그 주어진 역사 속에서 나타나고 있는 최고 지도자의 개혁정책을 고찰·평가해 봄으로써 우리는 해당 국가의 현재는

---

* 이 글은 「슬라브硏究」, 제19-1권(2003)에 게재된 논문을 수정·보완한 것임.

1) 개혁(改革, reform, реформа)은 합법적 절차를 밟아 정치·경제·사회상 등의 묵은 체제를 고쳐 새로 바꾸는 것을, 혁명(革命, revolution, революция)은 비합법적 수단에 의해 왕통(王統)이나 국체(國體) 또는 정체(政體)가 바뀌는 것을 말한다.

물론 앞으로 나아가는 모습까지도 전망해 볼 수 있다.

흔히 러시아 역사를 수난과 단절의 역사라고 한다.2) 러시아인들은 9세기 중엽 국가가 창건된 이후 13세기 중엽부터 18세기 초 표트르 1세(大帝, 1682~1725) 시기까지 그리고 1917년 10월 혁명부터 1991년 말 소련 붕괴 시기까지 외부 세계와 단절되어 있었다. 또한 러시아는 오랜 격동의 역사 속에서 오늘날에 이르기까지 대표적으로 세 차례에 걸쳐 결정적인 개혁의 고비를 겪었는데, 그것은 바로 표트르 대제의 개혁과 알렉산드르 2세(1855~81) 및 고르바초프(1985~91)의 개혁이다. 그리고 이 세 개혁들은 바로 1917년 10월의 볼쉐비키 혁명과 1991년 말의 소련 붕괴와도 직·간접으로 인과응보(因果應報)적 맥락의 관계에 있다. 러시아 역사 속에서 바로 이상과 같은 역사적 고비마다 전개되었던 개혁들의 인과관계를 러시아의 전통적인 정치문화 특성3)의 맥락 속에서 비교·고찰해보았을 때 우리는 보다 더 깊이 러시아의 주어진 현재를 이해할 수 있음은 물론 이를 바탕으로 앞으로 러시아에서 전개될 수 있는 개혁의 모습들까지도 전망해 볼 수 있는 것이다. 이러한 연구 의도에 따라 본고는 우선 그 일차적인 작업으로 표트르 대제의 개혁을 고찰·평가해 보기로 하였다.

이상과 같은 소기의 목적을 달성하기 위해 본고는 서론에 이어 표트르 대제의 등장을 전후한 러시아의 시대적 상황과 그의 생애, 주요 분야별 개혁의 실제를 고찰한 다음 이를 바탕으로 표트르 대제의 개혁에 대한 성격 규명과 더불어 이에 대한 평가를 결론의 내용으로 구성하였다.

---

2) 러시아의 역사가 수난과 단절의 역사라 함은 러시아가 거의 2세기 반(1240~1480)에 걸친 몽고-따따르족의 압제를 포함하여 유별나게 커다란 異民族의 침략을 받거나 왕조가 바뀌고, 또 거대한 개혁이나 혁명을 겪으면서 시대적으로 뚜렷하게 문화의 단절을 겪고 있음을 의미한다.

3) 러시아의 전통적 정치문화의 특성은 集團主義와 集權主義로 규정할 수 있다. 이에 대해서는 기연수, "러시아文化와 소비에트文化 사이의 繼續性과 斷絶性: 정치문화적 요소를 중심으로," 『슬라브硏究』, 제14권(1998): 217~52 참고.

Ⅱ. 개혁의 시대적 배경과 대제(大帝)의 생애

1. 시대적 배경

표트르 대제는 1682년 10세의 소년으로 그의 이복형인 이반 5세(1682∼1696)와 공동으로 제위(帝位)에 올랐으나 1689년까지는 이복 누나인 소피야가 섭정(攝政)을 하였고, 다시 1694년까지는 어머니인 마리야 나르이쉬끼나가 섭정을 하였기 때문에 1694년 이후에야 실제적으로 통치를 하기 시작하였다. 그리고 1696년 병약하고 능력이 없는 이반 5세가 죽자 표트르 1세는 모스크바 국가의 유일한 통치자가 되었다. 그는 1695년에 러시아 해군을 창설하였고, 1697∼1698년 사이에는 대사절단(Великое посольство)을 조직하여 직접 이들과 함께 네덜란드, 영국, 독일 등을 여행하면서 조선술과 포술 등을 배우는 한편 각국의 풍속과 제도를 살펴보고 러시아의 대외진출을 위해 국제정세도 파악하였다. 귀국하여서는 국가운영을 위한 각 분야의 개혁에 착수함과 동시에 1700년 발트해로의 적극적인 진출을 도모하고자 스웨덴과 북방전쟁(Северная война, 1700∼1721)[4]을 시작하였고, 전쟁 기간 중인 1703년에는 전략적으로 훗날 "유럽을 향한 창(窓)"이라고 불리어진 요새도시 상트페테르부르크를 창건하여 1712년 이곳으로 수도를 옮겼다.[5] 그리고 20년이 넘게 계속된 북방전쟁 도중에 표

---

4) 스웨덴과 러시아·삭소니아·폴란드·덴마크·프로이센 등 간의 전쟁. 이 전쟁의 결과로 발트해에 대한 스웨덴의 패권은 소멸되고, 러시아는 서유럽으로 나가는 출구를 확보하면서 유럽의 강국으로 등장하였다. 이 전쟁은 제1기(1700∼06), 제2기(1707∼09), 제3기(1710∼18), 완성기(1719∼21) 등 4시기로 구분된다. 승리와 패배가 뒤엉킨 장기간의 전쟁에서 최종적인 승리를 획득한 러시아는 1721년 제국(империя)로 선포되고, 표트르 대제는 그 칭호가 짜리(царь)에서 황제(император)로 바뀌었다. "Северная война," *Большая советская энциклопедия*, 1976 изд.; Nicholas V. Riasanovsky, *A History of Russia*, 4th ed.(New York: Oxford Universty Press, 1984), pp. 221∼226; С. Н. Сыров, *Страницы истории*(Москва: Русский язык, 1987), с. 111∼115 참조.

5) Санкт-Петербург에 관한 현재와 과거의 역사적 의미를 보다 깊게 관찰하기 위해서는 기연수, "상트페테르부르크로의 천도(遷都) 논의의 현황과 배경, 그리고 전망," 『슬라브硏究』, 제20-1권 (2004):1∼24 참고.

트르 1세는 국가경영을 위한 정치, 경제, 사회, 문화 등 모든 분야에서 적극적인 개혁을 단행하면서 군주의 절대권을 강화하였다. 특히 그는 실제적 통치기간 동안 줄곧 군사개혁을 통해 확실하게 상비군을 창설・강화하였다. 1711년에는 귀족회의(Боярская дума)[6]를 폐지하고 원로원(Сенат)을 창설하였으며, 1718년에는 행정개혁을, 1721년에는 총주교제(總主教制, патриаршество)를 폐지하고 종무원(宗務院, синод)을 설치하는 교회개혁을 단행하였다. 그 후 1722년에는 관료제를 정비・강화하고, 1724년에는 인두세(人頭稅: подушная подать)를 실시함으로써 농노제를 확실하게 정착시키고 농민들의 상태를 더욱 어렵게 만들었다. 그러다가 1725년 1월 표트르 대제는 53세를 일기로 파란만장한 생애를 마쳤다. 이처럼 표트르 대제의 등장은 17세기 후반이며, 그가 실권을 잡고서 통치를 시작한 것은 17세기 말에 이르러서였으며, 국가와 절대권 강화를 위해 본격적으로 개혁을 단행한 것은 18세기 1/4분기 동안으로서 통치권이 일사불란하게 작동되는 전쟁 기간이었다.

한편 대외적으로 당시 서유럽에서는 17세기 전반 왕권신수설에 의한 절대군주제의 전제정치, 즉 군주권 전횡의 시기가 계속되고 있었다. 그러다가 17세기 후반에는 존 로크(John Locke, 1632～1704) 등의 등장과 더불어 군주의 전횡적 절대권 행사가 비판의 대상이 되고 있었다. 그러나 러시아에서는 이 시기에 중앙집권주의가 본격적인 발달의 궤도에 진입하면서 더욱더 군주의 절대권이 강화되고 있었으며, 이런 현상은 18세기를 거쳐 19세기, 20세기 초까지 이어졌다. 그렇지만 중요한 것은 러시아에서도 이미 1682년 문지제(門地制, местничество)[7]가 폐지되는 등 사회 내부

6) 바야레(бояре)라는 러시아의 전통적인 대(大)토지 봉건귀족들을 중심으로 상류계급 대표자 및 고위 성직자, 부유한 상인 대표들까지 참여하여 이루어진 회의체로서 9～18세기 사이에 존속했었다. 그 구성이나 역할이 시대에 따라 차이가 나기는 하나 기본적으로 최고 통치권자의 권력을 견제하는 기능을 갖고 있었다. "Бояре" и "Боярская дума," *Большая советская энциклопедия*, 1970 изд. 참조.

7) 15세기경 특히 이반 3세(大帝, 1462～1505) 시대부터 모스크바 대공국에서 행해졌던 귀족의 봉사제도였다. 이는 문벌이 좋은 자가 상급 지위에 앉는 제도로서 인재의 등용을 방해함은 물

적으로는 변화와 개혁의 요구가 꿈틀거리기 시작하고 있었다는 사실이다. 환언하면 17세기 후반 러시아의 사회·경제적 생활은 이미 새로운 시대를 맞이하고 있었던 것이다. 또한 어느 정도 수공업도 발달하고 새로운 도시들이 일어났으며, 최초의 제조공장(мануфактура)도 세워졌었다. 이 시기 또한 국가조직도 변화의 조짐이 일어나고 있었다. 1653년부터는 국민회의(Земский собор)[8]의 소집이 중단되었고, 귀족회의(Боярская дума) 또한 점점 드물게 소집되었다. 바로 절대군주제(абсолютная монархия)가 확고하게 되어가고 있었던 것이다. 그리고 앞에서도 언급한 바 있지만 1682년에는 귀족회의를 통하여 신분과 출신에 따라 직위와 행정 및 군사적 직무를 부여했던 오래된 문지제(門地制)가 폐지되었다. 이로써 공직자들은 출신성분이 아닌 학식이나 능력, 경험에 따라 선발되었으며, 이 제도는 귀족의 등용에도 적용되었다. 군사적인 면에서는 친위병 연대와 외인부대가 더욱 큰 역할을 하기 시작하였다. 러시아와 서유럽 간의 학술·문화교류도 증대되었다. 기술자, 장교, 의사들과 여러 분야의 전문가들이 러시아로 들어왔으며, 귀족이나 상인의 자제들이 서유럽으로 유학을 떠났다. 그러나 러시아는 아직도 여전히 위에서 언급한 정치사상사적 맥락에서뿐만 아니라 현실 정치 및 사회발전에 있어서도 서유럽의 여러 선진국들에 비해 많이 뒤떨어져 있었다. 거의 2세기 반에 걸친 몽고-따따르족의 압제와 이웃나라들과의 많은 전쟁으로 인해 러시아의 발전은 방해를 받고 있었던 것이다. 이런 와중에서도 17세기 중엽에는 우크라이나와 시베리아, 극동지역 등이 러시아에 병합되어 러시아는 거대한 영토의 다민족 국가가

론 귀족들 간의 싸움도 야기 시켰다. “Местничество,” *Большая советскаф энциклопедия,* 1973 изд. 참조.

8) 최초의 회의는 1549년 귀족회의(Боярская дума)를 견제하고 대귀족들(бояре)의 권력남용을 막기 위한 한 방편으로 이반 4세(雷帝, 1533∼84)에 의해 소집되었고, 마지막 회의는 1684년에 열렸다. 이 회의는 귀족회의에 대치되는 것으로서 여기에는 대귀족, 귀족(дворянин), 성직자, 상인 때로는 농민 대표자들도 참석하였다. 주로 짜리의 국정운영을 돕기 위해 소집된 이 회의는 소집방법, 활동범위, 구성원 등이 시대에 따라 약간씩 달랐다. 짜리를 선출한 때도 있었고, 정치투쟁의 장소가 되기도 했다. Сыров, там же, с. 66; “Земские соборы,” *Большая советская энциклопедия*, 1972 изд. 참조.

되었다.[9] 사실 바로 이와 같이 거대한 영토의 국가에서 경제적인 관계와 중앙집권적인 통치조직을 확립한다는 것은 결코 쉬운 일이 아니었다. 그러면서 러시아가 당시 선진 서유럽으로 진출할 수 있는 편리한 해로(海路)를 확보하지 못하고 있었다는 사실 또한 러시아의 발전에 커다란 어려움을 안겨주고 있었다. 즉 나라의 북쪽 지방 해안은 연중 8개월이 얼어붙었고 발트해는 스웨덴이, 흑해 북안(北岸)은 터키가 장악하고 있었던 것이다. 또한 17세기 후반 러시아는 경제적, 군사적으로도 서유럽에 비해 매우 낙후되어 있었다. 따라서 당시 러시아는 국가안보는 물론 생존 자체를 위해 전반적인 국가개혁을 도모해야만 할 처지에 놓여 있었다. 즉 나라의 급속한 경제적, 문화적 발전과 국가 통치조직의 개선, 국방력 강화 등이 강력하게 요구되었던 시기였다. 바로 이러한 역사적 요구들을 당시 러시아의 통치자는 해결해야만 했으며, 표트르 대제는 18세기 1/4분기 동안에 이러한 문제의 대부분을 해결하고자 노력했고, 또한 대부분 해결을 보았던 것이다.

2. 표트르 대제의 생애[10]

표트르 대제의 아버지인 짜리 알렉세이(1645∼76)는 1648∼69년까지는 마리야 밀로슬라프스까야(Мария Милославская)와 그리고 1671∼76년 그가 죽을 때까지는 나딸리야 나르이쉬끼나(Наталья Нарышкина)와 결혼했었다. 표트르 대제, 즉 표트르 1세는 바로 두 번째 황후인 나딸리야 나르이쉬끼나와의 사이에서 1672년에 태어난 아들이다. 1676년 알렉세이 황제가 죽자 제위는 이복형인 병약한 표도르(Фёдор)가 물려받았다. 그러

9) 오늘날 러시아(연방)가 다민족(многонациональный) 국가임을 천명한 현행 러시아 연방 헌법 전문 맨 앞의 규정은 그 역사가 16세기 중엽인 이반 4세(雷帝, 1533∼84) 시기로까지 거슬러 올라간다. Сыров, там же, с. 71.

10) К. Валишевский, *Пётр Великий, книга третья, Дело,* Репринтное воспроизведение издания 1911 года(Москва: СП "ИКПА," 1990; "Пётр I Великий," *Большая советская энциклопедия,* 1975 изд.; Robert K. Massie, *Peter The Great,* 閔坪植 譯, 『피터大帝』(서울: 兵學社, 1983) 참고.

나 1682년 표도르가 후사 없이 죽자 다시 이복형으로 16살 난 이반(Иван)과 10살 난 표트르가 외척들과 대귀족 가문들의 유혈정쟁 속에서 우여곡절 끝에 공동황제로 선포되었다. 그러나 나라는 이복누나인 소피야(Софья) 공주가 섭정으로서 자신의 외척인 밀로슬라프스끼 가문의 대귀족들과 함께 통치하게 되었다. 이로써 표트르 1세의 외척인 나르이쉬낀 가문은 권력으로부터 소외당하게 되었으며, 나딸리야 황후는 아들 표트르와 함께 크레믈린에서 쫓겨나 모스크바 근교의 마을인 쁘레오브라줸스꼬예에 거주하게 되었다. 이곳에서 어린 황제 표트르 1세는 궁정 종사자들의 아이들과 더불어 소년병 대대를 조직하여 전투놀이를 즐겼다. 이 전투놀이를 통하여 표트르와 소년병들은 외국인 장교의 지도 아래 야전전투와 요새돌격 훈련을 받았고, 도강이나 장거리 행군 훈련도 받았다. 표트르 1세는 이때 북치기로부터 지휘관에 이르기까지 군대의 모든 직무를 실습하였으며, 수학, 포술, 역사와 다른 학문들도 공부하였다.

한편 이복누나 소피야가 자신의 권력을 확고히 하기 위해 1689년 궁정친위대를 동원하여 표트르 1세를 제거하고자 하자 이제 성년에 이른 표트르 1세는 자신의 추종자들과 힘을 모아 소피야 황녀를 체포하여 노보제비치 수도원에 유폐시킨 다음 수많은 그녀의 추종자들을 교수형 또는 유형에 처하였다. 그렇지만 표트르 1세는 이후로도 몇 년 동안은 여전히 국사에 직접 관여를 하지 않은 채 자신의 소년병들과 함께 전투놀이만을 계속하였다. 국사는 어머니인 나딸리야 황후와 그의 외척인 나르이쉬낀 가문이 장악했던 것이다. 그러다가 1694년 섭정을 맡았던 어머니 나딸리야가 죽자, 마침내 22살 나이의 표트르 1세는 국사를 실질적으로 관장하기 시작하였다.

표트르 1세의 성격이나 그의 유년기 및 청년기에 대한 이야기는 매우 풍부하다. 그는 7피트가 넘는 장대한 체격에다 엄청난 힘과 에너지를 지녔으며, 끊임없이 쉬지 않고 움직였다. 항상 지적 호기심에 충만해 있었으며, 재빨리 문제의 핵심을 파악하고, 일단 결정한 문제에 대해서는 굽힘없는 의지, 단호함 그리고 성실성으로 주위를 감동시켰다. 최악의 패배에서도 그는 재빨리 힘을 회복했으며, 모든 장애물들을 보다 더 많은 노력과 성취의 기회로 삼았다. 그러나 때로 그는 난폭한 성미에다 우악스러움, 잔인한 성격까지도 드러냈다. 치과의사의 역할, 사형집행인의 역할도 할 수 있었으며 술을 좋아하고, 호색적이며 불경스럽기까지도 했다.[11] 어린 황제는 조숙한 아이이기는 했지만 어떤 체계적인 교육은 받지 못했고 읽고 쓰는 것만 겨우 배웠다. 그 대신에 그는 아주 어릴 때부터 혼자 힘으로 어려움을 극복하고 호기심을 풀어나갔다. 특히 소년병을 결성하여 병정놀이에 열중하였다. 훗날 이러한 전투놀이는 진짜 군사적 기회들의 토대가 되었고, 이 소년병들을 주축으로 근위연대의 편성이 이루어졌다. 그리고 정보와 지식을 얻기 위해 자주 모스크바에 있는 외국인 구역으로 가서 다양한 전문가들을 만나고, 이들을 통해 육군과 해군의 문제들, 기하학, 요새의 축성 등에 관해 배우고, 또한 서유럽의 분위기를 느끼고자 하였다.

어머니의 죽음에 뒤이어 1694년 실권을 장악한 표트르 1세가 행한 최초의 국가적 중대사는 터키와의 전쟁이었다. 끄르임 반도의 따따르인들을 보호하고 흑해로의 진출을 도모하기 위해 1695년 그는 아조프해를 공격했으나 실패하고 말았다. 이 전투에서의 실패로 해군의 필요성을 절감한 표트르는 정규 해군을 창설하고 함대를 재정비하면서 착실한 준비를 한 끝에 1696년 5월 다시 육지와 바다를 통해 동시에 아조프해를 공략한 결과 아조프해를 장악할 수 있었다. 그는 계속 터키와 전쟁을 하여 흑해를 완전히 장악하고, 발트해로의 진출도 도모하고자 보다 강력한 해군을 육성하기 위해 많은 젊은이들을 네덜란드, 이탈리아, 영국 등으로 보내서 조선술과 항해술을 공부하도록 하였다. 또한 당시 러시아는 터키 및 발트해를 장악하고 있는 스웨덴에 대항하기 위해 함께 전쟁을 치를 동맹국이 필요하

11) 이러한 표트르 대제의 성격들은 그가 절대권에 의한 위로부터의 국가개혁을 단행할 당시 유감없이 발휘되었다. 그는 정적은 물론 반개혁 세력들에 대해서 잔혹할 정도로 무자비했으며, 자신의 아들까지도 사형에 처하였다. 이러한 표트르 대제에 대해서 민중들 사이에는 그가 "반(反)그리스도(антихрист)"라는 소문까지 떠돌았다. Н. А. Бердяев, *Философия свободы·Истоки и смысл русского коммунизма*(Москва: ЗАО «Сварог и К», 1997), с. 251; С. Н. Сыров, там же, с. 109 참조.

기도 했다. 결국 표트르 대제는 대사절단을 조직하여 스스로 이들과 함께 서유럽 국가들을 방문함으로써 직접 서구사회의 진보적인 학문과 각종 기술들을 습득하고 동시에 러시아의 대외진출을 위한 국제정세의 파악과 동맹국들을 찾아보기로 결심하였다.

약 250명으로 이루어진 사절단은 1697년 3월에 모스크바를 출발하였으며, 짜리는 신분을 감추고 이 사절단의 평범한 일원으로 참가하였다. 그러나 그의 유별난 외모와 자연스럽게 표출된 절대군주로서의 모습은 어느 누구나 그가 금방 짜리 표트르라는 것을 알아보게 하였다. 결국 표트르 1세는 외교와 국가적 문제들에 관한 많은 중요한 회담들에 관여했으며, 무엇보다도 서유럽에서 많은 것을 배우고자 최선을 다하였다. 특히 항해술과 조선술에 가장 큰 관심을 가졌으며, 유럽 전체의 생활을 이해하고 이를 받아들이고자 노력하였다. 동시에 최초의 의도대로 국제정세를 파악하고자 하면서 터키에 대항하기 위한 동맹국을 찾아보았으나 유럽의 여러 나라들로부터 호응을 얻지 못하고 서구 순방 18개월 만인 1698년 8월 표트르 1세는 급거 귀국길에 오르지 않을 수 없었다. 왜냐하면 당시 그는 좀 더 여행을 하며 견문을 넓히고자 하였으나 궁정 친위대(小銃兵隊, стрельцы)[12]의 반란 소식 때문이었다. 그러나 표트르 대제는 서유럽 순방을 통하여 많은 외국인 전문가·학자·기술자들, 특히 네덜란드인들을 러시아에서 일하도록 초청하고[13], 이러한 초청은 그 뒤 그의 집권 및 개혁정책 기간 동안 줄곧 계속되었다. 이제 표트르 1세는 귀국과 더불어 절대권을 확고하게 장악·강화하고 본격적인 개혁사업에 착수하였다.

표트르 대제의 대사절단 서유럽 순방은 러시아의 개혁과 강력한 해군력

12) 당시로서는 최신식 소총으로 무장한 궁정 친위대로서 16세기 중반(1540∼50년대) 이반 4세에 의해 창설되었으며, 18세기 초까지 존속되었다. "Стрельцы," *Большая советская энциклопедия*, 1976 изд.

13) 표트르 대제가 얼마나 친(親)네덜란드적이었는가 하는 것은 그의 서구화 개혁의 상징이라 할 수 있는 '상트페테르부르크'의 최초 명칭이 네덜란드식이었던 '쌍크뜨 삐쩨르 부르흐'였던 것만 보아도 잘 알 수 있다. "Ленинград," *Большая советсткая энциклопедия* 1973 изд.

건설에는 획기적인 도움을 주었으나, 대(對)터키 연합세력을 구축하는 데는 실패하였다. 유럽세력들은 당시 막강한 터키, 즉 오스만 제국(1299∼1922)에 대항하여 나서는 것을 원하지 않았기 때문이다. 그러나 표트르는 지속적으로 흑해 진출을 도모하여 1700년 7월에는 콘스탄티노플에서 터키와 강화조약을 체결하고 아조프와 따간로그를 획득하였다. 그런 다음 같은 해 8월 발트해로의 진출을 위해 당시 이 바다를 장악하고 있던 스웨덴에 선전포고를 하였다. 이로서 러시아는 이미 같은 해 1월 스웨덴에 선전포고를 한 삭소니와 폴란드의 지배자 아우구스투스 2세와 손을 잡고 이른바 북방전쟁(Северная война, 1700∼1721)[14]이라는 대(大)전쟁에 착수하게 되었다. 북방전쟁에서 러시아가 최종적인 승리를 차지하긴 했지만 사실 이 전쟁은 그 시작부터 매우 어려운 것이었다. 우선 1700년 11월 나르바(Нарва)의 첫 전투에서 병력의 수나 주변 상황이 자신들보다 훨씬 열세였던 스웨덴에 참패함으로써 러시아는 발트해로의 진출을 저지당함은 물론 민족적 굴욕감을 맛보았다. 이 전투에서 러시아의 "구식 기병대와 비정규병들은 싸우지도 않고서 달아났다. 새로 징집된 보병대는 훈련받지 못한 민병보다도 못하고 외국인 장교들은 무능력하고 믿을 수 없는 것으로 드러났다."[15] 결국 허무하게 무너진 러시아군에 대해 스웨덴의 칼 12세는 자만과 방심을 하게 되었고, 표트르 1세는 자신의 집권 초기 흑해 진출을 시도하다가 아조프해에서 체험한 실패의 교훈을 한 번 더 되새기고 강력한 군대 건설과 더불어 국정의 모든 분야에 대한 대대적인 개혁에 나섰다.

> 짜리는 나르바 전투 후 1년 안에 새로운 군대와 포병대를 준비시켰다. 징병, 행정, 재정, 그 밖의 다른 모든 것들을 극한까지 쥐어짜서 전쟁의 요구들에 맞추어야 했지만, 그는 자신의 목표로부터 결코 벗어나지 않았다. 교회의 종들을 녹여 대포로 만든 일은 전쟁을 위한 그러한 엄청난 노력을 보여주는 변함없는 상징으로 남아 있다.[16]

14) 각주 ④ 참고.
15) Riasanovsky, op. cit., p. 222.

이렇게 하여 재건·강화된 러시아 군대는 점차 스웨덴을 압박하여 1701∼1702년 사이에 핀란드만까지 진출하였고, 동시에 표트르 대제는 발트 함대를 창설하여 이들이 육군과 공동으로 작전을 펴게 하였다. 결국 이러한 적극적인 전쟁수행은 전비조달을 위해 백성들에게 가혹한 세금을 물게 하였으며, 그 결과 돈강 까자크인들을 필두로 한 여러 불만세력들이 반란을 일으켜 나라 사정이 불안하고 어려워지기도 하였다. 그러나 표트르는 강력한 통치권을 발휘하여 국정을 안정시키고 1709년 7월 자신이 직접 참여·지휘한 뽈따바 전투(Полтавская битва)[17]에서 스웨덴 군을 결정적으로 궤멸시킴으로서 북방전쟁에서의 승리를 확실하게 보장받을 수 있는 계기를 마련하였다. 물론 뽈따바 승리 이후 러시아의 팽창에 긴장한 프랑스와 스웨덴의 충동질로 1710년 터키가 러시아에 선전포고를 함으로써 러시아는 한 때 극도의 위기를 맞이하기도 하였다. 그러나 표트르 대제는 우선 강화조약으로 어려움을 넘기고 나서부터 계속 성공적으로 전과를 거두어 1713∼1714년 사이에는 핀란드의 대부분을 점령하고, 1717년에는 파리로까지 여행을 하여 다시 한 번 더 서구의 발전된 많은 것을 보고 배웠다. 반면에 스웨덴의 칼 12세는 1718년 12월 노르웨이에서 있었던 한 조그마한 전투에서 전사하고, 그의 뒤를 이은 프레데릭 1세는 스웨덴의 본토까지 압박해 들어오는 표트르 대제의 군대에 견디지 못하고 패배를 자인하면서 결국 1721년 8월 러시아와 뉘쉬타트 평화조약(Ништадтский мирный договор, Treaty of Nystadt)[18]을 체결하였다. 이로써 표트르 1세는 북방전쟁에서 최후의 승리자가 되었고, 그 결과 발트해는 러시아의 수중으로 들어왔으며, 동시에 러시아는 유럽 열강의 대열에 들어서게 되었다. 그리

16) Ibid.

17) Сыров, там же, с. 111∼114.

18) 북방전쟁의 종결로 러시아와 스웨덴 간에 맺어진 평화조약으로 러시아는 리보니아, 에스토니아, 까렐리아의 일부 및 발트해 일부 섬들을 획득하고 발트해로의 진출을 확보하였다. 한편 스웨덴은 핀란드를 회복하였으나 배상금을 지불하게 되었으며, 발트해에 대한 패권을 상실하였다. "Ништадтский мирный договор 1721," *Большая советская энциклопедия,* 1974 изд.

고 표트르 1세, 대제는 1721년 원로원의 결정에 따라 조국의 아버지로서 황제(император)라는 칭호를 부여받음과 동시에 러시아는 제국(империя)으로 선포되었다.

Ⅲ. 개혁의 실제[19)]

대내외적으로 아직 어린 나이에 간난(艱難)과 신산(辛酸)의 17세기 후반을 겪고 난 표트르 1세는 러시아를 서구와 연결시킴으로써 조국을 근대화하고자 하였다. 그래서 서유럽으로의 진출을 위해 필연적으로 발트해를 장악하기 위한 북방전쟁을 수행할 수밖에 없었다. 그리고 이 전쟁수행에 합당한, 꼭 전쟁과 직접적인 관계가 없다고 하더라도 이러한 역사적 흐름에 보조를 맞추어야만 하는 제반 개혁에 착수해야만 했다. 그래서 수행된 개혁들 가운데 특히 군사개혁과 산업개혁, 행정개혁, 그리고 신성종무원(神聖宗務院, Святейший синод, 1721～1917)의 창설을 통한 교회개혁이 가장 중요하게 이루어졌으며, 이들 개혁은 러시아 중앙집권주의의 발달, 즉 표트르 대제의 절대적 중앙집권주의의 확립에 결정적인 역할을 하였다. 왜냐하면 표트르 대제는 중앙집권화 된 절대권력에 의해서만이 개혁은 가능하다고 생각했기 때문이다.[20)]

1. 군사개혁

표트르 1세의 본격적인 제(諸)개혁을 유인시킨 것은 앞에서도 언급했지만 17세기에서 18세기로 넘어가는 과정에서 역사진행이 요구하는 필연성

19) Академия наук, Институт истории, Л. Г. Бескровный и т.д. ред. *История СССР, т. III: Превращение России в великому державу·Народные движения XVII-XVIII вв.*(Москва: Наука, 1967), с. 225～250; Сыров, там же, с. 115～118; Riasanovskyy, op. cit., pp. 227～237; Massie, 閔坪植 譯, op. cit. pp. 485～521 참고.

20) Сыров, там же, с. 109.

(당위성)이었다. 이러한 역사적 당위성에 대한 표트르 1세의 해결방식은 우선 발트해를 따라 대서양으로 진출하여 서구와 교류하고, 그래서 선진 서유럽을 모델로 조국을 근대화시키는 것이었다. 따라서 그는 발트해로 나가기 위해 스웨덴과 전쟁을 벌였으며, 이 전쟁을 성공적으로 수행하기 위해 매우 급진적으로 군사개혁을 단행하였다. 이처럼 표트르 대제의 군사개혁은 스웨덴과의 전쟁이 가장 직접적인 원인이 되었다.[21)]

우선 표트르 대제의 군사개혁을 위한 조치들은 서유럽을 모방함과 동시에 급진적이고 지속적으로 이루어졌다. 사실 표트르 대제 이전의 러시아 통치자들도 군대를 가지고 있었지만 당시 서유럽 열강의 군대에 비해서는 그 조직이 매우 빈약하고, 기술이 부족하여 일반적으로 질이 낮은 군대였다. 그들은 싸움을 위해 모였다가 싸움이 끝나면 해산되었었다. 그러나 이들 군대는 점차적으로 서유럽인 장교들과 전문가들을 영입하여 정규군 성격을 띠기 시작하였다. 바로 이 과정에서 나타난 것이 이반 4세 때 창설된 궁정 근위대 성격의 소총병들(стрельцы, 화기로 무장된 최초의 러시아 상비군)이다. 그러나 이들은 여전히 모스크바에 주둔해 있으면서도 다양한 장사와 기술직에 종사했으며, 기껏해야 반(半)전문적인 군대의 성격을 띠었다. 그러면서도 자주 정치적인 권력다툼에 끼어듦으로써 훗날 표트르 대제에 의해 크게 처벌당한 뒤 해산까지 당하고 말았다. 그리고 표트르 1세는 실질적 집권 초기인 1704년 이전에 벌써 일반 징병제도를 만들고 군대를 재편성함으로써 근대화를 향한 군사개혁을 단행하였다. 특히 모스크바 국가 형성 이래로 줄곧 군역(軍役)을 담당해왔던 귀족(дворянин)들의 의무는 훨씬 더 효과적으로 강화되었으며, 이들은 평생토록 자신들의 연대와 함께 머물러야 했다. 또한 특별한 곳에 임무가 요구되는 성직자, 상인조합의 구성원들을 제외한 모든 계급들이 징병의 의무를 지게 되었다. 동시에 한번 징집된 병사는 가족과 직업으로부터 떨어져 평생토록 복무케

21) 물론 흑해를 장악하고, 이를 통해 지중해, 인도양으로까지 진출하고자하는 러시아의 역사적 야망 또한 당시 표트르 대제가 군사개혁을 추구하는 주요한 원인이기는 했으나 대제의 서구화 개혁 추구의 측면에서 볼 때 우선순위에서 그것은 발트해로의 진출 다음의 문제였다.

하였다. 이들의 복무 기간은 18세기 마지막 10년 동안에 와서야 겨우 25년으로 줄어들었다.[22]

한편 대규모의 군대를 확보한 뒤에 표트르 대제는 계속해서 그들을 근대화 시켜 나갔다. 그는 자신이 직접 새로운 군사교범을 소개했고, 모든 무기의 조작법으로부터 각급 단위의 군대지휘에 이르기까지 모든 것을 더욱 새로운 방향에서 습득하도록 노력하였다. 그리고 귀족이나 농노나 똑같이 징병된 사람은 모두가 마찬가지로 밑바닥부터 쌓아 올라가면서 정확히 자신의 실력이 보장해주는 만큼 빠르게 그리고 높이 승진하도록 보장하였다. 특히 군사 편제상의 중대한 변화들에는 정예 근위연대들을 포함한 수많은 정규연대들의 창설, 화승총과 총검의 채택 등이 획기적이었다. 또한 표트르 대제는 포위공격 기능의 중(重)포병대와 보병과 기병이 나란히 전투에 참가하는 경(經)포병대도 발전시켰다. 이와 같이 개선된 러시아 군대는 그의 통치 말기에 이르러 육군 정규군의 수가 21만 명에다, 까자크인 군사조직이 10만에 달했다.[23] 그리고 "육군의 경우보다 훨씬 더 큰 러시아 해군은 표트르 대제의 창작품이었다. 강력한 해군은 진정으로 그의 열망중의 하나였다. 그는 무(無)에서부터 - 정확히 말하자면, 시대에 뒤떨어진 유형의 배 한 척으로부터 - 시작하여 자신의 계승자에게 28,000명이 복무하는 48개의 큰 전함과 787개의 작은 전함과 보조 전함들을 남겨주었다."[24] 당시 영국은 러시아의 배들을 같은 급에서 가장 훌륭한 영국의 배들과 비견될만한 것으로 보았다. 그래서 영국 정부는 러시아 해군의 갑작스런 부상을 크게 우려하여 러시아에서 일하는 영국 사람들을 불러들이기까지 하였다.[25] 한 마디로 이 모든 군사개혁은 표트르 1세가 거국적으로 막강한 상비군을 창설했음을 말해주는 것이다. 그리고 이와 같은 상비군의 창설은 표트르 대제의 절대권 확립에 관료제 강화 및 교회개혁과 더불

22) Riasanovsky, op. cit., pp. 228∽230.
23) Ibid., p. 229.
24) Ibid., pp. 229∽230.
25) Ibid.

어 결정적인 역할을 하게 되었다.

2. 산업개혁[26)]

표트르 대제 이전의 러시아에서 공업은 그 발전이 완만하여 수공업이나 가내공업 수준을 벗어나지 못하였다. 1698년 서유럽 순방으로부터 급거 귀국한 대제는 먼저 군수산업 육성에 착수하여 화포, 화약, 소총공장을 세웠다. 또한 마구(馬具)와 군화 생산을 위해 피혁공장을 세웠으며, 군복을 제조하는 방직공장과 조선소까지 건설하였다. 그러다가 뽈따바 전투(Полтавская битва, 1709)[27)] 이후 군수품 수요가 감소하자 대제는 군수산업을 러시아 경제발전과 국민생활 수준향상 분야로 돌려서 중상주의 정책을 강력히 실시하였다. 특히 국내산업을 적극 장려하여 재정유출과 수입을 대폭 감소시키는 한편 세금 징수의 원천을 확대하였다. 동시에 외국제품에는 두 배나 비싼 세금을 부과하여 국내 제조산업을 보호·육성해나가기도 하였다. 그러나 당시 러시아 귀족들은 어떠한 종류의 무역이나 산업 장려책도 이를 못마땅하게 생각했다. 그래서 대제는 강권을 발동하기도 하고 설득하기도 하면서 무역과 산업에 종사하는 것은 군대나 관리직에 종사하는 것과 조금도 다를 바 없이 국가를 위해 봉사하는 영광된 일이라고 역설했다. 또한 정부는 다수의 직물공장을 건설하여 일반 상인들로 하여금 운영하도록 하고, 추후 공장 건설비를 상환케 하는 배려를 하였다.

표트르 대제의 산업진흥 정책 실시 기간 중 국가와 사기업체 간에 생산적인 협조관계가 잘 이루어진 분야는 광산업과 중공업이었다. 당시 러시아에는 약 20여 개의 국영 및 민영 제철공장들이 있었으며, 표트르 대제는 일찍부터 자원개발에 역점을 두었다.[28)] 뽈따바 전쟁 후 대제는 광맥 시추자들을 우랄 산맥 곳곳에 파견하여 새로운 광맥을 찾아내도록 하였다. 그 결과 순도가 높은 광석이 풍부하게 발견되었으며, 예까쩨린부르그를 중심

26) 이 부분에 대해서는 특히 Massie, 閔坪植 譯, op. cit., pp. 500∼511을 참고.
27) Сыров, там же, с. 111∼114.
28) Massie, 閔坪植 譯, op. cit., pp. 501∼502.

으로 거대한 광공업단지가 건설되었다. 또한 표트르 대제는 자원의 이동과 산업개발에 따른 효과적인 물류관리를 위하여 상선단과 운하의 건설을 시도하였다. 당시 대제는 러시아의 상선이 러시아의 생산품을 싣고 서유럽으로 진출하기를 기대하였으나 서유럽 해양국가들의 견제로 기대만큼 이루지는 못하였다. 그러나 국내 물류관리에 필수적이라고 여겼던 운하건설 공사만큼은 성공적으로 이루어져서 그가 원하는 대로 내륙의 강들은 남과 북, 동·서로 연결되어서 원료와 상품의 유통을 원활하게 하였다. 그 결과 표트르 대제에 의하여 시작된 운하의 건설은 오늘날까지 러시아 상업의 대동맥을 형성하게 되었으며, 이 운하로 인하여 대형 선박들이 흑해와 카스피해는 물론 발트해 및 백해를 왕래하면서 오늘날까지도 러시아 경제에 활력을 불어넣고 있는 것이다.

그렇지만 이상과 같은 산업개발과 운하건설, 그리고 또 전쟁 수행을 위해서는 백성들의 막대한 육체적 희생과 더불어 재정적 부담이 요구되었다. 즉 국가의 상업이 번성하고 산업활동이 활발해져서 세입원이 확대되기도 했지만, 아직은 태반이 부족한 재원을 조달하기 위해 짜리 당국은 백성들에게 보다 많은 세금을 부과할 수밖에 없었다. 그래서 당시까지 주민들의 전통적 기본세금인 가구 수에 의한 거주세를 1724년 사람의 머릿수에 의한 인두세(人頭稅, подушная подать)[29]로 대체하였다. 왜냐하면 많은 국민들이 군대나 운하건설, 조선소 및 공장건설에 동원되면서 가구 수가 줄고 또 세금을 피하기 위해 귀족 및 농민들이 가구 수를 조사하는 세리에게 뇌물을 주는 관행이 만연하자 인구조사를 철저히 하여 인두세로 세수를 확보하고자 했기 때문이다. 이와 같은 인두세의 징수는 표트르 대제에게 재정문제를 해결해주기는 하였지만 결과적으로 농민들에게는 커다란 부담을 주었으며, 농민들을 농지에 고정시킴으로써 농노제를 강화시키는 결과를 초래하였다. 결국 표트르 대제의 인두세를 근간으로 하는 조세정책은 국가 강화를 위해서는 성공적이었다. 그래서 "황제가 죽었을 때

29) "Подушная подать," *Большая советская энциклопедия*, 1975 изд.

러시아 정부는 한 푼의 외채도 없었다. 외국의 원조나 차관을 조금도 들이지 않고도 21년 동안의 전쟁을 치렀고, 거대한 함대를 창설했으며, 새로운 수도를 건설하였고, 새로운 항구와 운하를 건설하였다. 그렇지만 당시 국민에게는 아주 무거운 짐을 지게 하였다."[30] 이로써 또한 표트르의 제국 러시아에서는 지배자와 피지배자 사이의 간격은 더욱 깊어지고 벌어지게 되었다.

3. 행정개혁[31]

주지하다시피 표트르 1세는 모스크바 국가의 짜리(царь)이자 전제군주로서 제위에 올랐다. 그러면서 스스로 모스크바 전통의 군주권 신수설에 의한 전제정치(самодержавие)를 믿었고, 여기에다 지배자와 피지배자 국민들 간의 관계들에 대해 서구식 절대군주정치의 통치 이데올로기를 접목하였다. 그것이 바로 표트르 대제의 상비군 창설과 행정개혁을 통한 관료제의 정비·강화이고, 이에 따른 절대군주제의 확립이었다. 대제는 모스크바 국가에서 절대권력에 방해되는 모든 전통적 장애물들을 제거하고자 했으며, 이를 가장 상징적으로 잘 보여주는 것이 그가 자신의 칭호를 모스크바식인 짜리(царь)에서 1721년 서구식 최고 통치자의 칭호인 임뻬라또르(император)로 바꾼 사실이다.

표트르 대제가 모스크바적 전통을 청산하고 서구식 새로운 정부기관을 창설하면서 수행한 행정개혁의 가장 주된 모습은 우선 짜리가 절대권을 행사하는 데 거추장스럽고 때로는 방해가 되는 귀족회의(Боярская дума)나 전국회의(Земский собор)의 소집을 중단한 것이다. 대신에 그는 1711년 원로원(Сенат)을 창설하여 국가의 모든 사법·재정·행정적 업무를 어용적인 원로원으로 하여금 지휘·감독케 하였다. 처음에는 다만 짜리의 부재기간만을 위해 설립되었던 원로원이 점차 상설기관으로 되면서 여러 부속

30) Massie, 閔坪植 譯, op. cit., p. 511.
31) Ibid., pp. 485∼499; Riasanovsky, op. cit., 230∼234 참고.

기관을 거느리고 황제의 명을 받은 사무총장이 실권을 행사하였다. 또한 표트르 대제는 1717년 서로 업무가 중첩되고 다루기 어려웠던 중앙부처들의 명칭을 쁘리까즈(Приказ)로부터 꼴레기야(Колегия)[32]로 개칭하면서 중앙행정을 정비하였다. 그 결과 중앙부처는 외무, 육군, 해군, 국가 경비, 국가 수입, 재판, 재정적 검사와 통제, 상업, 제조업 등 9개 분야로 정리되었으며, 곧이어 채광업, 토지, 도시 조직을 다루는 3개 분야가 더 창설되었다. 그리고 각 꼴레기야는 효과적으로 업무를 수행함과 동시에 상호견제를 통해 황제의 권력행사가 완벽한 것이 되도록 구성되었다.[33] 이 꼴레기야는 그 후 알렉산드르 1세 시대에 미니스쩨르스뜨보(Министерство)로 대체되기까지 거의 1세기 동안 지속되었다.

지방행정 분야에서도 역시 개혁이 이루어졌다. 1699년 세금징수를 촉진시키고 좀 더 많은 국가수입을 얻기 위해 도시들이 재편되었다. 정부를 위해서 상인들에 의해 운영되었던 지방조직은 재정 이외의 것을 별로 고려하지 않은 것으로서 모스크바 국가의 관례들로부터 비롯된 것이었는데, 표트르 1세는 발전된 서유럽의 경향들을 따라 철저히 지방자치적인 개혁을 도입했다. 그것은 바로 선출원칙에 근거하여 도시민들의 진취성과 활동을 진작시키기 위해 의도되었던 것들이었다. 이러한 시도로 1708년 이후 러시아는 8개, 10개 마지막에는 11개의 거대한 지방정부로 나누어지게 되었다. 그러다가 다시 1719년 입법조치로 충분히 발전된 그리고 지극히 광범위한 체계가 등장하였다. 즉 각각의 보예보다(воевода)[34]를 최고 우두머리로 하는 50개의 구베르니야(道,губерния)가 주요 지방행정 단위가 되었다. 이 구베르니야들은 위원들에 의해 관리되는 우예즈드(郡,уезд)로 다시 세분되었다. 예부터 있어왔던 모스크바 국가의 관례인 꼬르믈레니예(кормление)[35] 관행은 더 이상 존재하지 않게 되었고 모든 관리들은 봉

---

32) "Колегии," *Большая советская энциклопедия,* 1973 изд., с. 424.

33) Riasanovsky, op. cit., pp. 230～232.

34) 군사권과 행정권, 즉 문무 양권을 겸한 지방장관으로서 모스크바 국가의 전통이었음. Сыров, там же, с. 66. "Воевода," *Большая советская энциклопедия,* 1971 изд.

급을 받았다. 이와 같은 내용의 행정개혁은 지방기관들에게 그 지방의 보건, 교육, 경제적 발전의 책임까지를 맡김으로써 어느 의미에선 서구의 수준을 넘어서는 것 이기까지도 하였다. 그러나 표트르 대제의 이와 같은 개혁 의도는 지나치게 시기상조적인 것이었고, 특히 이러한 개혁에 알맞은 관리들을 구할 수 없음으로 해서 성공적이지 못했으며, 하층 러시아인들의 실제적인 생활개선에도 도움을 주지 못했다.

한편 표트르 대제는 귀족들(дворянство)에 대해 봉사의 의무를 고집했다. 물론 이들의 국가에 대한 봉직은 이반 4세 이래로 있어 왔던 것이었지만 표트르 대제 아래서 훨씬 더 무거웠을 뿐만 아니라 좀 더 정연하고 지속적인 의무가 되었다. "귀족계급의 모든 구성원들은 필수적으로 약 16살 때부터 죽을 때까지 봉사를 해야만 했는데, 황제 자신이 종종 14살 혹은 심지어 10살 정도의 어린 소년들에게 시험을 내어 그들을 여러 학교와 직업들에 배정하였다. 보통 모스크바에서 열리는 검열 후에 젊은 귀족들이 공직의 군사 부문과 민간 부문에 배치되는 비율은 대강 2/3에서 1/3이었다. 표트르 대제는 육군이나 해군의 경우와 마찬가지로 민간 공무원들의 경우에도 모든 신참자들은 밑바닥부터 시작하여 오직 자기 실력에 따라 승진해야한다는 것을 주장했다. 그래서 1722년 대제는 서로 병행하는 군사봉직, 관료봉직, 궁정봉직에서 다다를 수 있는 14개 등급으로 된 관등표(Табель о рангах, the Table of Ranks)[36)]를 공표했다."[37)] 바로 이와 같은 관료제의 정비로 표트르 대제는 새로운 면모의 상비군 창설·강화와 더불어 절대군주권을 확고하게 다졌던 것이다.

---

35) 부지제도(扶持制度)라고 번역된다. 모스크바 공국 시대에 시작된 지방장관 및 귀족들에 대한 일종의 급여제도로서 이들에게 부여된 지방자유과세권에 의해 재원이 충당되었다. 따라서 이 제도는 지방장관이나 관료, 귀족들이 중앙정부로부터 어느 정도 상당히 자유로울 수 있는 근거가 되었다. Сыров, там же, с. 66~67. "Кормление," *Большая советская энциклопедия,* 1973 изд.

36) "Табель о рангах," *Большая советская энциклопедия,* 1976 изд.

37) Riasanovsky, op. cit., 235~236.

4. 교회개혁[38]

표트르 1세 시대에 종교개혁을 통한 교회조직의 변화는 그의 개혁 가운데 가장 특기할만한 것이었다. 왜냐하면 그의 교회조직 개혁은 러시아의 전통적 정치문화의 핵심적 내용의 하나인 중앙집권주의와 러시아 최고통치자의 절대권 행사의 문제와 가장 밀착되어 있는 문제이기 때문이다. 사실 표트르 1세는 매우 세속적이고 현실주의적인 사람이었다. 그는 성경의 해석이나 교리보다는 앞에서도 줄곧 언급해왔지만 국가번영에 관해 더욱 관심이 있었다. 그가 치른 수많은 전쟁들 가운데 종교적인 문제가 원인이 된 것은 하나도 없다. 그러나 한편 그는 신(神)의 무한한 능력을 믿었고 삶과 죽음, 승리와 패배 같은 모든 일이 신의 주관에 의해서 이루어진다고 믿었다. 그래서 전투에서 승리를 할 때마다 감사의 예배를 드렸다. 동시에 그는 황제의 경우 백성보다 신에 대한 책임이 더 중하며, 또한 신은 황제에게 백성을 다스리는 의무를 부여한 것이라고 믿었다. 그리고 신에게 가장 훌륭하게 봉사하는 방법은 무엇보다도 국가의 힘과 번영을 위해 열심히 일하는 것이라고 생각하였다.[39]

또한 표트르 대제는 예배드리는 형식이 중요한 것이 아니라 신에게 드리는 예배 그 자체가 중요하다고 믿었기 때문에 다른 기독교 종파에 대해서도 매우 관대하였다. 그는 국교인 러시아 정교를 해치지 않는 범위 내에서 개신교나 천주교, 침례교파의 정당성을 승인해 주었고 모든 종교를 인정하고자 했으며, 러시아에 살고 있는 외국인들은 결혼이나 기타 종교행사를 거행함에 있어서 그들 나름대로의 절차대로 거행하도록 허락하였다. 다만 새로 태어나는 아이는 러시아 정교회의 신앙을 갖게 해야 한다는 조건이있다. 그러나 당시 러시아 정교회의 지도자들은 이러한 표트르 대제의 정책을 달갑지 않게 생각했으며, 예배를 어떻게 올려야 하는가 하는 의식이 무엇보다도 더 중요하다고 생각하였다.[40]

---

38) Massie, 閔坪植 譯, op. cit., pp. 512~521 참고.

39) Ibid., p. 512.

40) Ibid., pp. 512~513.

한편 표트르 대제는 상당한 기간에 걸쳐서 러시아 정교회의 비정통파 교도, 즉 분리파 교도들(раскольники)[41]에 대해서도 관용을 베풀었다. 표트르 대제 이전의 러시아 총주교청은 분리파 교도들을 신랄하게 비판하고 탄압하였으나 대제는 이들의 신앙이 국가에 유익한 것이냐, 해가되는 것이냐 하는 것이 중요하지 단지 예배의식이 다르다 하여 배척할 필요는 없다고 생각하였다. "그들이 좋아하는 종교를 믿도록 내버려두어라. 정당한 이성으로 그들이 신봉하는 미신을 막을 수 없다면 불이나 칼로도 그들의 미신을 막을 수는 없다. 그러니 그들을 박해하는 것은 어리석은 짓이다. 도리어 국가에 쓸모가 있도록 잘 인도하라"라고 표트르 대제는 지시하였다.[42] 그러면서 짜리는 거듭 교회란 모름지기 사회에 유리한 존재가 되어야 한다고 역설하고, 러시아 교회의 신부들이 국가를 위해 해야 할 가장 유익한 일은 영혼을 구제하는 것뿐만 아니라 백성들을 가르치는 일이라고 언명하였다. 왜냐하면 당시 러시아에는 학교가 없었기 때문에 신부들만이 전국에 흩어져 사는 농부들을 계몽할 수 있는 유일한 존재였다. 그러나 이러한 표트르 대제의 의도와는 달리 당시 교회는 참으로 무능한 기구에 불과했다. 많은 신부들이 무식했고 일부 신부들은 미신을 믿기까지 했기 때문이다. 그래서 표트르 대제는 이와 같은 교회의 취약점을 극복하기 위해 많은 신부들을 끼예프에 있는 신학교로 보내어 신학뿐만 아니라 설교하는 방법까지도 익히도록 했다.

이상과 같은 교회의 상황 속에서 1700년 10월 우직하고 보수적 성격을 지닌 하드리안(Hadrian) 총주교가 죽자 표트르 1세는 총주교좌를 공석으로 놓아두었다. 왜냐하면 표트르 대제는 당시 북방전쟁의 나르바 전투에 나가 있어서 총주교의 후임을 생각할 겨를도 없었지만 또한 자기의 권위

41) Сыров, там же, с. 97∼100 참조.

42) Massie, 閔坪植 譯, op. cit., p. 513. 분리파 교도들은 표트르 대제의 이러한 정책에도 불구하고 계속해서 변방 지역에 머물러 살면서 총주교청의 권위에는 복종하기를 거부하였다. 그러나 국가에 대한 납세의 의무는 착실히 지키면서 만족한 생활을 하고 있었기 때문에 짜리는 이들을 숲 속에서 나와 살게 해보려고 여러 가지 수단을 강구해보았으나 실패했으며, 이들은 더 깊은 숲으로 들어가면서 시베리아 오지까지 파고들었다.

에 도전하지 않을 사람으로서 교회의 개혁을 짜리의 뜻에 따라 해줄 수 있는 마땅한 인물이 없었기 때문이다. 이처럼 총주교의 직위를 공석으로 놓아둔 채 우선 정부기관인 수도원청(修道院廳)을 통해 교회를 관리하고자 한 표트르는 모든 교회의 재산을 수도원청이 맡게 하였고, 교회의 영지에 속해있는 농노들에게 부가하는 세금징수 권한도 수도원청이 가지게 하였다. 그렇게 함으로써 교회 수입의 대부분이 국가재정으로 직접 흡수되었으며, 교회의 관리들에게는 국가에서 봉급을 주는 제도를 택하게 되었다. 그러다가 표트르 1세는 1716년 본격적인 교회개혁을 위해 페오판 쁘로꼬뽀비치(Феофан Прокопович, 1681~1736)[43]라는 인물을 발탁하였다. 이 사람은 끼예프 출신의 성직자로서 행정가이고 개혁가이자 선동가이면서 매우 정력적인 인물이었다. 그는 표트르 1세를 전 러시아 역대 왕조 중 가장 탁월한 지도자라고 칭송하면서, 최고의 권력은 신에 의해 짜리에게 수어신 것이라고 주장했다. 또한 그는 국가에 대한 봉사활동과 충성심의 발휘에서 승려가 예외적일 수 없다고 주장하였으며, 군대가 국가에 속해있는 거처럼, 종교도 국가에 예속되어있다고 주장하였다. 표트르 1세는 1718년 말 이러한 생각을 가지고 있는 쁘로꼬뽀비치에 명하여 소위 교회법이라고 불리는 교회헌장을 작성케 하고 스스로 교정과 수정을 가한 후에 러시아 정교회의 새로운 제도를 선포하기에 이르렀다.

새로운 교회법은 1721년 황제의 포고령으로 선포되었고, 이 새 규정에 따라 주교들은 신부들을 교육시킬 학교를 설립해야 했으며, 신부들 또한 역사, 정치, 물리, 지리, 체육 및 수학을 의무적으로 공부해야만 했다. 그러나 이 교회법에서 무엇보다도 가장 특징적인 것은 교회의 최고기구인 총주교제(патриаршество)가 폐지되고 그 대신 신성종무원(Святейший синод)이 설립된 것이다.[44] 또한 10~12명의 성직자들로 구성된 이 신성종무원의 업무를 감독하기 위하여 비성직자 관리인인 종무원 사무국장을 임명함으로써 과거

---

43) "Прокопович, Феофан," *Большая советская энциклопедия*, 1975 изд.
44) Riasanovsky, op. cit., p. 232.

"모스크바 국가가 짜리와 총주교라는 두 명의 최고지도자를 갖고 있었다면, 상트페테르부르크 시대(1712∽1917)에는 짜리만이 남게 되었다."[45] 이제 교회행정은 정부의 한 부서가 맡게 되었으며, 교리를 제외하고는 교회의 모든 일이 짜리의 통치하에 운용되었고, 새로 임명되는 성직자들은 황제 앞에 나아가 충성을 맹세하게 되었다. 이로써 러시아 정교회는 국가의 보호 아래 확실한 국교의 자리를 보장받았다. 결국 표트르 대제는 이처럼 그가 통치하는 국가에서 자기 다음으로 힘을 집결시킬 수 있는 가장 강력했던 경쟁단체를 무력화시킴으로써 확실하게 절대통치권을 장악하게 되었다. 즉 이와 같은 종무원 사무국장제도의 실시는 단적으로 국가에 의한 교회의 지배를 말하는 것이며, 이는 바로 황제 자신의 교회지배를 의미한다. 따라서 표트르 대제의 교회개혁에 의한 신성종무원의 설립은 988년 그리스 정교가 러시아에 전래된 이래 야로슬라프 무드르이(1019∽1054) 공후의 러시아인 부주교(府主教) 및 주교의 독자적 임명,[46] 1589년 보리스 고두노프(攝政 1585~98; 짜리 1598~1605)에 의한 최초의 러시아 총주교좌 설치[47] 등을 거치면서, 동로마 제국의 강력했던 통치 이데올로기인 중앙집권적 황제교황주의(цезарепапизм)[48]가 러시아 땅에 완전히 실현되었음을 보여주는 것이었다.

이상과 같은 군사, 산업, 행정, 교회 등의 개혁 외에도 표트르 대제는 경제와 재정 및 교육·문화 등의 분야에서 획기적인 개혁들을 단행하였다.[49] 그러나 이러한 개혁들은 어디까지나 군주의 절대권을 강화하여 제반 개혁들을 성공적으로 이끎으로서 군대를 강화하고, 나아가 전쟁에서의 승리를 뒷받침하기 위한 것에 지나지 않았다.

45) Ibid., 233.

46) Сыров, там же, с. 21.

47) Nicolas Zernov, *The Russians and their Church*, 위거찬 역, 『러시아 정교회사』(서울: 기독교문서선교회, 1991), p. 96.

48) 황제교황주의(Casaropapismus)란 교황황제주의(Papocasarismus)에 대비되는 것으로서 教權을 俗權의 하위에 두어, 세속권의 首長인 군주 즉 황제가 종교권의 수장인 교황을 겸하는 원칙을 말한다. "皇帝教皇主義," 『政治學大辭典』(서울: 博英社, 1975); "Цезарепапизм," *Большая советская энциклопедия,* 1978 изд.

49) Riasanovsky, op. cit., pp. 234∽237.

Ⅳ. 결 론

국가주의자이자 애국주의자이고 절대주의자인 표트르 대제는 또한 현실주의자로서 그의 최대 목표는 러시아 국력의 강화였다. 더군다나 표트르 대제가 실권을 장악하고서 본격적인 국가 통치의 길에 들어선 17세기에서 18세기로 넘어가는 시기의 러시아는 대내외적으로 국가와 민족의 생존을 위해서도 국력확장을 위한 일련의 대개혁들을 실시해야만 할 시점에 놓여있었다. 따라서 표트르 대제는 본인의 선견지명에 의해서 뿐만 아니라 역사전개에 따른 당위적 요구에 의해서도 국가개혁을 통한 국가강화의 길에 나서야만 했던 것이다. 그리고 그에게 있어서 국가개혁은 바로 모스크바적 전통을 떠나 서구를 지향하는 서구화 개혁을 의미하였으며, 국력확장은 곧 흑해와 발트해로의 진출을 통한 국력신장이었다. 따라서 표트르 대제의 입장에서는 흑해로 진출하기 위한 터키와의 전쟁, 특히 발트해로의 진출을 위한 스웨덴과의 전쟁은 불가피한 것이었다.

이상과 같은 맥락의 선상에서 표트르 대제는 서구화 개혁과 대외전쟁을 동시에 수행하였다. 따라서 그의 모든 국가개혁은 우선 대외전쟁의 승리를 위하여 수행될 수밖에 없었다. 그 결과 우선적으로 군사개혁이 실시되었으며, 다음으로 전쟁의 성공과 군사개혁을 뒷받침하기 위한 산업개혁이 이어졌고, 다시 전쟁수행과 모든 개혁들을 성공적으로 수행하기 위한 조치로 행정개혁과 종교개혁, 나아가 교육·문화개혁 등이 뒤따랐다. 특히 행정개혁과 종교개혁은 결과적으로 철저하게 군주의 통치권을 강화하기 위한 방향에서 이루어졌다. 왜냐하면 "표트르 대제는 절대주의에 대한 확실한 신념을 갖고서 스스로를 전권을 가진 나라의 주인이라고 생각했으며,"[50] 오직 중앙집권화 된 절대권에 의해서만 개혁의 수행이 가능하다고 생각한 인물이었기 때문이다. 그 결과 표트르 대제의 국가통치와 모든 개혁의 결과는 국가의 강화와 더불어 군주의 절대권이 강화된 모습으로 나타나고

50) Сыров, там же, с. 109.

말았다. 그리고 그것은 전통적인 러시아 정치문화의 2대 핵심요인 중 하나인 중앙집권주의에 자연스럽게 부합되는 것이었다.

이상에서 고찰한 바와 같이 군주의 중앙집권적 절대권에 의한 전형적인 위로부터의 개혁인 표트르 대제의 제(諸)개혁은 획기적으로 국력을 신장시키고 국가발전을 이룩하기는 했지만, 개혁의 과정을 통해 러시아 땅에 특권적 관료계급을 형성시켰고, 국가 통제주의를 초래했으며, 농노제를 강화시킴으로써 지배자와 피지배자 사이의 간격을 더욱 깊고 넓게 만들고 말았다. 따라서 대다수 국민인 피지배계급의 생활조건이나 복지 증진을 위한 개혁이 되지 못하고 오히려 군주의 절대권과 지배계급의 권익만을 강화시키는 결과를 초래한 그의 개혁은 그것이 역사적으로 불가피한 것이었다 할지라도 훗날의 러시아 역사에 커다란 짐을 지워주고 말았다. 그래서 바로 러시아 근대 사학(史學)의 아버지 끌류체프스끼(В. О. Ключевский, 1841～1911)가 인민의 이익이 국가의 조직과 권력에 의해 희생당하는 조국 러시아 역사의 모습을 보고 "국가는 살쪄 가는데, 인민은 여위어 갔다"[51]라고 갈파한 것은 러시아 역사의 한 특징에 대한 놀라운 경구인 것이다. 사실 "표트르 대제의 개혁은 그 후의 모든 러시아 역사를 규정짓는 사실이 되었으며," 이 개혁에 대한 평가에 따라 19세기 이래 러시아의 제반 정치사상의 흐름들은 나누어지고 규정된다고 할 수 있다.[52] 서구주의(западничество)와 슬라브주의(славянофильство)의 논쟁이 그렇고 혁명민주주의(революционно-демократия), 인민주의(народничество), 허무주의(нигилизм), 무정부주의(анархизм), 유라시아주의(евоазийство) 그리고 심지어 볼쉐비즘(большевизм)까지도, 나아가 오늘날 블라지미르 푸틴(2000～2008)의 강력한 중앙집권적 위로부터의 개혁정책까지를 포함한 국가주의(statism, этатизм) 등을 이해하는 열쇠가 바로 표트르大帝 개혁의 성격 규명 속에 있다 하겠다.

---

51) Бердяев, там же, с. 248.
52) Там же, с. 251.

참고문헌

기연수. “러시아文化와 소비에트文化 사이의 繼續性과 斷絶性: 정치문화적 요소를 중심으로,” 『슬라브研究』, 제14권. 1998.

_____. “상트-페테르부르크로의 천도(遷都) 논의의 현황과 배경, 그리고 전망,” 『슬라브研究』, 제20-1권. 2004.

『政治學大辭典』. 서울: 博英社, 1975.

『世界史大辭典』. 서울: 民衆書館, 1976.

Massie, K. Peter The Great, 민평식 역, 『피터大帝』. 서울: 兵學社, 1983.

Zernov, Nicholas. The Russians and their Church, 위거찬 역, 『러시아 정교회사』. 서울: 기독교문서선교회, 1991.

Riasanovsky, Nicholas V. *A History of Russia*. 4th ed. New York: Oxford Univ. Press, 1984.

Большая советская энциклопедия. Москва: Советская энциклопедия, 1969～78.

Бердяев, Н. А. *Философия свободы·Истоки и смысл русского коммунизма*. Москва: ЗАО «Сварог и К», 1997.

Бескровный Л. Г. и т.д. ред. *История СССР*, т. III. Москва: Наука, 1967.

Вальшевский, К. *Пётр Великий*. Москва: СП “ИКПА,” 1990.

Сыров, С. Н. *Страницы истории*. Москва: Русский язык, 1987.

제 1 부

러시아 국가의 재건과 외교정책

개설

1991년 동시에 진행된 소련의 해체와 신 러시아의 출범은 국제질서의 지각변동을 초래한 중대한 국제정치적 사건이었다. 신 러시아가 스스로 사회주의 이데올로기를 포기하였지만 탈냉전(post-cold war)과 체제이행(system transition), 그리고 새로운 국가형성(nation-building)이라는 대내외적 환경 변인이 신 러시아의 전방위적 개혁을 추동했다. 체제전환과정에서 신생 주권국 러시아에게 부여된 당면한 개혁 과제는 정치적 민주화, 경제적 사유화, 사회적 측면의 탈(脫)국가화와 탈(脫)이념화, 다민족 국가의 운영토대인 연방화, 즉 연방시스템의 구축이었다.

다민족 국가인 현대 러시아에게 부여된 다양한 개혁 과제 가운데 민주적 연방관계의 확립은 국가의 통일성과 정치의 안정, 다양한 민족간 화합과 공존을 위해 시급히 착근시켜야할 핵심적인 이슈에 해당한다. 제1장 "러시아 연방관계의 변동: 현황과 전망"에서 박정호 박사는 러시아 연방관계의 생성과 발전과정을 옐친시대와 푸틴시대로 구분하여 '지속과 변화'라는 관점에서 분석하는 가운데 중앙과 지방간의 권한배분관계, 즉 연방관계의 본원적 성격변화가 러시아 연방주의 원칙의 기능화와 연방체제의 발전에 어떠한 역할을 담당했는지를 규명한 후, 이를 토대로 향후 연방

관계의 발전 전망을 제시하고 있다.

박정호는 중앙과 지방의 권력배분을 중심으로 한 갈등과 투쟁, 이를 조정하기 위한 타협과 거래를 특징으로 했던 옐친 정부와는 달리, 푸틴은 강한 중앙권력의 복원과 지방 엘리트들의 영향력 축소에 연방정책의 초점을 맞추었다고 지적한다. 그러나 푸틴 시기가 옐친시대와 비교해 연방체제가 상당히 안정되었음에도 불구하고, 러시아에서 민주적 연방체제의 건설과 제는 본질적으로 큰 난관에 봉착했다고 분석하면서, 연방국가의 운영과 기능화의 필수 불가결한 토대가 되는 민주화, 열린사회, 지방자치, 시민사회, 의회주의 등이 현대 러시아에서는 아직까지도 제대로 작동하지 못하고 있기 때문이라고 보고 있다.

필자는 현대 러시아에서 연방주의 발전 전망은 민주적 연방관계의 건설과 기능화를 위한 제반토대 구축에 달려있다고 지적하고, 다당제도의 정착과 효율적인 지방자치제도의 확립, 연방과 지방정부 간 명확한 법률적 권한 및 관할대상의 구분, 헌법재판소의 기능강화와 효율적 운용, 시민사회 형성을 위한 중간계층의 육성, 각 민족에 대한 폭 넓은 문화적 자치의 허용 등을 민주적 연방제도 형성을 위한 중요한 전제조건으로 제시한다.

표트르 대제의 개혁에서 군 개혁이 최우선적 위치를 차지하였듯이, 현대 러시아에서도 군 혁신은 위대한 강대국 러시아의 재현을 뒷받침하기 위해 시급히 서둘러야할 중요한 개혁 과제에 해당한다. 러시아는 옐친과 푸틴 대통령의 집권 시기를 거치는 동안 어려운 경제적 여건 속에서도 군사전력의 약화, 군 사기의 저하, 군조직의 낮은 효율성 등을 극복하기 위한 군사분야의 개혁정책 — 군 병력의 감축, 충원제도의 변경, 예산확대, 명령체계의 일원화, 군의 문민화 등 — 을 꾸준히 추진해왔다. 현재까지도 군 개혁이 지속되고 있지만 일단 푸틴 집권 8년 동안 추진된 선진 강군 육성을 위한 군 개혁은 나름대로 성공적인 것으로 보인다.

제2장 "푸틴의 리더십과 러시아의 군 개혁"에서 이홍섭 교수는 옐친과 푸틴 집권 시기 군 개혁의 내용과 방향성을 비교 검토한 후, 푸틴 집권기

의 군 개혁 프로그램이 성공적이었다고 평가하면서 그 성공의 원인을 푸틴대통령의 '실천적 리더십'이라는 관점에서 밝히고 있다. 여기서 필자는 '실천적 리더십'이란 국내외 정치, 경제적 상황에 대한 현실적 평가를 바탕으로 일부를 희생하더라도 궁극적인 목표를 성취하기 위해 실현가능한 정책을 수행해 나가는 리더십으로 규정한다.

이홍섭은 옐친과 푸틴대통령이 각각 군 개혁을 위한 다양한 정책들을 제시하였지만, 그 결과는 상이하게 나타났다고 보고, 그 중요한 이유를 군 개혁에 대한 두 지도자의 시각과 접근방식의 차이로 설명한다. 옐친 대통령은 군을 전문화된 효율적 집단으로 육성하기 보다는, 오히려 독립된 정치세력으로 성장하지 못하도록 하는데 더 몰두하였으며 동시에 자신의 권력을 연장하는 도구로 활용하였다고 지적한다. 그래서 옐친은 겉으로는 군 개혁을 외쳤지만 실제적으로는 무관심하였고, 군 예산을 급격히 감소시킨 결과 직업군인제를 통한 군의 소수정예화와 군 장비의 현대화는 요원한 과제로 남아있었으며 오히려 군 병력의 잦은 이탈과 질적 수준 및 사기 저하라는 최악의 상황이 유발되었다는 것이다.

이와 달리 푸틴 대통령은 국가이익의 실현을 위해서는 강력한 군의 재건이 필수 요건이라는 원칙적 입장에서 군의 효율성 제고 방안을 강구하였고, 서두르지 않는 가운데 실질적이고 점진적인 방식을 통해 중요한 군 개혁 과제, 즉 국방예산의 증대, 군 명령체계의 일원화, 군사력충원시스템의 변화 등을 추진하였으며, 무엇보다도 군 종사자들에게 개혁에 대한 청사진을 제시하여 스스로 군 개혁에 대한 예측과 방향을 알 수 있게 하였는데, 이것이 개혁에 대한 군부의 지지를 얻음으로써 소기의 성과를 달성했다고 지적한다. 필자는 푸틴의 군 개혁이 성공한 이유가 고유가에 따른 러시아 경제상황의 호전이라는 외적 요인도 있지만 보다 근본적인 이유는 푸틴의 정확한 개혁의 방향성과 강력한 리더십에서 찾는다.

세계적 강대국으로서 국력의 크기나 국제적 위상으로 볼 때, 오늘날 러시아는 소련의 해체와 무관하게 여전히 세계질서의 형성자로서 그 중요성을 인정하지 않을 수 없다. 글로벌 게임의 핵심적 플레이어로서 초강대국으로의 웅비를 재현하고자 하는 포스트 푸틴시대라면 더욱 그렇다. 우리는 이미 푸틴의 러시아가 정치적 안정과 경제의 플러스 고도 성장세를 토대로 "위대한 강대국 러시아의 재건"을 외치면서 슈퍼 파워(Super Power)로서의 국제적 위상을 재정립하려는 야망을 목도해 왔다.

범위를 한반도로 축소할 경우도 마찬가지이다. 러시아는 국가발전의 내적동력을 확보함에 따라 한반도에서의 영향력 확대를 꾸준히 모색해왔는데, 여기서 세계적 이슈인 북핵문제는 크레믈린 전략가들에게 다중적(多重的)인 '근심거리'를 제공하지만, 동시에 균형 잡힌 중재자로서 러시아의 지정학적 위상을 증대시킬 수 있는 중요한 기회를 부여한다. 제3장 "북핵문제에 대한 러시아의 접근: 인식, 해법, 전략"에서 홍완석 교수는 러시아와 한반도간 분리할 수 없는 지정학적 연결고리의 존재를 민감하게 인식하면서 북한 핵 문제에 대한 러시아의 인식과 해법 그리고 대응전략을 살펴보고, 이를 토대로 상대적으로 중국의 시야에 가려진 러시아 '팩터'(factor)에 착목하여 북핵 문제 해결의 건설적 중재자로서 크레믈린의 역할과 활용방안을 다면적 수준에서 고찰하고 있다.

홍완석은 현재 러시아가 스스로 북핵 문제의 중요한 '이해당사자'임을 자처하면서 6자회담에 적극 참여하여 발언권을 행사하고 있지만, 사실 러시아는 이해당사자이기에 앞서 한반도 위기를 초래한 원인(遠因) 제공자라고 주장하고, 그 논거로 다음 세 가지를 제시한다. 첫째는 과거 소련이 대북 핵 기술 제공국이었고, 둘째는 구소련의 고르바초프시대 이래 러시아의 대북 혈맹관계 해체가 북한의 핵무기 개발을 부추겼으며, 셋째는 북핵 위기의 구조적 원인이 소련의 붕괴에 따른 한반도에서의 세력균형 파괴에서 비롯된바 크다라고 강조한다.

이어서 필자는 북핵문제에 대한 정책 입안 시 크레믈린 전략가들의 주요 고려사항으로 한반도 비핵화, 미국의 대북 선제 군사공격 억제, 미국과 중국의 과도한 영향력 견제, 대남한·대미 지렛대 확보를 위한 지나친 대북 압력 자제, 북핵 다자회담의 주도적 참여를 통한 한반도에서의 영향력 확장 등을 지적하고, 이를 관철시키기 위한 구체적인 북핵 전략으로 다음 네 가지를 제시한다. 1) 핵을 포함해 대량살상무기(WMD) 개발과 그 확산을 방지하려는 글로벌 통제레짐의 차원으로서 한반도의 비핵화를 위한 미국과의 제한적인 정책 공조, 2) 미국의 패권적 전횡을 견제하는 차원으로서 북핵문제의 다자적, 평화적 해결, 3) 러시아 동북지역의 안정 유지 차원으로서 북한에 대한 고립화 봉쇄 반대와 북핵문제의 군사적 해법의 거부, 4) 한반도에 대한 영향력 및 국익 확보 차원으로서 북핵 6자회담의 주도적 참여를 통한 미국 및 중국의 독주 견제와 자국의 정치적 역할 공간 확대로 요약된다.

주지하듯, 러시아는 세계 최대의 에너지 부국이다. 러시아에게 에너지는 강한 국가 건설을 앞당기는데 기여하는 더할 나위 없이 훌륭한 물적 자산이다. 무엇보다도 고유가 시대의 도래는 러시아에게 행운이었다. 러시아는 자국의 풍부한 에너지를 경제발전의 동력으로 삼고 있고, 동시에 국제적 지위 향상과 발언권 제고를 위한 외교적 수단으로 이용해 오고 있다. 문제는 대외정치적 무기로서 러시아의 에너지 외교가 세계적 차원, 특히 유라시아 차원의 지정학적 환경에 커다란 영향을 미치고 있다는 점이다. 에너지 수출을 자의적으로 '국제시장가격'과 '우호가격'으로 책정해 공급하는 이중 가격체계가 적절한 사례가 될 것이다. 대외적 목표를 달성하기 위한 지렛대로서 러시아의 에너지 외교는 우크라이나, 벨라루시, 그루지야 등 옛 소연방 국가들의 급격한 모스크바 세력권 이탈을 적지 않게 제약하고 있다. 뿐만 아니라 한국을 포함해 미국, EU, 중국, 인도, 일본 등 주요 국가들의 대러 정책 결정과정에도 주요 변수로 작용하고 있는 게 작금의 현실이다.

동북아시아는 에너지 거대 공급국인 러시아와 거대 소비국이 인접한 공간으로서 에너지 협력의 잠재력이 매우 큰 지역이다. 실제로 한·중·일 3국은 세계 인구의 25%, 총 GDP의 18%를 차지하면서 거대 에너지 소비국이나 그 수급구조는 매우 취약한 상태이다. 특히 중국의 고도성장에 따른 폭발적인 에너지 수요증가는 동북아 지역의 에너지 수급 불균형을 심화시키고 동시에 세계 에너지 시장을 교란시키는 주요 요인으로 작용해 오고 있는데, 이런 상황에서 자원 부국 러시아가 일정수준 역내 에너지난 심화를 줄여주는 '완충재' 역할을 하고 있다. 제4장 "러시아 에너지외교와 동북아"에서 고재남 교수는 오늘날 세계질서와 유라시아 정세에 지대한 영향을 미치고 있는 러시아의 에너지 외교 추진 배경과 대외정치적 무기로서 에너지 외교를 가능케 해주는 물적 토대, 그리고 에너지 외교 실제 현황을 살펴보면서 이것이 동북아 지역의 에너지 협력에 주는 함의를 분석하고 있다.

고재남은 러시아가 21세기 국제질서에서 에너지의 중요성을 새삼 인식하면서 자국이 보유한 에너지의 효용성을 정치·경제·외교적으로 극대화시키기 위한 전략을 강구해 왔는데, 이의 구체적인 반영이 푸틴 정부가 2003년 채택한 '에너지전략 2020'으로 보고 있다. 필자는 에너지 자원에 대한 푸틴의 전략적 사고가 짙게 투영된 '에너지 전략 2020'에는 에너지가 러시아 외교에서 근본적인 요소임이 강조되어 있고, 러시아의 전략적 이익을 도모하기 위해 유럽과 아시아 인근 지역은 물론 국내 각지로 에너지를 수출 또는 공급할 수 있는 인프라를 충분히 구축해야 하며, 유라시아에 위치한 러시아의 특별한 지리적, 지정학적 입지를 잘 활용해야 한다는 점이 명시되어 있다고 지적하면서, 궁극적으로 에너지를 러시아의 국익증대와 지정학적 위상 강화를 위한 유용한 '지렛대'로 활용하려는 이러한 전략적 방향성에 기초해 러시아 정부는 CIS 국가들에 대한 차별적 에너지 정책, EU 및 미국과의 에너지 협력대화 진행, "글로벌 에너지 안보" 결의안 채택 주도, 에너지 공급 다변화를 위한 파이프라인 사업 확대 등의 정책을 추진해왔다고 설명한다.

한편 필자는 '에너지 전략 2020'에는 동시베리아 및 극동지역 에너지 자원 개발과 파이프라인 부설을 통한 동북아지역 국가들에 대한 에너지 공급 필요성이 강조되어 있음을 지적하고, 러시아의 동북아에 대한 에너지 공급정책 추진은 중국, 일본, 한국 등 세계 최고 에너지 소비국들의 에너지 자원 확보에 유리한 기회를 제공해 주지만, 다른 한편 역내 국가들 간의 무리한 에너지 자원 확보 경쟁이 유리한 기회를 위기로 몰고 갈 수 있기 때문에 현재와 같은 에너지 경쟁구도를 협력체제로 전환시킬 필요가 있다는 점을 강조한다.

1

러시아 연방관계의 변동: 현황과 전망*

박 정 호

Ⅰ. 서 론

1991년 소비에트 제국의 해체와 러시아 연방의 출범은 국제질서의 지각 변동을 초래한 중대한 국제정치적 사건이었다. 탈냉전(post-cold war)과 체제이행(system transition), 그리고 국가형성(nation-building)이라는 새로운 대내외적 환경 변인이 발생하여 신생 주권국 러시아 연방에게 전 방위적 차원의 개혁정책을 추동했다. 체제전환과정에서 신생 러시아 정부에게 부여된 개혁 과제는 기본적으로 정치적 민주화, 경제적 사유화, 사회적 측면의 탈(脫)국가화와 탈(脫)이념화, 다민족 국가의 운영토대인 연방화였다.

이러한 일련의 개혁 작업은 닫힌 사회였던 소련 사회주의 시스템을 탈

* 본고는 2006년『슬라브硏究』에 게재했던 "러시아 연방관계의 법제적 고찰" 논문을 수정 보완한 것임.

피함과 동시에, 보다 민주적이고 효율성 있는 열린사회로의 이행을 목표로 했던 것이었다. 그러나 결과적으로 러시아에서 민주화와 시장경제체제 확립이라는 전대미문의 '이중적 이행' 작업은 체제변혁과정의 혼선을 더욱 가중시켰을 뿐이었다. 게다가, 전환시기의 사회경제적 혼란상을 틈타 다양한 소수민족으로 구성된 러시아 사회에서 지역주의 혹은 민족 분리주의 운동이 발발하여 국가의 통합성을 위협했다. 그런 까닭에 새로운 '국가성'(государственность) 확립의 과제가 국정의 중대 현안으로 대두되었다.

이러한 맥락에서 볼 때, 현대 러시아에서 새로운 연방관계의 수립과 발전과제는 중요한 정치적 함의를 지닌다.[1)] 명목상으로만 연방 국가였던 소비에트 체제의 잔재를 극복하지 않는 한, 질적으로 새로운 국가체제의 확립은 사실상 난망했기 때문이다.[2)] 요컨대, 다민족 국가인 러시아에서 민주적 연방체제의 구축작업은 국가적 통합성과 사회적 안정을 유지하기 위한 필수요건이었다.

특히 러시아 연방 출범 직후 국가형성과정에서 '주권 행렬'로 명명되는 분리주의 운동의 확산과 국가붕괴의 위험성이 증대됨에 따라, 중앙정부도 연방관계의 개선을 중요한 국가적 과제로 인식하기 시작했다. 연방 중앙

---

1) 여기서 주목해야 할 사항은 러시아와 서방국가들 사이에 연방제도의 발생배경, 형식과 내용, 기능화 측면에서 분명한 차별성이 존재하고 있다는 사실이다. 미국이나 스위스와 같은 서구의 고전적 형태의 연방 국가들은 국가발전과 안전보장을 달성하기 위해 연방 구성원들 간 상호합의와 계약을 활용하여 민주적 권력배분체제를 건설하였다. 따라서 미국과 스위스에서 연방주의는 국가의 강제력으로부터 개인과 지방공동체의 자유를 보호할 목적으로 성립된 것이었다. 이에 비하여, 러시아의 연방제도는 사회주의 혁명완수와 다민족 국가의 민족문제 해결을 위한 레닌의 혁명 전술적 필요성에 의해 건설되었다. 그런 연유로 다른 고전적인 연방 국가들과는 달리, 러시아에서 '민족-인종적 요인'은 연방제도의 형성과 발전과정의 핵심 변수이자, 연방체제의 비대칭성을 심화시킨 근본 원인이었다. D. Elazar, *Exploring federalism* (Tuscaloosa: Alabama Univ. Press, 1994), pp. 91-103.

2) 소비에트 제국으로부터 유래된 역사적 유산은 광활한 영토, 다양한 민족구성, 불균등한 지역 발전 정도, 지역 간 큰 경제적 격차, 연방주체들 간 정치적 혹은 법적 지위의 불평등, 권위주의적 정치 문화 등을 들 수 있다. 따라서 다양한 개혁과제를 부여받았던 과도기적 상황 속에서 러시아 연방주의 발전의 문제는 매우 복잡하고 난해한 양상을 내재할 수밖에 없었다. А. П. Кочетков, *Россия на пороге 21 веке* (Москва : Христианское издателиство, 1998), с. 67-72.

은 일련의 연방정책 - 1992년 '연방조약'(Федеративный договор) 체결, 1993년 '러시아 연방헌법'(Конституция РФ) 승인, 1994년부터 '쌍무조약'(двусторонний договор) 체결을 근간으로 하는 조약과정의 진행, 2000년 권력의 수직화를 목표로 하는 '연방 개혁정책' 시행 - 들을 추진하여 새로운 중앙-지방관계의 수립과 발전방안을 모색하게 되었다. 옐친과 푸틴 시기 분리주의 운동 차단과 국가적 단일성 유지라는 연방정책의 기본목표는 동일하였으나, 연방정책의 내용과 성격에 있어서는 양자 간 근본적인 차이점이 있었다.

따라서 러시아 연방관계의 본질 규명 작업은 중앙-지방관계의 생성과 발전과정에 대한 통시적(옐친 및 푸틴 시기)이고 다층적 측면(정치적, 경제적, 사회적, 문화적, 법률적 등)의 분석을 핵심 전제로 한다. 예를 들자면, 러시아 연방제도의 역사적 기원과 배경, 중앙과 지방정부의 관할대상과 권한 구분, 국가 주권과 연방 구성주체들의 법적 지위, 연방제도의 비교 유형화, 연방제도의 정의 및 기능화 수준, 러시아 지역주의의 성격, 지방의 경제적 발전방안과 지방자치 수준, 중간계층 및 시민사회발전 정도, 중앙과 지방적 차원에서 엘리트의 성향과 정당제도의 발전 수준, 중앙과 지방의 민주화 성숙 정도 등에 대한 종합적 연구 작업이 필요하다.

본고에서는 상기 연구 작업의 일환으로, 러시아 연방관계의 변동을 법제적 측면을 중심으로 고찰해 보고자 한다.[3] 법제적 연구 방법론은 다음의 두 가지 이유에서 정당성을 확보하고 있다. 첫째, 통치조직의 법적·제도적 장치는 장기간에 걸쳐 일관성 있게 구조화된 행위유형으로, 통치과정에서 개인 및 집단 행위의 준거와 기준이 되어 공공정책의 내용과 성격에 지대한 영향력을 행사하고 있다는 점이다.[4] 특히 법제적 분석은 국가권

---

3) 법제적 분석은 국가 제도 및 법률적 측면에서 연방주의를 분석하는 연구 방법론인데, 이러한 입장을 견지하고 있는 대표적인 러시아 연구자들은 다음과 같다. Г. В. *Атаманчук, Новое государство: поиск, иллюзии, возможность* (М: РАГС, 1996); Л. М. Карапетян, *Федеративное устройство российского государства* (М: Норма, 2001); В. Е. Чиркин, *Современное федеративное государство* (М: МНИМП, 1997).

4) 안병만, 『한국정부론』(서울: 다산출판사, 2002), p. 37.

력 혹은 중앙권력이 전통적으로 지배적 역할을 담당하고 있는 러시아에서 상당히 큰 적실성을 갖는다. 둘째, 러시아 사회에서는 아직까지 시민사회의 운동세력들과 다원화된 이익집단들의 제반토대와 영향력이 매우 취약한 실정이다.[5] 이런 까닭에 공식적 정부 조직들과 법제적 장치들이 러시아 중앙-지방관계의 형성과 발전과정에서 핵심 역할을 담당할 수밖에 없었다.

이상을 종합하여 본 논문의 서술 내용과 목적을 다음과 같이 정리할 수 있다. 먼저 옐친과 푸틴 시기 러시아 연방관계의 생성과 발전과정을 '지속성과 변화'라는 관점에서 추적해 보고자 한다. 이러한 관점은 러시아 중앙-지방관계 형성과정에서 옐친과 푸틴 정부의 정책방향과 성격을 비교 정의하는데 중요한 시사점을 제공해 줄 수 있을 것이다. 이와 더불어, 푸틴 집권 1기와 2기 발생했던 연방관계의 본원적 성격변화가 러시아 연방주의 원칙의 기능화와 연방체제의 발전에 어떠한 역할을 담당했는지에 대해서도 분석의 초점을 맞추고자 한다. 결국 본 논고는 21세기 러시아 국가체제의 본질적 성격을 규명하고 발전 전망을 도출하는데 연구의 기본 목적을 두고 있다.

5) 러시아의 경우, 소비에트 제국 창설시기부터 국가형성의 기본원칙으로 채택된 연방제도가 현재까지도 실제적으로 정착되지 않은 채, 상당히 왜곡된 형태로 운영되고 있다. 이는 연방주의의 본원적인 가치체제가 '러시아적 환경변인'에 의해 실제로 작동하고 있지 않기 때문이다. 이와 같은 연방주의 원칙의 미 작동은 무엇보다도 '러시아적 역사발전의 특수성'과 밀접하게 연관된 사회-문화적 제반 토대의 취약성, 즉 민주적이고 다원화된 정치문화와 정치전통의 부재, 중간계층과 시민사회 발전의 허약성, 지방자치 제도의 미성숙, 법치주의 정신의 미확립 등에 근원적 배경을 두고 있다. А. Н. Аринин, *Уроки и проблемы становления российского федерализмы* (Москва : Интелтех, 1999), с. 71.

Ⅱ. 옐친 통치기 러시아 연방관계

옐친 정부는 국가형성과정에서 발생했던 지역의 분리주의 움직임에 크게 자극을 받았고 새로운 형태의 중앙-지방관계를 수립해야 할 필요성을 인식할 수 있었다. 그 결과 중앙은 1992년 3월 지방정부와 연방조약을 체결했을 뿐 아니라, 1993년 12월에는 신 연방헌법을 승인함으로써 질적으로 새로운 연방관계의 발전을 도모했다. 1994년-1996년에는 옐친 정부가 대선을 전후해서 지방 지도자들로부터 정치적 지원을 확보하려는 목적 아래, 지방 정부와 쌍무조약을 체결하여 지방에 보다 큰 자치권을 위임하였다. 옐친 시기 연방관계의 발전과정과 주요 특징을 통시적으로 대략 3단계로 구분하여 정리해 볼 수 있다.

1. 연방조약의 체결과 신 연방관계의 생성 (1990년 6월-1992년 3월)

1990년대 초반 포스트소비에트 공간(post-soviet space)의 신생주권국 러시아에서 '연방주의'라는 표현은 통제 불가능한 분리주의 내지는 자의적 형태의 지방 분권화를 상징하는 일종의 정치적 슬로건이었다. 당시 소비에트 시기 자치 공화국들의 국가주권 획득, 자치 지역들의 공화국으로 공식 지위 상승(유태인 자치지역 제외), 여타 지방주체들의 자치에 대한 기도 등은 옐친 정부에게 소련의 해체와 같은 국가 붕괴의 위험성을 분명하게 각인시켜 주었다.[6] 더구나, 국가형성과정에서 체제전환의 부정적 결과에 따른 정치적, 경제적, 사회적 혼란상황이 발생함에 따라, 중앙 정부는 최우선적으로 정치적 안정과 국가 통일성 확립에 총력을 기울일 수밖에 없었다. 당연히 새로운 연방관계 확립의 과제가 연방 중앙의 중요 관심사로 부각되었다.

---

6) Э. А. Баграмов, *Разделит участь Союза ССР? : Кризис межнациональных отношений и федеральная национальная политика* (Москва: РНИСиНП, 1993), с. 40.

이러한 상황에서 옐친 정부는 지방정부에게 상당한 수준의 정치적 지위를 부여함과 동시에, 경제적 권한을 양도하면서까지 상호간 이익의 균형과 합의점을 모색했다. 그 결과 1992년 3월 중앙과 지방정부들 간에 연방조약(Федеративный договор)[7]이 체결되었다. 연방조약은 러시아 역사상 최초로 중앙과 연방주체들의 권한과 관할대상을 법적으로 구분해 주었다. 연방조약의 체결은 사실상 중앙 정부의 정치적 양보를 통해서 가능했는데, 연방조약의 정치적 함의를 다음과 같이 해석할 수 있다. 먼저, 연방조약은 연방국가 운영의 핵심 전제인 중앙과 지방의 권한과 관할대상을 구분함으로써 새로운 연방관계 수립과 발전을 위한 기본적 토대를 마련해 주었다. 이전 소비에트 연방은 명칭만 연방 국가였을 뿐, 사실상 중앙집권국가로서 중앙 정부의 권한만을 집중 강화하면서 권력분립의 토대를 철저하게 유린했다. 그런 이유로 연방조약의 체결 이전까지 러시아 헌법에서 중앙-지방관계에 대한 세부 조항들은 거의 부재했다. 둘째, 연방조약은 러시아 국가체제의 안정을 목적으로 추진된 연방정책의 결과물일 뿐 아니라, 지방의 분리주의 운동을 제어하기 위한 중앙의 정치적 양보조치였다. 옐친 정부는 연방조약을 체결하여 지방에서 분리주의 움직임의 확산을 차단하고 국가적 단일성 보존이라는 소기의 성과를 달성할 수 있었다. 셋째, 연방조약의 체결 덕택에 민족 공화국 뿐 아니라, 러시아의 모든 지역들이 러시아 연방체제의 공식 구성원으로 인정받게 되었다. 따라서 자치지역 거주민들 역시 자신들의 권익보호를 위한 공식적 통로와 법적 장치를 확보할 수 있었다.

연방조약의 체결이 러시아의 중앙-지방관계 발전에 중대한 기여를 했음에도 불구하고, 연방조약 자체가 러시아적 특수성을 근본적으로 해결할 수는 없었다. 이는 연방조약이 내재적으로 많은 제약요인들을 배태하고

7) 연방조약은 기본적으로 3가지 상호 연관된 조약으로 구성되어 있다. 첫째, 연방 중앙과 주권 공화국 권력기관 간의 권한 및 관할대상 구분에 관한 조약. 둘째, 연방 중앙과 지방(край와 область), 연방의미의 도시들(города федерального значения)인 모스크바(Москва) 와 상트-페테르부르크(Санкт-Петербург) 권력기관 간의 권한 및 관할대상 구분에 관한 조약. 셋째, 연방 중앙과 자치지역(автономная область) 및 자치관구(автономныйокруг) 간의 권한 및 관할대상 구분에 관한 조약.

있었다는데 핵심 근거를 두고 있다. 첫째, 중앙 정부는 연방조약에서 연방의 다른 구성원들보다 민족 공화국들에게 보다 큰 정치적 지위와 법적 권한을 부여해 주었다. 연방주체들 사이의 법적 지위와 권한의 불평등은 자연스럽게 연방구조의 비대칭성(асимметричность)을 더욱 증폭시켰다. 둘째, 러시아 연방체제의 법률적 속성에 대한 명확한 정의가 부재했다. 이 당시 연방관계의 형성과정은 연방(Federation), 국가 연합(Confederation), 중앙집권국가(Unitary state)적 경향이 서로 혼재되어 있었다. 따라서 러시아의 국가적 성격에 관한 단일한 의견 접근은 거의 불가능한 상태였다. 셋째, 중앙과 지방정부 간의 권한과 관할대상에 대한 경계구분이 불명확했다. 예를 들자면, 캐나다 연방의 경우, 연방정부의 관할대상은 29개 항목, 중앙과 지방정부의 공동 관할대상은 3개 항목, 그리고 지방 정부의 관할 대상은 16개 항목 등 중앙과 지방의 권한과 관할대상이 명확하게 구분되어 있었다. 이에 비해, 러시아 연방에서는 50개 항목에 달하는 연방정부의 관할대상과 40개 항목의 공동 관할대상만이 상대적으로 명확하게 언급되어 있었지만, 지방정부의 권한과 관할대상에 대해서는 특별한 구분이 없었다.[8)]

상기 비교에서 잘 알 수 있듯이, 러시아 연방의 경우 캐나다와는 달리 공동 관할대상이 지나치게 많았을 뿐 아니라, 지방정부의 관할대상에 대한 명확한 규정 역시 부재했다. 따라서 연방국가 운영의 기본원칙이었던 중앙과 지방정부 간의 권한경계는 불명확할 수밖에 없었고, 이것은 지방적 차원에서 자의적 법률 해석을 가능케 만들어 주었던 핵심 동인으로 작용하였다.

연방조약은 러시아의 국가형성과정에서 중앙-지방관계의 질적 변화를 수반할 수는 있었다지만, 본질상 정치적으로 약한 중앙과 강한 지방들 사이에서 상호이익의 합일점을 이루기 위한 일종의 정치적 거래와 타협의 산물이었다.

---

8) В. Н. Лысенко, “Российская Конституция: проблемы совершенствования,” Р. Г. Абдулатипов, ред., *Российский федерализм: опыт становления и стратегия перспектив* (Москва: Издательство РАГС, 1998), с. 27.

2. 헌법 승인과 연방의 헌법적 토대 형성 (1992년 3월 - 1993년 12월)

연방조약이 체결된 이후에도 러시아의 정국은 매우 불안정한 상황이었다. 1993년 12월 러시아 연방의 새로운 헌법 승인 때까지 연방 행정부와 입법부 사이에 첨예한 정치 투쟁이 벌어졌다. 러시아 국가와 사회를 대표하는 양대 권력기관의 갈등양상은 연방조약을 통해 확립된 '민족공화국 우선주의 원칙'에 대한 연방주체들의 공공연한 불만과 반발의 결과였다.[9] 몇몇 지방 지도자들은 자신들의 관할지역을 공화국이라고 명명하면서 정치적, 법적 지위 변화를 모색하기 시작했다. 그러나 옐친 정부가 이들의 정략적 기도를 공식적으로 거부하고 나섬에 따라, 중앙의 지역차별정책에 대해 불만을 갖고 있었던 지방 지도자들이 정부의 대항세력으로 결집하게 되었다. 특히 경제적으로 부유한 지역들, 즉 러시아 중앙부에 위치한 지역들, 우랄(Урал) 지역, 볼가(Волга) 지역, 서부 시베리아(западный Сибирь) 지역, 스베르들로프(Свердловская область) 지역 등이 상대적으로 큰 불만을 표출했다. 이들은 중앙 정부에게 다음과 같은 문제점을 지적하며 가능한 한 조속한 시정을 촉구하였다. 자신들의 지역보다 정치적 지위와 경제적 특권을 상대적으로 많이 부여 받았던 민족 공화국들의 경우, 대부분 연방정부의 보조금에 의지하여 연명하는 가난한 지역들이었다. 이에 비해 자신들은 민족 공화국들 보다 훨씬 많은 세액을 연방정부에 납부하며 연방재정에 큰 기여를 하고 있음에도 불구하고, 법적 지위와 경제적 권한에 있어서는 오히려 차별대우를 받았다. 그래서 지방 지도자들은 자신들의 연방 재정 기여도를 고려해서 공화국 수준의 정치적 지위와 법적 권한을 요구했던 것이다.

이와 함께, 불안정한 정국상황에 편승하여 자신들의 정치적 입지강화를 목표로 하는 지역주의 혹은 분리주의 움직임들이 여러 곳에서 발생하게 되었다. 예를 들자면, 1992년 중앙정부와 연방조약 체결을 거부하였던

9) К. Росс, "Федерализм и демократизация в России," *Полис* (№. 3, 1993), с. 19-20.

타타르스탄 공화국(Республика Татарстан)과 체첸 공화국(Республика Чечня), 사하 공화국(Республика Саха-Якутия)과 바쉬코르토스탄 공화국(Республика Башкортостан) 등은 중앙의 정치적 입지와 영향력 약화, 정국의 혼란을 이용하여 연방세금의 납부를 일방적으로 중단했다. 또한 북 카프카즈(северный Кавказ) 지역, 시베리아와 우랄 지역에서 발흥하였던 급진주의적 민족주의 운동세력과 분리주의 집단들도 자신들의 권력기반 강화를 위해 정치적, 경제적, 법적 지위의 신장을 기도하였다.[10]

이와 같이 혼란스러웠던 정치적 상황은 연방조약 체결 이후 러시아에서 조약을 토대로 하는 연방국가 건설을 모색하였던 조약 연방주의자들의 정치적 입지와 운신의 폭을 크게 제한해 주었다. 따라서 옐친 정부는 헌법적 토대를 바탕으로 하는 '원심력적 경향의 연방정책'으로 방향을 선회할 수 밖에 없었다. 특히 1993년 4월 새로운 러시아 연방 헌법안에 대한 국민투표 실시와 승리, 그리고 1993년 10월 무력을 통한 의회의 해산 등은 옐친 대통령을 정점으로 하는 연방 중앙의 입지와 정치적 영향력을 한층 강화시켜 주었다. 이를 바탕으로 중앙 정부는 1993년 12월 새로운 러시아 연방헌법을 승인할 수 있었다.

이를 통해 볼 때, 1992년 연방조약 체결이후 1993년 새로운 러시아 연방헌법의 승인 시까지 현대 러시아에서 전개된 일련의 정치과정은 헌법적 연방관계의 기본토대를 건설하는 핵심 동인으로 작용하였고, 신연방헌법의 승인은 지역에 대한 중앙정부의 정치적 승리의 산물이었다.

1993년 신연방헌법은 러시아에서 연방체제와 중앙-지방관계 발전을 위한 법적 토대를 확립해 주었다. 특히 헌법 3장은 러시아 연방구조에 관한 구체적 내용들을 포함하고 있었다. 신헌법은 러시아 연방 모델의 특징으

10) 북 카프카즈 공화국들은 군사업무에 관한 공화국 법률들을 채택하여 자신들의 주권강화를 도모하거나, 자신들의 헌법에서 연방탈퇴 권한과 러시아 연방법에 대한 공화국 헌법의 우위를 명시하여 '민족적 분리주의' 정책추진을 위한 법적토대를 구축하였다. 또한 시베리아와 우랄 지역의 연방주체들은 대외정책과 국제조약 조정문제 및 비상상황 선포에 대한 권한을 규정했다. *Проблемы и путь совершенствования государственного управления в РФ* (Екатеринбург: УрО РАН, 1999), с. 24.

로 중앙과 지방의 권한 및 관할대상에 대한 법적 토대 확립(연방헌법 71-73조), 국가권력 체제의 단일성 원칙(연방헌법 5조 3항, 66조 5항, 77조 1항), 국가적 통일성 보존 원칙(연방헌법 5조 3항, 15조, 69조), 연방의 비대칭성(5조, 66조) 등을 제시해 주었다.[11]

새로운 연방헌법이 러시아 연방체제의 기본 좌표를 설정해 줄 수는 있었지만, 동시에 상당한 한계 역시 노정하고 있었다. 특히 연방 구성원들 사이의 불평등한 법적지위의 개선 문제,[12] 중앙과 지방 사이의 불명료한 권한과 관할대상의 문제[13], 연방구조의 '마트로쉬카적 패러독스'(Матрошечный парадокс) 문제[14] 등은 러시아 연방관계의 발전을 제약하는 본원적 미해결 과제였다.

11) *Конституция РФ: научно-практический комментарий* (Москва : Юристь, 1997).

12) 연방헌법은 공식적으로 중앙 정부와의 관계에 있어서 연방 구성원들 간의 평등한 권리를 선포(5조 1항, 5조 4항)했으나, 실제로는 연방 주체들 간의 법적 지위에 있어서 차이를 인정하였다. 국가로서 공화국은 자신들의 헌법(5조)과 국어(68조)를 확립할 수 있는 권한을 보유한 반면, 그 이외의 다른 연방 주체들은 헌법이 아닌 단지 자신들의 규약(устав)을 확립할 수 있는 권한만을 부여받았다. 이러한 사실은 중앙이 러시아 국가의 역사적 유산인 민족-인종적 요소를 반영하여 민족 공화국들에게 더 많은 특권을 부여했다고 볼 수 있다.

13) 연방헌법은 중앙과 지방 정부사이의 권한과 관할대상의 구분에 대한 문제(71-73조)를 기술하고 있다. 하지만, 연방헌법은 연방조약과 마찬가지로 양자 간의 명확한 책임구분을 필요로 하는 중요한 사안에 대해서조차 지나치게 포괄적으로 규정하고 있다. 특히 토지와 자원의 점유와 이용, 과세, 국가 권력 기관의 조직 같은 중대한 사항들을 중앙과 지방이 공동관할대상으로 편입시켰다는 점이다. 이 때문에 중앙과 지방정부들의 경우 언제든 자신들에게 유리한 법률 해석을 할 개연성이 상당히 높았다.

14) 러시아 연방은 89개의 연방 주체들로 구성되어 있다. 이 가운데 9개의 민족관구가 다른 연방 주체들(7개의 область와 1개의 край)의 영토에 포함되어 있는 매우 특이한 연방 구조를 갖고 있다. 이러한 연방 구조상의 문제는 종종 연방 주체들의 통합 작업 논의에 있어서 핵심적인 이슈였고, 현재 연방 주체들의 통합작업이 추진되고 있다.

3. 쌍무조약 체결과 조약관계의 발전 (1993년 12월-1999년 12월)

1993년 12월 러시아 연방 헌법의 승인 이후 1994년 4월부터 옐친 정부는 쌍무조약의 체결을 근간으로 하는 연방정책을 추진해 나갔다. 중앙과 개별 연방주체 사이에 체결되는 쌍무조약은 연방체제의 안정과 국가적 단일성 보존을 위한 중앙의 정치적 동기에 기초를 둔 것이었다. 중앙정부는 연방조약의 체결과 헌법의 승인과정에 불참했던 연방 주체들, 타타르스탄과 체첸 공화국을 가능한 한 빠른 시일 안에 러시아 국가의 단일한 법적 공간으로 유인할 필요성이 있었다. 특히 1996년 대선을 앞두고 자신의 재선을 확신할 수 없었던 옐친 정부는 지방으로부터 확실한 정치적 지지를 확보해야만 했다. 그런 이유로 옐친 정부는 지방지도자들의 요구사항을 적극 반영하여 지방정부의 자치권을 확대해 주는 방향으로 중앙-지방관계를 전환시켰다. 이와 더불어, 연방조약과 연방헌법 어디에도 연방체제의 가장 중요한 작동원리 가운데 하나였던 중앙과 지방정부 사이의 권한과 관할대상에 대한 명확한 구분이 존재하지 않았다. 그래서 중앙은 권한과 관할대상 문제에 대한 해결방안의 일환으로 조약과정을 추진했다.

옐친 정부는 조약과정을 크게 두 시기로 구분해서 진행해 나갔다. 중앙은 1994년과 1995년에는 민족 공화국들과 쌍무조약을 체결했으며, 1996년부터는 여타 연방 주체들과 조약관계를 수립하였다. 쌍무조약의 가장 중요한 정치적 의미는 중앙이 조약을 통해 해당 지역의 사회 경제적 현실과 특수성을 인정해 주었다는 점이었다. 1997년까지 체결된 쌍무조약은 대체적으로 4가지 부류로 정리가 가능하다.[15] 첫째, 정치적 동기에 의해 체결된 조약으로, 1994년 2월 중앙과 타타르스탄 공화국과의 쌍무조약이 대표적 사례였다. 둘째, 선린우호 관계를 확립할 필요성에 의해 체결된 조

15) В. Н. Лысенко, “Насколько прочна договорная основа федеративных отношений,” *Федерализм*, (№ 3 1996), с. 17-26.

약들이다. 그 예로서 중앙과 카바르디노-발카리아(Кабардино-Балкария) 공화국 및 북 오세티아(Северная Осетия) 공화국과의 쌍무조약을 들 수 있다. 셋째, 민족 공화국들과 동일한 수준의 정치적 지위와 경제적 권한을 요구했던 지역들과의 조약들이다. 중앙과 크라스노다르 지역(Краснодарский край), 오렌부르그 지역(Оренбургская область), 스베르들로프 지역과의 쌍무조약 등이 상기 범주에 해당된다. 넷째, 개별 연방 주체들이 처한 특수한 상황에 의해 체결된 조약으로, 중앙과 부랴티아(Бурятия) 공화국 및 칼리닌그라드 지역(Калининградская область)과의 쌍무조약이 대표적인 것이었다.

옐친 시기 쌍무조약을 매개로 한 연방정책은 중앙과 지방정부 사이에 존재하였던 갈등을 상당 부분 해소시킴과 동시에, 지방의 분리주의 경향을 완화시킬 수 있었다.[16] 특히 중앙은 재정적 능력을 바탕으로 독자노선을 추구하였던 연방주체들, 즉 타타르스탄과 바쉬코르토스탄 공화국의 정치적 불만을 감소시키는데 성공하였다. 이는 중앙정부가 지방정부에게 관할지역의 정치적 자치권과 재정적 능력을 한층 강화시킬 수 있는 법적 토대를 제공해 주었기에 가능한 것이었다.

이처럼 러시아 연방관계에서 조약과정이 차지하는 정치적 의미와 중요성에도 불구하고, 쌍무조약은 건설적 연방체제의 작동을 방해하는 적지 않은 요인들을 함유하고 있었다. 첫째, 쌍무조약에는 연방헌법과 모순되는 많은 조항들이 포함되어 있었던 관계로 중앙과 지방 정부 사이에 법적 불일치의 문제가 초래되었다.[17] 특히 천연자원 배분의 문제에 있어서 심

---

16) Итар-иасс (Март 13, 1997).

17) 중앙과 타타르스탄 공화국 산에 체결되었던 쌍무조약의 내용을 살펴보면 러시아 연방헌법과 쌍무조약 사이에 모순되는 조항들을 발견할 수 있다. 연방헌법 65조에 따르면, '러시아 연방 주체들은 러시아연방의 구성원이다'라고 기술되어 있는 반면, 쌍무조약 그 어디에도 상기의 내용은 존재하지 않았다. 오히려 전문에 '국가로서 타타르스탄 공화국은 러시아연방과 통합되었다'라고 명시되었을 뿐이었다. 또한 해당 조약 속에는 연방헌법의 기준들이 타타르공화국 헌법의 기준들보다 우위에 있다는 사실을 전혀 기술하지 않았다. 가장 중요한 사실은 연방국가 운영의 근간이 되는 상호간 권한과 관할대상의 구분에 대한 문제에 있어서도 심각한 수준의 모순이 내재되어 있었다. 1993년 연방헌법에 의해 중앙에게 부속되

각한 법률적 모순이 발생하여 지역적 이기주의와 분열주의가 발화하게 되는 빌미를 제공해 주었다. 둘째, 쌍무조약을 바탕으로 하는 조약관계 체제의 생성은 러시아 연방의 성격을 사실상 헌법 연방에서 헌법-조약 연방으로 변모시켜 주었다. 그러나 문제는 조약관계의 수립이 체계적이고 합리적인 정책결정과정을 통해 진행되지 않았다는 사실이다. 오히려 옐친 정부가 대선을 전후하여 지방으로부터 정치적 지원을 확보할 목적 아래 추진된 것이었다.[18] 셋째, 법률적 측면에서 볼 때, 러시아 연방 법률체제에서 쌍무조약이 차지하는 법적 속성, 즉 법적 역할과 지위가 명확하지 않았다. 따라서 연방헌법과 연방법에 모순되는 법적 분리주의 현상이 지방적 차원에서 만연하게 되는 빌미를 제공하였다. 넷째, 쌍무조약은 연방 대통령과 지방 행정부 수장 사이에 체결된 것으로, 연방의회 및 지방의회의 비준과정을 거치지 않았다. 결국 쌍무조약은 임시적이고 상황적인 논리에 편승해서 중앙과 지방 사이에 진행된 자의적 성격의 정치적 거래였다고 평가할 수 있다.

4. 연방관계 평가: 특징과 문제점

옐친의 통치 시기 연방관계의 주요한 특징 가운데 하나는 지방정부의 수장들이 권위주의 정권을 수립하여 국가적 통일성을 위협했다는 점이다. 지방 영주들은 관할지역에서 삼권(행정권, 입법권, 사법권)과 언론매체들을 자신들의 수중에 장악함으로써 무소불휘의 권력을 행사할 수 있었다. 또한 이들은 연방관계 구축과정에서 민주주의적 가치 대신에 민족주의와 분리주의 슬로건을 적극 활용하면서 중앙으로부터 보다 많은 특권을 얻기 위한 정치적 투쟁을 전개해 나갔다. 게다가, 1998년 러시아에 심각한 경제

었던 권한과 관할대상의 상당부분이 쌍무조약에서는 연방 중앙과 타타르스탄 공화국의 공동관할대상으로 전환되었다. 특히 시민권의 문제(연방헌법 71조, 조약 3조 4항), 국가 권력기관 조직원칙의 확립 문제(연방헌법 71조, 조약 3조 20항) 등이 가장 대표적인 사안이었다.

18) А. Моммен, “Заявка Путина на власть: конец российского федерализма?,” *Полис*, (№ 5 2000), с. 70-72.

적 위기가 도래함에 따라, 옐친 정부의 정치적 신망과 경제적 토대는 완전히 붕괴되었다. 그 결과 지방에 대한 중앙의 정치적 영향력은 현저하게 축소될 수밖에 없었다. 이에 반해, 지방 권력자들의 입지는 더욱 강화되어 지역주의 혹은 분리주의 운동을 확산시켰으며, 그 과정에서 지방 정부의 법률적 전횡 현상이 발생하곤 했다.

따라서 옐친 시기 중앙-지방 관계는 크게 훼손됨과 동시에, 많은 모순과 문제점을 내재하게 되었다. 이를 크게 5가지로 정리해서 평가해 보고자 한다.

첫째, 국가건설 초기 중앙권력은 민주화와 시장경제체제 확립이라는 전방위적 성격의 개혁과제들을 동시다발적으로 해결할 수 있는 국정운영능력이 사실상 부재했다. 게다가, 옐친 정부는 민주적 연방관계 건설을 위한 추동력 역시 상실하고 있었다. 이런 까닭에 옐친 정부는 새로운 중앙-지방 관계의 형성과정에서 민주적 원칙이나 공식적 제도들을 우선시하기 보다는, 오히려 상황적 변수에 따른 정치적 거래와 비공식적 제도들을 주로 활용했다. 그 결과 러시아의 연방관계는 본질상 개인적, 지방적, 인종적 성격 같은 단기적 요소들이 중요한 역할을 담당하게 되었다.

둘째, 현대 러시아에서는 체제이행의 특수성과 관련된 문제들이 존재했다. 통치 엘리트들의 불충분한 교체, 정치개혁과 경제개혁을 동시에 추진해야 하는 이행의 이중성, 중앙 정부의 허약성 등은 지역적 차원에서 민주주의 원칙을 훼손시켰으며, 권위주의 성향을 지닌 지방 엘리트들의 정권장악을 가능하게 해 주었다. 특히 지역에서 권위주의 정권의 발흥은 민주적 연방관계 건설의 중대한 제약요인으로 작용했다.

셋째, 새로운 중앙-지방관계 확립을 위한 명확한 통치 메커니즘이 부재했기 때문에 연방관계는 매우 불안정한 상태였다. 이러한 불안정성은 본질적으로 러시아 역사발전의 특수성에 기초하고 있는 것이었다. 러시아 연방은 세계에서 유례를 찾기 힘들 정도의 복잡한 연방구조와 비대칭성, 연방 주체들의 수, 지역들 간 상당히 큰 경제발전 수준의 격차를 포함하고 있었던 국가였다. 이와 함께, 중앙정부의 정치적 무능과 경제적 허약성이 연방관계의 불안정성을 한층 가중시켰다.

넷째, 러시아의 연방체제는 1990년대 초반에 위로부터 인위적으로 만들어진 국가형태였다. 옐친 정부는 국가건설과정에서 체계적 접근법들과 전략적 비전을 통해 연방관계의 운영원칙을 고안하지 않았다. 단지 중앙은 분리주의 예방과 국가적 단일성 유지라는 긴급한 국정목표를 달성하기 위해 정치적, 상황적, 임시방편적 대처 방식에 입각해서 중앙-지방 관계를 설정했을 뿐이었다. 그런 이유로 연방체제의 핵심 운영원리였던 중앙과 지방정부 간 권한과 관할대상이 명확하게 구분되지 못했다. 이 때문에 권한배분문제를 둘러싼 중앙과 지방정부 사이에 정치적 대립과 투쟁이 빈번하게 발생하게 되었지만, 중앙의 대응전략은 매우 제한적일 수밖에 없었다.

다섯째, 현대 러시아에서 연방주의는 '공공선의 가치'를 달성하는데 실패했다. 연방주의는 단순하고 상징적인 구조물 이상의 것일 뿐 아니라, 개인과 제도들로부터 적극적인 협력과 동반자 정신에 대한 위임을 포함하는 정치적, 사회적 행동의 특별한 형태이다.[19] 따라서 연방주의는 개인의 이익을 보호함과 동시에, 사회와 국가의 발전을 도모해야 한다. 그러나 러시아에서 연방주의의 내재적 가치는 올바로 실현되지 못하였다. 중앙과 지방에서 권한의 남용과 인권의 파괴가 빈번하게 발생했으며, 대다수 민족공화국들에서 지방 권력은 민주주의적 토대가 아닌 권위주의적 기반 위에서 확립되었다. 특히 지방 수장들은 관할지역에서 행정수단을 총동원하여 무소불위의 영향력을 발휘함으로써 '지역 대표자'가 아닌 '지역의 봉건영주'로서 군림했다.

Ⅲ. 푸틴 통치기 러시아 연방관계

옐친의 임기 말에 발생했던 사회 경제적 대혼란은 러시아 연방관계 발전에 중대한 제약요인으로 작용했다. 중앙정부가 사실상 지방에 대한 통제력

19) D. Elazar, op. cit., p. 479.

을 상실함에 따라, 지방 수장들은 자신들의 정치적 입지강화와 지역의 이익만을 추구할 수 있었다. 부유한 지역들과 가난한 연방주체들 간의 불평등은 점점 심화되어 갔고, 연방관계의 불안정성과 갈등도 확산되었다. 지방 영주들은 관할지역에서 전횡을 일삼았으며, 연방법과 지방법 간의 심각한 모순과 불일치가 초래되어 연방체제의 기능화를 위협했다.[20] 결과적으로 중앙정부는 연방관계의 발전을 위한 주도적 역할을 담당할 수 없었다.

그러나 새 천년의 경계선에서 발생했던 러시아의 권력 변동은 연방체제의 전면적 재정비를 촉발시켰다. 블라디미르 푸틴(Владимир Путин)은 대통령 권좌에 오른 즉시 '권력 수직화' 정책을 본격적으로 추진해 나갔다. 강력한 중앙권력의 복원을 목표로 했던 푸틴 정부의 연방개혁정책은 러시아 연방체제의 내용과 성격을 완전히 변모시켰다.

1. 연방개혁정책의 추진과 권력 수직화 체제 수립 (2000년 5월-2004년 4월)

푸틴 행정부 출범을 전후하여 러시아의 대내외적 정치상황은 근본적으로 변화하기 시작했다. 옐친 통치 시기와는 달리, 푸틴 대통령은 상대적으로 우호적인 제반환경(의회 안에 견고한 지지세력 확보, 강대국 건설에 대한 사회여론의 전폭적 지지, 국제 원자재 가격 상승에 따른 경제회복) 덕분에 정국을 주도해 나갈 수 있었다. 2000년 5월 푸틴 정부는 권력의 수직화 체제를 구축하려는 국정운영목표를 수립했고, 그 연장선상에서 연방개혁정책을 추진해 나갔다. 푸틴은 강력한 중앙권력의 복원을 통해 중앙-지방관계의 안정화를 모색했는데, 그 기본내용과 성격은 다음과 같다.

1) 7개 연방관구 창설과 대통령 권한대표자(Полпред) 임명

7개 연방관구(федеральныйокруг) 창설에 관한 대통령 칙령은 푸틴 시기 연방개혁정책의 첫 번째 단계를 의미하는 것이었다. 그렇지만 상기의

20) Русская мысль (Август 3, 2000).

칙령이 전혀 새로운 성격의 것은 아니었다. 연방관구의 창설문제는 주지사 직선제도의 도입으로 권력의 수직화 구조가 파괴되기 시작했던 1994년부터 1999년까지 고위 관료들과 전문가 집단들을 중심으로 지속적으로 논의되었던 주제였다.

푸틴 대통령은 7개 연방관구의 창설과 새로운 대통령 권한대표자들의 임명을 단행하여 지방에서 주지사들의 영향력을 축소시킴과 동시에, 중앙권력의 입지강화를 시도했다. 옐친 시기 대통령 권한대표자들은 지방정부의 통제 아래 완전히 종속되어 있었던 관계로 중앙의 입장보다는 주로 지방 정부의 이익을 대변하고 있었다. 그래서 푸틴은 지방정부의 압력으로부터 독립적인 새로운 대통령 대표자들을 임명했다. 푸틴 대통령은 이들의 역량을 총동원하여 지방에 대한 중앙의 정치적 영향력을 복원시킬 필요성이 있었다. 중앙정부는 러시아 연방 대통령의 헌법적 권한 현실화, 지방적 차원에서 연방권력기관 활동의 효율성 강화, 연방정책의 집행에 대한 감독 및 관리체제의 확립을 목표로 연방관계의 새로운 제도적 장치를 도입했다.

그런데 기존 민족 공화국들의 수도 가운데 어느 한 곳도 새롭게 도입된 연방관구의 중심지역으로 선정되지 않았다는 사실이 매우 특징적이었다. 이는 푸틴 정부가 집권 1기 새로운 연방관계의 정책방향으로 '연방주체들의 균등화 원칙' 혹은 '연방구조의 지역적 원칙'을 설정했다는데 본질적인 이유가 있었다.[21] 옐친 시기 중앙-지방 관계는 연방 대통령에 대한 개인적 충성도와 정치적 지지를 바탕으로 형성되었다. 당시 옐친 대통령은 주지사들과 사적관계 확립의 전통과 민족 공화국들에 대한 특별관계 수립의 원칙을 가장 선호했다. 하지만, 푸틴 정부는 옐친 정부의 연방정책노선을

21) '평등화' 원칙을 연방정책의 기치로 내건 푸틴 대통령의 정치적 의중을 다음과 같이 유추 해석해 볼 수 있겠다. 첫째, 연방 정부는 '모든 연방 주체의 권한과 의무의 균등화'로 방향을 정했다는 사실이다. 둘째, 민족 공화국들의 특별 권한을 인정해 주는 '평등한 주체들 중에서 첫 번째'라는 원칙을 전면 거부하였다. 셋째, 연방관구 창설은 민족적 원칙이 아닌 지역적 원칙에 입각하고 있다는 점이다. Известия (Май 15, 2000).

과감히 거부하면서, 새로운 연방관계의 지형도를 제시했던 것이다.[22)]

그러나 상기 칙령에서 대통령 권한대표자들의 지위와 권한의 범위에 대한 규정에 본질적인 문제가 있었다. 권한 규정이 매우 모호하고 일반적인 형태로만 정의되어 있었기 때문이다. 그래서 연방관구의 책임자로 임명된 대통령 권한대표자들의 경우, 작업의 효율성과 정치적 영향력은 상당 부분 개인적 자질과 정치적 역량에 달려 있었다. 그런 까닭에 대통령 권한대표자들이 지방적 차원에서 효율적이고 합목적적인 역할을 담당하기 위해서는 우선적으로 자신들의 법적 지위와 권한에 대한 명확한 정의가 필요했으며, 지역 엘리트들의 직간접적인 저항 역시 극복해야할 과제였다. 이밖에도, 연방관구의 설치지역이 기존 군사관구가 위치하고 있었던 지역과 동일했을 뿐 아니라, 7개 연방관구 대통령 권한대표자들 가운데 5명이 장군 출신이었다는 점이다. 이는 푸틴 대통령의 개인적 성향과 인사 스타일, 푸틴 정부의 연방정책방향을 시시해 주는 실제적 사례였다고 볼 수 있다.[23)]

2) 연방회의(Совет Федерации) 개혁

현대 러시아 출범이후 연방 상원의 구성 원칙은 총 3차례에 걸쳐 변화를 경험해 왔다. 1993년 12월 연방회의는 89개 연방 주체들에서 각각 2명씩 총 178명의 상원의원들로 구성되었는데, 당시 해당 지역의 주민들이 상원의원을 직접 선출했다. 1995년 지역주민들의 직접선거를 통한 상원의원 선출방식은 변경되었다. 이때 변경된 선거규정에 따르면, 지방의회 의장과 지방정부의 행정수반은 자신들의 관할지역에서 선거과정을 거치지 않고 자동으로 상원의원 자격을 획득할 수 있었다. 그러나 2000년 7월 신연방법이 발효됨에 따라, 연방 상원의 구성 원칙도 다시금 개정되었다. 모

22) В. Кирпичников, “Формирование эффективной системы власти и управления в рамках действующей конституции России,” *Федерализм*, (№ 1 2001), с. 36-37.

23) 러시아의 일부 분석가들은 연방관구가 지역적 원칙에 토대를 두고 있다는 사실을 지적하며, 러시아 연방체제에서 민족적-인종적 요소의 약화를 강조한다. 또한 이들은 연방관구가 군관구와 동일한 형태로 창설되었다는 점을 감안해서, 이를 권력의 중앙화와 강성국가 건설을 위한 푸틴의 ‘행정적 편리주의’ 사고라고 간주한다.

든 연방주체는 지방 입법부와 행정부에서 각각 1명씩 상원의원을 선출해야 했다. 지방의회 의원들이 입법부를 대표하는 상원의원을 선출할 수 있었고, 행정부를 대표하는 상원의원은 지방의회 의원들의 3분의 2가 반대하지 않는다는 조건아래 주지사에 의해 임명되었다.24)

푸틴 정부는 상원 구성 원칙에 대한 변화를 도모했는데, 상원 개혁의 주요 논거는 다음과 같다. 첫째, 모든 상원의원들이 지방정부와 지방의회의 현직 수장들이었다. 그런 이유로 상원의원들의 의회 활동은 늘 비 상시적인 토대 위에서 진행되었다. 푸틴 대통령은 겸직의원들보다는 전직의원들로 연방회의를 구성함으로써 상원 업무의 효율성과 전문성을 증진시켜야 한다고 강조했다. 둘째, 지방정부의 행정수반이 상원에서 입법기능까지 담당하고 있었다는 점이다. 연방 상원에서의 입법과정이 지역 주지사들과 공화국 대통령들의 영향권 아래 놓여질 개연성 역시 충분히 존재했다. 셋째, 봉건영주나 다를 바 없었던 지방 행정부 수장들은 상원의원이라는 면책특권을 보유하고 있었다. 따라서 중앙정부는 지방 수장들에 의해 자행되는 다양한 형태의 권한남용 행위나 지방적 할거주의를 견제할 수 있는 마땅한 대응수단이 없었다. 넷째, 연방 상원의 역할에 대한 논란이 있었다. 연방회의가 러시아의 지역들을 진정으로 대표하고 있는지의 여부가 논란의 핵심 이슈였다. 옐친 통치 시기 지역 수장들은 자신들의 관할지역에서 권위주의적 통치기반을 확립하여 무소불위의 권력을 행사할 수 있었다. 이들은 때때로 상원의 입법과정에서 지역의 주요 현안 이외에도, 지역 엘리트 집단의 이해를 우선적으로 대변하곤 했다.25)

연방 상원의 구성 원칙에 대한 개혁은 중앙 정계에서 지방 지도자들의 정치적 영향력 감소와 면책특권을 배제하는데 핵심 목표를 두고 있었다. 이와 더불어, 푸틴 대통령은 지방 행정부 수장들에게 관할지역에 대한 책임정치의 의무를 부과해 주었다. 그러나 다른 측면에서 볼 때, 연방회의

24) Советская Россия (Май 23, 2000).

25) И. М. Бусыгина, "Совет Федерации и политическая система России," *Российская региональная бюлетень*, (Февраль 1999), с. 8-10.

개혁은 또 다른 중요한 정치적 문제들을 발생시켰다. 새로운 의회 구성 원칙에 따라 선출된 상원의원들의 경우, 이전에 비해 중앙정가에서 자신들의 정치적 지위와 비중, 그리고 영향력이 크게 축소되었다. 뿐만 아니라, 중앙정부가 약화된 연방회의를 통제할 가능성은 더욱 더 커졌다. 결과적으로 연방 상원의 헌법적 권한과 역할 수행에 커다란 의문점이 제기될 수 있었다. 이는 필연적으로 현대 러시아의 권력분할체제에서 의회주의의 약화를 초래할 것이고, 상원에서 지역 대표성을 크게 훼손시킴으로써 민주적 연방관계 건설의 장애요인이 될 수 있는 중대 사안이었다.

3) 연방개입제도 도입

옐친 정부의 통치 시기 동안 러시아의 지방 엘리트들은 중앙 정부와 정치적 거래를 통해 정치경제적 특권을 확보하였고, 이를 활용해서 자신들의 관할지역에서 권력기반을 강화해 나갔다. 이들은 가능한 모든 권력수단을 동원해서 개인과 지역의 이해관계를 우선적으로 추구하면서, 사실상 지방의 봉건영주로서 군림할 수 있었다. 1990년대 후반 중앙 정부의 무능력과 지방 수장들의 전횡이 복합적으로 작용함에 따라, 러시아에서 연방체제의 운영 원칙들은 종종 파괴되면서 본연의 의미를 상실했다.

푸틴 정부는 연방관계의 정상화를 위해 다양한 해법을 모색하였고, 그 중에서 연방개입제도를 전격적으로 채택하게 되었다. 연방개입제도는 민주적 연방국가에서 중앙-지방관계를 안정적으로 유지시켜 주는 일종의 법적, 제도적 장치였다. 푸틴 대통령은 권위주의적 지방정권의 발흥을 예방하고 지역에 대한 중앙의 영향력을 복원시킬 계획으로 연방개입제도를 도입했던 것이다.[26]

2000년 7월 19일 국가두마는 '러시아 연방주체의 입법과 행정 권력기관들의 일반적 원칙에 관한 연방법'을 통과시켰다. 새로운 연방법의 승인이후 중앙 정부는 연방주체들에 대한 강력한 통치수단을 보유하게 되었는데,

26) Независимая газета (Май 12, 2000).

신 연방법의 핵심 내용은 다음과 같다.27) 첫째, 연방헌법과 기타 연방 법률들을 위배 시에, 지방 권력기관에 대해 책임을 묻는다. 둘째, 국가두마의 승인을 얻는 경우, 대통령에게 지방의회를 해산할 수 있는 권한을 부여한다. 셋째, 지방 행정수장이 연방헌법과 연방 법률에 위배되는 행동을 했을 시에, 대통령에게 자신의 칙령을 통해 지방 지도자들을 해임할 수 있는 권한을 부여한다. 넷째, 지방 행정수장이 검찰총장에 의해 기소를 당하는 경우, 대통령에게 지방 행정부의 대표자를 해임할 수 있는 권한을 부여한다.

상기의 주요 항목들의 내용을 분석해 볼 때, 연방개입제도의 도입은 분리주의 경향을 차단하고 지방 행정수장들의 전횡을 예방함과 동시에, 연방주체들에 대한 중앙의 정치적 영향력을 강화시키려는 푸틴 정부의 전략적 포석이었다.

4) 지방자치제도 개혁

지방자치제도의 개혁은 중앙정부의 제반 정책이 지방자치기관이라는 통치조직의 하위수준까지 효율적으로 집행될 수 있도록 감독하려는 방안이었다. 이는 2000년 7월 7일 채택된 '러시아연방 지방자치조직의 일반원칙에 관한 연방법'에 의해 착수되었다. 이 연방법에 따르면, 지방자치조직의 수장이 연방헌법, 연방법률, 지방법률 등을 위반할 경우, 해당 지방자치조직을 관할하는 주지사들에게 지방자치 기관의 해산과 기관장들을 해임할 수 있는 권한을 부여했다.

비록 지방자치제도의 개혁이 중앙정부의 통치 효율성을 증대시킬 수는 있었지만, 본 연방법은 러시아 연방관계의 건설적 발전을 저해 할 수 있는 개연성과 위험요소를 다분히 내포하고 있었다. 러시아에서 지방자치기관은 사실상 독자 생존이 불가능한 조직이었다. 극히 부실한 재정 자립도와 미약한 수준의 재정지원 때문에 지방자치기관은 대체적으로 관할권을 보

---

27) И. Барциц, "России нужен институт федерального вмешательства," *Федерализм*, (№ 3 2000), с. 118-119.

유한 지방정부에 전적으로 예속되어 있었다. 이런 이유로 지방자치제도의 개혁은 일련의 연방개혁정책들 가운데 가장 많은 비판과 민주적 연방체제 건설에 역행하고 있다는 평가를 받았다.

다른 연방 국가들의 발전 경험에서 알 수 있듯이, 지방자치제도는 연방체제를 지탱하는 하위 수준의 공간 조직이다. 독립적 지방자치조직과 견실한 시민사회의 형성이 연방관계 발전의 초석임은 부인할 수 없는 사실이다. 이 점에 있어서는 러시아의 경우도 예외가 될 수 없다. 그럼에도 불구하고 푸틴 정부는 지방자치조직에 대한 연방법을 통해 상위 기관장인 주지사들에게 지방자치 기관장들을 전면적으로 압박할 수 있는 실제적 권한을 부여해 주었다. 이를 통해 볼 때, 러시아에서 지방자치제도의 개혁이란 권한이 대폭 축소된 주지사들에게 보상적 성격으로 주어진 것이었다.

5) 러시아 연방의 단일한 법적 공간 건설

현대 러시아에서 중앙-지방관계의 발전과정은 많은 문제와 갈등을 불러일으켰다. 그 가운데 가장 심각한 문제는 다양한 수준의 법률들 사이에 많은 모순과 불일치가 존재하고 있다는 점이었다. 특히 1990년대 말 중앙정부가 국정운영능력을 상실하게 되자, 연방법과 지방법 간의 충돌 현상은 보다 빈번하게 발생하였고, 지방법에 대한 연방법 우위의 원칙은 종종 무시되곤 했다. 이 당시 러시아에서 단일한 법적 공간을 파괴하려는 시도들이 포착되었는데, 이는 지역주의 혹은 분리주의 운동의 결과물로서 국가적 단일성 유지에 중대한 위협요인으로 작용하였다. 민주적 연방체제의 운영과 기능화의 핵심 토대였던 단일한 법적 영지의 파괴는 러시아 연방체제의 불안성싱을 더욱 증폭시켜 주었다.

이러한 법적 혼란상황을 타개하기 위해 푸틴 정부는 단일한 법적 영시의 건설을 목표로 하는 연방개혁정책을 추진했다. 연방법과 지방법 사이의 불일치를 해소하고 러시아 법률체제 내에서 연방법 우위의 기준을 확립하는데 구체적인 정책목표가 있었다. 이를 위해 중앙 정부는 우선적으로 민족 공화국들의 독자행보 방지에 정책의 초점을 맞추었다. 민족 공화국들은 자신들의 헌법 조항들 속에 국가주권을 공포했을 뿐 아니라, 연방법에 대한 지방법의 우위 원칙, 전쟁과 재난과 같은 특별상황의 선포 등에 관한 권한을 독자적으로 규정하고 있었기 때문이다.

푸틴 시기 대통령 권한 대표자들은 자신들이 관할하는 연방관구에서 연방법과 지방법 사이의 불일치 문제에 최우선적 관심을 기울이면서, 현황 파악과 해결 방안의 마련에 착수했다. 2000년 상반기를 기준으로 할 때, 우랄 연방관구(Уральский федеральный округ)의 경우 대략 법령의 6분의 1 정도가 문제가 있었으며, 바쉬코르토스탄 공화국에서는 350여개의 지방법 항목이 연방법에 모순되었던 것으로 밝혀졌다.[28] 이 때문에 대통령 권한대표자들은 연방법과 지방법 간의 모순을 해결하기 위해 지방 지도자들과 협약을 체결하면서, 단일한 법적영지를 건설하려는 노력을 지속적으로 경주해 나갔다.

그러나 이러한 중앙정부의 움직임에 대한 반발들이 몇몇 지방에서 발생하기도 했다. 그 가운데 대표적 사례로 들 수 있는 것이 바쉬코르토스탄 공화국 헌법재판소 의장의 지적이었다. 그는 러시아 연방체제에서 연방의회와 지방의회 간에 협력관계 구축을 위한 시스템이 부재하다는 사실을 강조하면서, 각 지방의 경제발전에 관련된 법률에 한해서만은 일단 예외를 인정해야 한다고 주장했다.[29]

2. 연방 구성 원칙의 변화와 중앙집권적 연방관계 확립 (2004년 5월-2008년 4월)

푸틴 정부는 집권 1기 동안 일련의 연방개혁정책을 추진하여 중앙-지방관계를 실질적으로 개선시킬 수 있었다. 게다가, 푸틴 대통령은 집권이후 정치적 안정을 바탕으로 급속한 경제발전을 달성했다. 이에 힘입어서 푸

28) Независимая газета (Июль 10, 2000).
29) Там же.

틴은 2003년 12월 총선과 2004년 3월 대선에서 압승을 이끌어 낼 수 있었다. 그 결과 친 정부 여당인 통합 러시아당은 의회를 주도하는 다수당이 되었고, 푸틴 대통령은 일약 국가의 영웅으로 부상했다. 집권 2기 국민들로부터 전폭적 지지를 받았던 푸틴 정부는 법의 독재와 강력한 중앙 권력 확립을 목표로 하는 연방정책을 추진해 나갔는데, 그 핵심 내용과 특징은 아래와 같다.

1) 지방 행정부 구성 원칙의 변화

2004년 12월 푸틴 대통령은 집권 2기 연방개혁정책의 일환으로, 지방 행정부 구성 원칙을 변경시켰다. 새로운 지방 행정부 구성 원칙은 1996년에 도입된 주지사 직선제를 폐지하고 주지사 임명제를 다시 도입하는 것이었다.[30] 주지사 임명정책은 본질상 푸틴 정부에 의해 추진되고 있는 권력 수직화 정책의 완결판인 셈이다. 2000년 집권이후 줄곧 푸틴은 강력한 중앙권력의 복원을 주창해 왔다. 그는 주지사들에 대한 통제를 강화하면서, 이들의 정치적 영향력을 축소시키기 위한 연방정책을 전 방위적 차원에서 추진했다. 특히 7개 연방관구 창설과 새로운 대통령 권한대표자 임명, 연방개입제도 도입, 연방회의 구성 원칙 변경, 연방의회와 지방의회에 대한 선거법 개정, 정당법 개정, 조세개혁, 재정개혁, 언론개혁 등은 권력 수직화 작업의 연장선상에서 추진된 제반 정책들이었다.

주지사 직선제에서 임명제로의 전환은 일정 정도 중앙과 지방 정부 사

30) 현대 러시아에서 주지사 선출방식은 수차례 변화를 경험해 왔다. 1991년 6월 옐친과 샤이미에프, 루쉬코프와 소브차크는 대통령과 시장으로 주민들의 직접선거를 통해 선출되었다. 그러나 지방선거에서 공산당의 압승이 예상되자, 1991년 8월 옐친 대통령은 주지사 임명제도를 긴급하게 도입했다. 그 이후 상당기간 동안 연방 행정부와 입법부 사이에 심각한 갈등상황이 발생하였음에도 불구하고, 1996년 대선 전야까지 주지사 임명제도는 계속 유지되었다. 1996년 대선과정에서 옐친 정부는 지방 지도자들로부터 정치적 지원을 확보할 목적으로 주지사 선출제도를 승인해 주었다. 그러나 주지사 선출제도는 지방적 할거주의가 만연하게 되는 주요한 동인으로 작용하였다. 결국 푸틴 대통령은 집권 1기 동안 추진된 연방개혁정책을 최종적으로 마무리하기 위해 주지사 임명제도를 도입했다고 볼 수 있다. http://www.kazanfed.ru/konfer10/1/(검색일: 2006년 3월 3일).

이의 현실적 타협의 결과물이라고도 볼 수 있다. 중앙정부의 입장에서 본다면, 2004년 발생했던 베슬란(Беслан) 테러 사건은 주지사 임명제를 도입할 수 있는 확실한 정치적 명분을 푸틴 정부에게 제공해 주었다. 중앙정부는 재차 발생할 수도 있는 정국의 혼란상황을 예방함과 동시에, 테러에 대한 국민들의 불안감을 해소시켜야 했다. 이를 위해 푸틴 대통령은 보다 강력하고 안전한 국가를 건설해야만 한다는 정치적 대의명분을 적극 활용할 수 있었다. 이러한 맥락에서 푸틴은 지방정부에 대한 중앙의 통제력 강화 프로젝트를 구상했고, 주지사 임명제라는 정치적 카드를 선택했던 것이다.

지방정부 수장들의 경우 자신들의 마지막 법적 임기가 종료되어감에 따라, 정권의 연장문제에 대해 최우선적 관심사를 표명하게 되었다. 지방 행정부 수반들은 관할영지에서 자신들의 통치 권력을 보존할 목적으로 중앙정부와 정치적 타협안을 모색할 수밖에 없었다. 이들은 푸틴의 주지사 임명제도에 동의하였고 그 대가로 임명직 주지사가 될 수 있는 새로운 가능성을 부여 받았다. 이를 통해 지방 수장들은 자신들의 궁극적 목표였던 정권연장의 꿈을 이룰 수 있었다.

주지사 임명 제도는 러시아에서 강력한 중앙권력의 복원을 가능하게 해주었던 연방정책이었다. 푸틴 대통령은 이 제도를 통해 중앙에 저항하는 주지사들을 해임할 수 있는 확실한 제도적 장치를 마련했을 뿐 아니라, 자신에게 충직한 인사들을 주지사로 임명할 수 있는 권한을 확보하였다. 당연히 지역에 대한 중앙의 정치적 위상과 통제력은 한층 더 강화될 수 있었다.

푸틴 정부가 집권 2기에 들어서서 강력한 중앙권력의 복원과 정치적 안정이라는 핵심 목표를 달성했음에도 불구하고, 주지사 임명제도는 민주적 연방관계의 수립과 발전이라는 측면에서 심각한 문제점을 내포하고 있었다. 연방제도는 민주적 토대 위에서 수립된 중앙정부와 지방정부가 존재하고, 양자 간의 명확한 권한과 관할대상의 배분을 전제로 하는 정치체제라고 정의할 수 있다.[31] 따라서 연방체제의 건설적 운영을 위한 핵심토대는 중앙과 지방 사이에 상호 권한배분과 이익을 조절하기 위한 견제와 균형 장치의 작동여부이다. 만일 연방국가에서 지방 행정부의 수반들이 중앙정부의 수중에 완전히 예속될 경우에, 지역 공동체의 이익구현과 연방주의 원칙의 기능화 가능성은 사실상 큰 제약을 받을 수밖에 없을 것이다. 그런 까닭에 연방국가에서는 일반적으로 지방의 이익을 구현해 줄 수 있는 법적, 제도적 장치들이 작동하고 있다.

이러한 사실은 다른 연방국가와의 사례 비교를 통해서도 분명하게 증명이 가능하다. 대다수 연방국가에서 지방 행정부 수장의 충원방법은 선출제가 가장 보편적인 방법으로 활용되고 있다.[32] 이에 비하여, 임명직 주지사 제도는 대체적으로 입헌군주제를 채택하고 있는 소수의 연방국가들(호주, 캐나다, 벨기에 등)에서만 실시되고 있는 상황이다. 그렇지만 이 경우에도 지방의회에 의해 선출된 수상들에게 지방행정권력의 상당부분을 위임하고 있다는 점을 기억해야 한다.[33] 결국 서구 연방 국가들에서 주지사 임명제도가 '혼합적'(임명 및 선출요인)인 특성을 보유하고 있는데 비해서, 러시아에서는 상당히 '순수한'(임명 요인) 성격의 주지사 임명 제도를 채택하고 있는 셈이다.

이를 통해 볼 때, 러시아식 주지사 임명제도가 연방관계의 건설적 발전방안이라고 단정하기는 어렵다. 이 제도가 지방의 다양성을 보장해 주기보다는 오히려 국가적 단일성을 추구하는 중앙집권국가의 통치성격에 보다 부합하기 때문이다. 주지사 임명제는 지방의 자율성을 감소시키고 지방자치제도의 약화를 초래할 개연성 역시 크다. 심지어 이러한 연방정책 방안은 러시아 연방관계 발전에 부정적인 파급효과를 유발시킬 수 있을

---

31) I. D. Duchacek, *The territorial dimension of politics within, among and across nations* (Colorado: Westview Press, 1986), p. 96.

32) 연방국가에서 지방 행정부 수장의 선출방식은 국가마다 다소 차이가 있나. 이는 크게 지방주민들에 의한 직접 선출방식(아르헨티나, 브라실, 스위스, 멕시고, 미국, 베네수엘라 등)과 지방의회에 의한 간접 선출방식(오스트리아, 독일, 파키스탄, 아랍에미레이트연합 등)으로 구분해 볼 수 있다. М. Г. Золотарева, "Новый порядок рекрутирования губернаторов и перспективы федерализма в России," *КазанскийФедералист*, (№ 4 2004), с. 28-29.

33) Там же. с. 29-30.

뿐 아니라, 중앙집권체제로의 환원 가능성 또한 내포하고 있다.

또 다른 문제 가운데 하나로 지방 행정부 수반의 교체 정도와 수준에 관련된 사안이 존재한다. 중앙정부는 강대국 건설을 목표로 국정운영과 제반정책을 강력하게 추진해 나갔고, 연방관계의 발전을 위해 지방 엘리트 집단들의 정치적 지원을 확보해야만 했다. 그래서 현재까지 중앙은 기존 주지사들에 대한 대폭적인 교체를 실시하지 않았고, 단지 지방 지도자들의 충성을 요구하는 정치적 압박 수단으로 주지사 임명 제도를 활용하였다. 그렇지만 향후 러시아 중앙-지방 관계의 안정화와 발전의 대전제로 중앙 정부는 지방 정부와의 건설적 협력관계를 구축해야 한다. 바로 이 점에서 중앙에게 주지사 임명제도에 대한 상당한 속도 조절과 치밀한 대응 전략이 필요한 것이다.

이밖에도, 임명직 주지사들의 선정기준에 관한 문제, 지방 엘리트들 간의 치열한 정치적 경쟁과 로비 과정에서의 부정부패 문제, 임명직 주지사와 연방관구 전권대표자들, 그리고 연방기관의 지역 감독관들 사이에 명확한 지위와 역할, 권한 구분의 문제, 민족 공화국 대표자들의 정치적 저항 극복 문제 등이 중앙 정부의 당면과제로 남아있다.

2) 연방 주체들의 통합작업

1991년 12월 소연방 붕괴이후 공식 출범한 러시아 연방은 민족 단위와 지역-행정 단위로 구별되는 6가지 유형의 89개 연방주체(субъект Федерации)들로 구성되었다. 이들 가운데 21개의 공화국(республика), 1개의 자치주(автономная область), 10개의 자치관구(автономный округ) 등이 민족 원칙에 입각해서 형성된 지방조직들이었고, 6개의 변강(край), 49개의 주(область), 2개의 연방 의미의 도시(город федерального значения)들이 지역원칙에 근거를 둔 연방주체들이었다. 이처럼 러시아는 세계에서 유래를 찾아 볼 수 없을 정도로 다양한 형태의 지방과 많은 수의 연방주체들로 구성된 비대칭적 연방 국가였다. 특히 러시아의 역사발전과정에서 배태된 민족-인종적 요인은 '러시아 연방주의의 특수성' 형성에 지대한 영향을 미쳤고, 현대 러시아에서도 중앙-지방관계 건설의 핵심요인으로 작용했다.[34)]

집권 2기 푸틴 정부는 러시아 연방체제의 발전을 위한 장기적 차원의 해결과제였던 연방주체들의 통합작업을 진행해 나갔다. 비록 실제적으로 착수되지는 못했지만, 연방주체들의 통합작업에 관한 문제는 옐친 정부 출범 초부터 심도 있게 논의 되었던 핵심 이슈였다. 러시아 연방에 소속된 89개 연방주체들 가운데 9개 자치관구들이 다른 연방주체들(7개의 область와 1개의 край)의 관할지역 안에 포함되어 있었기 때문이다. 그런 이유로 자치관구의 문제는 항시 러시아 연방체제의 개선방안 논의과정에서 핵심적인 위치를 차지해 왔다. 중앙정부의 입장에서 볼 때, 9개 자치관구들은 연방개혁 작업과정에서 최단 시간 안에 구체적인 성과물을 도출해 낼 수 있는 일종의 시범 사업지역이었다.

연방주체들의 통합작업은 기본적으로 다음과 같은 정책목표를 달성하기 위해 진행되고 있다. 첫째, 국가의 중앙화 혹은 통일화 방안은 분리주의 경향 해소와 국가붕괴의 위험성 예방 차원에서 필요한 작업이었다. 둘째, 러시아 연방체제의 모순적 형태였던 '마트로쉬카 패러독스' 문제의 해결과 헌법에 명시된 연방주체들의 평등성 확립을 위한 기반 조치였다. 셋째, 중앙 정부는 연방주체 수의 축소작업을 통해 지방 관리의 합목적성을 고양시키려는 목표를 갖고 있었다.[35)] 연방주체들의 통합작업은 장기적인 측면에서 러시아 연방의 구성 원칙 변경을 위한 전략적 수순이었다. 이것은 기존의 민족-지역원칙에서 지역원칙으로의 방향전환과 직간접적 연관성을 갖고 있는 사안이었다. 이를 통해 푸틴 정부는 민족 공화국 특혜원칙을 파기함과 동시에, 국가적 통합성의 확립과 통치체제의 효율성을 증진시키는데 강조점을 두고 있었다. 넷째, 연방주체의 통합과정은 경쟁력 있는 새로운 연방주체들을 육성하려는 푸틴 정부의 지역발전전략과 맥락을

34) Кочетков, Указ. соч., с. 67-72.

35) М. Дианов, "Проблемы укрупнения регионов," *КазанскийФедералист*, (№ 1-2 2006), с. 165.

같이하고 있었다.[36] 푸틴 대통령은 러시아 연방구조의 비대칭성 완화와 연방주체들의 균형발전 모색을 세계화와 개방화 시기 러시아의 지역 발전과 국가 경쟁력 확립의 바로미터였다고 판단했다.

2003년 3월 7일 페름 주(Пермская область)와 코미-페름 자치관구(Коми-Пермяцкий автономный округ)에서 양 지역의 통합에 관한 주민투표가 실시되었다. 주민들의 투표결과에 따르면, 대략 83%에 해당하는 지역 주민들이 통합문제에 대해 절대적인 지지의사를 표시해 주었다.[37] 이를 토대로 2005년 12월 1일 러시아연방의 새로운 연방주체로서 페름 변강(Пермский край)이 창설되었고, 그 여세를 몰아 연방주체들의 통합작업은 보다 진전될 수 있었다. 그 후 새로운 통합 지역으로 크라스노야르 변강(Красноярский край), 캄차트카 변강(Камчатский край), 이르쿠츠크 주(Иркутская область), 자바이칼 변강(Забайкальский край) 등이 출현함에 따라, 러시아 연방주체의 수는 83개로 축소되었다. 현재 20여개에 달하는 연방주체들에서 지역통합을 위한 논의들이 활발하게 진행되고 있다.

| 표 1 | 2009년 1월 기준 러시아의 새로운 통합 연방주체들

통합 일시	통합 대상 지역	새로운 통합 연방주체
2003년 12월 7일	페름 주 코미-페름 자치관구	페름 변강 (Пермский край)
2005년 4월 17일	타이미르 자치관구 에벤크 자치관구 크라스노야르 변강	크라스노야르 변강 (Красноярский край)
2005년 10월 23일	캄차트카 주 코랴 자치관구	캄차트카 변강 (Камчатский край)
2006년 4월 16일	이르쿠츠크 주 우스트 오르다 부랴트 자치관구	이르쿠츠크 주 (Иркутская область)
2007년 3월 11일	치타 주 아긴 부랴트 자치관구	자바이칼 변강 (Забайкальский край)

36) Е. Потехина, “Укрупнение регионов-новая концепция федерализма,” *КазанскийФедералист*, (№ 1-2 2006), с. 168.

37) http://ru.wikipedia.org(검색일: 2006년 4월 5일).

그러나 연방주체들의 통합작업과 관련된 과제들 역시 산적해 있는 상황이다. 먼저, 중앙 정부는 새로운 연방주체에 통합되는 지역 주민들과 엘리트 집단의 불만을 해소시켜 주어야 한다. 무엇보다도 이들을 만족시킬 수 있는 적절한 대우 문제가 가장 중요한 사안이다. 특히 지역주의 성향이 강한 연방주체들의 경우, 정치 엘리트들과 경제 올리가르키들이 지역통합과정에서 자신들의 권력과 이익을 사수하기 위해 강력한 저항을 전개할 가능성이 크기에 그렇다. 둘째, 통합작업의 결과물로 등장한 새로운 연방주체들이 자신들의 지역경제발전을 이끌어 나갈 수 있는 확실한 추동력을 보유하고 있는지 여부도 매우 중요하다. 이는 향후 지역통합과정을 보다 활성화시킬 수 있는 중요한 유인동기로 작용할 수 있기 때문이다. 셋째, 통합 주체들의 정치적 안정과 경제 발전을 좌우할 수 있는 중앙정부의 정치적 후원과 경제적 인센티브 지급 문제가 놓여 있다. 특히 경제적으로 낙후된 지역들 간에 통합과정이 진행되는 경우, 중앙정부의 재정적 지원은 절대적으로 필요한 것이다. 그래야만 많은 연방주체들이 지역통합과정에 적극적으로 참여할 것이고, 새로운 지역발전의 돌파구를 모색할 가능성 역시 커진다고 볼 수 있다.

3. 연방관계 평가: 특징과 문제점

푸틴 대통령은 권력 수직화 작업을 통해 옐친 시기 중앙-지방 관계의 혼선과 문제점을 해결함으로써 연방관계의 국면전환을 시도했다. 이를 위해 푸틴 정부는 집권 초기부터 강력한 중앙권력을 확립하여 국가통치기반을 정상화시키는데 총력을 기울였다. '강대국 러시아 건설'은 중앙정부의 통치력 회복과 중앙-지방 관계의 안정화를 전제로 했기 때문이다. 그런 까닭에 푸틴 시기 연방관계는 중앙 중심적인 성향성을 뚜렷하게 표출했는데, 주요 내용과 특징은 다음과 같다.

첫째, 푸틴의 연방개혁정책은 러시아 정치문화의 오랜 전통이었던 권위주의적 성격을 분명하게 표출해 주었다. 연방개혁정책의 입안을 위한 정책결정 과정에서 독립적 행위자로서 의회의 역할은 축소되었거나 아예 배제되었다. 게다가, 러시아 사회 전반에 걸쳐 연방개혁정책에 대한 심도 있는 논의 역시 부재했다. 단지 푸틴 정부의 행정적 압력에 의해 연방개혁정책이 급속하게 추진되었을 뿐이었다. 특히 중요한 문제는 연방국가인 러시아에서 국가구조의 변형과 같은 중차대한 국가적 사안의 문제가 국민투표와 같은 헌법적 절차에 의해 진행되지 않았을 뿐 아니라, 소비에트 시기와 유사한 통치형태인 대통령의 일방적 칙령선포에 의해 진행되었다는 점이다.

둘째, 푸틴 정부의 연방개혁정책은 본질적으로 필연적, 공격적, 중앙집권적 성격을 표방하고 있었다. 푸틴 대통령은 강대국 건설이란 미명아래 정국안정과 경제발전을 위한 대전제로서 강력한 중앙권력의 복원을 주창했다. 이러한 입장과 목표는 연방개혁정책의 추진과정에서도 동일하게 반영되었다. 푸틴은 중앙의 입장을 일방적으로 강제하면서, 연방관계의 성격을 근본적으로 변모시켰다. 이처럼 푸틴 정부가 강력한 연방개혁정책을 추진할 수 있는 원동력은 정치적, 경제적, 사회적 지지기반을 확보한 덕분이었다. 중앙정부는 다수 여당을 통한 의회 권력의 장악, 국제 원자재 가격 인상과 경제상황의 급속한 호전, 강대국 러시아 건설에 대한 푸틴의 단호한 의지와 높은 국민적 신망 등과 같은 우호적 사회여건들을 잘 활용할 수 있었다. 이런 이유로 푸틴이 연방개혁정책의 핵심기조로 중앙권력의 강화를 추구했음에도 불구하고, 지역들로부터 강력한 저항보다는 오히려 정치적 양보와 동의를 이끌어낼 수 있었다.

셋째, 푸틴의 연방개혁정책을 통한 중앙-지방관계의 변화는 연방주의 철학과 본질적 가치와는 밀접한 연관성을 갖지 못하는 것이었다. 연방체제 운영의 핵심토대는 민주화, 열린사회, 지방자치, 시민사회, 의회주의, 정당정치 등의 발전에 있다. 그런데 이러한 민주적 가치들은 사실상 푸틴 시기 러시아 사회에서 제 위치와 역할을 전혀 담당하지 못하고 있는 실정이다. 러시아에서는 중앙과 지방적 차원에서 연방체제의 기능화를 위한 제반여건들이 상당히 미비한 상태였다. 특히 지방 엘리트들의 권위주의적 성향, 중앙 혹은 지역에서 견고한 다당제도의 부재와 시민사회의 미성숙, 미약한 형태의 법치주의와 삼권분립, 지역들의 경제적 자립능력 부족 등은 건설적 연방관계의 수립과 발전에 있어서 중대한 장애요인이었다. 역설적이게도 민주주의 가치가 러시아에서는 푸틴의 국가전략이었던 강대국 건설의 희생물이 될 개연성 역시 존재하고 있다는 점이다. 이를 통해 볼 때, 푸틴시기 러시아에서 연방주의는 아직까지 본래적 의미를 실현하지 못한 채, 공전하고 있다고 볼 수 있다.

Ⅳ. 결 론

현대 러시아에서 민주적 연방관계 확립의 과제는 체제 변혁과정의 핵심 이슈들 가운데 하나였다. 그러나 러시아 연방 출범 초기 중앙-지방 관계의 설립기준과 방향설정이 미비했던 관계로, 중앙과 지방정부 사이에 갈등과 혼선이 빈번하게 발생했다. 중앙정부는 분리주의 운동의 확산 방지와 국가적 통합성 보존 차원에서 새로운 연방관계 건설 방안을 제도적으로 강구하게 되었다.

옐친 정부는 연방조약, 연방헌법, 쌍무조약을 바탕으로 한 연방정책을 추진해 나갔다. 옐친 시기 연방관계의 발전과정은 중앙과 지방의 권력배분을 중심으로 한 갈등과 투쟁, 이를 조정하기 위한 타협과 거래를 주요한 특징으로 하고 있다. 체제 전환기 중앙정부의 통치기반의 취약성은 정치적 상황논리에 편승한 연방정책을 추진하도록 유인했다. 게다가, 지속적 경제상황의 악화와 1998년 러시아 경제위기가 발생함에 따라, 중앙은 사실상 지방에 대한 영향력을 상실하게 되었다. 그래서 옐친 정부는 '공화국 우선주의 원칙'과 '비공식적 수단'에 입각한 연방정책을 추진할 수밖에 없었고, 결과적으로 현대 러시아에서 '헌법-조약 연방'이라는 매우 독특한 형태의 연방주의 모델이 탄생하게 되었다.

그러나 푸틴 시기 권력의 수직화 정책은 중앙-지방관계 발전에 있어서 새로운 단계가 도래했음을 시사해 주었다. 이전 시기와는 달리, 푸틴은 강력한 중앙권력의 복원과 지방 엘리트들의 영향력 축소에 연방정책의 초점을 맞추고 있었다. 그러한 전략적 원칙에 입각하여 푸틴 정부는 일련의 연방개혁정책을 추진해 나갔다. 7대 연방관구 설치와 새로운 대통령 권한대표자 임명, 연방개입제도 도입, 상원 구성 원칙의 변경, 지방자치제도 개혁, 단일한 법적 영지건설, 지방 행정부 구성 원칙의 변경, 연방주체 통합작업 등과 같은 푸틴 정부의 연방정책은 다분히 공격적이고 행정적 성격을 반영하였다. 이러한 정책성향은 본질적으로 대내외적 환경변화, 즉 의회 장악, 경제 상황의 호전, 국민여론의 절대적인 지지, 군부 및 정보기관 장악 등에 핵심 근거를 두고 있었다. 결국 푸틴 정부는 '공화국 우선주의 원칙폐기'와 '공식적 수단'을 바탕으로 하는 연방정책을 추진함으로써 '헌법 연방'으로의 방향전환을 모색했던 것이다.

푸틴 시기 연방관계가 옐친 시기에 비해 상당히 안정된 것은 틀림없는 사실이다. 그럼에도 불구하고 러시아에서 민주적 연방체제의 건설과제는 본질적으로 큰 난관에 봉착해 있다. 연방국가의 운영과 기능화의 근본 토대인 민주화, 열린사회, 지방자치, 시민사회, 의회주의, 법치주의, 권력분립 등이 현대 러시아에서 아직까지도 제 역할을 수행하지 못하고 있기 때문이다. 특히 권위주의 정권이 출범한 직후에 전면적 권력 수직화 작업을 진행함에 따라, 러시아 사회에서 정치적 다원주의와 시민사회 제도들은 심각한 위기상황에 처하게 되었다. 이 점에서 현재 소비에트 제국과 유사한 형태의 '초 중앙집권국가'의 출현 가능성이 제기되고 있는 상황이다.

이상을 종합해 볼 때, 현대 러시아에서 연방주의의 발전전망은 민주적 연방관계의 건설과 기능화를 위한 제반토대 구축에 달려있다고 볼 수 있다. 예를 들자면, 다당제도의 정착과 효율적인 지방자치제도의 확립, 연방과 지방정부 간 명확한 법률적 권한 및 관할대상의 구분, 헌법재판소의 기능강화와 효율적 운용, 시민사회 형성을 위한 중간계층의 육성, 각 민족에 대한 폭 넓은 문화적 자치의 허용 등이 필요하다. 이와 함께 민주적 중앙-지방 관계의 토대를 확립하기 위해서는 중앙과 지방 간 민주적 협력체제의 구축여부도 중요한 관건이라고 하겠다.

| 표 2 | 옐친 및 푸틴 시기 러시아 연방관계의 특성 비교

비교요인	옐친 연방	푸틴 연방
중앙-지방관계 성격	정치적 정실주의	평등주의
지방에서의 대통령 지지세력	주지사	대통령 전권 대표자 임명직 주지사
연방개입제도	없음	있음
주지사들의 정치적 지위	높음	낮음
연방의회의 정치적 지위	높음	낮음
공식/비공식 제도들	비공식적 제도가 주류	공식적 제도가 주류
지방적 권력 기관의 책임	없음	있음

참고문헌

강원식. “러시아 연방체제의 구조와 문제점,” 『중소연구』, 제23집 4호. 한양대 아태지역연구센터, 1999/2000.

강혜련. 『러시아 국가와 시민사회』. 서울 : 오름, 2003.

권세은. “러시아 연방체제의 비대칭성에 대한 고찰,” 『21세기 러시아 정치와 국가전략』. 홍완석 엮음. 서울 : 일신사, 2001.

김성진. “러시아 연방관계의 성격과 중앙-지방관계,” 『현대 러시아 국가체제와 세계 전략』. 홍완석 엮음. 서울: 한울아카데미, 2005.

안병만. 『한국정부론』. 서울 : 다산출판사, 2002.

장덕준. “러시아 연방제의 성격 고찰 : 기원 및 형성과정을 중심으로” 『국제정치논총』, 제43집 4호. 한국국제정치학회, 2003.

Аринин, А. Н. *Уроки и проблемы становления российского федерализма.* Москва : Интелтех, 1999.

Баграмов, Э. А. *Разделит участь Союза ССР?: Кризис межнациональных отношений и федеральная национальная политика.* Москва : РН ИСиНП, 1993.

Барциц, И. “России нужен институт федерального вмешательства,” *Федерализм*, (№ 3, 2000).

Бусыгина, И. М. “Совет Федерации и политическая система России,” *Российская региональная бюлетень*, (Февраль 1999).

Дианов, М. “Проблемы укрупнения регионов,” *Казанский Федералист* (№ 1-2, 2006).

Золотарева, М. В. *Федерация в России: проблемы и перспективы. Москва: Пробе л*, 1999.

Золотарева, М. Г. “Новый порядок рекрутирования губернаторов и перспективы федерализма в России,” *Казанский Федералист*, (№ 4, 2004).

Зубов, А. Б. “Унитаризм или федерализм: К вопросу о будущей организации государственного пространства России," *Полис*, (№ 5, 2000).

Иванов, В. В. *Российский федерализм и внутригосударственная договорная политика.* Красноярск : ИКГУ, 1997.

Каспэ С. И. "Конструировать федерацию - Renovatio Imperii как метод социальной инженерии," *Федерализм*, (№ 5, 2000).

Кирпичников, В. "Формирование эффективной системы власти и управления в рамках действующей конституции России," *Федерализм*, (№ 1, 2001).

Кочетков, А. П. Россия на пороге 21 веке. Москва : Христианское издателиство, 1998.

Лысенко, В. Н. "Насколько прочна договорная основа федеративных отношений," *Федерализм*, (№ 3, 1996).

Лысенко, В. Н. "Российская Конституция: проблемы совершенствования," Р. Г. Абдулатипов, ред., *Российский федерализм: опыт становления и стратегия перспектив*. Москва : Издательство РАГС, 1998.

Мельвиль, А. ю. "Демократия и демократизация," *Полис*, (№ 5, 1996).

Мельвиль, А. ю. "Демократические транзит в России: сущностная неопределенность процесса и его результата," *Космополис*, (1997).

Моммен, А. "Заявка Путина на власть: конец российского федерализма?," *Полис*, (№ 5, 2000).

Потехина, Е. "Укрупнение регионов-новая концепция федерализма," *Казанский Федералист* (№ 1-2, 2006).

Росс, К. "Федерализм и демократизация в России," Полис, (№ 3, 1993).

Солник, С. "Торг между Москвой и субъектами Федерации о структуре нового государства: 1990-1995," *Полис*, (№ 6, 1995).

Конституция РФ: научно-практический комментарий. Москва : Юристь, 1997.

Федеративный договор: документы и комментарий. Москва : Издательство Республика, 1994

Известия (Август 14, 1993).

Известия (Август 14, 1993).

Итар-иасс (Март 13, 1997).

Известия (Май 15, 2000).
Известия (Май 15, 2000).
Советская Россия (Май 23, 2000).
Русская мысль (Август 3, 2000).
Независимая газета (Май 12, 2000).
Независимая газета (Июль 10, 2000).
Независимая газета (Июль 10, 2000).
Независимая газета (Сентябрь 29, 2000).
Независимая газета (Октябрь 25, 2000).
Независимая газета (Ноябрь 28, 2001).
Duchacek, I. D. *The territorial dimension of politics within, among and across nation*s. Colorado : Westview Press, 1986.
Elazar, D. *Exploring federalism.* Tuscaloosa : Alabama Univ. Press, 1994.
King, P. *Federalism and federation*. Baltimore : Johns Hopkins Univ. Press, 1982.
Mintin, D. "From Rebellion to Submission : The Evolution of Russian Federalism under Putin," *Problem of Post-Communism* 55-5 (September/October 2008).
Riker, W. H. *Federalism: Origin, Operation and Significance*. Boston : Little, Brown and Company, 1964.
http://www.kazanfed.ru/konfer10/1/(검색일: 2006년 3월 3일).
http://ru.wikipedia.org(검색일: 2006년 4월 5일).

2

푸틴의 리더십과 러시아의 군 개혁*

이 홍 섭

Ⅰ. 서 론

소비에트연방 해체 이후 러시아의 군은 시장경제로의 체제전환과 민주화라는 물결 속에 과거 소비에트 군과 비교하여 그 위상과 전력이 현격히 저하되었다. 즉 러시아 군은 전력이 약화되었고 사기는 저하되었으며 무엇보다도 효율성을 찾아 볼 수 없는 집단이 되어 버렸다. 이를 만회하기 위하여 러시아 정부는 일련의 개혁정책 — 군 병력의 감축, 충원제도의 변경, 예산확대, 명령체계의 일원화, 군의 문민화 등 — 을 추진하였다. 그

* 이 글은 『中蘇硏究』, 제32권 제2호 (2008)에 게재된 논문 "푸틴의 리더십과 러시아의 군 개혁"을 일부 수정하여 옮긴 것 입니다. 보완된 부분(Ⅱ장 3절)은 졸고, "러시아연방 군 개혁의 방향과 한계" 『中蘇硏究』, 제26권 제2호(2002)에서 발췌한 것입니다

러나 옐친대통령은 군을 전문화된 효율적 집단으로 육성하기 보다는 오히려 독립된 정치세력으로 성장하지 못하도록 하는데 더 몰두하였으며 동시에 자신의 권력을 연장하는 도구로 활용하려고 하였다.

이에 반해 푸틴대통령은 국가이익을 실현하기 위해서는 강력한 군이 필수 요건이라는 입장에서 군의 효율성 제고 방안을 강구하였다. 이 결과 푸틴대통령 재임 시기에 러시아는 선진군대 육성을 목표로 국방예산의 실질적 증대, 군 명령체계의 일원화, 군사력충원시스템의 변화 등이 추진되었다. 이런 내용들은 옐친시기에도 추진된 바 있으나 제대로 실현되지 못한 것은 군의 위상에 대한 두 지도자 간 철학 및 개혁추진에 대한 의지의 차이, 그리고 러시아 경제 상황의 변화 등에서 찾아볼 수 있을 것이다.

본 논문은 푸틴시기에 추진된 군 개혁 프로그램이 성공적으로 기반을 마련했다는 중간평가에[1] 동의하면서 그 성공의 원인을 푸틴대통령의 실천적 리더십이라는 관점에서 밝혀보고자 하였다. 실천적 리더십이란 국내외 정치, 경제적 상황에 대한 현실적 평가를 바탕으로 일부를 희생하더라도 궁극적인 목표를 성취하기 위해 실현가능한 정책을 수행해 나가는 리더십을 의미한다.[2]

Ⅱ. 러시아의 군 개혁

1. 군 개혁의 배경

1991년 소비에트체제 해체 이전까지 러시아(소련)군은 세계에서 가장 강력한 군의 하나였으며 병력면에서도 532만 명으로 세계최대 규모를 자

1) Dale R. Herspring, "Putin and the Re-emergence of the Russian Military," *Problems of Post-Communism,* Vol. 54, No.1 (January/February 2007), p. 26.

2) Celeste Wallander, "National Security and Foreign Policy under Putin," (November 27, 2000) lecture at the Kennan Institute.

랑하였다. 그러나 이행기과정에서 고르바초프가 최우선적으로 추진한 경제개혁은 막대한 재원을 필요로 하였고 이것은 군 규모를 축소하는 것으로 '군 개혁'이 현실화되었다. 이후에 전개된 고르바초프의 신사고(New Political Thinking)외교는 '군 개혁'의 의미를 핵 및 재래식 무기의 현격한 감축 및 군의 구조를 공격형에서 방어형으로 변경하는 것으로 해석되었다. 1980년대 말에는 소위 글라스노스찌(개방) 정책의 영향으로 '군 개혁'이라는 용어가 처음으로 당에 의해 통제되는 대규모 군으로부터 민간지도부에 의해 통제되는 소수의 전문화된 군이라는 맥락에서 논의가 시작되었다. 고르바초프 시기의 군 개혁이 일반적으로 군 및 군산복합체의 규모를 축소하는 것을 의미한 것은 이를 통해 마련된 재원을 중대한 경제 및 정치개혁에 사용하기 위해서였다. 그러나 이후 고르바초프의 세계관은 1990년 노벨평화상 수상에서도 나타나듯이 데탕트를 추구하였으며 이에 따라 1988년부터 1991년 사이의 군 개혁이라는 개념은 핵 및 재래무기의 감축을 포함하여 소련군을 공격적인 입장에서 방어적인 입장의 군으로의 재건설을 의미하는 개념으로 확대되었다.

옐친시기에는 군 개혁의 의미가 공산당의 영향력을 제거한 새로운 군 지휘부를 만들고, 소비에트로부터 물려받은 모든 군을 재건설하고 좀 더 작은 러시아군 건설을 위한 계획 개발을 뜻하였다. 문제는 재원의 부족으로 전투력 향상 및 전문화된 소수정예군을 위한 지원은 이루어지지 못한 채 군의 규모만 축소함으로써 군의 사기 및 효율성은 떨어지게 되었다. 이런 와중에 벌어진 1994년 제1차 체첸전쟁에서 러시아 군은 중대한 좌절을 경험하여야만 했다. 또한 1998년 모라토리움으로 귀결된 경제위기 국면을 맞이해서는 훈련에 필요한 연료부족으로 주요 중장비 무기들은 움직일 수조차 없었고 장교들은 생활고를 해결하기 위해 부업을 가져야만 할 정도로 군은 어려움에 처하게 되었다. 계속된 체첸전쟁은 군 예산의 상당 부분을 고갈시켰을 뿐만 아니라 군의 사기를 저하시켰다. 더욱이, 체첸전쟁 실패의 원인이 형편없는 훈련 및 장비, 그리고 리더십의 부재 등이라고 알려지자 러시아 국민들은 사내들을 군에 보내는 것 자체에도 큰 거부감을 갖게 되었다.

특히 2000년, 118명의 군인들이 사망한 쿠르스크 잠수함 참사는 제대로 계획된 군 개혁의 필요성과 시급함을 일깨우게 되었다. 이에 따라 푸틴정부는 2000년 초 새롭게 정립한 국가안보개념과 군사독트린을 바탕으로 군 개혁을 본격적으로 추진하였다. 푸틴시기의 군 개혁에서 제시된 러시아 군은 작고 기동력이 우수하며 높은 기술력을 가진 직업군인과 징집병이 혼합된 것을 의미하였다. 또한 향후 러시아가 더 단호하고 독립적인 외교 정책을 수행할 수 있도록 군의 전투력과 사기를 재건하는데 역점을 두었다. 즉 푸틴은 러시아가 지역의 강국으로 다시 자리매김할 수 있어야 한다는 비전을 제시하여 군 개혁을 추진하였으며 그의 실천적 리더십은 개혁에 저항하던 완고한 군 관료들도 개혁에 동참하게 만들었다.

그런데 일찍이 고르바초프가 군 개혁을 실시한 이유는 적정규모를 벗어나 지나치게 비대해진 군 및 군산복합체로 인한 소련경제의 과도한 부담을 줄이기 위한 방편이었다. 옐친시기에도 이러한 개혁노력은 지속되었는데 이것 역시 러시아가 물려받은 거대군대를 유지할 재원이 충분하지 않았기 때문이었다. 이와 동시에 전투 효율성을 높이고 군인들의 불충분한 근무조건을 개선하기 위해 몇 가지 개혁이 시도되었으나 실천되지는 않았다. 반면 푸틴대통령은 재임 초기부터 신뢰할 만한 재래군과 최소 핵전력에 의해 뒷받침되는 '강대국 러시아'를 비전으로 제시함으로써 군에서도 개혁에 동참하는 다수의 세력을 얻을 수 있었다.

2. 군 개혁의 필요성과 방향

소비에트 붕괴이후 러시아군은 상당기간 무관심 속에 방치되었다. 러시아는 자체 군의 창설을 미루고 대신 CIS 가맹국들에 의한 통합군의 필요성을 역설하였다.[3] 그러나 우크라이나의 군사강국화 노선 천명과 옛 소련군이 사용하던 군 장비에 대한 체계적 통합의 필요성이 시급함을 느낀 러

3) 심경욱, "러시아 군과 정치," 유세희 편, 『현대러시아정치론』(서울: 오름, 2005), pp. 208-209.

시아는 1992년 3월 국방부를 설립하고 5월에는 러시아군을 창설하였다. 그러나 옐친대통령은 외부적 위협이 없어졌다는 판단 하에 군에 대한 정책의 최우선 과제를 군이 정치적 문제로 전면에 나서지 않도록 하는데 두었다.[4] 따라서 군이 실질적으로 재건설되기 시작한 것은 푸틴대통령이 등장하고 난 이후이다. 즉 옐친대통령과는 달리 푸틴은 군을 러시아의 재건에 필수적인 부분으로 인식하고 강한 군이 국내외의 적으로부터 국가를 보호하는 것은 물론이고 국내외 정책추진에 필수적인 요인임을 인정하였다.

옐친대통령이 1993년 11월에 승인한 군사독트린에 따르면, 당시 러시아는 지역에서의 전쟁 및 군사적 갈등을 러시아의 평화와 안정을 위협하는 주된 요인으로 인식하였고[5] 동시에 테러리즘과 대량살상무기(WMD)의 사용 등을 우려하였다. 그런데 이 군사독트린에는 냉전적 사고가 남아있어서 이러한 위협에 대한 러시아의 군사적 개입 가능성을 열어두었다.[6] 또한 국제사회의 변화에 대한 정확한 인식 결여 및 향후 비전에 대한 잘못된 판단은 군에 대하여도 잘못된 비전을 제시하였다. 즉 군은 좋은 상태에 있으며 필요한 것은 단지 군의 구조조정이라고 지적하였다.[7]

그러나 1990년대 말 러시아는 나토의 확대와 코소보사태 및 장기적인 체첸사태를 겪으면서 안보정책을 재평가하기 시작하였고 그 결과 2000년 초, 새로운 국가안보개념(National Security Concept)과 군사독트린(Military Doctrine)으로 나타났다. 이는 각각 1997년 및 1993년에 발표되었던 것과는 명확히 다른 것이었다. 이 두개의 문건에 공통적으로 나타나는 것은 첫째, 외부의 적에 대한 강조인데 이는 주로 국내의 경제적, 정치적 도전을 언급하였던 과거의 것과는 큰 대조를 보였다. 둘째는 탈냉전 이후 처음으로 러시아의 영향력과 안보를 위협하는 세력으로 일부 국가와 동맹(NATO)을

---

4) Herspring, 2007, *op. cit.*, p. 17.
5) Charles Dick, "The Military Doctrine of the Russian Federation," *Jane's Intelligence Review*, Special Report No.1 (January 1994), p.1
6) *Ibid.*, p. 3.
7) *Ibid.*, p. 5.

언급했다는 점이다.[8] 그러면서 러시아는 강대국으로서의 입지를 공고히 할 것이며 국제체제를 다극체제로 전환시키기 위해서 노력을 경주할 것이라고 천명하였다. 따라서 테러 및 초국가적 범죄의 확산방지를 위한 노력이 과거에는 서방과의 파트너십에 따라 부과된 의무로서 이행되었다면 향후에는 서방과의 '협력'차원에서 실행될 것이라고 밝힌 셈이다.

국가안보개념은 러시아가 다극체제의 한 축을 담당해야 한다는 점을 강조하였다. 이를 위해 러시아 정부는 1990년대의 혼란스럽고 무질서로 점철된 상황으로부터 질서를 회복하여 정돈되고 유능한 러시아를 건설할 것임을 명백히 하였다. 2000년 3월에 발표된 해군독트린(Naval Doctrine)에서는 러시아 해군의 효율적인 해양접근 보장과 러시아 인접 바다가 특정 국가나 동맹에 의해 점유되는 것을 막아야 한다는 점을 강조하였다. 신 군사독트린은 위협평가에 있어서 국가안보개념과 인식을 같이하고 있다. 즉 나토의 확대 및 러시아 남부지역에서의 지역전 확대를 잠재적 위협으로 간주하였다. 이러한 맥락에서 독트린은 국내외 작전에서 군대의 사용을 비공식적으로 문서화했다. 이와 함께 독트린은 4개의 개혁 우선 사항을 제시하였는데 첫째, 전체 군으로 구성된 합동군(joint groups of forces)의 설립, 둘째, 군의 준비 및 기동력의 개선, 셋째, 신속대응군(permanent readiness units)의 설립, 그리고 마지막으로 핵전력을 포함하여 러시아의 전략적 억제력 강화[9] 등을 내용으로 하고 있다.

새로운 국가안보개념과 군사독트린이 이전의 것과 너무나 달랐기 때문에 발표 직후 전문가들은 러시아가 냉전시기의 반서방 정책으로 회귀하는 게 아닌가 할 만큼 우려하였다. 그러나 실제로는 더욱 균형을 갖춘 것이었다. 이후 러시아는 반서방도 서방의 일부도 아닌 다극세계에서 하나의 강대국

---

8) "National Security Conception of the Russian Federation," Andrei Melville and Tatiana Shakleina eds, *Russian Foreign Policy in Transition: Concepts and Realities* (New York: CEU Press, 2005), pp. 132-135.

9) IISS, *The Military Balance 2000-2001* (London: Institute for Strategic Studies, 2001), pp. 110-111.

이 되려는 목표를 향하여 독립적인 노선으로 출발하였다. 이에 따라 푸틴은 성공적인 군의 개혁 없이는 자신들의 목표가 달성되지 못하리라고 판단하고 군 개혁을 서두르게 되었다.

3. 옐친시기 군 개혁의 내용과 한계

옐친시기 러시아의 군은 탈냉전 이후 나타난 지정학적 변화에 따라 기존의 전략개념과 군사력 배치를 재정립하였다. 즉 과거의 대결적 구도에서 벗어나 동서 양 진영의 국가들이 이데올로기에 관계없이 정치, 경제, 군사적으로 상호의존 관계에 있음을 분명히 하였다. 이런 가운데서도 러시아의 군은 경제적 불확실 시대에 발생할 수 있는 모든 가능한 위협과 군사적 돌발 사건에 대처하면서 국가와 사회를 위한 기구가 되어야 한다고 인식하였다.[10] 따라서 러시아의 군 개혁은 군사전략적 측면에서 전쟁불가피론을 수정하고 전쟁방지와 상호공존을 인정하며, 경제적 측면에서 군사지출을 줄이고 적체된 군 임금의 해소와 함께 군을 효율적으로 유지하는 방향으로 추진되었다.[11] 그 추진 방향은 무엇보다도 국내구조개혁을 위한 국방예산의 대폭 삭감이 군 개혁의 전제조건이 되었다.

이에 따라 군 인력은 대규모로 축소되는 방향으로 진행되었으며 충원방식도 징병제를 점차 폐지하고 지원제를 통한 직업군인제를 실시하여 군의 소수정예화를 꾀하였지만 예산부족으로 부진을 면치 못했다.[12] 이는 훈련기간의 단축과 장비현대화의 지연으로 이어져 인력만 감축되고 병력의 질은 향상되지 못하는 결과를 낳았다.

1993년 11월 2일에 발표된 군사독트린(Principal Guidance on the Military Doctrine of the Russian Federation)은[13] 어떤 국가도 적으로 간주

10) Christopher C. Locksley, "Concept, Algorithm, Indecision: Why Military Reform has Failed in Russia Since 1992," *Journal of Slavic Military Studies*, 14-1 (March 2001), p. 5.

11) 최성권, "러시아 군개혁의 현황과 방향 고찰," 『國際地域問題硏究』, 제16권 제1호 (1998), pp. 157-171.

12) Graeme Gill and Roger D. Markwick, *Russia's Stillborn Democracy? From Gorbachev to Yeltsin* (Oxford: Oxford University Press, 2000), p. 174.

하지 않고, 자국 및 동맹국의 방어를 위한 경우를 제외하고는 군대를 사용하지 않는다고 명시함으로써 과거 소련이 취했던 정책과는 상반되는 점이 많았다. 또한 러시아의 국익에 저해되는 않는 한 모든 국가들을 원칙적으로 파트너로 간주함으로써 전쟁예방을 위한 방법에 있어서 정치외교적 수단의 우월성을 강조하였다. 이런 맥락에서 러시아는 중국과 좋은 관계를 유지하고, 과거 바르샤바조약기구에 속했던 국가들의 군사-정치적 변화에 깊은 관심을 보이며 나토의 동진에 대하여는 반대 입장을 표명하였다. 그러나 국내소요가 확산되어 가는 시점에서 군대의 대내적 사용을 허용하고 핵 선제공격의 조건을 분명하게 명시하였다. 이와 같이 1993년 군사독트린이 공세적이고도 능동적인 성격을 갖는 것은 고르바초프가 주장한 '합리적 충분성'(reasonable sufficiency) 전략의 비현실성, 즉 순전히 수세작전만을 수행해서는 국토의 효과적인 방어가 불가능하다는 사실에 근거하였다.[14] 핵무기의 제거가 최종목표임을 확인함과 동시에 러시아와 그 동맹국들에 대한 침략행위를 저지하는 수단으로서 핵무기의 역할에 대해 상술함으로써 핵무기가 여전히 러시아 안보수단의 주축임을 대내외에 천명하였다. 핵무기에 대한 의존성의 증대는 예산의 축소에 따른 재래식 무기 감축의 결과이며, 이는 최소한의 경비로 최대의 군사적 위력을 과시하기 위한 것이었다.

그런데 신군사독트린은 대외적 군사전략 환경의 변화와 더불어 국내상황의 변화에 기인된 바 크다. 즉 군 개혁에 따른 국방비 삭감과 군 병력 감축이 필수적 사안이 된 것을 인정하고 향후 국방예산도 엄중한 심의대상이 된다는 점에서 군수지원 체제확립의 중요성을 강조하여 군사기술·경제적 측면에 대한 항목을 별도로 할당하였다. 그러나 결과적으로 군사독트린은 세부적 구체성이 결여된 일반론에 그쳐 군 개혁을 위한 명확한 지

---

13) "Основные положения военное доктрину Российской Федерации"(러시아연방 군사교리의 기본원칙), *Известия* (1993.11.18).

14) 심경욱, "러시아 연방 신군사 독트린에 대한 소고," 한국슬라브학회 편, 『러시아, 새 질서의 모색』(서울: 열린책들, 1994), pp. 217-249.

침이 되지 못했다.

옐친시기 군 개혁의 실패는 무엇보다도 권력엘리트들의 군 개혁 방향에 대한 합의실패와 예산부족을 지적할 수 있다. 여기에다 군의 정치적 독립이 자신들에게 적대적인 세력으로 변모할지 모른다는 집권세력의 우려, 그리고 옐친행정부의 무능력이 군 개혁을 지연시킨 주된 원인으로 지목된다.15)

1) 군 개혁 방향에 대한 합의점 도출의 실패

군 개혁의 목적과 방향에 대하여 러시아 내에는 두 가지 입장이 대결하였다. 자유주의적인 견해를 가진 측에서는 군 개혁이란 거시경제안정을 위해 군대와 군수산업이 정부의 계획에 따라 축소된 예산에 적응해야 한다고 주장하였다. 이에 반해 소비에트식 모델 지지자들은 러시아가 소비에트 시기의 군사제도를 복원해야 하며 러시아의 국가조직, 경제, 사회, 외교가 군사적 확립을 위해 정비되어야지 그 반대여서는 안 된다고 주장하였다. 이에 따라 서방의 나토 확대정책은 이들 후자의 주장에 명분을 주기도 하였다.

2) 재정의 악화와 높은 수준의 부패

옐친시기 국방예산의 75% 정도가 봉급지급 등에 사용되어 군의 현대화 및 전문화라는 군 개혁을 위한 예산이 절대적으로 부족한 상황이었다. 또한 약속된 예산도 일부만 집행됨으로써 어려움을 가중시켰는데 1998년의 경우 개혁프로그램 수행을 위해 책정된 32억 루블 중 14억 루블만 집행되었을 정도였다. 또한 군 개혁에 할당된 자금 중 상당한 규모가 군 관리들에 의해 횡령되는16) 등 군의 부패도 개혁의 걸림돌이 되었다.

---

15) Locksley, *op.cit.*, pp. 16-20.

16) Alexei G. Arbatov, "Military Reform in Russia: Dilemmas, Obstacles, and Prospects," *International Security*, 22, 4 (Spring 1998), p. 114.

3) 군의 정치적 변절에 대한 두려움

개혁초기에 군은 국내정치과정에 개입하지 않는 자세를 유지하였다. 그러나 옐친대통령은 위기 상황에서 자신의 정치적 생명을 구하기 위해 군에 의지함으로써(1991, 1993, 1994-96, 1999)[17] 군의 정치적 정향에 민감하였으며, 군의 충성 확보를 위해 군의 독자적 행보를 허용하였고 군에 대한 개혁을 미루었다. 나아가 옐친대통령은 군 개혁에 대한 충격요법이 자신에 대한 적대감을 키울 뿐만 아니라 공산주의나 민족주의 캠프에 합류하는 결과를 낳을 것이라는 우려 때문에 군이 개혁의 보폭을 스스로 축소하는 것을 자주 용납하였다.

4) 군 개혁 추진을 위한 단일창구의 결여 및 옐친행정부의 무능력

군부를 포함하여 수많은 기구(단체)들이 1990년대에 시행된 군 개혁을 자신들의 소관이라고 주장하며 각자의 프로그램을 제시하였다. 1997년의 경우 옐친대통령이 설립한 "국방협의회"(Defence Council), 체르노미르딘 총리의 "군 구조조정위원회"(Commission for Military Restructuring), 그리고 추바이스 행정실장의 "군 재정위원회"(Military Financing Commission) 등이 각각의 개혁을 추진하였다. 이와 같이 군 개혁을 위한 단일창구의 결여는 관여 부서와 의회, 전문가들의 조언을 취합할 수 없게 만듦으로써 효율성을 떨어뜨렸으며, 군 개혁이 국방부만이 아닌 여타 부서의 개입양상으로 나타났다.

이상과 같이 옐친정부는 시종일관 군 개혁에 대하여 의도된 무관심을 보였다. 형식적인 개혁만 주장한 채 실질적인 재원을 보장하여 주지 않음으로써 군의 사기는 떨어졌고, 군의 이탈과 병력의 질 저하라는 최악의 상황을 유발하였다. 즉 군 개혁이 국내 구조개혁을 위한 경비 절감 차원에서 전개되었다는 점에서 많은 어려움이 노출되었다. 예산의 급격한 감소는

17) *Ibid.*, pp. 112-3.

직업군인제를 통한 군의 소수정예화와 군 장비의 현대화를 제대로 실현시키지는 못했다.

Ⅲ. 푸틴의 리더십과 군 개혁 논리

1. 푸틴 리더십의 특징

매우 제도화된 국가에서도 지도자의 교체는 정책의 변화를 가져온다. 하물며 제도화가 미비한 러시아에서는 그런 경향이 더욱 강하다. 러시아의 3, 4대 대통령으로 8년간 재임한 푸틴은 정치변동에 있어서 극단적인 방법을 피하고 기존의 틀 내에서 예측 가능한 방향으로 상황을 변화시켰다. 리더십 전문가인 브라운(Archie Brown)은 지도자를 두 가지 유형으로 분류하여 '변형적'(transformational) 지도자와 '이행적'(transactional) 지도자로 구분하였다. 전자는 정책뿐만 아니라 체제를 바꾸는 유형의 지도자이고 후자는 정책변화를 기존의 질서 안에서 진행하는 지도자로 정의내리고 있다.[18] 그런데 푸틴은 기존체제의 질서 안에서 정책변화를 유도하였지만, 한편으로 체제의 작동방식에서도 개혁을 시도함으로써 '이행적' 지도자에만 머물지는 않았다. 이는 푸틴 자신이 정치적 기반 없이 옐친에 의해 후계자로 지명된 비주류 정치인 출신이라는 점에서 기인한다. 이 때문에 그는 임기 초반 권력의 기반을 옐친페밀리, 쌍트뻬쩨르부르그 출신, 실로비키 등 3개의 주축 세력 모두에게 의존하였다. 또한 옐친시기 정치인의 과오에 대한 대대적 조사를 거부하였는데 이는 정치적 화해를 통해 정치적 약점을 보완하기 위한 전략이었으며, 러시아의 현실에서 권력을 공고화하기 위한 어쩔 수 없는 선택이었다. 이에 따라 그는 사회, 정치적 화해를 추구하였다.[19] 젊고 정력적이고 침착한 푸틴은 대선 캠페인 때부터

18) Archie Brown, "Vladimir Putin's Leadership in Comparative Perspective," Cameron Ross, ed., *Russian Politics Under Putin* (Manchester: Manchester University Press, 2004).

늙고 병들고 술에 취한 옐친과는 대조를 이루었다. 그는 대선 유세에서 자신은 조국과 군에 대한 긍지를 회복하고 체첸전에서 승리하여 세계에서 러시아의 위상을 고양할 것이며, 경제를 소생시켜 일상생활을 개선할 것이라고 국민들에게 약속하였다. 경제파탄과 NATO 확대 및 코소보 사태, 그리고 테러범들의 폭발로 놀란 국민들에게 푸틴의 메시지는 기대하였던 내용들이었고, 이 결과 2000년 3월 선거에서 압도적 지지로 당선되었다.

개혁의 방법에 있어서도 푸틴은 점진적이고 소폭의 접근을 선호하였다.[20] 따라서 대통령에 당선된 지 1년 반이 지난 2001년 7월 행한 기자회견에서 푸틴은 자신이 이룬 주요 성과는 러시아의 정치경제적 근대화를 이루게 한 사회적 안정과 동의를 지속시킨 것이라고 주장했다.[21] 또 다른 시각에서 푸틴의 리더십은 단순한 가부장적 특징이기 보다는 권위주의적 근대화 유형(authoritarian modernization)이라고 할 수 있다. 이는 안드로포프(Andropov) 전 서기장이 추구하던 것으로서, 이것은 이성적이면서 개인감정을 개입시키지 않고 질서있는 행정을 목표로 한다. 이런 통치를 위해서는 무엇보다도 안보 및 군 기관의 역할이 강조되었다.[22] 이런 맥락에서 그는 자신이 연방보안국(FSB)에서 같이 일하던 인물들을 선호하였는데, 권력 초기 고위직의 40%가 FSB 출신으로 알려지고 있다.[23] 대표적 인물로는 2001년 3월 28일 국방부 장관으로 임명된 이바노프, FSB 국장으로 임명된 빠뜨루셰프 (Nikolai Patrushev) 등이다.

푸틴은 일정 영역에서는 혁신적 개혁가이면서 동시에 일반적으로는 실용주의자이며 현실주의자의 모습을 보여주었다.[24] 또한 푸틴은 관료주의적 입장에서 공무원사회의 안정을 고려한 개혁을 추진하였다.[25] 이에 따

---

19) Richard *Sakwa, Putin: Russia's Choice* (New York: Routledge, 2004), p. 61.

20) *Ibid*., p. 63.

21) *Monitor*, 19 July 2001.

22) Sakwa, 2004, *op.cit*., p. 76.

23) *Комсомольская правда* (26 January 2000).

24) Cameron Ross, 2004, *op.cit*., p. 8.

라 푸틴은 개혁의 골격만을 제시하고 나머지 세부적 개혁의 집행은 관료에게 맡기는 유형을 채택하였다. 이는 관료의 일반적 성격인 보수성을 이해하고 급격한 변화보다는 지속적인 변화를 유도하는 것이 더 효과적이라는 판단 때문이었다. 구조적, 인적 구성의 변화도 가능한 범위 내에서 순차적으로 유도하였다. 또한 실용적 접근을 중요시하여 진보와 보수를 구분하지 않고 문제해결에 도움이 된다면 어떤 방법도 채택하였다. 게다가 푸틴은 러시아 정치문화를 존중하여 러시아의 군을 일방적으로 서방 지향적으로만 개조할 것이 아니라 러시아적 특색도 반영하도록 하였다.

2. 푸틴 식 군 개혁의 논리

1) 국가의 비전 제시

푸틴은 우선 개혁의 구체적 실천에 앞서 국가의 비전을 제시하였다. 즉 '강력한 러시아의 재건'을 외치며 다원화된 국제사회에서 러시아가 한 축을 담당해야 한다고 강조하였다. 이런 국가비전을 제시하면서 이를 이루기 위하여 강력한 군의 필요성을 역설하였고 이에 따른 필요성으로서 군의 개혁을 추진하였다. 푸틴은 대선 캠페인에서 자신이 러시아의 안정을 가져올 것이며 러시아의 자존심을 회복시킬 것이라고 약속하였다. 그리고 체첸전쟁의 승리와 세계에서 러시아의 지위를 격상시키고 경제를 활성화하여 일상을 개선하겠다고 약속하였다. 빈궁한 삶, 나토의 확장, 테러사태 등으로 지친 국민들은 푸틴의 메시지가 그들이 기대했던 바였고 이는 곧 바로 푸틴의 대선 승리로 나타났다.

나토확대와 코소보사태에 직면하여 러시아는 1999년, 안보정책에 대하여 재평가를 시작하였고 푸틴정부 출범을 전후하여 국가안보개념(2000.1), 군사독트린(2000.4), 외교정책개념(2000.6) 등을 잇달아 발표하였다. 물론 이 작업은 푸틴이 총리로서 추진한 것이었으며 국가안보개념은 나토의 확

25) Lilia Shevstova, *Putin's Russia* (Washington D.C.: Carnegie Endowment for International Peace, 2003), ch. 3.

대를 경고하고 미국과 그 동맹 국가들이 국제법을 초월한 단극세계를 만들어 세계의 안정을 해치고 있다고 주장하였다. 또한 1997년 것과는 달리 2000년 국가안보개념에서는 테러범, 분리주의 그리고 다른 국내 무장 세력들을 위험요소로 지적하면서 무법, 사회불만, 사회대다수를 더욱 빈궁하게 만든 경제개혁, 법에 기반을 두지 못한 국가를 주요한 위험요인으로 지적하였다. 이로써 푸틴은 러시아의 새로운 정치, 군사, 그리고 경제정책의 필요성에 대한 시그널을 보냈다. 국가안보개념은 러시아가 국제사회에서 하나의 극을 담당하는 다극체제를 지향한다고 강조하였다. 이에 따라 러시아정부는 경제적으로 성과를 낼 수 있고 군사적으로 자신의 위치를 강대국에 놓을 수 있도록 모든 자원과 노력을 집중해야 했다. 다극체제의 한 극을 차지하겠다는 목표, 이를 위해서는 성공적인 군사개혁이 반드시 필요하다는 점을 강조하게 되었다. 한마디로 전임대통령인 옐친이 효율적인 군에 대하여 관심이 없었는데 비해 푸틴은 강한 군이 국내개혁과 외교전략 전개에 필수적이라는 판단에서 개혁을 전개하였다.[26)]

2) 동의(consensus)를 구함

푸틴은 대통령 취임 이후 옐친시기 권력 핵심엘리트들에 대하여 적어도 1년은 그대로 두겠다고 옐친과 약속하였다. 이에 따라 크바쉬닌(Anatoly Kvashnin) 총참모장과 세르게예프(Igor Sergeev) 국방장관을 해임하지 않았다. 이는 바로 푸틴이 권력초기 권력 장악을 위해 3개의 권력핵심인 옐친 페밀리, 쌍트뻬쩨르부르그 출신, 실로비키를 두루 기용한 전략에서 알 수 있다. 대신 푸틴은 군 개혁을 국방부나 총참모부가 아닌 안보회의(security council)가 수행하도록 하였다. 그는 대전략가의 입장에서 큰 틀만을 제공하고 세부적 내용에 있어서는 군에서 스스로 수행하도록 여지를 남겨두었다.[27)] 그를 대신해 군 개혁의 추진을 점검한 이는 바로 전 연방보안국 국장

---

26) Herspring, 2007, *op.cit.*, p. 17.

27) Clifford G. Gardy and Andrew C. Kuchins, "Putin's Plan," *The Washington Quarterly*, 31:2 (Spring 2008), pp.117-129.

출신으로 국방장관에 임명된 세르게이 이바노프(Sergei Ivanov) 국방장관이었다. 푸틴 대통령은 이바노프 장관을 국가안보의 주요한 자문기구인 안보회의의 서기직에도 임명하였다. 그러면서도 푸틴은 치밀한 회계사적 성격도 드러내었는데 예산의 1/4을 국방비로 쏟아 붓는 결정을 내리면서도 이것이 분명한 결과를 가져올 것을 요청하였다.[28] 이런 맥락에서 푸틴은 공허한 장기계획을 입안하기 보다는 구체적인 문제 해결을 선호하였다.

3) 예측가능성 제공 및 군 기강 확립

군의 입장에서 예산이나 인력의 변화는 예측가능하고, 체계적이며 안정적인 양상으로 전개되기를 기대한다. 이는 군 인사 개개인의 이기적인 이유만이 아니라 그들이 그런 방식으로 살아가도록 훈련받았기 때문이다. 따라서 안정과 예측가능성이 결여된 개혁이 서둘러 진행될 경우 군은 전반적인 위기를 느끼게 되는데 이미 러시아는 옐친시기에 이런 경험을 무수히 많이 겪게 되었다. 반면 푸틴은 이들에게 향후 개혁 방향을 예측할 수 있게 함으로써 군의 호응을 얻을 수 있었다.

또한 군 개혁 반대파들에 대해서는 엄하게 대처함으로써 군의 기강을 바로 잡을 수 있었다. 예컨대 쿠르스크 잠수함사태 직후 푸틴 대통령은 14명의 해군 장성과 함장들을 제거하였는데, 실질적인 이유는 이들이 군 개혁안에 반대하는 강경보수파였기 때문이다.[29] 또한 쿠르스크 사태 직후 해군의 은닉 행동은 그가 더욱 군 지도부를 불신하게 만든 계기가 되어 군 개혁의 절박성을 일깨워주었다.[30]

---

28) Mark Galeotti, "Putin Wields His Scalpel," *Jane's Intelligence Review*, (January 2001), p. 9.

29) Mark Galeotti, "A Military Reform Consensus?" *Jane's Intelligence Review*, February 2002, pp. 48-49.

30) Shevtsova, 2003, *op.cit.*, pp. 114-120.

Ⅳ. 푸틴시기 군 개혁의 전개 및 평가

1. 군 개혁의 전개

1) 군 개혁의 전제

푸틴은 취임 이후 군의 내부갈등이 심각함을 인지하게 되었다. 이 갈등은 2000년 여름, 세르게예프 국방장관과 크바쉬닌 총참모장이 군의 미래 방향에 대한 현격한 견해차를 보임으로써 대외적으로 공개되었다. 핵 전문가 출신인 세르게예프는 핵전략군을, 지상군 출신인 크바쉬닌은 핵전략군의 현대화 속도를 늦추고 전략미사일군을 공군 산하로 옮겨 그 예산을 지상군 현대화와 개선작업에 써야한다고 주장하였다. 이와 같은 군 수뇌부의 갈등을 목격한 푸틴은 군 개혁에 대하여 논쟁을 계속하기 보다는 군 개혁을 수행하기 위해서는 외부영입인사가 필요함을 절감하게 되었다.

2000년 8월 11일, 안보회의에서 푸틴대통령은 자신이 원하는 군 개혁의 실행 가이드라인을 제시하였는데 첫째, 모든 개혁은 러시아안보에 대한 단기위협에 대처할 수 있는 군대로 조직되도록 고안되어야 한다. 둘째 모든 개혁은 국방에 대한 공공지출을 줄일 수 있도록 군이 더욱 효율적으로 되어야 한다는 것이다.[31] 이것이 푸틴의 군 개혁 가이드라인의 요체이다. 즉 군을 고치되 막 회복에 들어간 러시아 경제가 희생되지 않고 병행하여 진행하라는 것이다.

2001년 1월 15일, 안보회의에서 푸틴은 '2001-2005 군 건설 및 발전 계획'(Plan for the Buildup and Development of the Armed Forces for 2001-2005)을 승인하고, 3월에는 국방장관 세르게예프를 해임하고 이바노프를 임명하였다. 또한 국방부의 주요직에도 자신과 이바노프의 측근들을 임명하였다.

31) IISS, 2001, *op.cit.*, pp. 109-110.

2) 군 명령체계의 일원화

옐친대통령도 재임 시기에 이따금 군에 대한 우호적 입장을 표명하였지만 군의 효율성 제고에는 별 관심이 없었다. 단지 군이 정치에 개입하는 세력으로 성장하지 않고, 자신이 필요로 할 때 이용할 수 있는 집단으로 남아있기를 기대하였다. 이는 자신이 1990년대 초반 의회와의 대결상황에서 군의 도움으로 정권을 공고화 할 수 있었기 때문에 향후 군이 어떤 입장을 취할지에 대하여 우려하였던 것이다. 즉 군이 경우에 따라 자신에게 반기를 들 수도 있다는 생각에서 군에 대한 통제를 제도적으로 할 수 있도록 1993년 헌법에 반영하였다.

1996년 4월에 통과된 국방법에 따르면 "러시아 군에 대한 감독은 국방부(Defense Ministry)와 총참모부(General Staff of the Armed Forces)를 통해 국방장관이 수행한다"[32]고 명시되어 있다. 이는 군사적 관점에서 매우 모호한 지휘체계로서 총참모장은 기술적으로 국방장관에 예속되어 있지만, 국방장관의 작전지시를 수행할 책임이 있으므로 현실적으로 자신이 판단하는 대로 명령을 내릴 가능성도 열어두었다. 즉 옐친대통령은 법적으로 두 명의 최고 군 수뇌부인 국방장관과 총참모장이 서로 갈등할 수 있도록 만든 것이다. 실제로 이 문제는 세르게예프 국방장관과 크바쉬닌 총참모장의 재임시절에 노골화되었다. 이 결과 세르게이 국방장관과 크바쉬닌 총참모장은 주력군에 대한 견해차로 큰 갈등을 유발하였다. 예컨대, 국방장관은 전략로켓군(Strategic Rocket Forces)의 육성을, 총참모장은 재래식지상군(Conventional Ground Forces)의 육성을 강조하여 갈등구도가 연출되어 군사적 관점에서의 조직적 위기가 제기되었지만 옐친대통령은 전혀 개의치 않는 모습을 보여주었다. 즉 옐친대통령은 '국방장관 대 총참모장'이라는 분리-지배(divide and conquer)방식이 군의 효율성에 미칠 부정적 효과에는 무관심하였다.[33] 이에 따라 국방장관은 명령을 내릴 수 있

32) "Federalnii zakon 'Ob Oboronie' " (Federal Law on Defense), April 24, 1996, www.mil.ru/849/11873/1062/1347/1804/11478/index.shtml. (검색일: 2008. 9. 20).

33) Herspring, 2007, *op.cit.*, p. 18.

었지만 집행은 총참모장의 해석에 따라 얼마든지 변질될 수 있었다. 또한 러시아군사문화에 따르면 인사와 작전문제는 직업군인들의 영역임에도 불구하고[34] 옐친대통령은 이 영역에서도 영향력을 행사하였다. 뿐만 아니라 군 최고통수권자인 대통령이 공적인 자리에서는 군 수뇌부를 비난하지 않는 관례에도 불구하고 옐친대통령은 1997년 5월, 생방송 중에 세르게예프의 후임이었던 로디오노프(Iogr Rodionv) 국방장관과 크바쉬닌의 후임이었던 삼소노프(Viktor Samsonov) 총참모장을 맹비난과 함께 해고함으로써 군의 반감을 유발하였다.

푸틴은 강한 러시아의 복원은 강력한 중앙정부 및 주요 국가기관을 재건설하는데 달려있다고 인식하고, 군이 그 중심에 있어야 한다고 판단하였다. 이에 따라 2000년 4월, 신군사독트린을 채택하였는데, 이는 미래의 러시아 군과 관련하여 크렘린에 더 많은 권위를 부여하는 것을 특징으로 하였다.[35] 2000년 7-8월경, 세르게예프 국방장관과 크바쉬닌 총참모장간의 갈등에 대하여 푸틴은 내부적으로 처리하도록 종용하였지만 이것이 여의치 않자 재래군 중심의 구조적 개편을 채택하였다. 연이어 잠수함 쿠르스크호의 침몰사건은 푸틴대통령이 군 개혁에 대하여 더 많은 노력을 기울이게 만들었다. 2001년에 군 개혁의 임무를 안고 국방장관에 임명되었던 이바노프 장관은 점진적 개혁을 진행하면서 크바쉬닌 총참모장의 견제를 극복해야 했다. 마침내 2004년 6월 14일 국방장관에게는 군에 대한 전반적 통제권을 부여하고, 총참모장에게는 작전권을 주는 것을 골자로 하던 국방법 제13조를 개정함으로써 총참모부는 국방부를 위해 일하게 되었다([표 1]참조). 더욱이 총참모부는 작전권도 박탈당하고 오직 기획만 담당하게 되었다. 이바노프 장관은 총참모부가 향후 일상적인 업무에 관여

---

34) Herspring, *The Kremlin and the High Command: Presidential Impact on the Russian Military from Gorbachev to Putin* (Lawrence: University Press of Kansas, 2006). 러시아 군사문화에 관해서는 pp. 13-16.

35) Charles Dick, "Russia's New Doctrine Takes Dark World View," *Jane's Intelligence Review* (January 2000), p. 14.

하기 보다는 미래전과 군의 발전방향에 대한 기획에 집중하여야 한다고 지적하였다.[36]

Ⅰ표 1Ⅰ 러시아 국방조직

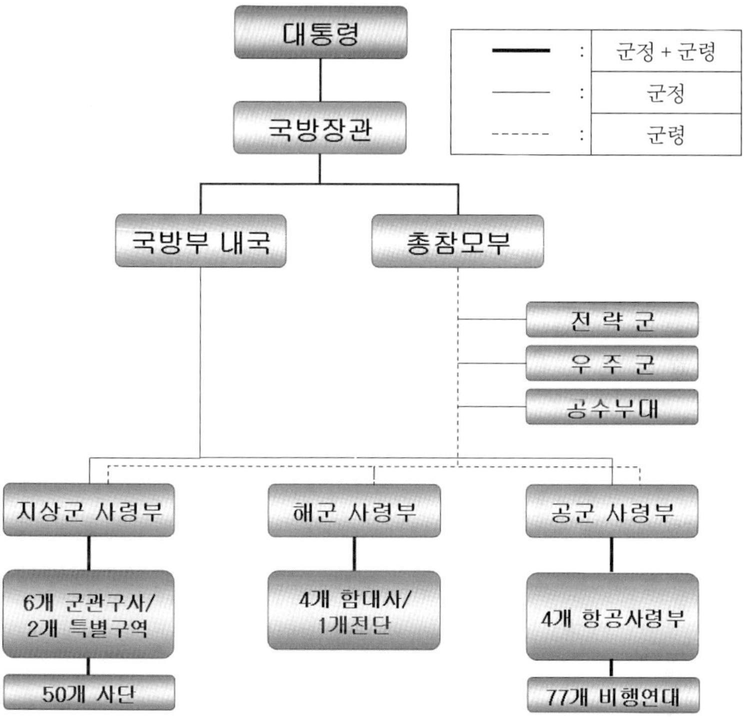

출처: 공군본부,『외국군구조 편람』(2007). p.147.

3) 예산 증대 및 처우개선

옐친대통령시기에 러시아의 국방예산은 점차 줄어드는 양상을 노출함으로써[37] 러시아의 군은 전투태세 확립과 사기진작에 큰 어려움을 겪게

36) "As Defense Minister Says General Staff to Focus on Future Wars," *RFE/RL Daily Report* (July 20, 2004).

37) Steven E. Miller and Dmitri Trenin, eds, *The Russian Military: Power and Policy* (Cambridge, MA: MIT Press, 2004), p. 11.

되었다. 군의 쇠퇴의 중심에는 그에 상응하는 군 예산의 하락이 있었다. 예측할 수 있고 의미 있는 규모의 예산 없이는 어느 나라의 군도 효율적이고 능력 있는 군을 유지할 수 없다. 그런데 불행하게도 옐친시기의 러시아 군 예산은 예측하기도 어려웠고 그 규모도 의미가 없을 정도로 미미하였다.

1994년부터 2000년 사이에 국가예산규모에서 그 비율이 꾸준히 감소한 국방예산은 러시아의 성격상 그 정확한 숫자가 분명하지 않지만 장군들에 따르면 푸틴이전까지 군은 기아선상에서 살도록 강요당할 정도였다고 증언하였다. 그 부족한 예산마저도 무기획득, 훈련, 작전과 같은 중요한 영역뿐만 아니라 무주택 장교들의 문제나 퇴역군인들의 실업문제 등에도 사용해야만 했으므로 군의 상황은 더욱 어렵게 되었다.

푸틴이 등장하고 난 이후 상황은 호전되었다. 국제원유가 상승의 도움과 함께 몇 년에 걸친 경제회복에 힘입어 러시아의 GDP는 꾸준히 높은 성장을 보여주었다. 2003년에는 7.3%, 2004년 7.1%, 2005년에는 6.4%를 기록하였다. 이런 경제성장이 국방예산에도 반영되어 2007년 국방예산은 8,215억 루블로서 2006년에 비해 명목증가가 23%에 달하였다. 전체적으로 2003년과 비교해 69% 증가한 수치이다.[38] 또한 푸틴대통령은 2006년 1월 1일부터 봉급인상을 단행하고 향후 3년간 67% 인상하도록 명령하였으며 주택공급에 대한 대책도 마련하였다.[39]

| 표 2 | 러시아 국방예산 단위: 억 루블 (1$≒27루블)

연도	2002	2003	2004	2005	2006	2007
예산	2,629	3,255	3,894	4,977	6,660	8,215

출처: IISS, Military Balance 2003～2007에서 재구성

38) IISS, *The Military Balance 2007* (London: IISS, 2007), pp. 190-191.
39) Herspring, 2007, *op.cit.*, p. 24.

4) 군사력 충원시스템의 변화: 징병제에서 모병제로

2003년 4월에는 군 개혁프로그램을 도입하여 장군들의 양해를 구하고 징집병의 복무기간은 1년으로 단축하는 안을 도입하였다. 이는 러시아의 인구감소의 심각성에서 비롯되었다. 현재의 낮은 출생률과 높은 사망률이 지속될 경우 2050년경에는 러시아의 인구가 7천7백만 명에서 1억 2백만 명 선으로 감소될 것으로 예견되고 있다. 푸틴대통령도 이미 지난 2000년 7월 연두교서에서 러시아가 당면한 가장 심각한 문제 중 하나가 인구의 지속적인 감소라고 지적했다. 그는 인구감소가 국가안보를 위협하고 있다면서 러시아는 최소 5억 명의 인구는 있어야 한다고 강조했다. 러시아의 인구는 소련이 붕괴할 시점인 지난 1991년 말, 1억 4,820만 명이었다. 이후 인구는 계속 감소하여 러시아 국가통계위원회의 자료에 따르면 2002년 1억 4,390만 명으로 줄어들었다. 2007년 인구는 약 1억 4,137만 명으로 집계됨으로써 인구감소 현상은 지속되고 있다. 이런 추세로 인구 감소가 계속된다면 2016년에는 1억 3,440만 명 정도가 될 것으로 추산되고 2050년경에는 인구가 8천만 명에 불과할 것이라는 심각한 예상도 나오고 있다. 국가통계위원회도 향후 20-30년간 러시아에서 인구감소는 불가피하다고 내다보았다.

❙ 표 3 ❙ 러시아 인구추이

1989	1990	1991	1995	1996	1997	1998	1999	2000	2001	2002
147.0	147.7	148.2	147.9	147.6	147.1	146.7	146.3	145.5	144.8	143.9

출처: 『러시아통계연감 2002』, p.82.

징집대상자의 숫자 자체가 인구감소에 따라 심각하게 줄어들고 있으며 줄어든 징집대상자들마저 건강 및 사회적으로 심각한 문제를 갖고 있다. 1997년의 경우 징집대상 인원은 220만 명이었는데, 이중 150만 명은 징병유예대상자이고 22만5천명은 신체적 결함이 있고, 7만천명은 교도소에 입

감되어 있어서 단지 43만7천명만이 대상이었다. 그러나 이중 5만 명은 병력의무를 회피하였고 만2천명은 탈영하였다.[40] 이에 따라 2005년경부터 병력 충원문제가 커다란 사회문제로 대두될 것으로 예측되기도 하였다.[41] 이는 대학생들이 군을 회피하고 있으며 ROTC 출신들도 의무복무기간을 지키지 않고 군을 떠남으로써 초급장교의 숫자도 매우 부족한 실정이다. 기존에는 229개 대학에서 5만2천명이 배출되었는데 이들 중 단지 6천명만이 졸업 후 실제 근무하는 것으로 나타났다. 그리하여 ROTC제도를 개편하였는데, 향후에는 35개 대학만 ROTC제도를 허용할 것으로 결정되었다.

현재 성인남성의 9% 정도가 징집되고 있는데 이런 상황으로는 엘리트군을 건설하는 데는 문제가 있다. 따라서 푸틴정부는 징병유예사유에 해당하는 카테고리를 25개 사례에서 9개를 제거하기로 결정하였는데 이는 2008년 1월 1일부터 적용되었다. 이를 통해 10만 명의 징집대상이 늘어날 것으로 기대되고 있으며 2008년부터 병역기간도 1년으로 줄어들었다.

5) 군 구조 및 전략지역사령부 개편

푸틴대통령은 군사력 향상을 위하여 지상군의 지위를 별도 군종으로서의 해군이나 공군과 동등한 지위를 갖도록 추진하였다. 지상군은 1993년 옐친대통령의 개혁으로 별도의 군종 지위를 상실했었다. 이러한 목적을 위해 푸틴대통령은 니콜라이 코르밀체프(Kormilsev) 장군을 지상군 총사령관으로 임명하였고, 그에게는 전투훈련 담당 차관직도 부여하였다. 이에 따라 2001년 12월, 지상군의 사령부가 복원되고 훈련예산도 대폭 증대되었다. 상대적으로 전략미사일군은 군의 한 부서로 지위가 하락되어 별도의 군종으로서 지위를 상실하고 총참모부의 통제를 받게 되었다.

이 결과 군 구조는 아래 [표4]와 같이 선진국형 3군 체제로 개편하기로

---

40) "Moscow Military Urges Deserters to Return," *Monitor* (May 14, 1998).

41) "Only One Russian High School Senior in 20 Is Healthy," *RFE/RL Daily Report*, June 4, 2001.

하였으며, 군관구 축소 및 지역사령부로 개편을 추진하여 전략 방면별 전략적 유연성을 제고하였다. 이에 따르면 울란우데에 사령부가 들어서는 동부전략지역사는 극동군관구와 시베리아 군관구를, 사마라에 주둔할 남부전략지역사는 우랄·볼가 군관구와 북카프카즈 군관구를, 서부전략지역사는 모스크바 군관구와 레닌그라드 군관구를 통합하게 된다. 이 지휘통제개혁은 2006년 6월 동부전략지역사를 시작으로 2010년경 마무리 될 계획이다. 이 지역통합 사령부가 구축되면 사령관은 책임지역 내 정규군은 물론, 다른 안보 부처들에 소속된 무장병력의 작전까지도 총괄 지휘해서 통합전투력의 극대화를 기대할 수 있게 된다.42)

▌표 4▌ 군 구조 개편계획

1995	6군 체제	지상군·해군·공군· 전략군·우주군·방공군
2001	3군·3병종 체제	지상군·해군·공군/ 전략미사일·우주·공정부대
2010	3군 체제	지상군·해군·공군

6) 해군력 회복

해상에서의 역할 증대를 위해 대양활동을 재개하고 있는 러시아는 인도와 연합훈련을 인도양에서 실시하였다. 이는 인도양이 태평양과 대서양을 중심에서 가로막고 있으며 세계 석유자원 수로를 움켜쥘 수 있는 목줄이라는 판단 때문이다. 즉 인도양은 세계 물동량의 1/5 및 원유수송량의 46.5%를 담당하고 있는 전략적 요충지이다. 이에 따라 2003년 5월, 러시아 해군은 인도해군과 함께 아라비아해와 벵골만에서 연합 해상훈련을 실시하였다. 여기에는 러시아 태평양함대 소속 대잠함 샤포쉬니코프호와 판첼레이예프호가 참여하였다. 이어서 8월에는 첫 대규모 훈련을 극동에서

42) 심성욱, "첨단 군사력으로 탈바꿈하는 '푸틴 러시아호'," 『뉴스한국』(2007. 9. 27).

전개하였는데, 이후 매년 우랄산맥을 넘나드는 대규모 기동훈련을 지속하고 있다. 이러한 크고 작은 기동훈련에는 해군이 투입되고 있으며 기동훈련은 극동-시베리아에 집중되는 경향이 있다. 한편 중·러 연합훈련(2005.8)은 러시아 지상군과 공수군, 공군과 해군 병력이 참가한 가운데 러시아 극동과 중국 산동반도에서 1만 병력이 참가하여 8일간 전개되었다. 이외에도 해군은 에너지자원 개발에도 참여하고 있는데, 북유럽가스파이프라인 사업의 초기부터 참여하여 블루스트림 가스파이프라인 사업의 경우에도 기존 및 신설 파이프라인 통과 해역에 대한 안전보장을 전담하고 있다. 해군의 역할 증대는 푸틴대통령과 이바노프 국방장관의 동정을 통해서도 알 수 있었는데, 이들은 2001년부터 매년 극동을 방문하여 태평양함대 전력 재정비를 약속하였다. 또한 이바노프는 2005년 7월 캄차트카 반도 소재 빌류친스크 기지를 핵전력사령부로서 현대화 할 것을 약속하였다.

2. 군 개혁에 대한 평가

1999년 말 푸틴은 옐친의 뒤를 이어 권력을 승계하면서 자신은 러시아의 국가적, 군사적 위대성을 회복하고, 체첸에서의 승리를 가져오며 경제를 회복시킴으로써 일상생활의 개선을 가져와 국제적으로 러시아의 지위를 높일 것이라고 선언하였다. 이에 따라 추진한 군 개혁은 적지 않은 성과를 거두었다. 우선 그는 러시아의 위상을 대외적으로 끌어올리기 위해서는 강한 군이 절대적으로 필요하다는 인식을 분명히 표명하였다. 이는 옐친대통령이 군의 효율성 제고에는 관심이 없고 단지 군이 정치에 개입하지 않도록 하는 데에만 역점을 둔 것과는 크게 다른 점이었다. 이에 따라 푸틴대통령은 권력 전면에 등장하자마자 국가안보개념, 군사독트린, 그리고 대외정책개념 등을 잇달아 발표하였다. 이 문건들에 공통적으로 등장하는 성격은 외부 적에 대한 강조이고 러시아의 영향력과 안보를 위협하는 세력으로 일부국가와 나토를 언급하였다는 점이다. 그러면서 러시아는 강대국으로서의 입지를 공고히 할 것이며 국제체제를 다극체제로 전환시키기 위해 노력을 경주할 것이라고 천명하였다.

푸틴의 군 개혁은 위와 같은 인식에 바탕을 두고 실질적으로 그리고 점진적으로 진행되었다. 가장 심각한 문제였던 지휘권 문제에 대하여 2004년 6월, 국방법 개정을 통하여 군에 대한 전반적 통제권을 국방장관에게 부여함으로써 총참모장과의 갈등의 소지를 제거하였다. 총참모부는 작전권을 박탈당하고 오직 기획만 담당하게 되었다. 푸틴대통령은 총참모부가 일상적인 업무에 관여하기 보다는 미래전과 군의 발전방향에 대한 기획에 집중하도록 하였고 실질적으로 국방예산을 꾸준히 인상하여 군 개혁의 토대를 마련해 주었다. 또한 군산위원회(Military-Industrial Commission)를 설치하여 무기구입과 관련된 지출영역에서 민간감독 기제를 마련함으로써 군의 제도적 부패 청산을 위한 기제를 마련하였다. 무엇보다도 푸틴의 군 개혁은 군 종사자들에게 개혁에 대한 청사진을 제시하여 스스로 군 개혁에 대한 예측과 방향을 알 수 있게 하여 개혁에 대한 지지를 얻을 수 있게 되었다.

그렇지만 아직도 러시아의 군은 해결해야 할 많은 문제들을 갖고 있다. 그러나 중요한 점은 푸틴이 군 개혁에 대하여 어떤 지도자들보다도 심각하고 신중하게 접근하였다는 사실이다. 이러한 점은 군 내부에서도 긍정적으로 평가하고 있다는 맥락에서 향후 개혁의 성공 가능성을 긍정적으로 예측하게 한다. 따라서 러시아 군의 개혁은 시간을 필요로 하며, 경제회복에 따른 재정적 지원이 확보된다면 훨씬 빠른 시일에 성공할 수 있을 것이다.

현 시점에서 러시아의 군 개혁을 긍정적으로 평가할 수 있는 것은 첫째, 푸틴의 군 개혁은 군의 안정을 가져왔다는 점이다. 푸틴대통령의 리더십이 군에 어떤 영향을 미쳤는지를 평가하는 것은 아직 이른 감이 있지만, 확실히 러시아 군은 그가 등장한 2000년과는 많이 변화되었다. 무엇보다 푸틴은 군에 안정과 예측가능성을 가져왔다. 명확한 명령을 기다려 오던 군으로서는 적어도 확실성을 확보하게 된 것이다. 둘째, 예산증대와 처우개선으로 군의 사기가 높아졌으며 작전 수행을 위한 훈련시간이 늘어나게 되었다. 예컨대 소총사의 경우 여전히 현대전을 치르기에는 준비가 부족하다고 지적되지만 주당 비행훈련 시간이 과거 20-22시간에서 50-70시간으로 늘어나는 등 여건이 좋아졌다. 셋째, 총참모부와 국방부의 관계를 근본적으로 전환하였다. 푸틴은 군을 다루는 옐친의 "분할 및 정복" 접근을 위험한 것으로 보았다. 따라서 푸틴은 크바쉬닌 총참모장의 후임인 발류예프스키(Baluyevski)에게 이바노프 장관을 위해 일할 것을 분명히 하였다. 푸틴은 또한 일부 장성들이 드러낸 불만을 러시아군의 보수적인 문화로 이해하고 점진적인 접근을 시도하였다. 이런 처사는 군이 자체적으로 변화에 적응할 수 있는 여유를 주는 기회가 되었고 군도 이런 계획된 접근을 점차 선호하게 되었다. 넷째, 상하이협력기구(SCO)를 비롯한 여러 지역단위 다자안보협력기구의 연합군사훈련에서 주도적인 역할을 담당하고 훈련경비를 전액 부담함으로써 러시아군의 국제적인 위상제고를 도모하였다.[43)]

V. 결 론

모든 국가들은 군사력 증강을 위해 군 개혁을 실시하고 있다. 특히 러시아와 같이 체제전환을 겪은 경우, 군은 그 정체성의 위기 뿐 만 아니라 예산부족에 따른 어려움을 동시에 경험함으로써 국가의 안위를 보장하는데 커다란 구멍을 노출한 것이 사실이다. 이를 극복하기 위해 이행기의 정치 지도자들인 옐친과 푸틴대통령은 각각 군 개혁을 위한 다양한 정책들을 제시하였다. 그러나 두 사람의 개혁은 궁극적으로 전혀 다른 결과를 낳았다. 아직 개혁이 진행 중이긴 하지만 푸틴의 개혁은 실천방식에 있어서 옐친의 그것과는 전혀 다르며 이에 따라 군의 만족도도 높게 나오고 있다. 무엇보다 명확한 명령을 기다려 오던 군은 적어도 확실성을 확보하게 된 것 만으로도 크게 고무된 상황이다. 그렇다면 무엇이 러시아 군을 변화시켰는가? 이에 대한 해답은 푸틴의 리더십에서 찾을 수 있었다. 기본적으로

43) 이홍섭, "평화사명 2007 훈련과 SCO의 장래," 『월간 u-안보리뷰』, Vol. 20 (2007. 9.15)

군에 대한 푸틴의 인식은 옐친과는 달랐다. 옐친대통령이 군을 자신의 권력유지를 위한 도구로 인식한 반면, 푸틴은 국내외 정책의 원활한 추진을 위해서는 강한 군이 필요함을 역설하였다.[44] 이에 따라 푸틴은 군의 역할과 위상을 존중하였으며, 군의 개혁도 안정을 기반으로 점진적으로 실행해 나갔다. 군 개혁의 방식에 있어서도 푸틴은 전체적 윤곽만을 제시하였고, 세부적인 개혁의 추진은 군 전문가에게 위임하였다. 그러면서도 장기계획(long-term) 입안에서 나타나는 문제의 추상화를 배제하고 구체적 문제 해결에 집중하였다. 또한 말에만 그친 것이 아니라. 예산 및 인사영역에 있어서 개혁을 실천하였다. 푸틴은 군의 관료주의적 성격을 이해하고 안정을 추구하였다. 그리고 군의 문화를 러시아 정치문화적 차원에서 이해하였다. 이에 따라 과격한 개혁을 추진하기 보다는 실질적인 방안을 강구하면서 점진적으로 진행해 나갔다.

러시아와 같이 체제전환을 겪고 이행기를 경험하고 있는 국가에 있어서 대통령의 리더십은 군에 절대적으로 중요한 영향을 미친다. 대통령이 그의 권한을 러시아군과 같이 고도로 구조화된 조직의 군 문화를 존중하면서 분명한 지도력으로 발휘한다면 군은 더 일관성 있게 그리고 문민통제에 부합한 행동을 보일 것이다. 군의 입장에서 예산이나 군 규모, 그리고 조직과 인력의 변화는 예측가능하고, 체계적이며 안정적인 양상으로 전개되기를 기대한다. 이는 군 인사 개개인의 이기적인 이유만이 아니라 그들이 그런 방식으로 살아가도록 훈련받았기 때문이다. 따라서 안정과 예측가능성이 결여된 개혁이 서둘러 진행될 경우 군은 전반적인 위기를 낳게 되는데 이미 러시아는 옐친시기에 이런 것을 경험하였다. 고르바초프와 옐친은 러시아 군사문화에 주의를 기울이지 못한 것이다. 즉 고위 장교들은 안정과 예측을 필요로 하였는데 이를 제공하지 못함으로써 그들의 불만은 쌓여만 갔다.[45] 예컨대 군은 대통령이 예산, 구소 개편, 명령체계, 그

44) Herspring, 2007, *op. cit.*, p. 17.

45) Herspring, *The Kremlin and the High Command: Presidential Impact on the Russian Military from Gorbachev to Putin* (Lawrence: University Press of Kansas, 2006), pp. 204-205.

리고 군사력 증강계획에 있어서 예측 가능한 정보를 제공하거나 제시하기를 기해하였지만 받지 못했다. 더욱이 그들은 최고지도자로부터 군이 나아갈 방향을 지시받지 못하였다.

이에 비하여 푸틴은 신중하고 점진적인 방법으로 군 개혁에 대한 청사진을 제시하였다. 이와 함께 푸틴대통령은 옐친과는 달리 군 인사들을 행정부의 주요직에 선임함으로써[46] 군의 사기진작을 도모하였다. 또한 이들이 선출직에 출마할 경우 측면에서 지원하였다. 이는 푸틴대통령이 국가안보분야에서 근무했던 경험으로 이들에 대한 우호적인 경향을 갖게 된 점도 부인하기 어렵다. 결국 리더십의 차이가 제도화 추진 및 명령체계, 인선에 있어서 전반적인 차이를 초래하였고 결과적으로 군 개혁에서 옐친 시기와는 커다란 차이를 낳았다.

푸틴 대통령은 옐친 대통령과 비교하여 4가지 면에서 큰 차이점이 있었다. 첫째, 푸틴은 옐친과 달리 군 개혁이 러시아를 재건하는데 절대적으로 중요한 것으로 보았다. 그래서 그의 계획이 잘못된 것이라 하더라도 말만 하기보다는 계속 수정하면서 계획을 수행할 결단력을 보였다. 둘째, 군 개혁을 이해관계 때문에 다툼만 벌리는 군 장성의 손에 맡기지 않고 그가 신임할 수 있는 사람에게 맡겼다. 셋째, 군 관계자들은 자기들의 동료들이 해임되는 것을 목격하면서 푸틴대통령이 군 개혁을 비난하거나 방해하는 인사에 대해서는 용서하지 않는다는 것을 깨닫게 되었다. 넷째, 푸틴 대통령은 옐친 대통령과는 달리 국제유가 인상이라는 행운을 얻게 되어 러시아가 경제침체를 벗어나 높은 경제성장을 바탕으로 군 개혁을 추진할 수 있는 환경을 갖게 되었다. 또한 나토의 동진에 따른 안보위협론의 대두로 푸틴정부는 군사력 증강을 포함한 군 개혁의 필요성에 대한 국민적 지지를 얻을 수 있었던 것이다.

이상에서 살펴 본 바와 같이 푸틴과 이바노프 전 국방장관이 군 개혁의

---

46) Zoltan Barany, *Democratic Breakdown and the Decline of Russian Military* (Princeton: Princeton University Press, 2007). Herspring, 2007, *op.cit.*, p. 25에서 재인용.

기틀을 마련하였다고는 하지만 아직 러시아 군이 갈 길은 멀다. 그러나 분명한 사실은 리더십의 차이로 군 개혁이 지향하는 방향은 분명히 제시되었고 그 실천 방안들도 하나씩 성과를 얻고 있다는 점이다. 따라서 푸틴의 정책을 계승하고 있는 메드베데프 정부에서도 군 개혁은 현재의 노선을 지속할 것이 분명해 보인다.

참고문헌

공군본부, 『외국군구조 편람』(2007).

심경욱, "러시아 군과 정치," 유세희 편, 『현대러시아정치론』(서울: 오름, 2005).

_____, "러시아 연방 신군사 독트린에 대한 소고," 한국슬라브학회 편, 『러시아, 새 질서의 모색』(서울: 열린책들, 1994).

_____, "첨단 군사력으로 탈바꿈하는 '푸틴 러시아호'," 『뉴스한국』, (2007. 9. 27).

이홍섭, "평화사명 2007 훈련과 SCO의 장래," 『u-안보리뷰』Vol. 20 (2007. 9.15)

최성권, "러시아 군개혁의 현황과 방향 고찰," 『國際地域問題研究』, 제16권 제1호 (1998).

Arbatov, Alexei G., "Military Reform in Russia: Dilemmas, Obstacles, and Prospects," *International Security*, 22, 4 (Spring 1998).

"As Defense Minister Says General Staff to Focus on Future Wars," *RFE/RL Daily Report* (July 20, 2004).

Brown, Archie, "Vladimir Putin's Leadership in Comparative Perspective," Cameron Ross, ed., *Russian Politics Under Putin* (Manchester: Manchester University Press, 2004).

Dick, Charles "Russia's New Doctrine Takes Dark World View," *Jane's Intelligence Review* (January 2000).

_____________, Charles, "The Military Doctrine of the Russian Federation," *Jane's Intelligence Review*, Special Report No.1 (January 1994).

"Federalnii zakon 'Ob Oboronie'" (Federal Law on Defense), April 24, 1996, www.mil.ru/849/11873/1062/1347/1804/11478/index.shtml. (검색일: 2008. 9. 20).

Galeotti, Mark, "A Military Reform Consensus?" *Jane's Intelligence Review*, (February 2002).

_____________, "Putin Wields His Scalpel," *Jane's Intelligence Review*, (January 2001).

Gardy, Clifford G. and Andrew C. Kuchins, "Putin's Plan," *The Washington Quarterly*, 31:2 (Spring 2008).

Gill, Graeme and Roger D. Markwick, *Russia's Stillborn Democracy? From Gorbachev to Yeltsin* (Oxford: Oxford University Press, 2000).

Herspring, Dale R. "Putin and the Re-emergence of the Russian Military," *Problems of Post-Communism*, Vol.54, No.1 (January/February 2007).

_____________, *The Kremlin and the High Command: Presidential Impact on the Russian Military from Gorbachev to Putin* (Lawrence: University Press of Kansas, 2006).

IISS, *The Military Balance 2007* (London: IISS, 2007).

____, *The Military Balance 2000-2001* (London: IISS, 2001).

Locksley, Christopher C., "Concept, Algorithm, Indecision: Why Military Reform has Failed in Russia Since 1992," *Journal of Slavic Military Studies*, 14, 1 (March 2001).

Melville, Andrei and Tatiana Shakleina eds, *Russian Foreign Policy in Transition: Concepts and Realities* (New York: CEU Press, 2005).

Miller, Steven E. and Dmitri Trenin, eds, *The Russian Military: Power and Policy* (Cambridge, MA: MIT Press, 2004).

"Moscow Military Urges Deserters to Return," *Monitor* (May 14, 1998).

"Only One Russian High School Senior in 20 Is Healthy," *RFE/RL Daily Report*, June 4, 2001.

Sakwa, Richard, *Putin: Russia's Choice* (New York: Routledge, 2004).

Shevstova, Lilia, *Putin's Russia* (Washington D.C.: Carnegie Endowment for International Peace, 2003).

Wallander, Celeste, "National Security and Foreign Policy under Putin," (November 27, 2000) lecture at the Kennan Institute.

Комсомольская правда, (26 January 2000).

"Основные положения военное доктрину Российской Федерации"(러시아연방 군사교리의 기본원칙), *Известия* (1993.11.18).

3

북핵 문제에 대한 러시아의 접근: 인식, 해법, 전략

홍 완 석

Ⅰ. 들어가며: 북핵 위기와 러시아의 상관성

2002년 10월 제임스 켈리 미국 특사의 평양방문 이후, 제네바 합의사항 위반 여부를 놓고 북·미간 군사적 긴장이 급속히 고조되어 한반도에 1994년의 북핵 위기를 연상시키는 전운이 감돌았다. 제2의 북핵 위기가 재연(再燃)되자, 러시아는 북핵문제의 평화적 해결을 위해 미국과 북한의 입장을 동시에 고려한 이른바 '일괄타결 방안'이라는 중재안을 들고 이해관련국들을 분주히 오가는 '셔틀외교'를 적극 전개하였다. 그런 외교적 노력에도 불구하고 러시아는 1996년에 이어 재차 북핵 다자논의 구조에서 배제될 위기를 겪었으나, 미국, 중국, 남북한, 일본 등 주변국들을 대상으로 자국의 참여 당위성을 꾸준히 설득한 결과 극적으로 북핵 6자회담 참석권을 얻어냈다.

러시아가 참여한 북핵 6자회담이 2003년 8월 성립된 이래 2008년 7월까지 지난 5년 동안 공식 또는 비공식적으로 고위급 및 실무그룹 회의가 수십 차례 진행되어 왔지만, 형식상으로는 6차 2단계 회의를 마친 상태이다. 이 과정에서 북미 양측은 상호 뿌리 깊은 불신과 오기의 대결을 보였고, 그 결과 핵 폐기의 개념 및 범위, 협상의 전제조건 등 핵심 쟁점에 대해 "태평양을 가로지르는 물리적 거리만큼"[1]이나 커다란 이견을 드러냈다. 오랜 기간의 공전 과정에서 결국 이해당사국들의 중재로 2005년 '9·19 공동성명'의 채택을 거쳐 2007년 '2·13 합의'와 '10·3 합의'를 통해 북핵 문제 해결의 실마리가 잡히기 시작했으나, 이 또한 10·3 합의사항 가운데 하나인 북한에 대한 미국의 '테러지원국 해제' 이행 준수 여부를 놓고 난항을 겪고 있다.

교착과 재개를 반복한 북핵 6자회담에서 러시아는 북·미간 대화의 파행을 막고 이견을 조율하는 '조정자' 내지는 회담의 생산적 진행에 기여하는 '촉진자'로서의 역할을 수행하고 있다. 북·미간 한치의 양보도 없는 팽팽한 신경전으로 말미암아 공전을 거듭한 가운데서도 6자회담의 모멘텀이 일정수준 유지되어온 데에는 중국뿐만 아니라, 배후에서 당근과 채찍전략을 구사하며 북한의 6자회담틀 이탈을 막아온 러시아의 역할도 컸다는 점을 인정하지 않을 수 없다. 실제로 러시아는 2·13 합의사항 이행의 진전을 가로막았던 방코델타아시아은행(BDA) 북한계좌 동결 문제를 자처해서 해결하였으며[2], 때로는 북한의 입장을 배려하면서, 때로는 미국의 과도한 대북압박을 견제하면서 북핵문제의 평화적 해결을 위한 '건설적 중재자' 역을 수행하고 있다.

---

1) 박건영, "북미관계의 전망, 그리고 한반도 평화와 안정을 위한 한국의 전략," 『한국과 국제정치』, 제20권 1호, p. 81.

2) 마카오 방코델타아시아은행(BDA)에 동결됐던 2500만 달러가 북한에 반환되는 과정에서 예상외로 중국정부가 협조를 거부하자 2007년 2·13합의 이행이 벽에 부딪혔는데, 이때 러시아 정부가 해결사를 자처해 BDA에 동결된 북한자금을 뉴욕연방준비은행으로부터 자국의 중앙은행으로 이체 받은 후 다시 극동상업은행을 통해 북한에 최종 송금해주면서 교착국면의 북핵 6자회담이 해소되었다.

현재 러시아는 스스로 북핵 문제의 중요한 '이해당사자'임을 자처하면서 다자회담에 적극 참여하여 발언권을 행사하고 있지만, 사실 러시아는 이해당사자이기에 앞서 한반도 위기의 '원인제공자'라고 해도 과언이 아니다. 북한이 핵 개발에 집착하고 이에 대한 반작용으로 미국이 대북 물리적 제재 가능성을 경고함으로써 형성된 한반도에서의 군사적 긴장 고조가 일차적으로 러시아로부터 원인(遠因)한 바 크기 때문이다. 다음 세 가지 측면에서 그렇다.

첫째는 과거 소련이 대북 핵 기술 제공국이었다는 점이다. 주지하듯, 북한의 핵 기술 원천은 구소련으로부터 흘러 들어갔다. 소련은 북한의 에너지 문제 해결 및 평화적 목적의 핵 연구 사업 지원을 위해 1956년 3월과 9월 2개의 원자력 협력 협정을 체결하였으며, 이에 따라 북한의 핵물리학자들이 소련의 '두브나 핵연구 콤플렉스'(Dubna Nuclear Research Complex)에 파견되어 교육과 훈련을 받았다. 소련은 북한과 1959년 핵에너지의 평화적 이용을 명시하는 의정서를 추가로 채택하였는데, 이는 북한에 소형 연구용 원자로와 부수 장비를 제공하는 근거가 되었다.[3] 소련의 지원에 힘입어 북한은 1960년대 이후 영변에 자체적으로 대규모 핵 단지를 조성한 뒤 소련으로부터 연구용 원자로를 도입하고 핵 전문가를 양성하는 등 관련 기술을 꾸준히 축적해 왔고, 특히 1991년 소련의 해체이후 통제불능의 어수선한 분위기를 틈타 러시아로부터 숙련된 핵 기술자의 영입 및 핵 부품을 대거 구매함으로써 핵무기 제조 기반시설을 구축하였다.

둘째, 구소련의 고르바초프시대 이래 러시아의 대북 혈맹관계 해체가 북한의 핵무기 개발을 부추겼다는 점이다. 1964년 미·중간 대만위기 시 믿었던 동맹국 소련의 모호한 태도가 중국의 독자적인 핵 개발을 촉진시킨 계기로 작용한 바처럼, 북한의 핵 개발이 본격화된 1980년대 말은 북·소간 동맹체제가 급격히 약화되는 시점과 일치한다.[4] 서방과의 화해를 위한

---

3) 고재남, "최근 북핵 사태에 대한 러시아의 대응,"『주요국제문제분석』, 2003-16(외교안보연구원, 2003). http://www.ifans.go.kr/ko/ifan_pub.mof.

4) 서보혁, "북한 핵 문제의 성격과 쟁점, 그리고 전망," 『국제지역정보』, 제7권 2호(한국외대

외교적 제스처로 이른바 신사고정책을 표방한 고르바초프의 소련은 1986년의 블라디보스톡 선언과 1988년의 크라스노야르스크 선언을 통해 남한과의 관계개선 및 국가 승인을 시사하였는데, 이는 북한 지도부의 위기의식을 자극하기에 충분했다. 이후 점차 북한과의 정치적, 안보적, 이념적 이해의 사슬을 해체한 1990년의 한·소수교, 1991년 출범한 신 러시아의 대한반도정책 패러다임의 전환, 즉 일방적인 안보조약(자동군사개입조약) 파기에 의한 대북 군사동맹관계 청산과 친 서울 편향노선은 고립무원의 북한으로 하여금 항구적 안전보장을 위해 자구적 차원의 독자적인 핵무기 개발을 자극한 중요한 동인으로 작용하였다.

셋째, 북핵 위기의 구조적 원인이 소련의 붕괴에 따른 한반도에서의 세력균형 파괴에 기인한 바 크다는 점이다. 역사적으로 동북아에서 역내 4강간의 세력균형이 파괴되었을 때 전쟁과 군사적 긴장관계가 고조되었다. 영향력 독점을 노렸던 일련의 동북아 전쟁들, 이를테면 1905년의 노일전쟁과 1945년의 태평양전쟁 그리고 1950년의 한국전쟁은 결국 세력균형 파괴에서 원인하였다. 실현되지는 않았으나 1994년 동맹국 한국정부를 배제한 미국의 북한 영변 핵 시설에 대한 비밀 폭격계획과 부시정부의 대북 군사공격 가능성 시사도 동일한 맥락에서 파악할 수 있다. 북한의 안보적 후견세력 소련의 몰락과 러·북간 동맹관계 청산에 따른 한반도 북쪽에서의 세력공백이 미국의 그런 행동을 자극했다고 해도 과언이 아니다. 소련이 건재하고 러·북간 견고한 군사동맹체제가 유지되었던 냉전시절이었다면 과연 미국이 그런 계획을 수립할 수 있었을지 의문이다.

전기(前記)한 바처럼, 오늘날 북한의 핵 보유 유혹과 한반도에서의 정치·군사적 불연속선 형성 배경은 러시아와 밀접한 함수관계에 있다. 한편 러시아가 북핵 위기의 '원인제공자'이기도 하지만 동시에 북핵문제를 평화적으로 해결하는데 '결자해지자'(結者解之者)로서의 중요한 위치에 있다는 점도 인정하지 않을 수 없다. 그 구체적 논거는 텍스트에서 자세히

외국학종합연구센타, 2003), p. 2.

적시하겠지만, 무엇보다도 모스크바가 북핵 위기 해소에 필수적으로 요구되는 국제적 '공공재'(公共財, public goods) 투입역량을 갖추고 있기 때문이다. 실제로 북핵문제 해결의 두가지 키워드인 '대북 공동안전보장'과 '에너지 제공'은 러시아와 분리해서 설명하기 어렵다.

이밖에 러시아가 소련의 해체와는 무관하게 국제질서를 견인하는 세계적 권력보유자이자 동북아 국제관계의 핵심적 행위자라는 점을 감안할 때, 또 러시아가 한반도를 둘러싼 지정학적 세력게임의 중요한 참가자로서 한국의 운명을 좌우해 왔다는 역사적 경험을 숙고할 때[5], 더욱이 현재 크레믈린이 한반도에 대해 갖고 있는 다양한 수준의 국익 등을 고려할 때, 모스크바가 어떤 식으로든 북핵 문제 해결에 직·간접적으로 개입할 것이라는 점은 분명하다.

이 글의 목적은 한반도와 러시아간 분리할 수 없는 지정학적 연결고리의 존재를 민감하게 인식하는 가운데 북한 핵 문제에 대한 러시아의 인식과 해법 그리고 대응전략을 살펴보고, 이를 토대로 상대적으로 중국의 시야에 가려진 러시아 '팩터'(factor)에 착목하여 북핵 문제 해결의 건설적 중재자로서 러시아의 역할과 활용방안을 다면적 수준에서 고찰해 보는데 있다.

Ⅱ. 북핵문제에 대한 러시아의 인식과 해법

1. 북핵문제에 대한 러시아의 인식

2000년 푸틴 정권 출범이후 러시아는 한때 경원시했던 북한이 한반도와 동북아 나아가 세계무대에서 자신의 입지와 활동영역을 확대하는데 기여하는 중요한 전략적 자산으로 새롭게 인식하고 남한과의 관계를 손상시키

5) 예컨대 1896년 아관파천, 1905년 노일전쟁, 1945년 북한의 점령과 남북한 분단, 1950년 한국전쟁 등이 적절한 사례가 될 것이다.

지 않은 가운데 대북 전략적 밀착을 강화하고 있다. 그럼에도 불구하고 북한의 핵 시위에 따른 한반도에서의 군사적 긴장고조는 러시아에게 다중적(多重的)인 '근심거리'를 제공한다. 러시아의 고민은 일차적으로 이라크와는 달리 두만강을 경계로 약 17 Km의 국경선을 접한 한반도가 러시아 동북지역 안정과 구조적으로 연관되어 있는 안보적 우려에서 출발한다.

북한의 핵 보유는 대만, 남한, 일본 등 잠재적 준(準)핵국들의 연쇄 무장을 촉발시켜 동북아의 전략적 안정화를 저해하고, 미국의 국가미사일방어체제(MD) 구축과 일본의 재무장 빌미를 제공하며, 상황여부에 따라서는 러시아 극동지역 안보를 훼손하는 중대한 안보적 위협으로 작용할 수 있다. 북한 핵 보유가 결과할 동북아 군비경쟁과 안보질서 변화, 역내정세 불안정에 대해 노심초사(勞心焦思)하지 않을 수 없는 것이다.

러시아는 한반도의 비핵화와 함께 한반도에서의 전쟁 방지를 중요한 안보정책 목표로 삼고 있는데 그 이유는 이렇다. 먼저 한반도에서의 군사적 충돌은 러시아의 안보 이익상 개입할 수도, 안 할 수도 없는 전략적 딜레마를 안겨준다.[6] 북한을 포기하지 않는 한 지정학적으로도 원치 않는 미국 및 일본과의 관계악화가 필연적으로 수반되며, 북한체제 위기에 따른 탈북 난민의 극동지역 유입은 러시아에 적지 않은 정치적 부담이 된다. 북한 영변 지하 핵 시설에 대한 미국의 제한 폭격시 심각한 방사능 낙진도 우려하지 않을 수 없다.[7]

경제적 측면에서도 한반도에서의 무력분쟁은 러시아가 최근 국가적 명

---

6) 홍완석, "21세기 러시아의 동북아 국가전략," 『국제정치논총』, 제41집 1호(2001), p. 128.

7) 러시아는 6자회담 시점을 전후한 2003년 8월18~29일, 오호츠크·베링·동해 등 북태평양 해역에서 대규모 해상 기동훈련을 실시했다. 러시아 태평양함대에 소속된 함정 75척, 항공기 69대, 군인 및 민간인 전문가 7만여 명이 참가한 이 훈련에서 러시아 해군은 테러집단의 공격에서부터 환경 재앙에 이르기까지 45가지 시나리오를 상정해 놓고 연습을 실시했다. 이 가운데 특히 우리의 관심을 끄는 것은 북한 관련 시나리오다. 여기에는 한반도에서 핵전쟁이 일어났을 때 예상되는 방사능 낙진 피해 등 환경 재앙에 대처하는 방안, 국경을 넘어올 것으로 예상되는 약 10만 명의 북한 난민들을 처리하는 방안 등이 포함돼 있다. 러시아는 북한 핵 문제에 대한 관심과 우려를 구체적 행동으로 보여준 셈이다. 정우량, "부활하는 군사강국 러시아," 『월간중앙』, 2004년 5월호. http:// www.monthlyjoongang.com/article/article.asp?

운을 걸고 추진 중인 두 개의 중요한 국책사업, 즉 시베리아 가스전 및 사할린 석유 파이프라인 건설과 TSR-TKR 연결사업에도 심대한 지장을 초래한다.[8] 결론적으로 "한반도에서의 군사적 갈등은 러시아 국익에 전혀 도움이 되지 않는다"는 로슈코프(Александр Лосюков) 외무차관의 지적처럼[9], 북핵 위기에 따른 한반도에서의 무력충돌은 모든 점을 감안하더라도 러시아에게 한마디로 재앙이자 백해무익한 최악의 시나리오이다.

소연방 해체 이후 러시아는 사회주의라는 왼손잡이에서 자본주의라는 오른손잡이로 전환하는데 요구되는 국가 시스템의 개조와 개혁 작업에 국가적 에너지를 집중하고 있다. 이런 국내적 현실의 충족, 즉 조속한 시장민주주의의 착근과 경제성장, 정치사회적 안정 등 내적 동력을 확보하기 위해 푸틴 정부는 국경선에서의 안정적인 안보환경 조성을 대외정책의 핵심주제로 설정하고 있다. 평화적인 외적 환경 창출을 바라는 러시아의 입장에서, 동북아의 화약고 한반도는 안보적 차원에서 모스크바의 특별한 관심의 대상이 될 수밖에 없고, 그 연장선상에서 북한 핵 문제는 시급히 평화롭게 해결해야 할 대외적 과제에 해당한다.

특히 한반도에 대한 러시아의 다중적 수준의 국익, 이를테면 동북아 권력정치를 흡인하는 블랙홀로서 한반도에서의 전통적 영향력 확보라는 '지정학적 이익', 동 시베리아 앙가르스크 유전 및 사할린 가스전 파이프라인 망의 연장 부설을 포함해서 시베리아횡단철도(TSR)의 한반도종단철도(TKR)와의 연결이라는 '지경학적 이익', 성장의 동력을 갉아먹는 불필요한 안보비용의 제거를 위해 한반도에서의 군사적 충돌 방지라는 '안보이익'을 고려할 때, 북핵문제는 러시아로 하여금 그 해결과정에 직·간접적인 관여와 적극적, 건설적 역할을 요구한다. 이는 러시아가 2002년 10월 제임스 켈리 특사의 평양방문 이후, 미국의 대북 선제 군사공격 가능성을 시사하는 "제 2 영변 위기"가 고조되자, 동북아 4강 가운데 가장 먼저 적

8) "Наш оценки не устраивают США как слишком мягкие по отношению к Северной Корее," *Время новостей*, 23 июля 2003.

9) "МИД РФ обеспокоен ситуацией в КНДР," *ИТАР-ТАСС*, 19 января 2003.

극적 중재자임을 자처하고 나선 이유를 구성한다.

2. 러시아의 북핵 해법

북핵문제 대한 러시아의 기본 입장은 한반도가 반드시 비핵지대화로 남아 있어야 하고, 북핵 문제를 제재, 봉쇄, 무력 등과 같은 물리적 방식이 아닌, 러시아를 포함해 이해당사국 모두가 참여하는 다자적 틀 내에서 대화를 통해 평화적으로 해결해야 하며, 북한의 핵 포기와 함께 합리적인 안보우려도 해소 되어야 한다는 것으로 요약된다.

이와 관련하여 모스크바는 북핵문제의 평화적 해결을 위한 방안으로 다음 다섯 가지 원칙을 제시하고 있다. 첫째, 호혜적이고 상호존중의 분위기 속에서, 국제법적 규범을 준수하는 가운데 대등한 협상 방식을 통해 합의에 도달해야 한다. 둘째, 공고한 안전보장과 경제발전을 위한 정상적인 외적 조건을 요구하는 북한의 주장은 전적으로 정당하다. 셋째, 평양의 핵개발에 대한 미국 및 주변국들의 우려가 이해됨으로 북한은 핵 프로그램 폐기 용의를 명료하게 밝힐 필요가 있다. 넷째, 문제의 해결은 어느 일방이 아닌 관련국들 모두의 일치되고 조율된 조치에 따라 이루어져야 한다. 다섯째, 회담의 지속성과 실효성을 담보해줄 다자간 전문가 실무그룹의 상설 기구화가 필요하고, 그 틀 내에서 문제의 해결을 위한 구체적이고 상시적인 논의가 이루어져야 한다는 것이다.[10)]

러시아의 이런 입장은 제 2차 북핵 위기가 고조되었던 2003년 1월 로슈코프 외무차관이 셔틀외교를 통해 북미를 포함한 관련국들에게 제시한 '일괄타결방안'(пакетное решение) 속에 잘 반영되어 있다.[11)] 소위 '로슈코프 플랜'(лосюков план)으로 표현되는 러시아의 일괄타결방안은 1)

10) О северокорейской ядерной проблеме. интервью российской делегации на шестисторонних переговорах по северокорейской ядерной проблеме заместителя министра иностранных дел РФ А.П.Лосюкова международному радио Китая. http://www.russia.org.cn/rus/?SID=61&ID=379&print=true

11) "Эмиссар Кремля привез Ким Чен Иру пакст," *Известия,* 20 января 2003.

한반도 비핵화, 2) 북한체제에 대한 안전보장, 3) 대북 경제보상의 문제를 포괄적으로 해결하자는 내용을 담고 있다. 먼저 한반도 비핵화를 우선적으로 보장하는 가운데 1994년 제네바 북·미 합의를 포함한 모든 국제협정상의 의무사항에 대한 관련 당사국들의 철저한 이행이 준수되어야 하고, 양자 간 또는 다자 간 방식의 건설적인 대화를 통해 대북 안전을 보장하는 것이 필요하며, 마지막으로 북한에 대한 인도적-경제적 지원 프로그램을 재개해야 한다는 것이다.[12)]

러시아의 북핵 해법은 이바노프(Игорь Иванов) 외무장관이 2003년 3월 유엔 북핵 특사 스토롱(M. Strong)과 가진 회견 속에서 재확인된다. 여기서 이바노프는 러시아의 일괄타결방안만이 한반도 위기상황을 해소할 수 있는 유일한 대안이라는 점을 강조하고 북핵 문제에 대한 국제사회의 "신중하고(взвешенный), 균형잡힌(сбалансированный)" 접근을 요구하였는데, 그의 논지는 다음 두 가지로 모아진다. 하나는 북한의 NPT체제 복귀와 IAEA 사찰을 통한 '한반도 비핵화'이고, 다른 하나는 군사적 방식이 아닌 '북·미간 직접대화에 의한 평화적, 정치·외교적 해결'이다.[13)]

전체적으로 모스크바의 북핵 해법은, 1) 북한이 핵무기를 갖는 것도 원치 않지만 미국의 대북 물리적 제재에도 동의하지 않고[14)], 2) 러시아가 포함된 다자적 틀 내에서 북·미간 대화를 통해 평화적으로 해결해야 하며, 3) 북·미가 각기 주장하는 '동시행동'이나 '순차행동' 보다는 이의 절충형인 병행조치'(Parallel Steps)에 입각한 '일괄타결' 원칙이 바람직하다는 것으로 요약된다.

러시아의 이런 균형적 접근은 북·미간 핵심쟁점에 대해 모스크바가 견

---

12) "Москва разработала план по урегулированию кризиса вокруг КНДР," http://www.newsru.com/russia/12jan2003/mid2.html.

13) об итогах визита в Москву специального посланика генерального секретаря ООН по КНДР М. Стронга(информационный бюлльтень МИД Российской Федерации: 546-06-03-2003). http://www.ln.mid.ru/Bl.nsf/arh/ DEBE4E4536501C8D43256CE20028CFCC?OpenDocument.

14) "Новые предложения Москвы и Вашинктона к корейскому кризису," *Время новостей*, 20 января 2003.

지한 입장에서도 확인할 수 있다. 먼저 핵 폐기와 관련하여, 러시아는 북한의 핵무기 개발계획이 CVID 방식으로 해결돼야 하고[15], 나아가 북한이 고농축우라늄(HEU) 핵 프로그램을 갖고 있다면 동결 및 폐기 대상에 포함돼야 한다는 미국의 주장에 원칙적으로 동의하고 있다. 그러나 군사적 목적 이외에 평화적 핵 연구 및 이용에 대해서는 북한의 핵확산금지조약(NPT) 복귀를 전제로 용인할 수 있다는 입장을 보이고 있다.[16] 러시아의 이런 입장은 향후 북한 KEDO사업의 진출을 고려한 전략적 포석으로 해석할 수 있다.

'핵동결 대 상응조치'에 대해서도 러시아는 일정한 조건하에서 북한의 핵동결이 이뤄지는 경우, 6자회담 틀 내에서 대북 공동안전 보장과 에너지 지원에 참여할 수 있다 입장을 보이고 있다. 실제로 러시아는 북한의 핵 폐기와 이에 상응하는 북핵 6자회담 참여국들의 단계별 이행조치를 규정한 2007년 2·13합의에 따라 북한에 중유를 제공할 것임을 천명하고 있다. 또 러시아는 북한으로 하여금 핵계획 완전신고와 핵시설 불능화를 이행시키도록 하기 위해선 먼저 미국이 대북 테러지원국 지정을 해제할 필요성이 있다는 점을 강조하고 있다.[17]

---

15) 미국이 주장한 CVID 방식의 선(先) 핵 포기란 "완전하고(complete), 검증가능하며(verifiable), 돌이킬 수 없는(irreversible) 방식으로의 핵 폐기(dismantlement)"를 의미한다. 백학순, "제2차 베이징 6자회담: 평가, 전망, 대응," 『정세와 정책』, 통권 92호, p. 3.

16) 2004년 5월 북경에서 개최된 북핵 6자 실무그룹회의에서 러시아 대표단 단장인 발레리 수히닌 외무부 아시아1국 부국장은 "핵확산금지조약(NPT)에 따르면 어느 국가든 핵에너지 분야에서 평화적 목적의 연구를 수행할 권리를 갖는다"라며 북한이 평화적 목적의 핵 개발 권리를 갖기 위해서는 NPT에 복귀해야 한다고 촉구한 바 있다. "北核동결 조건부 보상 논의," 『연합뉴스』, 2004년 5월 11일.

17) "러시아, 美에 테러지정 해제 착수 요청," 『뉴시스』, 2007년 12월 28일.

Ⅲ. 러시아의 북핵 전략

북핵 문제에 대한 러시아의 전략적 대응은 미·러 간 국익의 불양립성에 대한 명료한 인식과 1996년 한반도 4자 회담에서의 소외라는 뼈아픈 지정학적 경험에 대한 냉철한 반성에서 출발한다.

1991년 신 러시아 연방출범 초기 서구적 개혁세력들은 소련제국의 해체가 서방과의 모든 문제를 자동적으로 해결해 줄 것이라는 순진한 '환상'에 빠져 있었다. 이들은 서방에 대한 무조건적인 협조가 러시아의 유럽사회와의 통합, 안보적 위협의 항구적 제거, 서방의 대규모 경제지원 등을 이끌어내 러시아의 국익 증대는 물론이고 나아가 자국의 국제적 위상 강화에 기여할 것이라는 판단 하에 서방세계의 국익을 러시아의 국익과 동일시하는 '외교적 낭만주의'에 사로잡혀 있었다.[18] 이는 자연스럽게 러시아의 대외정치적 행위를 미국의 그것에 종속시키는 친서방 추종노선으로 나타났다.[19]

연방 초기 러시아 외교의 친서방 추수(追隨)노선은 무엇보다도 대북정책에서 명확히 확인할 수 있다. 옐친 정부는 생경한 서구적 잣대의 인권과 외교의 이데올로기적 원칙을 내세워 북한과의 관계를 의도적으로 경원시하였고,[20] 나아가 한국과 미국의 입장에 동조하면서 서방의 북한 고립화 전략에 적극 가담하였다.[21] 특히 1992년 북한 핵 문제의 국제적 이슈화 당시 러시아는 미국의 요청을 받아들여 대북 군사협력 중단 및 동맹조약의 일방적 파기와 함께 핵무기 개발에 사용될 가능성이 있는 기술과 인력, 그리고 물자의 북한 내 유입을 차단하는데 적극 협력하였다.

18) В.О. Кистанов, *Япония в АТР* (Москва: Восточная литература, 1995), с. 239.
19) 이영형, "러시아 외교정책의 성격변화," 『한국정치학회보』 제31집 2호(1997), p. 345.
20) М.Л. Титаренко, "Корейский полуостров и безопасность в СВА: взгляд из России," *Актуальные проблемы Корейского полуострова* (Москва: Институт Дальнего Востока РАН, 1996), с. 198.
21) А.В. Торкунов, *Корейская проблема: новый взгляд* (Москва: Анкил, 1995), с. 202.

그러나 미국과의 유기적인 대북 정책 공조에도 불구하고, 그 결과는 크레믈린 지도부의 기대와는 달리 일종의 외교적 토사구팽(兎死狗烹)으로 다가왔다. 구체적으로 1994년 러시아의 북한 KEDO 사업 참여 좌절과 1996년 한반도 4자 회담에서 소외가 그것인데, 이는 크레믈린 지도부에게 충격으로 받아들여졌다. 적극적인 대미 정책공조가 한반도에서 러시아의 국익손상과 지정학적 위상 추락이라는 정반대의 현상으로 나타났기 때문이다. 이를 두고 아시아 전문가 씨니찐(Б.В. Синицын) 박사는 "러시아가 한반도문제 해결에서 부수적 인자(Лишний фактор)로 전락"하였다고 지적하면서[22] 러시아의 외교력 부재를 통렬히 비난했고, 실제로 한동안 러시아는 한반도 문제의 '이방인'으로 남아있었다.

친미 추종 노선과 그에 따른 북한과의 관계 악화가 한반도 및 동북아에서의 정치적 입지를 제한했던 핵심 원인이었다는 점을 명료히 인식한 러시아가 과거의 실패를 빈복할 리 없다. "위대한 강대국 러시아의 재건"을 위해 힘의 분배와 세력균형을 중시하는 푸틴의 러시아라면 더더욱 그렇다. 한반도에서의 군사적 불안정이 초래하는 안보비용을 근원적으로 제거하고, 또 옐친 시대 한반도 4자 회담에서 소외됨으로써 겪어야만 했던 손상된 대국적 자존심을 회복하며, 미국의 패권적 전횡을 견제하기 위해서라도 러시아는 과거처럼 북핵 문제에 더 이상 "팔짱만 낀 채"(сложа руки) 소극적 방관자로 남을 수는 없는 것이다.[23]

1996년의 경험은 제2차 북핵 문제에 대한 러시아의 정책적 방향성을 제시해 준다. 이는 러시아의 최우선적 동북아 정책목표인 한반도의 비핵화 이외에, 미국의 대북 선제군사 공격 억제, 미국과 중국의 과도한 영향력 견제, 대남한·대미 지렛대 확보를 위한 지나친 대북 압력 자제, 북핵 다자회담의 주도적 참여를 통한 한반도에서의 영향력 확장 등으로 요약되고, 그 구체적인 전략은 나음 몇 가지로 정리할 수 있다

22) Б.В. Синицын, "перспективы взаимоотношений и Кореи", Москва, 1997, С. 5.

23) А.В. Воронцов, Война компромиссов. 2003, http://north-korea.narod.ru/vorontsov.htm

첫째는 핵을 포함해 대량살상무기(WMD) 개발과 그 확산을 방지하려는 글로벌 통제레짐의 차원으로서 한반도의 비핵화를 위한 미국과의 제한적인 정책 공조이다. 러시아는 대량살상무기 통제레짐의 핵심적인 성원으로서 핵확산금지조약의 준수와 유지에 대해 일관된 지지 입장을 유지해 왔다. 실제로 1995년 뉴욕에서 있었던 NPT체제의 무기한 연장을 위한 합의 과정에서 러시아는 미국과 함께 주도적 역할을 수행한 바 있다.[24] 그리고 제1차 북핵 위기시부터 북한 핵문제에 대한 모스크바의 기본 입장은 한반도 비핵화가 항구적으로 준수되어야 한다는 것이었다. 따라서 CVID 방식의 북한 핵 폐기 문제에 있어서만큼은 러시아의 이해는 미국의 이해와 전적으로 일치한다.

러시아는 구소련과 마찬가지로 접경지역에 핵이 없는 상황을 중요한 안보이익과 연결시키고 특히 극동지역의 안정과 핵의 수평적 확산 방지를 위해 한반도 비핵화 정책을 추진하고 있다.[25] 북한의 핵 보유는 남한, 일본, 대만을 자극하여 핵 확산을 유발할 것이 자명하기에 러시아의 안보이익상 결코 용납할 수 없다. 평양과의 우호적 협력작용의 강화에도 불구하고 푸틴 정부가 북한의 핵 개발 반대와 세계원자력기구(IAEA) 사찰 수용 그리고 NPT체제 준수 등을 일관되게 강조한 점은 바로 이런 맥락에서 찾을 수 있다. 이렇게 볼 때 북한의 핵 폐기에 대한 미국의 요구는 어찌보면 모스크바의 가려운 부분을 워싱턴이 대신 긁어주는 측면이 있다.

둘째는 미국의 패권적 전횡을 견제하는 차원으로서 북핵문제의 다자적, 평화적 해결이다. 러시아는 북한의 핵 개발이 동북아에서 자국의 안보이익을 침해하는 심각한 위협으로 간주하기 때문에 줄곧 북한의 핵 보유를 반대하는 미국의 입장 편에 서왔다. 그러나 러시아의 대미 정책공조는, 1992년 당시와는 달리 직접적이고도 적극적인 압력의 행사가 아닌 외교적 설득과 회유를 통한 자발적인 핵 개발 포기 유도가 특징적이다. 북한을 자

---

24) 강봉구, “푸틴 집권 2기 러시아의 대외정책과 한반도,” 『국제문제연구』, 제4권 1호(2004년 봄호), p. 234.

25) 여인곤, 『러북관계 변화추이와 푸틴정부의 대북정책 전망』 (서울: 통일연구원, 2000), p. 19.

극하지 않는 범위 내에서 외교적 수단이나 다자적 방식을 동원한 북한 핵 개발의 평화적 저지를 지향한다.

세계적 수준의 전략적 안정화를 바라는 러시아는 국제적 비확산(non-proliferation) 규범의 강화에 있어서는 기본적으로 미국의 입장과 동일하지만, 미·러 간에는 비(非)확산 규범을 강제하는 방법론상의 차이가 존재한다. 러시아가 세계원자력기구(IAEA), 세계미사일통제체제(GCS) 등 제도화된 다자적 기구 및 협약을 통한 비확산 규범을 선호한다면, 미국 부시행정부는 소극적인 비확산전략을 탈피한 적극적인 반(反)확산(counter-proliferation) 전략을 추구하면서 예방적 선제공격을 강조하고 있다는 점이다.[26)]

비확산 규범에 있어 미·러 간 대응차이는 그들의 세계전략과 밀접한 함수관계를 지닌다. 워싱턴의 전략가들은 비확산 규범 강화를 안정적인 국제 안보환경 조성과 테러위협 제거 자체보다는 탈냉전 이후 미국 중심의 패권적 세계질서를 유지 관리하는 차원에서 접근한다. 소련의 해체이후 경쟁자가 부재한 미국은 비확산 규범 노력을 현저히 강화하였고 새로운 안보전략과 맞물려 핵 개발 및 대량살상무기 확산 가능성이 있는 국가들을 '불량국가', '악의 축', 나아가 '폭정의 전초기지'로 규정해왔다.[27)] 미국은 자국에 적대적인 국가를 테러집단 혹은 불량국가와 동일시하는데, 이는 불량국가 위협론이 적극적인 반확산 정책을 통한 선제적 예방전쟁을 정당화하고, 동시에 미국의 절대적인 세계지배구조 구축을 강화시켜주는 훌륭한 정치적 명분을 제공한다.

한편 미국이 '불량국가' 내지는 '악의 축'으로[28)] 지목한 국가는 모두 예

---

26) 박진, "부시 안보 팀의 북핵 전략,"『월간조선』, 2002년 12월호. http://monthly. chosun.com/board/view.asp?tnu=200212100052&catecode=1&cpage=1.

27) 서보혁, "북한 핵 문제의 성격과 쟁점, 그리고 전망,"『국제지역정보』, 제7권 2호(한국외대 외국학종합연구센타, 2003), p. 3.

28) 미국 국무부가 매년 4월 테러 지원국을 지목해 발표해온 소위 '불량국가'(rogue states)는 북한, 이란, 수단, 리비아, 쿠바, 이라크, 시리아 등 7개국이다. 이 가운데 부시 행정부가 2002년 1월 연두교서에서 반드시 제거해야할 대상으로서 '악의 축'(axis of evil) 국가로

외 없이 러시아의 국익에 매우 중요한 나라들이고, 역설적으로 대미관계에서 반사이익을 안겨주는 '우방국가'이자 잠재적 '동맹 축'이다.[29]. 러시아는 이들 국가들과 무기수출, 원전건설, 석유자원 지분 등 중요한 경제적 이해관계를 갖고 있을 뿐만 아니라, 정치적으로도 러시아가 희구하는 다극적 세계질서 구축과 미국의 패권적 전횡을 억제하는데 유용하게 활용할 수 있는 전략적 지렛대이다. 러시아는 미국이 인위적으로 적의 원형을 창출하고, 명확한 증거 없이 국제적 비확산 규범을 자의적으로 적용하고 있으며 전지구적 패권확장을 위한 구실로 활용하고 있다고 판단한다. 미국이 대 이라크 선제공격의 명분으로 내세운 대량살상무기 보유 증거가 아직까지 발견되지 않고 있다는 사실이 이런 주장에 설득력을 더해준다.

따라서 러시아가 미국의 비확산 규범에 무조건 동조하여 워싱턴이 자의적으로 설정한 불량국가들을 적대시하고, 관계를 악화시킬 하등의 이유가 없다. 러시아 대외정책의 최우선 순위인 미국과의 관계를 고려해 외교적 수사차원의 원칙론적 수준에서 비확산 규범을 강조하거나 가급적 언급을 회피하는 전략이 최상의 선택인 것이다. 러시아의 그런 수동적 대응은 2003년 6월 1일 미·러 상트페테르부르크 정상회담 직후 가진 북핵 관련 공동 기자회견에서 명확히 드러난다. 부시 미대통령이 "우리는 북한에 가시적이고 입증 가능하며 돌이킬 수 없도록 핵 개발 프로그램을 해체하도록 강력히 촉구하기로 했다"고 강조했으나, 정작 푸틴 대통령 자신은 북핵 문제에 대해 한마디 언급도 하지 않았다.[30] 이는 WMD에 대한 미·러의 정책과 대응이 문제의 심각성과 위기의 긴급성 보다는 자신들의 국가이익 및 세계전략에 따라 경중이 달라진다는 점을 확인시켜준다.

셋째는 러시아 동북지역의 안정 유지 차원으로서 북한에 대한 고립화 봉쇄 반대와 북핵문제의 군사적 해법의 거부이다. 러시아는 북한의 핵 개발 저지 문제에 있어서는 미국에 선별적으로 협력하지만 북한의 봉쇄적

지목한 국가는 북한, 이라크, 이란 등 3개국이다.

29) "Ось Москва - Тегеран вполне возможна," *Известия*, 1 апреля 2003.

30) "G8 정상 '북핵해법' 시각차," 『문화일보』, 2003년 6월 2일.

고립과 선제 무력사용에 대해서는 일관되게 반대한다. 중국도 러시아와 동일한 입장을 견지하는데, 이는 러·중 양국이 북한체제의 존속을 자신의 근본적 이익으로 간주하기 때문이다. 러·중의 북한체제 옹호는 2003년 5월 27일 후진타오-푸틴 모스크바 정상회담에서 채택된 공동성명 문안에 잘 반영되어 있다. 양국은 "북핵사태 해결을 위한 어떤 군사적 위협이나 행동도 수용할 수 없다"며 미국의 대북 선제공격에 대한 분명한 반대의사를 천명했다.[31]

러시아가 대북 고립화와 북핵문제의 물리적 해결을 반대하는 이유는 다양한 수준에서 설명이 가능하다. 크레믈린 전략가들은 경제제재 및 해상봉쇄를 동원한 미국의 대북 고립화가 북한의 벼랑 끝 전술을 유도할 것이고, 북한 위협론을 증폭시켜 지정학적, 지경학적으로 그 비중이 높아지는 동북아에서 미국 주도의 MD체제 구축을 정당화해주며, 동시에 기존의 미국 헤게모니를 새로운 조건에서 유지하도록 해주는 유용한 구실이 될 것으로 파악한다.[32]. 남북한의 군사적 대치 상황에서 비록 제한적이라 하더라도 미국의 대북 선제공격은 곧 전면전으로 비화할 개연성이 높고, 그 후과는 미국이 아닌 러시아가 고스란히 껴안게 된다. 전쟁 난민의 처리에 따른 곤혹스런 정치적 환경에 처하게 되고, 경제적 사막지대 시베리아 극동지역 개발을 위한 야심찬 일련의 계획이 차질을 빚게 되며, 연간 10억 달러 이상의 통과 수익이 기대되는 시베리아횡단철도와 한반도종단철도와의 연결사업도 반신불수가 된다. 종국적으로 북한체제의 붕괴는 전략적 완충지대의 상실을 의미하고, 미·일 동맹체제에 대한 안보 방역선의 후퇴를 초래한다.

러시아의 마지막 북핵 전략은 한반도에 대한 영향력 및 국익 확보 차원으로서 북핵 6자회담의 주도적 참여를 통한 미국 및 중국의 독주 견제와 자국의 정치적 역할 공간 확대이다. 러시아는 국제사회에서 일방주의 또

31) "러-中 정상, 北에 核포기 첫 촉구," 『연합뉴스』, 2003년 5월 29일.
32) "미국을 위해 보존돼야 하는 '악의 축'," 『한겨레』, 2003년 5월 13일.

는 쌍무적 양자관계를 선호하는 미국이 유독 북핵문제에 대해서만큼은 다자적 해결을 강조하고 있는 점에 대해 의혹의 시선을 보내고 있고 다음과 같은 이유로 경계감을 늦추지 않고 있다. 첫째는 부시행정부가 대북 군사제재의 명분을 축적하려는 점이고, 둘째 한반도 비핵화에 공통된 이해관계를 가진 러·중을 대북 압박에 끌어들여 결국 북·중간 또는 러·북간 우호관계에 균열작용을 심화시키며, 셋째 대북 경제적 지원과 보상의 책임을 타국에 부담시키려는 의도로 파악한다.[33]

러시아는 과거처럼 미국의 북핵 전략에 일방적으로 동조하는 '들러리'가 되는 것을 경계하고 실질적인 조정자로서의 역할을 강화하고자 하는데, 러시아의 다자적 접근 또한 미국의 그것과 차이가 있다. 미국의 다자적 해법이 북한의 핵 개발 반대에 동일한 이해를 갖고 있는 관련당사국을 동원해 다수의 압박으로 북한의 핵 포기를 유도하려는 방식이라면, 러시아의 접근방식은 다자회담의 균형추로서 실리를 극대화하는 다분히 실사구시적 전략에 기초한다. 이를테면 북한의 입장을 배려하면서도 그것이 미국과의 관계손상을 초래하지 않는 범위 내에서 원만히 해결하고, 이 과정에서 러시아의 역할을 확대하는 것이다.

러시아의 입장에서 북·미간 첨예한 대립에 무리하게 개입하여 자국의 입지를 위축시킬 필요가 없다. 가급적 북핵 위기의 당사자인 미국과 북한이 합의안을 도출하도록 유도하고, 북·미간 타협이 교착될 경우 균형잡힌 중재안을 제시함으로써 자연스럽게 6자 회담의 주도권을 장악하는 것이 바람직하다. 아울러 러시아는 6자회담을 통해 러시아의 KEDO 참여 기회를 찾고, 6자회담의 틀을 동북아 다자간 안보 협력기제 창설로 이어가려는 원대한 구상을 갖고 있다.

---

33) "<6자회담> 국내 전문가 분석," 『연합뉴스』, 2004년 2월 28일.

Ⅳ. 북핵문제 해결과정에서 러시아의 비중과 역할

2003년 8월 제1차 북핵 6자회담이 성립된 이래 러시아는 북·미간 대화의 파행을 막고 이견을 조율하는 '조정자' 내지는 회담의 생산적 진행에 기여하는 '촉진자'로서의 역할을 수행하고 있다. 러시아는 북·미간 '갈등의 정치'를 '타협의 정치'로 전환시킬 수 있는 다양한 유인조건과 외교력을 포지(抱持)하고 있기 때문에 북핵문제 해결과정에서 나름대로 중요한 역할을 할 수 있다. 그렇다면 구체적으로 북핵문제 해결과정에서 러시아에게 기대할 수 있는 역할은 무엇인가?

첫째는 북·미간 오기의 대결을 해소할 수 있는 건설적 중재자로서 러시아의 역할이다. 북핵 문제 해법의 최대 관건은 평양의 핵 포기와 미국의 대북 체제보장이다. 대량살상무기 비확산에 대한 미국의 단호한 의지, 대외관계 개선 및 경제재건 필요성을 인식한 북한은 '명분'(체제보장)과 '당근'(경제보상)을 제공해 줄 경우 벼랑 끝 전술을 거두고 미국이 요구하는 핵 폐기를 수용할 의사가 있음을 수차례 표명해 왔다. 문제는 CVID방식의 선 핵 폐기를 이행하지 않은 한 북한에게 그러한 명분과 당근을 절대 제공해 줄 수 없다는 미국의 경직된 태도이다.

이런 상황에서 러시아는 북·미 양국의 입장을 고려하여 교착국면을 타개할 수 있는 하나의 묘안을 제시하였는데, 이는 주한 러시아 대사인 라미슈빌리(Teymuraz O. Ramishvili)가 한국기자들과의 간담회에서 밝힌 바 있다. "북한이 핵 개발 프로그램을 포기하는 대신 러시아가 천연가스를 공급하는 방안이 논의되고 있다"며 "이 경우 러시아는 국가안보 차원에서 가스관을 보호하기 위한 군대를 북한에 파견하는 방안을 협의하고 있다"는 것이다.[34] 북핵 문제 해결을 위한 몇 가지 필요충분조건을 결여하고 있긴 하나, 적어도 러시아가 미국을 대신해 북한의 비핵화와 안전보장에 적극적이고도 건설적 역할을 하겠다는 의미로 해석할 수 있다. 미국의 북

34) "이라크 戰으로 北核 해결 타격," 『세계일보』, 2003년 4월 2일.

한 '몰아세우기'가 진정 한반도의 비핵화를 목표한다면, 러시아의 대안이 하나의 실현 가능한 시나리오가 될 수도 있을 것이다.

둘째는 한반도에서 군사적 긴장을 억제하는데 요구되는 최소한의 대북 안보적 '울타리'로서 러시아의 역할이다. 러시아는 유엔안보리 상임이사국으로서의 국제적 지위, 미국과 유일하게 비견되는 전략 핵무기 보유수준, 강력한 군사적 위용과 힘의 외부투사 능력 등을 감안할 때 북한체제의 안전을 보장하는데 손색이 없다. 러시아가 한반도에 대한 장기적 국익관점에서 그리고 남한과 미국을 의식해 북한과의 군사동맹관계 수립을 절제하고 있으나, 이미 2000년 2월 러·북 신 우호조약에서 느슨한 형태의 안전보장을 제공하고 있다. 또 '일괄타결방안'에서 북한의 핵 개발 포기를 전제로 미·중·러 3국 공동의 대북 안전보장 방안을 제시한 바 있는데, 이 방안이 아직 예단하기 힘드나 북한이 요구하고 있는 미국과의 불가침 조약을 대신할 가능성이 없지 않다.

셋째는 사할린 가스의 대북 공급을 통한 북·미관계 개선 '촉매제'로서 러시아의 역할이다. 북핵 문제 해법의 키워드 중의 하나는 다름 아닌 북한 경제의 원활한 작동을 저해하는 심각한 에너지난(難)이다. 북한은 KEDO(한반도에너지개발기구)의 중유공급 중단 조치 이후 에너지난이 심각해지고 있음을 상기시키며 에너지 문제 해결 방안 마련이 핵 문제 해법과 연관이 있음을 우회적으로 표출하곤 했다. 이와 관련하여 러시아는 평양과 워싱턴간 이해의 연결고리로서, 미국의 석유메이저인 엑손 모빌(Exxon Mobil)이 구상중인 사할린 에너지의 대북 공급을 통해 북핵 문제를 해결하는 중요한 돌파구를 제공할 수 있다.

미국의 한반도 전문가 셀릭 해리슨(Selig S. Harrison)은 이 문제를 심층적으로 다루면서 사할린 가스관의 남북한 관통을 통한 일종의 '북한 판 마샬 플랜'을 북핵 문제 해법의 현실적 방안 중의 하나로 제시하고 있다.[35)]

35) 셀리그 해리슨, "북핵협상 전망과 가스운송관," 『창작과 비평』, 제30권 4호(2002), pp. 331-42; 김석환, "북한 판 마셜 플랜 전모," 『월간중앙』, 4월호(2003), pp. 126-143.

해리슨은 사할린 가스전 개발에 2백억 달러의 투자 계획을 갖고 있는 엑손 모빌이 미국 정부의 승인 하에 '사할린-연해주-북한-남한'으로 이어지는 3천㎞의 파이프라인을 건설할 방대한 구상을 소개했다. 파이프라인 완공까지는 약 4년 정도가 소요되고, 비용도 27억 달러 정도로 추산된다. 파이프라인이 건설되면 북한은 적지 않은 통과 수수료를 받고, 미국은 경수로 1기 대신 북한에 2백50㎿규모 가스발전소 8개 정도를 지어줄 수 있다는 구상이다.

미국 기업 엑손 모빌이 러시아 사할린에서 개발한 가스를 한국까지 끌어오는 파이프라인을 건설하고, 그 가스를 이용하여 북한을 위해 경수로 발전소보다 훨씬 저렴하고 신속하게 전기를 생산한다는 발상은 북핵 문제 해결을 위한 협상에 중요한 정치적 환경을 조성해주고 있다. 그것이 현실성을 갖는 이유는 부시 대통령과 그의 안보팀이 석유이권에 특히 민감한 사람들이고[36], 한국 정부도 이에 외교적 공명을 보내고 있기 때문이다.[37] 미국의 대이라크 전쟁의 중요한 동기가 석유였다는 점을 감안할 때, 러시아 사할린 가스를 이용한 북핵 문제 해법은 전혀 실현 불가능한 허구적 대안만은 아닐 것이다. 석유와 가스라는 지극히 정치적 상품이 북핵 문제에 개입되어 북·미 관계 개선의 촉매제가 된다면 남북한과 러시아, 미국 모두의 이익을 만족시키는 더할 나위 없는 해법이 될 것이다.

넷째는 북한의 대미협상 경직성을 이완시키는 '설득자'로서 러시아의 역할이다. 소련의 해체이후 옐친 시대 러·북관계가 한동안 격리되어 있었지만, 과거 40여 년 동안의 특수한 역사적 혈맹관계 그리고 푸틴 정권 출

36) 부시는 지난날 텍사스에서 석섭 바르부스도 부시의 허켄이라는 석유개발회사를 운영했다. 딕 체니 부통령은 1995년에서 2000년까지 핼리버튼 에너지회사에 참여했고, 안보담당 보좌관 콘돌리자 라이스는 91년에서 2000년까지 스탠더드석유 계열인 셰브론의 고문을 지냈다. 셰브론은 유조선 하나를 아예 라이스의 이름을 따 명명했다. "핵 위기와 석유이권," 『중앙일보』, 2003년 1월 29일.

37) 나종일 전 국가안보보좌관은 영국 일간지 '파이낸셜 타임스'(FT)와의 회견에서 시베리아의 이르쿠츠크나 극동의 사할린으로부터 가스관을 연결하는 사업을 북핵 위기 해결책으로 제시한 바 있다. 『한겨레』, 2003년 4월 8일.

범이후 관계 복원과 전략적 협력 강화로 북한에 대한 러시아의 영향력은 중국 못지않다. 2000년 7월(19-20) 푸틴의 역사적 평양방문과 2001년 7월(7.26-8.18)과 2002년 8월(20-24) 두 차례에 걸친 은둔자 김정일의 이례적인 러시아 방문은 모스크바의 대북 영향력을 가늠할 수 있는 하나의 판단 지표가 될 수 있다.

북한은 러시아에게 55억 달러의 채무를 지고 있고, 군사장비 부품과 인도적 식량 등 경제적 지원을 받고 있으며, 또 정치적, 심리적 후견세력으로서 북한체제의 안전을 지탱시켜주는 최후의 보루일 수밖에 없기에 모스크바의 '입김'을 무시할 수 없다. 과거 소련은 북한을 설득해 1972년과 1985년 각기 IAEA와 NPT에 가입시킨바 있고, 2000년 7월 평양정상회담에서 푸틴이 북한으로부터 미사일 개발 중단의사를 이끌어낸 사실이 러시아의 대북 영향력을 일정부문 반영한다. 교착과 재개를 반복한 북핵 6자회담이 수차례 위기를 겪으면서도 유지된 배경은 전후맥락에서 러시아의 집요한 설득에서 비롯된 바 크다.

마지막으로 북핵 문제 해결을 위해 러시아에 기대할 수 있는 역할은 "우크라이나 핵무기 양도 전례의" 북·미 양자 적용이다. 1991년 구소련의 해체와 함께 1천 900기의 전략 핵무기를 보유하게 된 우크라이나[38]는 핵비확산문제에 러시아와 철저히 이해관계를 일치시켰던 미국의 중재 하에 수년간 미·우·러 3자 협상을 벌였고, 그 결과 이들 핵무기를 러시아에 자진 양도하여 폐기하기로 합의했다. 당시 우크라이나 의회와 군부 일각에서는 러시아의 위협으로부터 국가안보를 지키기 위해 핵을 계속 보유해야 한다는 주장도 강하게 제기됐으나, "선(先) 국제법적 구속력 있는 우크라이나 안전보장과 경제지원, 후(後) 우크라이나 핵무기의 러시아 양도"로

38) 과거 우크라이나는 소연방 구성공화국의 일원이었다. 냉전시절 소련은 전통적 중화학공업지대인 우크라이나에 핵 관련 산업기지를 집중적으로 건설했고, 나토의 군사적 위협에 대항하기 위해 영토의 서쪽날개인 이 지역에 SS-20 미사일 등 등 막대한 전략 핵무기를 전진 배치했다. 그러나 1991년 소련의 몰락과 함께 우크라이나가 독립국가로 주권을 회복하게 되자 자국 영토에 배치된 1백76기의 핵미사일과 1천 8백 개에 이르는 핵탄두 소유권을 주장하면서 핵 강국으로 부상하게 된다.

요약되는 미국의 성공적인 협상중재로 우크라이나의 비핵화를 실현할 수 있었다.[39)]

현 카네기재단 로즈 고테몰러(Rose Gottemoeller) 선임연구원[40)]은 미국의 협상중재 성공 요인 중의 하나로 "우크라이나에서 핵무기를 제거하되 이 나라의 안보와 유럽의 장래를 보장하는 방식으로 협상을 추진해야 한다"는 일관된 목표를 들었다. 또 미국이 대화 당사자(러시아와 우크라이나)들에게 협상의 지연이 초래할 수 있는 불이익을 경고하면서 강경하고 분명한 요구조건을 제시한 점도 협상을 성공으로 이끈 주요인이었다고 그는 분석했다.[41)]

물론 우크라이나와 북한이 안고 있는 핵 문제의 성격은 다르다. 핵무기를 구소련으로부터 고스란히 물려받음으로써 핵보유국이 되었던 우크라이나와는 달리 북한은 핵무기를 자체적으로 개발하려는 의지가 있다는 점에서 그렇다. 그러나 협상과정에서 나타난 우크라이나와 북한의 요구사항이(안전보장과 경제적 보상) 동일하다는 점에서[42)] 북핵 문제 해법의 참고 케이스로 시사하는 바가 크다.

이제 북·미가 핵 협상당사자가 되었고, 북한의 비핵화에 미국과 이해가 일치한 러시아가 제 3자로서 북·미 양자 간 공방에 개입할 최소한의 명분을 가질 수 있다. 러시아가 우크라이나 핵 문제 해결의 선례를 들어, "북한 핵을 제거하되 이 나라의 안보와 동북아의 장래를 보장하는 방식으로 협상을 추진해야 한다"고 북한과 미국을 동시적으로 설득하고 압박을 가한다면 성공적인 핵 중재협상을 이끌어 낼 수도 있을 것이다.

상술한 바처럼 러시아는 북한 핵 문제를 해결하는데 있어 동원할 수 있

39) 1994년 미국의 중재 하에 세계 5대 핵강국 중 중국을 제외한 미국, 영국, 프랑스, 러시아가 공동으로 대 우크라이나 안전보장에 관한 '비망록'에 서명했다.

40) 로즈 고테몰러(Rose Gottemoeller) 선임연구원은 러시아·우크라이나 간 핵무기 양도협상 당시 러시아 국가안보회의(NSC) 국장으로 실무작업을 주도했던 인물이다.

41) "A Deal That Worked," New York Times, April 26 2003. "우크라이나 핵무기 양도서 교훈 찾아야," 『중앙일보』, 2003년 4월 27일.

42) "核해결 국제선례, 우크라이나식이냐 쿠바식이냐," 『동아일보』, 2003년 4월 29일.

는 다양한 외교적 자원과 물적 능력을 보유하고 있다. 또 한반도 문제가 생래적으로 국제적 성격을 가질 뿐 아니라, 주변 강대국의 역학관계에 종속되어 있다는 점을 숙고할 때[43] 세계정치의 권력보유자 러시아의 협력 없이 북핵문제는 물론이고 한반도 평화구도 정착과 통일과정은 결코 순조로울 수 없다.

한반도 평화구도 정착 과정에서 러시아가 차지하는 역할과 비중은 한반도 4자 회담의 실패라는 교훈을 반추해봄으로써 더욱 명료해진다. 한반도에 깊은 이해관계를 투영하고 있는 러시아가 배제된 4자 회담은 지정학적 구조상 그 성공을 담보하기에 이미 태생적 한계를 내포하고 있었다. 이는 미국과 중국 그리고 남북한이 참여한 한반도 4자 회담이 지난 1996년 4월 첫 회의를 가진 이래 1999년 8월까지 총 6차례의 회의를 가졌으나 별다른 성과를 거두지 못한 채 표류하였다는 사실에서 확인할 수 있다.

한반도 4자회담 실패 원인은 동북아 다자간 국제협력 경험의 부재, 북·미간 뿌리 깊은 불신 등 다양하게 제기될 수 있으나, 무엇보다도 한반도 문제가 러시아를 포함한 6자가 개입된 다자적 게임이라는 점을 망각한데 있으며, 결국 이들 행위자들의 이해관계를 모두 반영시키지 못했기 때문이다. 이와 관련하여 러시아 학자 바딤 트카첸코(В. П. Ткаченко) 박사는 한반도 4자 회담이 실효성을 보지 못하고 형해화(形骸化)된 중요한 이유 중의 하나를 전통적 이해 당사자인 러시아가 소외된 데에서 찾고 있는데[44], 그의 주장은 현 북핵 6자 회담의 성립과 대화의 지속성이 러시아의 참여로 유지되고 있다는 사실에서 어느 정도 적실성을 갖는다.

43) 박건영, "평화통일을 위한 한국의 통일외교전략,"『국가전략』, 제6권 1호(2000), 5쪽.

44) 바딤 트카첸코, "러시아의 대한반도정책의 주요방향," 『러시아의 동북아 외교정책: 한·러 관계의 발전전망』(서울: 한국외대 러시아연구소, 2002), p. 13.

V. 나오며: 러시아 '활용하기'

앞장에서 분석한 바처럼 북핵 문제를 해결하는 데 있어 러시아에 기대할 수 있는 역할은 실로 다양하다. 그럼에도 현실적으로 러시아의 적극적 역할을 기대하기에는 한계가 있다. 그 이유는 무엇보다도 한반도를 둘러싼 지정학적 역학 구도가 러시아에게 결코 유리하지 않기 때문이다. 현재적 시점에서 러시아가 견고한 북·중관계와 한미동맹의 틈을 비집고 들어갈 수 있는 공간은 좁다. 북·미 간 첨예한 대립에 무리하게 끼어들어 양국과 우호관계를 굳이 손상시킬 필요도 없다. 미국은 한반도 문제에 대한 러시아의 역할 강화를 원치 않고, 단지 자국이 주도하는 대북 압박의 충실한 협력자로 남아있기만을 바란다. 북한 또한 핵 문제와 평화체제로의 전환 문제를 미국과의 단독협상을 통해 해결하고자 함으로써 러시아의 정치적 역할을 위축시키고 있다.

객관적 여건상 북핵 문제 해결의 최대 관건은 북·미관계 개선 여부에 달려있고, 사실 러시아의 역할은 보조적 위치에 불과하다. 그러나 다른 한편으론 한반도를 에워싼 동북아 4강간의 지정학적 세력경쟁과 현실정치의 역학관계를 감안할 때 러시아를 배제하고서 북핵문제의 평화적 해결과 항구적인 한반도 평화체제제 구축은 결코 쉽지가 않을 것이라는 점은 분명하다.

실제로 러시아가 한반도에서 확보하고 있는 일련의 영향력, 예컨대 미국 및 일본과는 달리 러시아는 남북한 동시 수교국이라는 점; 북·러관계의 특수성, 즉 러시아가 북한정권의 수립과 발전에 결정적 후원자였다는 점; 대북 군사무기 및 그 부품의 주요 공급원으로서 러시아가 북한의 군사적 모험주의를 억제하는데 일정 부문 영향력을 행사할 수 있다는 점; 러시아의 외교력을 통해 미국의 대북 강경노선을 이완시킬 수 있다는 점; 러시아가 미국의 대북 군사적 공격을 일관되게 반대하고 있다는 점 등을 고려할 때 북핵문제의 평화적 해결을 희구하는 한국에게 러시아의 존재는 남다를 수밖에 없다.

따라서 우리정부는 한·러 간 분리할 수 없는 지정학적 연결고리의 존재를 민감하게 인식하는 가운데, 러시아를 한반도의 평화와 안정을 위한 유용한 전략적 자산으로 인식하고 외교적 자원으로 적극 동원할 필요가 있다. 그 이유는 향후 한반도 문제 다자논의 구조에서 러시아와 협력을 강화할 경우, 그것이 궁극적으로 한국의 국익에 부합하고 북핵문제의 평화적 해결에도 크게 기여할 것이라는 판단 때문인데, 그 구체적인 논거는 다음과 같다.

첫째는 러시아가 한반도의 평화와 안정을 저해하는 방해세력이 아니고, 북핵 문제와 한반도 평화체제 구축 구상에 대한 러시아의 접근방식이 우리정부의 그것과 크게 다르지 않다는 점이다. 북핵 문제와 관련하여 러시아는 한반도의 비핵화, 북한의 국제적 비확산 체제 유지 및 제네바 합의 준수, 미국의 대북 선제공격 반대, 대화에 의한 평화적 해결 등을 일관되게 주장해왔고, 러시아가 제시한 일괄타결방안(Package Plan)도 우리정부가 구상하고 있는 로드 맵과 흡사하다. 한반도 평화체제 구축 구상과 관련해서도 현 정전체제의 유지, 남북대화의 촉진, 한반도의 긴장완화, 평화협정의 남북한 당사자 체결 원칙 등을 지지하고 있는데, 이 또한 우리정부의 입장과 그대로 일치한다. 이렇게 볼 때 한반도 다자회담에 러시아가 참여할 경우 평화체제 논의구조를 북·미회담으로 몰고 가려는 북한의 의도에 제한을 가할 수 있고 우리정부가 옵서버로 전락되는 것을 방지할 수 있다.

두 번째 논거는 북핵문제와 한반도 평화체제를 둘러싼 국제 게임이 북·미 양자게임 혹은 남·북·미 3자 게임이 아니라 적어도 6자가 개입된 다자 게임이며, 행위자들의 국력과 이해관계의 정도가 모두 상이한 다층적 복합게임의 양상을 보이고 있다는 사실과 관련이 있다. 위계적 동맹구조에서 약한 행위자인 한국에게는 국력이 그대로 투사되기 쉬운 양자 및 3자 게임보다 비대칭적 복합적 이해관계를 지닌 다수의 행위자들이 등장하는 다자 게임에서 전략구사의 공간이 넓어진다는 것은 상식이다. 이 구도에서 우리정부는 이해관계가 충돌하는 강력한 행위자들의 정책선호와 전략적 선택을 자신에게 유리하게 이용할 수 있다. 더구나 모스크바가 제시하는 북핵문제와 한반도 평화체제 구축 구상이 한국의 해법과 그 내용에 있어 대동소이하기에 러시아를 다자게임에 포함시킨다는 것은 서울로서는 강력한 우호적 원군을 확보하는 셈이다.[45)]

세 번째 논거는 '악의 축'으로 규정한 미국의 대북정책의 본질과 관련된 것으로서 미국의 일방주의를 견제하는 한반도 세력균형자로서 러시아의 역할이다. 한국은 1994년 북한 핵 문제를 둘러싸고 미국이 대북 핵 시설 비밀 폭격계획을 수립함으로써 한반도에서 일촉즉발의 군사적 위기를 경험한 바 있다. 지미 카터 전 미국 대통령의 중재로 그 위기를 가까스로 넘겼으나, 충격적인 사실은 미국이 동맹국인 한국을 소외하고 사활적 이해를 무시한 채 그런 계획을 일방적으로 실행에 옮기려 했다는 점이다. 당시 한국은 제3자에 의해 의도하지도 바라지도 않은 전쟁 비극을 치를 뻔했고, 우리의 안보가 미국의 국익에 의해 언제든지 침해당할 수 있다는 아주 중요한 교훈을 체득했다.

북한을 '악의 축'으로 규정하고 대북 강경노선의 고삐를 늦추지 않고 있는 미국 부시 행정부의 성향으로 보아 한반도에서 전쟁 가능성은 우리의 의지와 무관하게 항상 상존해 있다. 다수의 분석가들이 지적하듯, 다자적 대화를 통한 북핵 문제의 평화적 해결이라는 미국의 외교적 수사 이면에는 이라크전 전후 처리 현안에 외교력을 집중하는 '시간 벌기' 내지는 북한에 물리적 강제력을 행사하기 위한 일종의 '명분 축적' 의도가 내포되어 있기 때문이다.

미 국방부 일각에서 검토 중인 소위 '쿠바형 해상봉쇄'나 대량살상무기 확산방지구상(PSI), 북한 정권교체를 목표로 한 '작전계획 5030' 등은 미국이 여전히 군사적 옵션을 하나의 대안으로 상정하고 있음을 보여준다. 이런 상황에서 미국의 대북 선제군사공격을 억제하는 한반도 세력균형자로서 러시아의 역할이 요구되고, 이 점이 러시아를 한반도에서의 군사적

45) 강봉구, "한국과 러시아의 안보협력: 북핵문제를 중심으로," 『참여정부에서의 한·러 교류협력의 현황과 과제 및 추진현황』(서울: 한러협회, 2003), p. 25.

충돌을 방지하는 '안전판'으로 활용해야 하는 중요한 이유인 것이다.

한반도문제에 러시아가 항상 '정의의 사도' 모습으로 다가온 것도 아니고, 또 러시아의 국익과 한국의 국익이 모두 일치하는 것은 아니지만, 미국 부시 행정부의 대북정책 목표를 제대로 파악할 때, 우리는 러시아에 기대할 수 있는 가능한 선택지들을 보다 명료히 이해할 수 있다. 요지는 미국이 북핵 문제를 당장 해결해야 할 시급한 대외적 목표로 설정하기보다는 동북아에서 자신의 국익과 헤게모니를 유지 강화하기 위한 전략 차원에서 접근하고 있다는 점이다. 미국의 대북 접근은 동북아 악의 축인 북한과의 대립적 긴장관계를 일정하게 유지하는 게 전략적 수익을 더 크게 해줄 것이라는 판단에 기초한다.[46] 바로 여기에 미국의 대외정책 지도부가 누차 되풀이해서 강조했던 이라크와 북한의 근본적인 차이점이 있다.

미국이 이라크를 먼저 공격한 것은 잘 알려진 바대로 북한의 WMD 보유·개발수준이 이라크에 미치지 못해서가 아니라 미국의 국가이익(석유, 중동지역 질서재편, 군산복합체의 이해 등)과 전쟁승리의 상대적 용이성에 대한 확신이 이라크전의 우선성을 규정했기 때문이며, 동시에 북한의 위협은 지속되면서 보존되는 것이 바로 미국의 국가이익과 부합되었기 때문이다. 즉, 후세인 정권이 즉각 제거되는 것이 미국의 국익에 기여하는 악의 축이라면 김정일 정권은 "보존되어야 하는" 악의 축인 것이다.[47]

요컨대 미국의 동북아 전략에서 북한 핵은 실질적 위협 요소라는 측면도 있지만 보존해야 할 정치적 가치가 더 높다고 말할 수 있다. 이렇게 볼 때 미국이 주도하는 한반도 문제 해법은 그것이 아무리 평화적이고 남북간에 동의가 있더라도 균형적인 국제 정치적 해법이 될 가능성이 적고 이

46) 부시행정부 출범 이후 일련의 대북 정책에서 그런 증거들이 잘 드러나고 있는데, 대북 대화의 새로운 의제로서 재래식 군비감축 문제 제기, 무조건적인 선 핵폐기 요구, KEDO의 중유공급중단, 서산호 나포, 미군 RC-135기의 북한 영공 정찰활동 강화, 그리고 최근 미국무부의 북한에 대한 테러지원 국가 재지정, 인권문제 거론 및 금융제재 등이 적절한 논증이 될 것이다.

47) 이런 시각의 구체적 논거에 대해서는 다음 글을 참조. "미국을 위해 보존돼야 하는 악의 축," 『한겨레』, 2003년 5월 13일.

상적이지도 못하다. 미국의 대북정책이 세계를 지배하려는 전략의 틀 속에서 수립되고 행동화되기 때문이다.[48] 이것은 북핵 문제와 한반도 평화체제를 둘러싼 한국정부의 정책 방향과 한·미관계에도 일정한 시사점을 던져 준다.[49] 미국의 군사적 패권주의와 일방주의를 견제할 수 있는 능력을 구비한 국가는 현 시점에서 러시아뿐이라 할 때, 한반도의 평화와 안정을 위해 러시아가 정책적 중요성을 가지는 것은 당연하고, 러시아를 활용해야 한다는 유인은 강력한 것이다.

네 번째 논거는 북한 비용 경감차원에서 러시아의 한반도 평화체제 논의 구조 참여가 우리의 국익에 부합한다는 점이다. 한반도 비핵화와 대북 안전보장이 확약된 후 북한에 대한 경제적 지원이 시작될 때, 북한의 경제 회생을 위해 러시아는 많은 기여를 할 수 있다. 특히 러시아는 북한의 에너지 문제 해결의 원천이 될 것이다. 이와 관련해 셀릭 해리슨의 제안에 주목할 필요가 있다. 그는 2기의 경수로를 1기로 줄이고 1기 대신에 러시아 사할린에서 북한을 거쳐 한국에 이르는 천연가스 파이프라인 건설공사를 지원하는 내용을 포함할 것을 제안하고 있다. 이 계획은 이르쿠츠크 가스전의 파이프라인과 비교해 거리(4,000km vs 2,300km)와 비용(110억 달러 vs 25-40억 달러), 건설기간(6년 vs 4년) 등에서 더 유리한 것으로 평가되고 있다. 이 방안에 따르면, 남한은 경수로 사업의 완전 중단에 따른 경제적·정치적 손실을 줄일 수 있을 뿐더러 러시아의 천연가스를 저렴한 가격으로 확보할 수 있다. 북한은 파이프라인 통과세를 받아 경제적 이익을 확보하고 이 라인을 자체 발전소나 공장 등에 연결해 사용함으로써 전력난을 덜 수 있다.[50]

위에 적시한 바처럼 활용여하에 따라 러시아는 한반도 평화구도 정착을

48) "미·일 동맹의 패권화 막아야 한다," 『시사저널』, 2001년 11월 15일(제 629호).
49) 서보혁, "미국이 북핵에 집착하는 이유 : 실질적 위협 아니면 정치적 필요?" 『시사월간 피플』, 5월호(제29호, 2003). http://www.zuri.co.kr.
50) 정욱식, "多者主義로 제네바 합의 대체안 만들라: 북핵 사태 해결을 위한 제언," 『신동아』 2003년 3월호 http://shindonga.donga.com.

위한 우리정부의 전략적 계획을 수행하는데 있어 매우 유익한 존재가 될 수 있다. 따라서 우리정부는 러시아가 참여하는 한반도 평화체제 다자논의 구도의 '도전적 요소' 보다는 오히려 '기회적 요소'에 착목(着目)하여 이를 외교적 자원으로 동원할 필요가 있다. 한반도 평화체제를 수립하는 과정에서 미국의 일방주의를 견제하는 문제를 포함해서, 북한비용의 공동분담, TSR-TKR 연결, 남북한을 관통하는 이르쿠츠크 및 사할린 가스전 파이프라인 건설, 동북아 다자안보체제 창설 등이 러시아가 제공하는 일련의 기회적 요소들이고, 이 모두는 사실 한국의 국익에 중요하게 수렴된다.

참고문헌

강봉구, "한국과 러시아의 안보협력: 북핵문제를 중심으로," 『참여정부에서의 한·러 교류협력의 현황과 과제 및 추진현황』(서울: 한러협회, 2003).

고병철, "6자회담의 평가와 전망," 『통일전략포럼 보고서』, No. 28 (서울: 경남대 극동문제연구소, 2003).

고재남, "러시아의 한반도정책과 6개국 공동선언," 『6자회담과 러시아』(서울: 한국슬라브학회, 1998).

, "최근 북핵 사태에 대한 러시아의 대응,"『주요국제문제분석』, 2003-16(외교안보연구원, 2003).

구본학, "제4차 6자회담의 의미와 한국의 정책방향," 『국제관계연구』, 제10권 2호.

김석환, "북한 판 마셜 플랜 전모," 『월간중앙』, 4월호(2003).

바딤 트카첸코, "러시아의 대한반도정책의 주요방향," 『러시아의 동북아 외교정책: 한·러관계의 발전전망』(서울: 한국외대 러시아연구소, 2002).

박건영, "북미관계의 전망, 그리고 한반도 평화와 안정을 위한 한국의 전략," 『한국과 국제정치』, 제20권 1호.

, "평화통일을 위한 한국의 통일외교전략,"『국가전략』, 제6권 1호(2000).

박　진, "부시 안보 팀의 북핵 전략," 『월간조선』, 2002년 12월호.

백학순, "제2차 베이징 6자회담: 평가, 전망, 대응," 『정세와 정책』, 통권 92호.

서보혁, "북한 핵 문제의 성격과 쟁점, 그리고 전망," 『국제지역정보』, 제7권 2호(한국외대 외국학종합연구센타, 2003).

_____, "미국이 북핵에 집착하는 이유 : 실질적 위협 아니면 정치적 필요?" 『시사월간 피플』, 5월호(제29호, 2003).

셀리그 해리슨, "북핵협상 전망과 가스운송관," 『창작과 비평』, 제30권 4호(2002).

여인곤, 『러북관계 변화추이와 푸틴정부의 대북정책 전망』(서울: 통일연구원, 2000).

이영형, "러시아 외교정책의 성격변화," 『한국정치학회보』 제31집 2호(1997).

정우량, "부활하는 군사강국 러시아," 『월간중앙』, 2004년 5월호.

정욱식, “多者主義로 제네바 합의 대체안 만들라: 북핵 사태 해결을 위한 제언,” 『신동아』, 2003년 3월호.
홍완석, “21세기 러시아의 동북아 국가전략,” 『국제정치논총』, 제41집 1호(2001).
“다자회담의 ‘덫’,” 『동아일보』 2003년 6월 4일.
“北核동결 조건부 보상 논의,” 『연합뉴스』, 2004년 5월 11일
“새로운 변화 2001 남과 북 / 북러 관계 현재와 미래,” 『국민일보』 2001년 8월 1일.
“김일철 무력부장 러 방문 2박 3일 - 군사협력 증진 합의,” 『조선일보』 2001년 4월 30일.
“‘美 적대정책 먼저 버려라’ vs ‘核포기땐 대대적 보상’,” 『동아일보』 2004년 5월 13일.
“북핵 해결, 북미 결단에 달려있다,” 『문화일보』 2004년 3월 1일.
“북핵타결과 한반도,” 『연합뉴스』 2005년 9월 20일.
“12일부터 6자회담 실무회의…北核 해법 제각각,” 『동아일보』 2004년 5월 11일.
“G8 정상 ‘북핵해법’ 시각차,” 『문화일보』 2003년 6월 2일.
“러-中 정상, 北에 核포기 첫 촉구,” 『연합뉴스』 2003년 5월 29일.
“미국을 위해 보존돼야 하는 ‘악의 축’,” 『한겨레』 2003년 5월 13일.
“<6자회담> 국내 전문가 분석,” 『연합뉴스』 2004년 2월 28일.
“이라크 戰으로 北核 해결 타격,” 『세계일보』 2003년 4월 2일.
“핵 위기와 석유이권,” 『중앙일보』 2003년 1월 29일.
“우크라이나 핵무기 양도서 교훈 찾아야,” 『중앙일보』 2003년 4월 27일.
“核해결 국제선례, 우크라이나식이냐 쿠바식이냐,” 『동아일보』 2003년 4월 29일.
“러시아가 몰려온다,” 『중앙일보』 2002년 10월 3일.

“A Deal That Worked,” New York Times, April 26 2003.
“Outlook Dim as Envoys Gather for North Korea Talks,” Washington Post, 11 May 2004.
А.В. Торкунов, Корейская проблема: новый взгляд (Москва: Анкил, 1995).
В.О. Кистанов, Япония в АТР (Москва: Восточная литература, 1995).
В.П. Ткаченко, “Основные элементы российской политики в Корее,” Внешняя политика России в СВА(Сеул: Ханкукский университет иностранных языков, 2002).
М.Л. Титаренко, “Корейский полуостров и безопасность в СВА: взгляд из

России," Актуальные проблемы Корейского полуострова (Москва: Институт Дальнего Востока РАН, 1996).
об итогах визита в Москву специального посланика генерального секретаря ООН по КНДР М. Стронга(информационный бюлльтень МИД Российской Федерации: 546-06-03-2003).

"Наш оценки не устраивают США как слишком мягкие по отношению к Северной Корее," Время новостей, 23 июля 2003.
"Новые предложения Москвы и Вашинктона к корейскому кризису," Время новостей, 20 января 2003.
"МИД РФ обеспокоен ситуацией в КНДР," ИТАР-ТАСС, 19 января 2003.
"Ось Москва - Тегеран вполне возможна," Известия, 1 апреля 2003.
"Эмиссар Кремля привез Ким Чен Иру пакет," Известия, 20 января 2003.
http://monthly.chosun.com/ board/view.asp?tnu=200212100052&catecode=I&cpage=1.
http://shindonga.donga.com.
http://www.ifans.go.kr/ko/ifan_pub.mof.
http://www.ln.mid.ru/Bl.nsf/arh/ DEBE4E4536501C8D43256CE20028CFCC?OpenDocument.
http://www.ln.mid.ru/website/dip_ vest.nsf?
http://www.mofat.go.kr/mofat/mk_a006/mk_b036/1190703_632.html
http://www.monthlyjoongang.com/article/article.asp?
http://www.newsru.com/russia/ 12jan2003/mid2.html.
http://www.russia.org.cn/rus/?SID=61&ID=379&print=true
http://www.scrf.gov.ru/Documents/Documents.htm
http://www.zuri.co.kr.

4

러시아 에너지 외교와 동북아*

고 재 남

Ⅰ. 서 론

21세기 들어 '에너지 외교'(energy diplomacy)의 중요성이 특히 부각된 것은 이라크 전에 따른 중동정세의 불안심화와 중국, 인도 등 신흥공업국들의 에너지 수요가 급증하고 고유가가 지속되어 '에너지 안보'(energy security)에 대한 국제사회의 관심이 커지면서 부터이다.[1)] 에너지 안보에

---

* 본 논문은 국가안보전략연구소의 『국제문제연구』 2007년 가을호, 제7권 제3호(통권 27호)에 게재된 것을 수정 보완한 것임.

1) 에너지 자원이 석유, 천연가스, 원자력, 석탄, 전력, 대체 에너지 등을 포함함에도 불구하고 본 논문에서는 현재 국제 정치·경제적으로는 물론 러시아의 에너지 외교를 논함에 있어서 큰 의미가 있는 '석유'(crude oil), '천연가스'(natural gas)에 국한하여 다루고 있다. 에너지 안보의 개념에 대한 논의는 다음 문헌 참조. 이재승, "에너지 안보와 동북아 협력: 하위 정치이슈에 대한 상위 정치적 접근," 「국제지역연구」, Vol. 14, No. 1 (2005년 봄호); Hisham Khatib, "Energy Security," http://www.undp/org/energy/activities/wea/pdfs/chapters.pdf

대한 관심은 수요국의 입장에서는 적정한 가격에 기초한 안정적인 에너지 공급을 그리고 공급국의 입장에서는 정치·경제적 이익을 극대화시키기 위한 에너지 외교를 촉진시켰다. 특히 한정된 에너지 자원을 선점하여 안정적 공급원을 확보하기 위한 주요 수입국들(중국, 일본, 미국, 한국, 인도, EU)은 에너지 외교를 매우 활발히 경쟁적으로 추진하고 있다.

러시아는 에너지를 '정치적 무기'(political weapons)로 이용하고 있다는 국제적 비난에도 불구하고 자국의 풍부한 에너지를 경제발전의 동력으로는 물론 국제적 지위향상 및 발언권 제고를 위한 새로운 수단으로 이용해 오고 있다. 특히 푸틴 정부는 21세기 국제질서에서 에너지의 중요성을 새삼 인식하면서 이의 정치·경제·외교적 효용성을 극대화시키기 위한 국내적 조치는 물론 대외적으로 에너지 외교를 더욱 강화시켜 오고 있다.

러시아의 에너지 외교는 세계적 차원, 특히 유라시아 차원의 지정학적 환경에 상당한 영향을 미치고 있다. 실제로 러시아의 이중적 에너지 가격체계는 옛 소연방 국가들의 대러 관계는 물론 인접국들과의 관계에 심대한 영향을 미치고 있다. 또한 에너지는 미국, EU, 중국, 인도, 일본 등 주요 국가들의 대러 정책 결정과정에서 주요 변수로 작용하고 있다. 특히 최근들어 카스피해 연안국가들에 매장된 석유, 가스를 선점하고 이를 수요처로 공급하기 위한 파이프라인 부설 경쟁이 심화되면서 일종의 '거대 에너지 게임'(Great Energy Game)이 치열해지고 있다.

동북아시아는 에너지 거대 공급국인 러시아와 거대 소비국이 인접하고 있는 지역으로 에너지 협력의 잠재력이 매우 큰 지역이다. 실제로 한·중·일 3국은 세계 인구의 25%, 총 GDP의 18%를 차지하면서 거대 에너지 소비국이나 수급구조는 매우 취약한 상태이다. 특히 중국의 고도성장에 따른 폭발적인 에너지 수요증가는 동북아 지역의 에너지 수급 불균형 심화와 세계 에너지 시장의 주요 교란 요인으로 작용해 오고 있다. 또한 일·중간

(검색일: 2007년 1월 5일); & Andrew Monaghan, "Russian Oil and EU Energy Security," Conflict Studies Research Center, *Russian Series* 05/65 (November 2005).

동지나해, 극동·시베리아 지역에서 자원경쟁이 고착화되고 있으며, 이는 수급 불균형 심화와 함께 지역 불안요인으로 작용하고 있다.

본 논문은 이처럼 세계정세는 물론 유라시아 정세에 지대한 영향을 미치고 있는 러시아 에너지 외교의 추진 배경과 물적 토대, 그리고 실제를 살펴보면서 이것이 동북아 지역의 에너지 협력에 어떠한 함의를 가지고 있는지를 분석하는데 목적이 있다.

Ⅱ. 러시아 에너지 외교의 추진 배경

1. 푸틴 정부의 국가발전 목표와 에너지

푸틴은 2000년 5월 취임 초부터 경제발전이 없이는 강력한 국가건설은 물론 국제사회에서 러시아의 강대국 지위회복이 사실상 불가능하다는 인식을 하면서 '경제발전 우선주의'를 국정운영의 지침으로 삼았다.[2] 이는 국내적으로 경제발전을 위한 법적, 제도적 조치 및 개혁을 단행하면서 대외적으로는 실리추구의 현실주의 외교를 적극 추진하는 배경이 되었다.

원래 푸틴 정부는 2001년까지 고유가의 지속 가능성에 대하여 회의적이었다. 그러나 9·11 테러사태 후 미국의 對테러전에 따른 중동정세의 불안정 심화 및 중국, 인도 등 신흥 공업국들의 에너지 수요가 증대되면서 2002년부터 에너지 안보에 대한 국제사회의 인식이 증대되기 시작하자 푸틴 정부 내 고위 인사들은 고유가가 지속될 수 있다는 확신을 갖기 시작하

2) Inrmar Oldberg, "Foreign Policy Priorities under Putin," Jakob Hedenskog, Vilhelm Konnander, et. al., *Russia as a Great Power: Dimensions of Security under Putin* (New York: Routledge, 2005), chap. 2. 물론 집권 2기 들어 경제여건이 크게 개선됨에 따라서 대외정책에서 안보이익과 경제이익을 거의 대등하게 추구하는 경향으로 변화되었다. Bobo Lo, "The Securitization of Russian Foreign Policy under Putin," Gabriel Gorodetsky, ed., *Russia Between East and West: Russian Foreign Policy on the Threshold of the Twenty-first Century* (London: Frank Press, 2003), chap. 2.

였다.[3] 따라서 푸틴 정부는 지속적인 경제성장을 통한 강대국 지위회복을 달성하기 위해서 에너지 산업에 대한 국가통제의 강화가 필요하다고 인식, 그 동안 준비해 오던 "러시아 에너지 전략: 2020년 까지"(Энергетическая стратегия России на период до 2020 года, 이하 '에너지 전략 2020')[4]을 2003년 5월 마무리 지었다. 또한 푸틴 정부는 동년 10월 러시아 최대의 석유 재벌이던 유코스(Yukos)의 호도르코프스키(Mikhail Khodorkovsky) 회장을 탈세, 사기, 횡령 혐의로 구속하는 등 에너지 산업에 대한 국가통제를 강화하는 조치를 취하기 시작하였다.

러시아 경제에서 에너지 부문은 국내적으로도 매우 중요한 역할을 담당하고 있다. 일부 학자들은 원유 1배럴당 1불 등락은 러시아 GDP 성장률 0.4%를 등락시키고 세수 14억불을 증감시킨다고 주장하였다.[5] 연도별 비중은 다르나 러시아의 총 수출액 중 에너지 등 천연자원 수출이 차지하는 비중이 약 80%를 차지하며 이중 약 55-60% 정도가 원유 및 천연가스 수출이 차지하고 있다. 그 결과 세수 37%가 원유 및 천연가스 세금으로 구성되어 있으며 GDP의 약 25% 이상을 생산하고 있다.

이상과 같이 에너지가 국가정책 목표를 달성해 가는 과정에서 매우 중요한 역할을 함에 따라서 푸틴 정부는 상대적으로 풍부한 에너지 자원 보유국의 입지를 이용하여 국제사회에서 러시아의 위상 제고 및 지정학적 영향력 확대를 위한 방법 또는 수단으로서 에너지 외교를 강화시키고 있다.

2. 푸틴의 에너지 자원에 대한 전략적 사고

러시아의 에너지 외교를 이해하기 위해서는 푸틴의 에너지 자원에 대한

---

3) Vladimir Milov, "Russian Foreign Policy: Challenges and Implications," Roundtable Discussion Meeting, Chatham House (September 20, 2006) 발표논문.

4) Ministry of Industry and Energy, *Энергетическая стратегия России на период до 2020 года*, Утверждена no. 1234-r (August 28, 2003).

5) Laza Kekic, "How Development is Growth on the Oil Price?," *The St. Petersburg Times* (February 3, 2004); & Bernard A. Gelb, "Russian Oil and Gas Challenges," *CRS Report for* Congress (January 3, 2006).

전략적 사고를 살펴 볼 필요가 있는데, 이는 푸틴이 강력한 대통령 중심제하에서 국내외 정책방향을 결정하는데 거의 전권을 행사하고 있기 때문이다.

푸틴의 에너지 자원에 대한 전략적 사고는 1997년 6월 러시아내에서 명성있는 연구소인 '상트페테르부르크 국립 광물연구소(대학)'(St. Petersburg State Mining Institute, 1773년 개원)에서 취득한 박사(Kandidat) 학위논문과 이후 1999년 1월 동 연구소 저널에 이를 요약 발표한 논문, 즉 "러시아 경제발전을 위한 전략에 있어서의 광물 자연자원"(Mineral Natural Resources in the Strategy for the Development of the Russian Economy)을 통하여 알 수 있다.[6)]

푸틴은 1999년 논문에서 러시아의 막대한 부존 광물자원, 특히 석유와 천연가스는 러시아의 지속적인 경제성장을 보장할 뿐만 아니라 러시아의 국제적 위상을 제고해 줄 것이라고 주장하였다. 푸틴은 이러한 막대한 광물자원의 부를 국가발전에 활용하기 위해서는 국가가 자원분야를 통제하고 개발하여야 한다고 주장하였다.

그리고 푸틴은 러시아가 서방의 다국적 기업과 동등한 입장에서 경쟁하기 위해서라도 광물자원 분야에서 정부지분이 다수를 차지하면서 수직적으로 통합된 에너지 대기업(Financial-Industrial Corporations; 예, Gazprom)을 형성, 발전시켜야 한다고 주장하였다. 이들 대기업은 경제성장은 물론 세수와 고용 증대, 그리고 국내경제 통합은 물론 러시아의 CIS 경제 및 세계경제로의 통합 과정에서 주도적인 역할을 하여야 한다고 주장하였다.

이상과 같은 푸틴의 에너지에 대한 전략적 사고는 푸틴이 1990년대 중반 상트페테르부르크 시청 대외경제관계국에서 근무할 때 확립된 것이며, 따라서 리트비넨코 학장 외에 당시 푸틴과 같이 근무했던 밀러(Aleksei Miller), 메드베데프(Dmitri Medvedev), 새친(Igor Sechin) 등이 러시아 주

---

6) 푸틴의 저작 관련해서는 다음 문헌들을 참고하였음. Harley Balzer, "Vladimir Putin's Academic Writings and Russian Natural Resource Policy," *Problems of Post-Communism* (January/February 2006), pp. 48-54; *idem*, "The Putin Thesis and Russian Energy Policy," *Post-Soviet Affairs*, 21.3 (2005), pp. 210-225; & Martha Brill Olcott, "Vladimir Putin and the Geopolitics of Oil," *The Energy Dimension in Russian Global Strategy* (Houston: The James A. Baker III Institute for Public Policy of Rice University, 2004).

요 에너지 산업의 수장을 푸틴의 에너지 전략을 실천에 옮기고 있다.[7)] 메드베데프는 2008년 5월 신임 대통령으로 취임해 푸틴의 에너지 전략을 실천에 옮기고 있다.

3. '에너지 전략 2020'의 채택

푸틴 정부는 상기한 바와 같이 2003년 5월 22일 '에너지 전략 2020'을 마련, 각료회의를 통과시켰으며, 이는 동년 8월 28일 푸틴 정부의 에너지 전략으로 정식 채택, 공표되었다. 그러나 '에너지 전략 2020'은 과거 여러 차례 제정, 개정된 에너지 전략의 최신 버전이며, 이는 차후 국내외 정세를 반영하여 새롭게 개정될 예정이다.[8)]

'에너지 전략 2020'은 118쪽에 달하는 방대한 문건으로 러시아 에너지 전략의 우선 과제, 연료 및 에너지 콤플렉스(Complex)에 대한 국가의 역할과 책임, 러시아 경제발전 및 국내외 에너지 수요에 따른 낙관적, 비관적 전망과 이에 대한 대책, 국가의 에너지 정책, 대외 에너지 수출 및 협력 정책, 에너지 자원의 전망 등을 포괄하고 있다.

'에너지 전략 2020'은 에너지 외교의 목표로 첫째, 국제 에너지 시장에서의 러시아의 입지 강화, 국내 에너지 기업의 수출 가능성 최대한 활용, 국제시장에서의 러시아 에너지 상품 및 서비스 경쟁력 제고; 둘째, 에너지 부문의 동등한 대외 경제활동 보장, 국내 기업의 해외 에너지 시장, 금융 시장 및 첨단 에너지 기술 이용 보장; 셋째, 상호 호혜적인 조건으로 합리적인 규모의 외국인 투자 유치 협조 등이라고 적고 있다.[9)]

---

7) Roman Kupchinsky, "Russia: Putin's Former Colleagues Make up Today's Energy 'Team'," *RFE/RL* (February 15, 2006); & Michael Fredholm, "The Russian Energy Strategy & Energy Policy: Pipeline Diplomacy or Mutual Dependence?" Conflict Studies Research Center, *Russian Series* 05/41 (September 2005), pp. 9-10

8) 실제로 2007년 9월 현재 러시아 산업에너지부 주관으로 "러시아 연방 에너지전략 2030"이 준비 중에 있으며, 한국에너지경제연구원의 동북아에너지연구센터는 이 초안을 입수, 내용을 요약 소개해 오고 있음. 『동북아 에너지 시장』, Vol. 10, No. 11(2007. 6. 11); Vol. 11, No. 2(2007. 7. 9) 참조.

9) '에너지 전략 2020', p. 41.

'에너지 전략 2020'은 러시아의 전략적 이익을 도모하기 위하여 유럽과 아시아 인근 지역은 물론 국내 각지로 에너지를 수출 또는 공급할 수 있는 인프라(예: 파이프라인)를 충분히 구축해야 하며, 러시아는 특별한 지리적, 지정학적 입지를 잘 활용해야 한다고 적고 있다. 또한 '에너지 전략 2020'은 에너지는 러시아의 외교에서 근본적인 요소이며, 해외에서 러시아 에너지 기업의 이익보호와 증진, CIS, EU, 동북아 국가, 미국 및 기타 국가와 국제기구 등과 파이프라인 건설, 에너지 분야에서의 협력을 적극화시켜 나가야 한다고 적고 있다.[10]

'에너지 전략 2020'은 CIS 국가들, 특히 에너지 자원이 풍부하고 판로 개척을 위한 파이프라인 건설이 필요한 중앙아시아 국가들이 참여하는 '공동 에너지 공간'의 확립을 희망하고 있으며, 동시에 극동·시베리아 지역의 에너지 자원 개발과 수송 인프라 구축을 통한 아·태 지역 국가들과의 에너지 협력의 필요성을 강조하고 있다. 그리고 러시아는 푸틴 정부 말기부터 「에너지 전략 2030」을 준비 중에 있으며, 가까운 시일 안에 공식 발표할 것으로 전망된다.

4. 풍부한 에너지 자원의 정치·외교적 활용

푸틴 정부 내 고위 인사들은 자국 내 매장되어 있는 풍부한 에너지 자원을 국익증대를 위하여 대외적으로 정치·외교적 지렛대로 활용해야 한다는 주장을 공공연하게 피력하였다. 예를 들어, 푸틴은 2005년 12월 22일 개최된 '안보회의'(Security Council) 회의에서 "우리나라는 국제 에너지시장에서 보다 중요한 위치를 차지할 수 있는 상당한 정도의 경쟁력과 자연적 강점은 물론 기술적 기회를 갖고 있다. 우리는 이러한 강점들을 국제사회는 물론 우리 자신의 이익을 위하여 사용해야 한다. 현재는 물론 향후 러시아의 번영은 세계 에너지 시장에서 우리가 어떠한 위치를 차지하느냐에 달려있다"[11]고 피력하였다. 러시아 에너지부의 웹사이트도 "러시아는

10) *Ibid.*, pp. 41-42.

막대한 에너지 자원 및 연료·에너지 콤플렉스를 보유하고 있으며, 이들은 러시아의 경제발전을 위한 토대로 작용할 뿐만 아니라 국내외 정책의 수행을 위한 도구이다. 세계 에너지 시장에서 러시아의 역할은 우리의 지정학적 영향력을 결정한다."[12]고 적고 있다.

실제로 최근 에너지 시장에서 주요한 요소인 원유, 가스의 경우, 러시아가 세계 에너지 시장에서 차지하는 비중은 매우 높은 편이다. 생산량의 경우, 러시아는 2005년도에 전 세계 생산의 12.1%인 하루 평균 955만 배럴의 원유를 생산하여 680만 배럴을 수출하였는데, 이는 전 세계 석유 교역량의 8.5%이다(사우디아라비아에 이어 세계 2위). 러시아는 2006년 상반기 중 원유생산 세계 1위로 부상하기도 하였다. 한편 천연가스는 전 세계 생산량의 21.6%인 5,980억 입방미터를 생산하여 파이프라인을 통하여 1,510억 입방미터를 수출하였는데 이는 전 세계 천연가스 교역량의 28%(세계 1위)를 차지하였다.[13]

매장량의 경우, 러시아는 세계 추정 원유 매장량 12,000억 배럴의 6.2%인 744억 배럴의 매장량을 확보하고 있으며, 천연가스도 세계 추정 매장량의 179조 입방미터의 26.6%인 47.8조 입방미터의 매장량을 갖고 있다. 그러나 원유 및 천연가스의 매장량은 그 동안 혹한지대 등에 대한 탐사가 이루어지지 않아서 정확한 매장량을 추정할 수 없는 상황이며, 탐사기술 발전 및 필요에 따라서 계속적인 탐사가 이루어질 것이다. 따라서 러시아의 원유 및 천연가스 매장량은 계속 증가될 전망이며, 에너지 강대국의 지위는 상당 기간 유지될 것으로 보인다.

---

11) "Opening Address at the Security Council Session on Russia's Role in Guaranteering International Energy Security," http://www.president.kremlin.ru/eng/text/speeches/2005/12/22/2222_(검색일: 2006년 10월 11일).

12) Roman Kuchinsky, "Russia: The Marriage of Energy and Security," *RFE/RL* (February 2, 2005)에서 재인용.

13) *BP Statistical Review of World Energy*, June 2006 참조.

Ⅲ. 러시아 에너지 외교의 물적 토대

러시아는 최근 들어 세계지도에서 전략적, 경제적 중심 지역으로 다시 부상하였는데, 이는 '에너지 안보'(energy security)에 대한 국제사회의 인식이 증대되면서 지구 육지면적의 8분의 1을 차지하는 러시아가 막대한 양의 에너지와 기타 광물자원을 보유하고 있을 뿐만 아니라 에너지 자원을 외교정책의 우선적 지렛대로 활용하고 있기 때문이다. 본 절에서는 러시아 에너지 외교의 물적 토대로서 석유, 천연가스의 생산량 및 매장량, 파이프라인(송유관/가스관), 그리고 Gazprom, Transneft 등 주요 에너지 기업을 살펴보고 있다.

1. 석 유

러시아는 2005년도에 전 세계 생산의 12.1%인 하루 평균 955만 배럴의 원유를 생산하여 680만 배럴을 수출하였는데, 이는 전 세계 석유 교역량의 8.5%로서 사우디아라비아에 이어 세계 2위를 기록하였으며, 2006년에는 한 때 1위를 기록한 적도 있었다. 그러나 러시아 석유 생산량은 소연방의 붕괴와 더불어 1990년대 초에는 급속히 감소하였으며, 1998년부터 생산량이 서서히 증가하기 시작하였다.

<표 1>은 2003년 현재 러시아와 여타 주요 석유 생산국들의 확인 석유 매장량과 생산량, 그리고 수출 및 국내 소비량을 비교 차원에서 제시하고 있으며, 이는 주요 석유 생산국이 사우디아라비아와 러시아임을 증명해 주고 있다.

그러나 <표 1>이 증명해 주듯이 러시아는 사우디아라비아에 비하여 생산량 중 두 배에 가까운 양을 소비하며, 따라서 수출 여력이 떨어진 편이다. 특히 양국 간에 확인 매장량이 매우 큰 차이를 보이고 있다. 또한 현 생산량 추세에 따른 향후 채굴 가능 연수는 사우디아리비아가 러시아에 비해 3배 이상이나 많다. 경제발전에 따른 국내 석유 소비의 증가를 고려

해 볼 때, 러시아가 새로운 석유 매장지를 발견하지 않을시 석유 수출을 통한 에너지 외교력의 확대는 한계가 있음을 보여주고 있다.

| 표 1 | 2003년도 세계 주요 산유국들의 석유 관련 지표[14)]

국가	확인 매장량		생산량			수출		소비	
단위	10억톤	%	백만톤	%	R/P비율	백만톤	%	백만톤	%
사우디아라비아	36.1	22.9	474.8	12.8	73.3	354.7	21.3	67.0	1.8
러시아	9.5	6.0	421.4	11.4	22.2	154.7	9.3	124.7	3.4
미국	4.4	2.7	341.1	9.2	11.3	n.a	n.a	914.3	25.1
이란	18.0	11.4	190.1	5.1	92.9	113.6	6.8	54.0	1.5
멕시코	2.3	1.4	188.8	5.1	11.6	97.5	5.8	82.6	2.3
중국	3.2	2.1	169.3	4.6	19.1	n.a.	n.a.	275.2	7.6
베네수엘라	0.2	0.1	153.4	4.2	24.8	128.5	7.7	23.9	0.7
노르웨이	1.4	0.9	153.0	4.1	8.5	148.0	8.9	9.6	0.3
캐나다	2.3	1.5	141.9	3.8	15.5	n.a.	n.a.	96.4	2.6
영국	0.6	0.4	105.6	2.9	5.4	n.a.	n.a.	76.8	2.1

* n.a. (not available); R/P 비율은 reserve/production으로 채굴 가능 연수

러시아는 '에너지 전략 2020'을 통하여 석유 산업의 전략적 목표가 첫째, 안정적이고 경제 효율적으로 국내외 석유 및 석유 제품 수요 충당; 둘째, 통합 예산으로서의 안정적인 소득 보장; 셋째, 세계무대에서 러시아의 정치적 이익 보호; 넷째, 러시아 경제의 연관산업(제조업, 서비스 부문, 운송 등) 생산품에 대한 지속적인 비불가능 수요 형성 등이라고 밝히고 이를 달성하기 위한 전략을 같이 제시하고 있다.

즉 석유산업을 발전시키기 위하여 러시아는 첫째, 석유 확인 매장량의 합리적인 사용, 석유 산업의 자원기반 확대; 둘째, 에너지 자원 절약 및 석

14) Robert L. Larsson, *Russia's Energy Policy: Security Dimensions and Russia's Reliability as an Energy Supplier*, Scientific Report of FOI (March 2006), p. 31.

유 생산·운송·정유 등 전 생산공정에서의 석유 유실 최소화; 셋째, 석유 정제율 향상과 수반 가스 및 석유에 용해되어 있는 원소의 복합적인 채취 및 사용; 넷째, 신규 석유 매장지 개발(동 시베리아 및 북극 대륙붕, 극동 지역과 해안); 다섯째, 석유 및 석유 제품의 수출 효율성 증대를 위한 운송 인프라 확충, 국내외 석유 수출 루트의 다변화, 신규 석유 채취 지역에서의 운송 인프라 구축; 여섯째, 해외 시장에서의 러시아 기업의 점유율 확대 및 해외 생산·운송·판매 시장에 러시아 참여 등과 같은 과제를 성공적으로 추진해 나가야 한다고 적고 있다.[15)]

'에너지 전략 2020'은 러시아가 예상하는 에너지 생산량은 사회경제발전의 전개 방식에 따라서 차이가 있을 것이나 2010년에는 최대 4억9천만 톤, 최소 3억6천만 톤, 그리고 2020년에는 최대 5억2천만 톤, 최소 3억1천 5백만 톤의 석유를 생산할 것으로 예상하고 있다.[16)]

2. 천연가스

러시아의 천연가스 생산은 1990년 약 6,500억 입방미터의 생산을 정점으로 소연방 붕괴 후 심각한 생산 감소를 경험하였으며, 1997년에는 5,700억 입방미터까지 감소하다가 1998년부터 꾸준히 생산량이 증가하여 2003년에는 <표 2>에서와 같이 5,786억 입방미터까지 증가되었다. 러시아는 2005년에 천연가스를 전 세계 생산량의 21.6%인 5,980억 입방미터를 생산하여 파이프라인을 통하여 1,510억 입방미터를 수출하였는데 이는 전 세계 천연가스 교역량의 28%(세계 1위)를 차지하였다.[17)] 천연가스도 세계 추정 매장량의 179조 입방미터의 26.6%인 47.0조 입방미터의 매장량을 갖고 있다.

<표 2>가 증명해 주는 바와 같이 석유와는 달리 러시아는 상당량의 천연가스를 국내 소비하면서도 많은 양을 수출할 수 있는 능력을 보유하고

15) '에너지 전략 2020', pp. 61-62.
16) *Ibid.*
17) *BP Statistical Review of World Energy* (June 2006).

있으며, 실제로 전 세계적으로 가장 중요한 천연가스 수출국이다. 또한 확인 매장량의 채굴 가능 연수도 80여 년에 달하여 러시아 에너지 외교의 요소로 남아 있다.

| 표 2 | 2003년도 천연가스 생산국 현황[18)]

국가	확인 매장량		생산량			수출		소비	
단위	조 입방미터	%	10억 입방미터	%	R/P 비율	10억 입방미터	%	10억 입방미터	%
러시아	47.00	26.7	578.6	22.1	81.2	131.77	29.0	405.8	15.7
미국	5.23	3.0	549.5	21.0	9.5	16.82	3.7	629.8	24.3
캐나다	1.66	0.9	180.5	6.9	9.2	96.60	21.7	87.4	3.4
영국	0.63	0.4	102.7	3.9	6.1	15.20	3.3	95.3	3.7
알제리	4052	2.6	82.8	3.2	54.6	33.08	7.3	21.4	0.8
이란	26.69	15.2	79.9	3.0	100+	3.52	0.8	80.4	3.1
노르웨이	2.46	1.4	73.4	2.8	33.5	68.37	15.0	4.3	0.2
인도네시아	2.56	1.5	72.6	2.8	35.2	3.74	0.8	35.6	1.4
사우디아라비아	6.68	3.8	61.0	2.3	100+	n.a.	n.a.	61.0	2.4
네델란드	1.67	0.9	58.3	2.2	28.6	42.17	9.3	39.3	1.5

'에너지 전략 2020'에 의하면, 러시아가 천연가스 산업 발전을 위한 전략적 목표는 첫째, 국내외 천연가스 수요에 대해 안정적이고 경제적인 공급 보장; 둘째, 단일 가스공급체계 발전, 러시아 동부지역으로의 천연가스 공급 및 이를 통한 지역통합; 셋째, 천연가스 시장의 자유화 및 천연가스 산업의 경제적 효율성 증대를 위한 천연가스 산업조직 구조 재편; 넷째, 유럽, 인접 국가 및 아태지역에서의 러시아 정치적 이익 확보이다.[19)]

한편 러시아 정부는 이들 전략적 목표를 달성하기 위하여 첫째, 천연가

18) Larsson(2006), *op. cit.*, p. 33.
19) '에너지 전략 2020', p. 72.

스 확인 매장량의 합리적인 사용, 천연가스 산업의 자원기반 확대; 둘째, 천연가스 탐사, 생산, 운동 등 모든 공정에서의 천연가스 유실 감소 및 비용 절약; 셋째, 천연가스의 모든 가치 있는 물질의 채취 및 사용; 넷째, 동시베리아, 극동, 야말반도, 극 대륙붕, 극동해안에 새로운 대규모 천연가스 채굴 지역의 탐사 및 개발; 다섯째, 새로운 천연가스 채굴 지역의 개발능력 확대 및 천연가스 수출노선의 다변화를 위한 운송인프라 확충 등과 같은 과제를 제시하고 있다.[20]

'에너지 전략 2020'에 따르면, 러시아는 향후 천연가스 생산량이 사회·경제적 발전에 영향을 받을 것이나 최선의 경우 2010년에 6,450억-6,650억 입방미터, 2020년에는 7,100억-7,300억 입방미터의 천연가스를 생산할 것으로 전망하고 있으며, 최악의 경우 2010년에 5,550억-5,600억 입방미터, 2020년에 6,100억 입방미터를 각각 생산할 수 있을 것으로 내다보고 있다. 이들 천연가스는 서시베리아를 중심으로 기존 가스 채굴지역에서 뿐만 아니라 동시베리아, 극동, 야말반도, 유럽지역의 북부지방(극 대륙붕 포함)과 같은 새로운 석유·천연가스 부존 지역에서도 생산될 것으로 전망하고 있다.[21]

3. 송유관/가스관 현황

러시아는 석유, 천연가스를 수송하는 파이프라인(가스관, 송유관)을 국영기업, 즉 Gazprom, Transneft 등으로 하여금 대부분 독점하게 하면서 에너지 수출을 국가차원에서 통제하고 있다. 지방의 일부 파이프라인이 부분적으로 사유화되어 있으나 이 역시 연장 파이프라인을 소유한 국가에 의하여 통제되고 있다. 물론 카자흐스탄과 노보로시스크를 연결하는 CPC (Caspian Pipeline Consortium) 파이프라인은 사적 소유이며, 이와 유사한 형태의 파이프라인 건설이 허용될 가능성이 가까운 장래에 존재하지 않는

20) *Ibid.*, pp. 72-23.
21) *Ibld.*.

다. 따라서 외국계 기업은 러시아 정부의 허가 없이 파이프라인 사업에 결코 참여할 수 없는 형편이다.[22] 예를 들어, 2003년 러시아의 주요 석유 기업인 Lukoil, Sibneft, TNK, Yukos 등이 석유수출을 증대시키기 위하여 서부 시베리아와 무르만스크를 연결하는 송유관을 건설하려 했으나 푸틴 정부는 이를 거부하면서 러시아 국내 파이프라인은 국영기업 Transneft만이 건설할 수 있다고 천명하였다.

이는 러시아에 있어서 가스관, 송유관은 경제적 이익뿐만 아니라 지전략적 이익을 창출, 보호하는 차원에서 관리되고 있기 때문이다. 실제로 러시아에서 파이프라인은 에너지 외교를 실행시키는 수단으로 이용되어 오고 있으며, 그 결과 가스관은 Gazprom이 그리고 송유관은 Transneft가 거의 독점하다시피 하고 있다. 동시에 러시아 정부는 국내 중소기업 가스 생산자들이 생산한 가스를 Gazprom에게 팔도록 강제하고 있으며, 이를 위하여 「에너지 헌장」(Energy Charter)을 비준하지 않고 있다. 석유의 경우, 석유 생산기업들은 정부 시책에 의하여 생산된 석유의 38%를 반드시 파이프라인을 통하여 수출해야만 한다.

러시아는 생산된 석유의 4분의 3을 수출하며, 4분의 1은 국내에서 정유해 일부는 국내용으로 그리고 일부는 수출한다. 2004년의 경우 매일 670만 배럴의 석유가 생산되었으며, 이들 석유 중 3분의 2는 송유관을 통하여 벨라루스, 우크라이나, 독일, 폴란드, 여타 동유럽 국가들에 수출되었으며, 나머지는 배를 통하여 여타 국가들에게 수출되었다.

최근 들어 고유가로 러시아의 석유생산 및 수출이 크게 증가되었음에도 불구하고 석유 수출은 국영기업인 Transneft가 독점하고 있으며, 기존 송유관의 운송량이 한정되었음은 물론 송유관의 노후화로 파이프라인을 통한 수출이 원활하게 이루어지지 않고 있다. 실제로 매일 400만 배럴 정도의 석유만이 파이프라인을 통하여 수출되고 있으며, 나머지는 정제되어

22) 푸틴은 "파이프라인 네트워의 통제, 소유를 국가가 가질 수 있는 한 외국인의 투자는 허용될 수 있다"고 말함. *MosNews* (April 29, 2004).

보다 비용이 비싼 철도나 배를 통하여 수출되고 있다. 따라서 러시아 정부 및 Transneft는 석유 수출 인프라(파이프라인)를 개선시키기 위한 노력, 즉 기존 노선의 개보수 및 신 노선의 건설 등을 추진해 오고 있다.

| 표 3 | 러시아 대외 수출 송유관 현황[23)]

	송유관 경유 국가	터미널	천bbl/d	비고
바렌츠해	러시아	Varandei	20	
발트해	러시아(BPS, 발트 송유관 시스템)	Primorsk	240	확장중
	러시아-벨라루스-라트비아	Ventspils	310	
	러시아-벨라루스-라트비아	Butinge	160	
동유럽	러-벨라루스-폴란드(북 드루즈바 송유관)	Brest	700	
	러-벨-우크라이나(남 드루즈바 송유관)	Ushgorod	550	확장중
흑해	러시아	Novorosiysk	840	
	러시아	Tuapse	350	
	카자흐스탄-러시아 (CPC, 카스피해 송유관 콘소시엄)	Ozerevka	160	
	러시아--우크라이나	Odessa	360	

* 이외에 Northern Pipeline과 Eastern Siberian Pipeline to the Pacific, Sakhalin 1, 2 송유관 건설이 진행 중이거나 계획 중임.

가스관의 경우, 역사적으로 러시아의 천연가스는 대부분은 동유럽과 옛 소연방 공화국으로 수출되었다. 그러나 1980년대 중반부터 러시아는 천연가스 수출국을 다변화시키기 시작하였고, 최근에는 터키, 일본 등 아시아 국가로까지 확대시키고 있다. 특히 EU 국가들의 가스 수요 및 중국, 일본의 가스 수요가 증대됨에 따라서 러시아는 새로운 가스관 건설 및 기존 가스관의 개보수를 통한 운송 능력의 확대를 추진해 오고 있다.

---

23) 권원순, 김중렬, “러시아의 에너지 자원개발과 시베리아: ‘러시아 에너지 전략 2020’을 중심으로,” 「국제지역연구」 제10권 제1호 (2006년 4월), p. 61; & Fredholm(2005), *op. cit.*, pp. 29-30.

<표 4>와 같이 러시아는 6개의 가스관을 갖고 있으며, 최근에는 증가하는 수요에 부응하고 세계 최대의 천연가스 매장국이자 수출국으로서의 입지를 활용하여 에너지 외교의 수단으로 활용할 수 있는 수개의 가스관 건설을 추진 중에 있다.

❙ 표 4 ❙ 러시아의 통합가스운송시스템(UGSS) 가스관 현황[24)]

	운송루트	수송능력 (연간, Bcm)	비고
브라트바	브라트바-키예프-우슈고로드(우크라이나)	n.a.	
시베린카 이즈마일	시베린카-이즈마일(우크라이나)	7.3	
노던 라이트	메드베지-우슈고로드(우크라이나)	n.a.	
소유즈	아렌부르그-우슈고로드(우크라이나)	24.5	
우렌고아	우렌고아-우슈고로드(우크라이나)	26.7	
얌부르그	얌부르그-우슈고로드(우크라이나)	27.5	건설중

* 이외 North European Gas Pipeline, Sakhalin 1, 2, CAC-3, Eastern Siberia Pipeline to the Pacific 등이 계획 중이거나 건설 중이며, 터키 앙카라로 연결되는 Blue Stream Pipeline이 가동 중에 있음.

4. 국영 에너지 기업들

푸틴 정부의 에너지 산업에 대한 국가통제 강화정책은 국영 가스회사인 Gazprom, 국영 석유회사인 Rosneft, 국영 파이프라인회사인 Transneft 등 3두 체제와 통합 전력회사인 UES을 통하여 이루어지고 있다. 특히 Gazprom은 푸틴 정부의 에너지 외교의 선봉장 역할을 해오고 있다.

Gazprom은 세계에서 가장 규모가 큰 가스회사이며, 따라서 2007년 현재 세계 천연가스 생산량의 20% 이상을 생산하면서 30만 명 이상의 직원을 갖고 있다. Gazprom은 가스관을 통하여 수많은 국가들, 특히 EU 국가들에 다량의 천연가스를 공급해 오고 있다. 그러나 Gazprom은 광범

24) *Ibid.*, 각각 p. 62, pp. 31-33.

위한 비효율성, 낮은 생산성, 경영의 낮은 투명성 등과 같은 많은 문제를 안고 있다.

그러나 푸틴 정부는 Gazprom을 개혁하기보다는 동 기업에 대한 정부의 통제를 강화시키는 조치를 취하였다. 즉 푸틴은 2001년 1월 Gazprom 회장을 오랜 친구인 밀러(Alexsei Miller)로 교체하였으며, 집권초기인 2000년 6월 Gazprom을 생산, 분배, 판매 부분으로 분사하자는 그레프(German Gref) 장관의 개혁안을 실행시키지 않으면서 오히려 거대기업으로 탈바꿈시켜 정부 통제를 강화시키는 정책을 집행하였다. 즉 푸틴은 Gazprom 창립 10주년 기념식(2003. 2. 17)에서 Gazprom은 대외적으로 강력한 정치·경제적 영향력을 발휘할 수 있는 레버리지이기 때문에 분사시키지 말아야 한다고 주장하였다.[25] 그 결과 푸틴 정부는 Gazprom 주식 50% 이상을 소유하고 동 회사의 운영을 친크렘린 인사들로 운영케 하면서 국내외 정책의 매우 효율적인 수단으로 활용해 오고 있다.

예를 들어, Gazprom은 막대한 자산을 이용하여 반정부적 대중매체의 주식을 집중 매집, 친정부화하는 조치를 취했으며, 해외에도 많은 투자를 해 오고 있다. 즉 2004년 6월 현재, Gazprom은 UES의 주식 13%, 중국, 이란, 인도 등에서 원자력 발전소 건설을 진행시키고 있는 아톰스트로엑스포르트(Atomstroyeksport)의 지분 50% 이상을 소유하고 있다. 또한 Gazprom은 이란-파키스탄-인도를 연결하는 가스관 건설 등 수개의 가스관 건설사업을 제안하거나 깊숙이 관여해 오고 있으며, 우크라이나, 그루지야에 대한 일시적인 가스공급의 중단, CIS, EU 등 세계 각지의 에너지 기업의 지분 확보 및 개발 참여 등 푸틴 정부의 에너지 외교의 대외적 실행에 핵심적인 역할을 해오고 있다.

국영 송유관회사인 Transneft은 1992년 정부령에 의하여 창설된 회사로서 세계에서 가장 긴 송유관, 즉 약 5만 킬로미터의 송유관을 소유하면서 러시아 99.6%의 석유 운송을 담당하고 있다. 한편 국영석유회사인 Rosneft

25) Fredholm(2005), *op. cit.*, p. 19.

| 표 5 | Gazprom의 CIS, 발트 3국내 자산 현황[26)]

국가	SCA	회사	기업활동	소유지분
카자흐스탄	-	ZAO KazRosGaz	천연가스 생산	50%
우즈베키스탄	2012	-	-	-
키르기즈스탄	2028	AO Kyrgyzneftegaz	천연가스, 석유 생산	85.16%
타지키스탄	2028	-	-	-
투르크메니스탄	2028	-	-	-
그루지아	2028	-	-	-
아르메니아	-	ZAO ArmRosgazprom	천연가스 생산	45%
벨라루스	-	-	-	-
우크라이나	2028	SP RosUkrEnergo	가스관 운영자	50%
몰도바	-	AO Modovagaz	가스관 운영자	50+1%
에스토니아	-	Esti Gaas	가스 공급	37%
라트비아	-	Latvijas Gaze	가스 공급	34%
리투아니아	-	Lietuvos Dujos	가스 공급	25%

의 지분은 정부가 100% 소유하고 있으며, 러시아내에서 석유와 천연가스의 탐사 및 생산을 하는 기업이다. 또한 Rosneft는 정유공장도 운영하고 있다. Rosneft는 2004년 Gazprom과 합병될 예정이었으나 2005년 5월 취소되었으며, 현재 푸틴의 측근이 세친(Igor Sechin)이 회장으로서 푸틴 정부의 에너지 외교를 충실히 실행시키고 있다. 최근에는 Yukos의 주요 생산회사인 Yuganskneftegaz를 인수함과 동시에 중앙아시아, 코카서스 지역에 산재한 석유회사들에 대한 투자를 확대해 오고 있다.

이외에도 국영 또는 준국영 에너지관련 기업으로 Lukoil, Zarubezhneft, Surgutneftegaz 등이 있다.[27)] Zarubezhneft는 러시아 기준으로 비교적 소규모 기업이다. 이는 소련시대인 1967년부터 석유부(Ministry of Oil Industry)

26) *Ibid.*, p. 21.
27) Larsson(2006), *op. cit.*, pp. 150-158.

에 존재하던 대외경제협력체였다. 이후 1994년 대통령령에 의하여 연료 및 에너지부의 부속기구로서 변화되었으며, 러시아와 외국 기구 및 기업들 간 거래를 수행하는 기능을 담당하였다. 푸틴은 2004년 대통령령을 공포하여 이를 정부가 100% 지분을 갖는 주식회사로 변화시켰으며, 이후 대외적인 사업을 수행해 오고 있다. 실제로 Zarubezhneft는 러시아의 주요 무기 수출국인 베트남, 수단, 이란 등에서 러시아 해외 에너지 사업을 추진해 오고 있다. 이 회사 내 주요 간부들 중 많은 수가 실로비키 출신들로 알려졌다.

Lukoil은 1991년 소련 각료회의의 결의안에 의하여 출범한 국영석유회사로서 소연방 붕괴 후 민영화 과정에서 지분을 14% 정도로 축소하였고, 최근에는 더 감소되었다. Lukoil은 국제사업을 추진하는 과정에서 크렘린 당국의 지원을 받았으며, 공격적인 경영을 통하여 핀란드, 독일, 이라크 등의 수개 기업을 인수하였다. Lukoil은 러시아 석유생산의 19%, 러시아 석유 정제능력의 19%를 가진 세계적인 석유회사로서 비록 국영기업은 아니지만 크렘린과 비공식적인 긴밀한 유대관계를 유지하면서 러시아 에너지 외교를 직·간접적으로 지원하고 있다. 그리고 Surgutneftegaz는 러시아의 제2위 천연가스 생산기업으로 크렘린 당국과 긴밀한 협력을 유지해 오고 있다.

이외에도 본 연구에서 다루고 있지 않지만 1992년 창립된 국영전력통합회사인 UES도 푸틴 정부의 에너지 외교를 수행하는 한 수단으로 활용되고 있다. 러시아는 미국, 중국, 일본에 이어 세계에서 4번째로 많은 전력을 생산하는 국가(화력발전 66%, 수력발전 17%, 원자력 발전 16%로 구성됨)이며, UES는 러시아 정부가 52.6%, Gazprom이 10-13%, 그리고 국영은행인 NSB가 4%의 지분을 각각 소유하고 있는 국영기업으로 전국 75개 전력 독점회사 중(energos) 73개를 소유하고 있다. UES 회장인 추바이스(Anatoly Chubais)는 공공연히 UES가 CIS는 물론 인접국가내에서 대외정책 보다는 사업 확장과 에너지 산업 지분 확보 등과 같은 기업활동을 통하여 영향력을 확장해나가야 한다고 주장하였다.28) 실제로 <표 6>과 같이 UES는 CIS 국가 내 전력회사의 지분을 상당 부분 소유하고 있으며, 동유럽 국가들의 에너지 산업 사유화를 위한 경매 과정에 적극 참여해 오고 있다. 또한 UES는 터키, 폴란드, 핀란드, 노르웨이, 중국, 몽골 등에 전력을 수출하고 있다.

▌표 6▐ CIS내 UES의 자산 현황[29]

국가	회사	활동	지분 소유현황
그루지아	AO Telasi	전력 공급	75%
	OOO Mtkvari	전력 생산	100%
	OOO AES Transenergy	전력 수출	50%
	AO Khramesi	수력발전소 1, 2	가동 권리
아르메니아	Seven-Hrazdan	수력발전소	100%
	ZAO Hrazdan TPP	화력발전소	관리통제
	Metsamor NPP	원자력발전소	관리통제
카자흐스탄	Ekibastuz	수력발전소	50%

Ⅳ. 푸틴 정부의 에너지 외교 추진 현황

1. CIS 국가들에 대한 차별적 에너지 정책

러시아는 1990년대 초부터 자국의 풍부한 에너지 자원을 CIS, 발트 3국 등 옛 소련국가들에 대한 영향력 유지 및 행사를 위한 정치·외교·안보적 수단으로 이용하여 왔다. 심지어 푸틴의 경제고문이었던 일라리아노프(Andrei Illarianov)도 경제정책에 관한 이견으로 사임한 후 러시아가 내외관계에서 에너지를 정치적 무기로 이용하는 경향이 점증하고 있다고 비판하였다.[30] 러시아의 CIS, 발트 3국에 대한 에너지의 무기화는 옛 소련지

28) *Ibid.*, p. 21.
29) *Ibid.*, p. 22.

역에서 더욱 두드러졌다.

비록 2006년 1월초 발생한 우크라이나에 대한 가스공급 중단사태가 에너지의 정치적 무기화 가능성에 대한 국제사회의 경각심을 높여주면서 에너지 안보의 중요성을 부각시켰으나, 러시아의 에너지 공급 중단, 다양한 공급 가격 적용 등 CIS , 발트 3국내 에너지 취약국에 대한 차별적인 에너지 정책은 소연방 붕괴 전부터 시작되었다.[31] 즉 러시아는 자국이 주도하는 CIS 차원의 정치 · 군사 · 경제 협력에 적극 참여하는 친러 성향의 CIS 국가들에게는 탈러 · 반러 성향을 보이는 GUAM 국가들(우크라이나, 그루지야, 아제르바이잔, 몰도바)에 비하여 싼 가격에 에너지를 공급하는 등 보다 우호적인 에너지 협력정책을 펴오고 있다. 2006년 1월초에 단행된 우크라이나에 대한 가스공급 중단사태도 유셴코 정부의 친서방, 탈러 정책에 대한 보복의 성격이 짙었다.

2. EU, 미국과의 에너지 협력대화 진행

러시아는 정치 · 경제 · 안보 협력의 최우선 상대라고 볼 수 있는 EU, 미국 등과 에너지 협력을 증진시킬 수 있는 에너지 협력 대화 및 에너지 협력협정을 추진해 오고 있다.

EU의 경우, 양측은 오랫동안 에너지 거래를 해 왔으며, 특별히 양측이 에너지 동반자관계를 구축하기 위하여 협의를 시작한 것은 2000년 EU의 "에너지 안보에 대한 그린 페이퍼"(Green Paper on Energy Security)의 맥락에서 시락 대통령과 푸틴의 이니셔티브에 의하여 에너지 대화를 추진하면서 부터이다. 이러한 에너지 협력대화는 양측이 에너지 분야에서 자연스런 협력의 동반자이며 유럽의 전반적인 에너지 안보 증진을 위해서도 필요하다는 인식을 공유한 데 기인한다.[32] 물론 2006년 1월 발생한 우크라이나

30) "Illarianov Blasts Ukraine Gas Price Hike," *Forbes* (December 31, 2005).

31) 소련정부는 1990년 발트 3국이 분리 독립을 추진하자 이를 저지시키기 위하여 에너지 공급을 일시 중단함.

32) Andrew Monaghan, *op. cit.*, p. 6.

가스공급 사태로 EU 국가들의 안정적인 에너지 확보에 대한 우려 증대, 러시아의 '유럽 에너지 헌장'(European Energy Charter) 미비준, Gazprom의 유럽시장 진출문제 등을 둘러싸고 갈등을 빚기도 하나 양측은 에너지 협력 우선주의를 지속해 오고 있다.33)

러시아는 사실 최근 들어 아태지역으로의 에너지 수출을 위한 적극적인 노력을 기울이고 있으나 EU는 가장 안정적이고 확실한 에너지 수출 대상국들이다. 따라서 러시아는 최대 고객인 EU와의 에너지 협력을 유지, 확대해야 한다는 내재적인 동기를 갖고 있다. EU의 대러 에너지 의존도는 매우 높은데, 2005년 기준 러시아 원유 수출의 53%, 가스 수출의 62%가 EU 25개국으로 향하고 있으며, 이는 EU 가맹국이 소비하는 원유의 16%, 가스의 30% 이상을 차지하고 있을 정도다.

미국의 경우, 양측은 2002년 5월 모스크바에서 개최된 정상회담을 계기로 에너지 협력 의정서를 채택하였으며, 이를 계기로 양측 동년 9월 미국 텍사스, 2003년 9월 상트페테르부르크에서 각각 에너지 협력을 위한 회담과 포럼을 개최하였다.34) 그러나 동년 10월에 있었던 Yukos 호도르코프스키 회장의 구속을 둘러싸고 양국간 갈등이 노정된 후 후속회담이 중단되었으나 2005년 10월 재개되었다. 특히 2005년 2월 브라티슬라바(Bratislava)에서 개최된 정상회담에서 양국 대통령은 공동성명을 통하여 에너지 분야에서 협력을 더욱 확대하기로 약속하였다.

러시아는 미국과 에너지 협력을 과거 어느 때보다도 긴밀하게 추진할 것이다. 그러나 러시아는 세계적 차원의 국익을 해치면서까지 대미 에너

---

33) Andrew Rettman, "EU Losing Faith in Russia Energy Charter Scheme," http://euobserver.com/9/22664/?print=1; Dan Bilefsky, "Russia Won't Yield to the EU on Energy," *International Herald Tribune* (October 19, 2006).

34) 양국 간 에너지 대화의 자세한 내용은 다음 문헌 참조. Edward C. Chow, "U.S.-Russia Energy Dialogue: Policy, Projects, or Photo Op?" *Foreign Service Journal* (December 2003), pp. 31-39; & "U.S.-Russia Energy Summit Executive Seminar: Strategic and Geopolitical Implications of Russian Energy Supply, Security, and Pricing," *Baker Institute Study* (October 2003), pp. 1 13.

지 협력을 확대시키지는 않을 것이다. 이는 러시아의 입장에서 볼 때, 에너지는 경제적 이익뿐만 아니라 정치·외교·안보적 이익을 가져다주는 천혜의 자원이기 때문이며, 유라시안 국가로서 유럽과 아시아에 대한 전략적 이익이 더 크기 때문이다.

3. "글로벌 에너지 안보" 결의안 채택 주도

푸틴 정부는 2006년 7월 상트페테르부르크에서 개최된 G8 정상회담의 의장국 지위를 활용하여 국제 에너지 안보를 핵심논의 주제중의 하나로 제안하였고, 그 결과 "글로벌 에너지 안보"(Global Energy Security)에 관한 결의안을 채택하는데 성공하였다.[35)]

동 결의안은 국제사회가 직면한 에너지 문제로 비싸고 유동적인 에너지 가격, 에너지 수요의 지속적인 증가, 수많은 국가들의 점증하는 에너지 수입 의존도, 환경보호 및 기후변화 저지의 필요성, 에너지 인프라의 취약성, 정치적 불안정과 자연재해 등이라고 열거하고 이들 문제는 글로벌한 성격을 갖기 때문에 공동의 해결 노력이 필요하다고 주장하고 있다.

또한 동 결의안은 글로벌 에너지 안보를 증진시키기 위한 방안, 즉 글로벌 에너지 시장의 투명성, 예측성, 안정성의 증대, 에너지 분야에 대한 투자환경의 개선, 에너지 효율성과 에너지 절약의 촉진, 에너지 믹스(mix)의 다원화, 주요 에너지 인프라의 물리적 안전 확보, 에너지 빈곤 감소, 기후변화와 지속적인 발전을 위한 대처 등을 위한 구체적인 노력 소위 '상트페테르부르크 액션플랜'을 담고 있다.

특히 동 결의안은 화석연료의 대체 에너지로 핵에너지를 지적하면서 이의 안전하고 효율적인 사용은 글로벌 에너지 안보는 물론 공기오염의 감소에도 기여할 것이라고 천명하고 있다. 러시아는 동 결의안의 합의사

35) "Global Energy Security," http://en.g8russia.ru/docs/11-print.html (검색일: 2006년 7월 21일). G8 정상회담에서 에너지 이슈가 어떻게 논의되었는지에 대한 역사적 개관은 다음 문헌 참조. Iu. Isakov, "Global Energy Issue at the G8 Agenda," *International Affairs*, Vol. 52, No. 5 (2006), pp. 21-30.

항을 실천하기 위한 양자 및 다자 협력을 지향해 보고 있으며, 그 결과 카자흐스탄과 공동으로 국제농축우라늄 센터를 건설 중에 있으며, 한국, 중국 등 많은 국가들과의 정상회담을 통해 해당 분야에서의 협력을 합의해 오고 있다.[36]

4. 에너지 공급 다변화를 위한 파이프라인 사업의 확대

푸틴 정부는 한편으로는 노후화된 국내 원유 및 가스 수송을 위한 파이프라인 교체 작업을 진행하면서 다른 한편으로는 에너지 공급의 다변화, 지정학적으로 중요한 국가들과의 에너지 협력의 확대를 위하여 파이프라인 연결 사업을 적극적으로 추진하고 있다.

실제로 푸틴 정부의 파이프라인 건설 사업은 경제적이고 지전략적인 고려에서 추진되고 있다. 푸틴 정부는 파이프라인이 유럽 쪽으로 치우쳐 있음을 감인하여 아태 지역은 물론 서남아 지역으로의 파이프라인 건설을 통한 보다 경제적이고 지전략적으로 국익에 도움이 되는 파이프라인 건설을 추진하고 있다.

예를 들어, 푸틴 정부는 기존 송유관의 개보수 외에 신규 송유관 건설 사업으로 서시베리아와 무르만스크 연결 송유관 사업을 추진함과 동시에 동시베리아에서 태평양으로 연결되는 송유관 사업을 중국, 일본과 협력하여 추진하고 있다. 또한 푸틴 정부는 기존 가스관의 개보수 작업 외에 발틱해를 경유 러시아에서 독일, 네덜란드 등으로 직접 연결되는 '북유럽 가스관'(North Stream) 건설을 착수하였으며(현재 이 사업은 발틱해 인접 국가들로부터 안정성을 이유로 심각한 반대에 직면해 있음),[37] 푸틴은 2006년 9월 아테네에서 그리스, 불가리아 대통령과 3자 정상회담을 개최, 불가리아, 흑해, 그리스를 연결하는 '남부유럽 가스관'(South Stream) 건설 사

36) 이명박 대통령과 메드베데프 대통령이 2008년 9월 29일 정상회담후 채택된 「한·러 공동선언」 참조.

37) I. Tomberg, "The North European Gas Pipeline Project in the Geopolitical Context," *International Affairs*, 52.2 (2006), pp. 95 101.

업을 합의하였다. 또한 푸틴은 2005년 11월 터키, 이탈리아 총리들과 흑해를 거쳐 터키, 이탈리아를 연결하는 블루스트림 II(Blue Stream II) 천연가스 파이프라인 프로젝트에 합의하였으며, 그 결과 터키는 자국 소비 60%의 천연가스를 이 가스관을 통하여 수입할 수 있게 되었다. 현재 이 사업은 South Stream으로 통합되어 추진되고 있다.

한편 푸틴은 한편으로는 아제르바이잔과 터키를 연결하는 BTC, BTE 파이프라인이 카스피해를 거쳐 중앙아시아로 연결되는 것을 저지시키기 위한 노력을 기울이면서, 다른 한편으로는 중앙아시아와 이란의 파이프라인 연결 사업에 러시아가 배제되지 않고 참여할 수 있도록 하는 정상외교를 적극 진행해 오고 있다.[38]

V. 동북아 에너지협력에 대한 함의

1. 러시아의 對동북아 에너지 협력 촉진

러시아는 '에너지 전략 2020'을 통하여 동시베리아 및 극동지역에서의 에너지 자원 개발의 필요성을 강조하고 이를 위하여 아·태 지역 국가들과의 에너지 협력의 확대 등 에너지 외교를 적극 추진해야 한다고 천명하였다. 즉 '에너지 전략 2020'은 2020년까지 러시아의 아시아 지역에서 에너지 생산을 3배로 증대시킨다는 계획을 제시하고 있다. 동 전략은 2020년경 아태지역 국가들이 필요로 하는 에너지 중 석유는 30%(2005년 현재 3%), 천연가스는 15%(현재 5%)를 러시아가 공급할 수 있다는 계획을 제시하고 있다.[39]

---

38) Sergei Blagov, "Russia's Move on Energy Chessboard," http://www.atimes.com (검색일: 2006년 4월 21일).

39) Glan Lahn and Keun-Wook Paik, "Russia's Oil and Gas Exports to North-East Asia," *Chatham House Report* (April 2005), p. 2.

푸틴 정부의 동북아 국가들에 대한 에너지 외교는 한편으로는 동시베리아, 사할린 등 극동지역 등에 산재한 유전, 가스전의 개발 참여기회 부여, 다른 한편으로는 동시베리아에서 생산한 석유와 가스 운송을 위한 파이프라인 건설을 위하여 역내 국가들과 협력하는 것이었다. 특히 파이프라인을 이느 쪽으로 연결하느냐의 문제는 중국과 일본의 에너지 안보이해와 밀접히 연관되어 있었으며, 그 결과 중국과 일본이 대러 에너지 외교를 경쟁적으로 추진하였다.[40]

러시아의 동북아로 향하는 파이프라인 건설 사업은 이르쿠츠크 근방 코빅타(Kovykta) 가스전 프로젝트로 가스관을 이르쿠츠크-울란바토르-베이징-평택으로 연결, 30여 년간 200-300억 입방미터를 수출할 계획이었다. 그러나 이 가스관 프로젝트는 푸틴 정부가 UGSS를 통한 가스전 관리정책을 시행함에 따라서 계획이 중단된 상태이다. 러시아는 이곳에서 생산된 가스를 국내용 또는 유럽으로의 수출용으로 사용할 예정이다.

중국과 일본이 경쟁적으로 대러 에너지 외교를 편 것은 동시베리아에서 태평양으로 연결되는 송유관 사업이다. 이 사업은 1996년 중국국영석유회사(CNPC)와 러시아 Yukos에 의하여 시작되었으나 2001년 일본이 이 사업에 뛰어들고 푸틴 정부의 에너지 산업에 대한 통제권이 강화되면서 국가차원의 에너지 정상외교 경쟁으로 비화되었다. 중국은 이 송유관이 앙가르스크에서 중국의 서부 도시 다칭(Daqing)으로 연결되기를 바라는 반면, 한국과 일본은 나호트카로 연결되기를 희망하였다.

40) *Ibid.*; "Sino-Japanese Competition for Russia's Far East Oil Pipeline Project," http://www.iags.org/n0119063.htm (검색일: 2006년 10월 2일); & "Sino-Japanese Pipeline Struggle," http://www.india-defense.com/print/657 (검색일: 2006년 10월 1일).

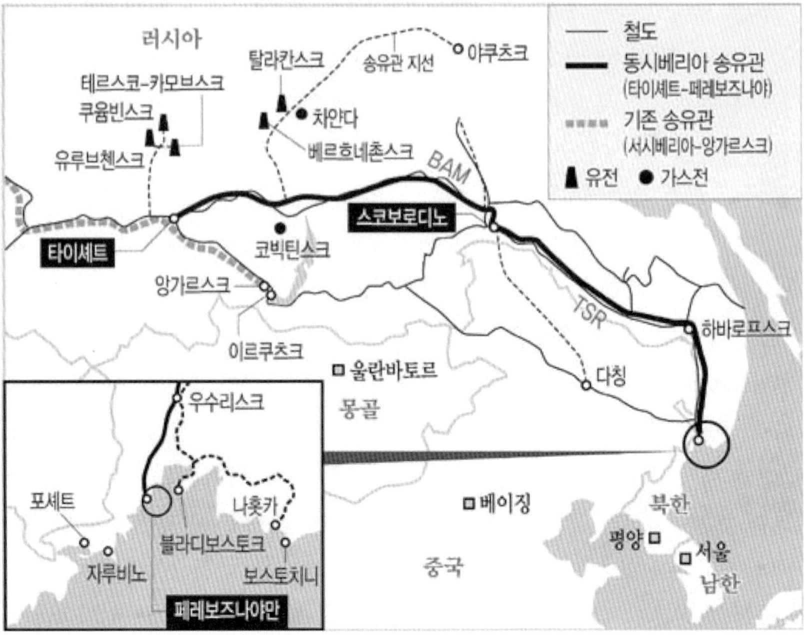

▌송유관 건설계획(안)▐

중국은 동 송유관이 다칭으로 연결되길 희망하면서 2005년 장기 원유 공급용이라는 명목하에 60억불을 러시아에 제공하였다. 한편 일본은 자국이 선호하는 블라디보스톡(Vladivostok) 인근 페레보즈나야(Perevoznaya)로 송유관이 개설될 경우 공사비 전액에 해당하는 대규모 자금을 지원할 것이라는 입장을 피력하였다. 푸틴 정부는 2005년 에너지 공급 대상국의 다변화라는 명분을 내세워 일본과 중국의 입장을 모두 고려한 노선, 즉 송유관을 타이세트에서 페레보즈나야까지(총연장 약 4,200킬로미터)로 2단계로 나누어 건설하되 중국행 지선을 1단계 공사 종착점인 스코보로디노(Skovorodino)에서 다칭으로 연결한다는 결정을 내렸다. 이후 2단계 공사인 스코보로디노에서 페레보즈나야까지는 동시베리아 지역의 원유매장량을 확보한 후에 시작될 예정인데, 1단계 공사는 2006년 4월 착공되었다.[41)]

현재 스코보로디노-다칭 노선은 석유 공급가에 관한 이견으로 공사가 중단되어 오다가 2008년 11월초 원자바오 총리의 방러로 개최된 러·중 총리회담에서 중국이 에너지 수입 선수금으로 250억불 차관을 공여하는 합의를 하였다. 이러한 합의에 힘입어 1단계 동 노선은 2009년 중 완공될 예정이다. 2단계 노선인 스코보로디노-나호트카 노선은 이후에 매장량, 수출요구량 등을 고려해 추진될 예정이다.

푸틴 정부의 한국에 대한 에너지 외교도 정상회담, 장관급 회담 등을 통하여 꾸준히 추진되어 왔다. 비록 코빅타 가스전 연결 사업이 거의 수포로 돌아갔으나 한국은 푸틴 정부의 협조로 2006년 10월 '한·러 가스협력협정'을 발효시켜 Gazprom과 한국가스공사 간 LNG 및 PNG 도입 협력사업을 본격화시켰다. 그 결과 양측은 이명박 대통령의 방러를 계기로 사할린과 동시베리아에서 생산된 가스를 북한 통과 PNG를 통하여 2015년부터 30년 동안 매년 750만 톤(LNG 단위)을 공급하는 협력협정을 체결하였다. 양측은 2010년까지 타당성 조사를 마치고 2011년부터 가스관 매설 및 블라디보스톡 지역에 석유화학단지 및 LNG 액화단지를 건설할 예정이다. 만약 북한의 반대로 PNG가 북한통과가 불가능할 경우, LNG, CNG 형태로 가스를 수입할 예정이다.[42] 한편 한국콘소시엄과 로스네프트가 공동으로 추진해 오던 서캄차트카 유전개발 사업은 공기 지연으로 계약이 취소되었고, 다른 협정을 체결해 동 사업 또는 인접 지역에서의 유전 개발 사업을 계속 협의해 나가기로 상기 정상회담 시 공동선언을 통하여 발표하였다. 그리고 한국가스공사와 사할린에너지사간 계약에 따라서 2009년부터 20년 간 연 150만 톤의 LNG가 도입될 예정이다.

---

41) 이준범, "러시아의 에너지 안보정책: 소비국의 에너지 안보와 러시아와의 관계를 중심으로," 「협력과 갈등의 동북아 에너지 안보: 현황과 쟁점」, 전게서, p. 12. 또한 Robert L. Larsson, op. cit., pp. 242-249 참조.

42) 고재남, "한·러 정상회담의 평가 및 전망," 「주요국제문제분석」 (외교통상부 외교안보연구원; 2008년 10월 17일)

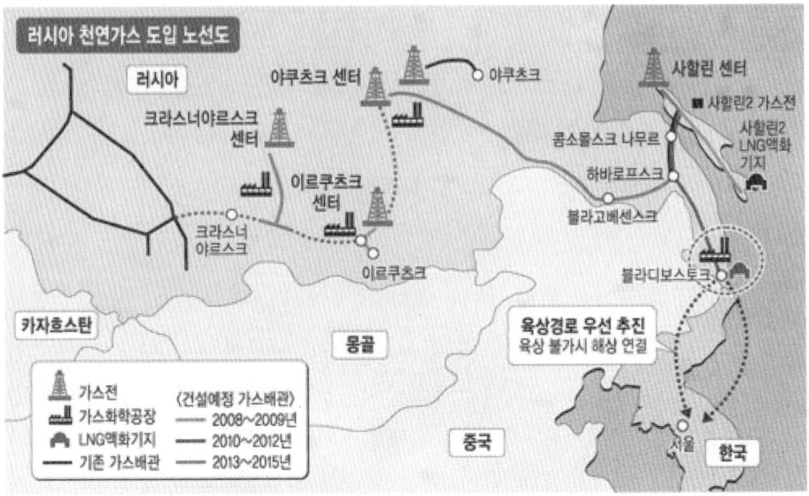

▌러시아 천연가스 도입 노선도[43] ▌

2. 역내 국가들 간 에너지 협력대화 촉진

에너지 안보에 대한 국제사회의 인식제고는 거대 에너지 공급국인 러시아와 거대 에너지 소비국들이 위치하고 있는 동북아 지역의 에너지 협력대화를 촉진시켰다.

세계 경제중심의 한축을 형성하고 있는 동북아는 높은 에너지 수요 증가율을 보이고 있으며, 따라서 에너지 협력이 꼭 필요한 실정이다. 특히 주요 에너지 수입국인 한·중·일의 대중동 석유 의존도는 매우 높은 편이며, 따라서 안정적인 에너지 수입원이 필요한 실정이다.[44] 또한 중국의 고도성장에 따른 수입 급증이 오히려 동북아 지역의 수급 불균형 심화와 세계 에너지 시장의 주요 교란 요인으로 작용하고 있다.[45]

43) 「매일경제」 (2008년 9월 29일).

44) 2005년 현재 대중동 석유 의존도는 한국은 81.8%, 일본은 89%, 중국은 64.8%를 기록하고 있다. 한편 동남아에 대한 LNG 의존도도 일본 65%, 한국 65%를 기록하고 있다.

45) 실제로 최근 중국 석유 소비 증가율은 년 30% 이상을 기록하고 있으며, 그 결과 중국이 동북아 석유 소비증가량의 64%, 전세계 석유수요 증가분 31.6%를 차지하고 있다.

또한 동북아 국가들은 지속성장 창출을 통한 평화와 공동 번영의 기반을 조성할 필요가 있다. 러시아의 아태지역 국가들에 대한 에너지 공급정책 추진은 동북아 국가들의 에너지 자원 확보에 유리한 기회를 제공해 주고 있다. 그리고 일·중간 자원 경쟁 등 당면 에너지 경쟁구도를 협력체제로 전환시킬 필요가 있다. 또한 대북 에너지 지원을 위한 협조체제를 미리 조성해 나갈 필요가 있다.

따라서 동북아 국가들은 한편으로는 세계적 차원의 에너지 확보 외교를 강화하면서 다른 한편으로는 역내 국가들 간 다양한 양자·다자 차원의 에너지 협력을 추진해 오고 있다. 여기서 동북아 국가들 간 다자 에너지 협력체만을 소개하면 다음과 같다.

1) 한·중·일 3자 에너지 대화

한국이 2004년 7월 제안한 것으로 소비자 중심의 연대를 통한 국제 에너지 시장의 Bargain power와 위상 강화를 목적으로 하고 있다. 한·중은 외교 및 에너지 당국이 공동 참여하는 협의체(국장급) 구성에 긍정적이나 일본은 유보적인 입장을 보이고 있다. 따라서 현재 3국간 정치적인 냉각관계로 국장급 격상 문제에 대한 논의가 진전이 없는 상태에서 2004년 12월 이후 3국간 과장급 대화가 계속 진행되어 오고 있다.

2) 동북아 5자 에너지 대화

미국이 2005년 5월 제안한 에너지 협력대화로서 잠재적인 주요 에너지 공급국과 세계 에너지 시장의 영향력을 보유한 소비국간 연대 구축을 목표로 하고 있다. 현재 한·미 공조하에 협의체 구축을 추진 중이나 한·미·일은 긍정적, 중·러는 아직 유보적인 입장을 유지하고 있다. 5자 협의체 출범에 있어 대화 구성국 문제, 북핵과의 연계 가능성 배제, 미국 의도에 대한 의혹 해소가 협의체 구성에 관건이다.

3) 동북아 에너지 실무 협의체

이는 ESCAP 주관 한국이 후원하는 것으로 역내 국가 간 에너지 협력 공감대 형성 및 네트워크 구축을 목표로 하고 있다. 즉 이 협의체는 전력·가스망 연계, 원유 공동 비축 등 연구, 에너지·자원의 공공 개발 추진을 위한 협력기반을 구축하여 2010년경 「동북아 에너지 협력체」 구성을 목표로 하고 있다. 이 협의체는 2003년 4월 협의를 시작 제1차 회의를 2005년 11월 몽골에서 개최하였으며, 이 회의에 남·북한, 러시아, 몽골 등 4개국이 참여하였고 일·중은 불참하였다. 따라서 중·일의 참여 유도가 향후 이 협의체 구성의 관건이다.

4) 5자(중·일·한·미·인도) 각료 포럼

이 5자 포럼은 중국이 2006년 4월 제안한 것으로 석유 소비국의 공동 소비감소, 에너지 효율성 제고(raise energy efficiency), 보다 많은 에너지원의 개발 등을 통하여 에너지 수급 안정을 확보하는 것을 목표로 하고 있다. 동 회의는 북경에서 2006년 12월 중순 개최되었다.

5) TAES(Trans-Asian Energy System) 구축 추진

한국은 유엔 아태경제이사회(UNESCAP)과 공동으로 범아시아 지역의 에너지 교역을 위한 통합 에너지시스템으로 역내 에너지 협력을 위한 거시적인 틀을 제공하기 위한 TAES가 추진되고 있다. TAES는 한국, 러시아, 태국, 카자흐스탄, 인도, 중국 등 역내 국가들과 아세안에너지센터(ACE), 경제협력기구(ECO), 아시아개발은행(ADB), 세계은행, 남아시아지역협력연합(SAARC), 유라시아경제공동체(EurAsEC) 등 국제기구가 참석한 가운데 2007년 8월초 서울에서 개최되었다.

Ⅵ. 맺음말

러시아의 에너지의 '정치적 무기화'는 고유가 지속 요인과 더불어 국제사회의 에너지 안보에 대한 경각심을 크게 촉진시키는 요인으로 작용하면서 '에너지 협력 외교'(energy cooperation diplomacy)을 상화시키고 대체 에너지 개발을 촉진시킬 것이다.

국제사회의 에너지 협력 외교는 다양한 형태로 더욱 촉진될 것이며, 이는 범세계 차원의 지속적인 경제발전, 기후변화 및 환경오염에의 대처 등에 기여할 것이다. 즉 에너지 협력 외교는 G8 정상들의 '글로벌 에너지 안보'를 위한 액션플랜 채택과 이의 실천을 위한 후속 조치들의 강구 등과 같은 '범세계적 차원', SCO, EU 등 다자 지역협력체를 통하여 에너지 안보를 증진시키기기 위한 공동 노력과 같은 '지역적 차원', 그리고 개별 국가들이 필요에 따라서 에너지 협력을 추진하는 '양사적 차원' 등 3차원 형태로 진행될 것이다.

이와 같은 에너지 안보를 강화하기 위한 양자 · 다자 지역협력은 단순히 경제적 차원을 뛰어넘어 정치 · 외교 · 안보적 차원의 의미가 있다. 예를 들어, 반러 · 친서방 성향의 GUAM은 2006년 5월 키예프에서 개최된 정상회담을 계기로 BTC의 개통을 통해 회원국 간 에너지 협력을 더욱 확대시키기로 선언하였다. 한편 우크라이나 티모셴코 총리는 러시아의 South Stream 가스관 계획해 대항해 White Stream을 추진하자고 EU에 제안하였으나 별다른 호응을 얻지 못하였다. 또한 2006년 6월 중국에서 개최된 SCO 정상회담도 '에너지 클럽'을 확립, 에너지 안보를 위한 협력을 강화시켜 나가기로 합의하였다. 러시아는 강화된 국제적 지위 및 경제역량을 바탕으로 CIS내 친러 국가들과 경제 · 안보 협력을 더욱 심화시키는 여러 조치들, 즉 유라시아 경제공동체, 집단안보조약기구(CSTO) 등을 발전시키는 조치를 취해 오고 있다.

또한 EU의 대러 에너지 의존도 심화는 불가피하게 러 · EU 간 에너지

분야에서의 협력은 물론 기타 정치·경제·안보 분야에서의 지역협력을 촉진시키고 있으며, 이는 향후 더욱 활성화될 것이다. 예를 들어, EU는 한편으로는 러시아의 '유럽 에너지 헌장'의 비준을 통한 에너지 안보 강화를 위해 노력하면서 다른 한편으로는 새로운 러·EU 동반자관계 협정체결, 그리고 더 나아가 러시아와 FTA를 체결하는 정책을 적극 추진해 나갈 것이며, 이 과정에서 러·EU간 지역협력이 더욱 심화될 것이다.

러시아의 우크라이나에 대한 가스공급 중단사태는 EU는 물론 미국, 일본, 중국 등 주요 에너지 수입국들로 하여금 장기적인 에너지 안보의 확보 차원에서 대체 에너지 개발을 서두르게 하는 요인으로 작용하였다. 부시 대통령도 예년과는 달리 최근 들어 수차례에 걸쳐서 대체 에너지 개발을 강조하면서 정책적 지원을 약속하였으며, EU도 전유럽 차원에서 대체 에너지 개발을 가속화시켜 나가기로 합의하였다.

한편 G8의 '글로벌 에너지 안보'에 대한 결의안도 화석연료를 보완 또는 대체할 대체 에너지의 개발이 시급함을 천명하고 안전성 및 효용성이 확보된 원자력 에너지의 상용화를 확대해야 한다는데 의견을 같이 하였다. 상기하는 바와 같이, 러시아는 이미 이를 실현시키기 위한 파이로트 프로그램을 진행시키고 있다. 따라서 대체 에너지 개발 및 원자력 에너지의 확대 사용을 위한 국제사회의 노력은 더욱 가속화될 전망이다.

러시아의 에너지 외교는 동북아 국가들의 에너지 협력을 촉진하는 요인으로 작용해 오고 있다. 동북아 국가들은 에너지 주요 공급국인 러시아와 소비국간 또는 주요 소비국간 양자 및 다자 차원의 에너지 협력을 적극 추진할 것이다. 물론 이들 에너지 협력이 성공하기 위해서는 동북아 지역에 현존하는 정치·경제적 불안정성 및 갈등 요인, 즉 북한 핵문제, 정치·경제 체제 차이, 신뢰부족, 역사문제, 영유권 문제, 러시아의 불안정한 에너지 정책과 투자환경 등과 같은 장애 요인들을 슬기롭게 해결해야 할 것이다.

한국은 세계 10위의 에너지 소비국으로 에너지원 97%를 수입하면서도 에너지 낭비가 심한 국내 현실을 감안하여 에너지 안보에 대한 국민들의 인식을 제고시키는 방안을 강구, 이를 실행에 옮길 필요가 있다.

또한 우리 정부는 지속적인 경제발전을 위한 안정적인 에너지 공급원을 확보하기 위해서라도 대러 에너지 협력외교를 더욱 강화시킬 필요가 있다. 예를 들어, 한국은 대러 에너지 의존도가 높은 EU의 대러 에너지 협력외교를 벤치마킹할 필요가 있다. EU는 최근 들어 러시아와 에너지 대화를 지속시키고 있음은 물론 에너지 등 경제·통상 협력을 확대시키기 위한 조치의 하나로 대러 FTA를 추진하고 있다. 우리 정부도 이미 추진 중인 무차별적 FTA 정책을 러시아에 적용, FTA 협상 추진 가속화시킬 필요가 있으며, 고위급 차원의 에너지 협력대화를 정례화할 필요가 있다.

한국은 에너지 안보 증진을 위하여 동북아 국가들이 참여하는 '동북아 에너지협의체'를 구성하는 등 에너지 지역협력을 활성화하는 노력을 경주했으나 일본, 중국의 미온적인 태도로 큰 진전이 없는 상황이다. 그러나 중국과 일본은 역외 국가들과의 에너지 협력대화는 적극 추진하고 있다. 이는 중국, 일본이 양국 간 영토분쟁, 과거사 문제 등으로 갈등을 빚고 있을 뿐만 아니라 동시베리아 파이프라인 프로젝트를 둘러싼 경쟁적인 대러 에너지 외교가 증명해 주듯이 에너지 안보에서 상호 경쟁국이기 때문이다. 따라서 우리 정부는 다자 에너지 협력은 지리적 범위를 중국, 일본이 고집하고 있는 동아시아 차원으로 확대하면서 역내외 국가들과는 양자 차원의 에너지 협력 외교를 더욱 강화시킬 필요가 있다.

끝으로 한국은 에너지 부국들이 최근 들어 자원민족주의를 강화시키고 있고 또한 세계 주요 석유·천연가스 소비국들이 경쟁적으로 에너지 외교를 강화시키고 있음을 고려하여 우리 정부는 우리 기업들이 해외 유전·가스전 투자에 보다 적극 참여할 수 있도록 정책적·재정적 지원을 아끼지 말아야 한다.

참고문헌

고재남. "푸틴 정부 에너지 전략의 국제정치적 함의." 『주요국제문제분석』, 외교통상부 외교안보연구원 (2006년 10월 16일).

고재남. "러시아의 에너지 외교: 현황과 전망." 『현지정책연구』, 외교통상부 외교안보연구원(2007년 1월).

권원순·김중렬. "러시아의 에너지 자원개발과 시베리아: '러시아 에너지 전략 2020'을 중심으로." 『국제지역연구』, 제10권 제1호 (2006년 4월).

윤성학, 『러시아 에너지가 대한민국을 바꾼다』. 서울: 도서출판 뿌쉬낀 하우스, 2008.

이재승. "에너지 안보와 동북아 협력: 하위 정치이슈에 대한 상위 정치적 접근." 『국제지역연구』, Vol. 14, No. 1 (2005년 봄호).

이준범. "러시아의 에너지 안보정책: 소비국의 에너지 안보와 러시아와의 관계를 중심으로." 한국세계지역학회 2006년도 추계학술회의 자료집, 『협력과 갈등의 동북아 에너지 안보: 현황과 쟁점』.

Balzer, Harley. "Vladimir Putin's Academic Writings and Russian Natural Resource Policy." *Problems of Post-Communism* (January/February 2006), pp. 48-54.

idem. "The Putin Thesis and Russian Energy Policy." *Post-Soviet Affairs*, 21.3 (2005), pp. 210-225.

Bilefsky, Dan. "Russia Won't Yield to the EU on Energy." *International Herald Tribune* (October 19, 2006).

Blagov, Sergei. "Russia's Move on Energy Chessboard." http://www.atimes.com (검색일: 2006년 4월 21일).

Chow, Edward C. "U.S.-Russia Energy Dialogue: Policy, Projects, or Photo Op?" *Foreign Service Journal* (December 2003), pp. 31-39.

Fredholm, Michael. "The Russian Energy Strategy & Energy Policy: Pipeline Diplomacy or Mutual Dependence?" Conflict Studies Research Center, *Russian Series* 05/41 (September 2005), pp. 9-30.

Gelb, Bernard A. "Russian Oil and Gas Challenges." CRS Report for Congress, (January 3, 2006)."Global Energy Security," http://en.g8russia.ru/docs/11-print.html (검색일: 2006년 7월 21일).

Isakov, Iu. "Global Energy Issue at the G8 Agenda," *International Affairs*, Vol. 52, No. 5 (2006), pp. 21-30.

Kekic, Laza. "How Development is Growth on the Oil Price?" *The St. Petersburg Times* (February 3, 2004).

Kupchinsky, Roman. "Russia: Putin's Former Colleagues Make up Today's Energy 'Team'." *RFE/RL* (February 15, 2006).

Lahn, Glan and Keun-Wook Paik, "Russia's Oil and Gas Exports to North-East Asia." Chatham House Report (April 2005).

Larsson, Robert *L. Russia's Energy Policy: Security Dimensions and Russia's Reliability as an Energy Supplier*, Scientific Report of FOI(March 2006).

Lo, Bobo. "The Securitization of Russian Foreign Policy under Putin." Gabriel Gorodetsky, ed., *Russia Between East and West: Russian Foreign Policy on the Threshold of the Twenty-first Century*. London: Frank Press, 2003, chap. 2.

Milov, Vladimir. "Russian Foreign Policy: Challenges and Implications." Roundtable Discussion Meeting, Chatham House (September 20, 2006) 발표논문.

Ministry of Industry and Energy. Энергетическая стратегия России на период до 2020 года. Утверждена no. 1234-r (August 28, 2003).

Monaghan, Andrew. "Russian Oil and EU Energy Security." Conflict Studies Research Center, Russian Series 05/65 (November 2005).

"Nuclear Power in Russia," *Briefing Paper* #62 (December 2006). http://www.uic.com.au/nip62.htm (검색일: 2007년 2월 2일).

Olcott, Martha Brill. "Vladimir Putin and the Geopolitics of Oil." The Energy Dimension in Russian Global Strategy. Houston: The James A. Baker III Institute for Public Policy of Rice University, 2004.

Oldberg, Inrmar. "Foreign Policy Priorities under Putin." Jakob Hedenskog, Vilhelm Konnander, et. al., *Russia as a Great Power: Dimensions of Security under Putin*. New York: Routledge, 2005, chap. 2.

"Opening Address at the Security Council Session on Russia's Role in Guaranteering International Energy Security." http://www.president.kremlin.ru/eng/text/speeches/2005/12/22/2222 (검색일: 2006년 10월 11일).

Rettman, Andrew. "EU Losing Faith in Russia Energy Charter Scheme." http://euobserver.com/9/22664/?print=1 (검색일: 2007년 3월 2일).

Tomberg, I. "The North European Gas Pipeline Project in the Geopolitical Context." *International Affairs*, 52.2 (2006), pp. 95-101.

"U.S.-Russia Energy Summit Executive Seminar: Strategic and Geopolitical Implications of Russian Energy Supply, Security, and Pricing," *Baker Institute Study* (October 2003), pp. 1-13.

Zhiznin, Stanislav. *Energy Diplomacy: Russia and the World.* Moscow: East Book, 2007.

제2부

러시아의 시장화와 국가자본주의

개설

러시아 경제의 세계화를 위한 필수 불가결한 전제조건은 러시아 스스로가 먼저 시장 친화적 비즈니스 환경을 조성하고 자본주의적 생산 기틀을 제도적으로 확립하는 것이라 할 수 있다. 러시아는 시장경제를 도입하면서 개혁이라는 이름으로 민영화, 사유화 정책을 실시하였다. 하지만 역사상 처음으로 '자본주의의 길'로 들어선 러시아에서 토지 부문의 사유화는 가장 천천히 진행되었다.

러시아 정부가 추진하고 있는 토지 사유화의 목표는 다양한 수준에서 설명이 가능하지만, 크게 다음 두 가지로 모아진다. 하나는 토지의 효율적인 이용을 통해 농업 생산성을 향상시키는 것이고, 다른 하나는 토지 소유구조를 바꾸는 것, 즉 기존의 국가 독점 구조인 토지 소유관계를 해체하고 이를 통해 농업에서 자본주의적 소유구조를 형성하는 것이다. 제5장 "러시아 토지 사유화의 전개과정"에서 조영관 박사는 1990년대 이후 실시된 러시아의 토지 사유화, 탈집산화가 구체적으로 어떤 과정을 통해 진행되었는가를 살펴보고, 토지 사유화가 낳은 긍정적인 측면과 부정적인 측면을 고찰하는 가운데 러시아 정부가 의도했던 토지사유화의 목표가 달성되었는가를 다양한 사례를 동원하여 평가한다.

조영관은 토지의 효율적 이용을 통한 농업 생산력 증대와 토지에 대한 국가 독점 소유구조 해체라는 토지 사유화의 목표는, 1990년대 초 시작된 기업 사유화의 목표와 유사하다고 언급하면서 완만하게 진행된 러시아의 토지 사유화 과정과 그 특징을 다음 세 단계로 나누어 설명한다.

먼저 첫 번째 단계는 토지의 사적 소유제도 도입이 허용된 1990년부터 토지사유를 인정하는 헌법이 제정된 1993년까지의 기간으로, 이 시기 토지 사유화를 위해 농촌의 토지를 분할하여 농민들에게 무상 분배 결정이 내려졌다. 다음 두 번째 단계는 1994년부터 2001년 연방 토지법이 제정되기 이전까지의 기간으로, 이 시기는 연방(聯邦) 토지법이 제정되지 못했기 때문에 각 지방(支邦) 차원에서의 토지법 제정을 통해 실질적으로 토지 사유화가 진행되었다. 마지막 세 번째 단계는 2001년 연방 토지법 제정 이후부터 현재까지의 기간으로, 이 시기 연방 토지법 이외에 2002년 농지 매매법의 제정으로 토지 및 농지의 매매가 허용됨으로써 토지 사유화를 위한 법적, 제도적 장치가 확립되었다.

필자는 1990년대 내내 진행되어온 러시아의 토지 사유화, 즉 토지 경제의 자본주의화가 법적으로 완전히 마무리 되었다고 보고, 법적 차원에서 토지 사유화의 완성이 기본적으로 러시아 정부가 의도한 다양한 토지 소유 형태의 도입, 즉 주식회사, 자영농, 부농 등 새로운 형태의 농업 집단의 등장과 토지 매매 시장 형성에 기여했지만, 그 결함도 동시에 나타났다고 지적한다. 토지 소유관계에서 국가독점이 해체되고, 농민들이 토지를 소유할 수 있게 되었으나, 국가의 토지 독점 대신에 사기업들이 토지를 독점하는 결과를 초래했고, 당초 토지 사유화 개혁의 근본적인 목표였던 농업 효율성도 크게 향상되지 못했다는 것이다. 특히 필자는 러시아 토지 사유화의 특징 중의 하나는 평등한 무상분배이지만, 기업 사유화에서의 사례에서 볼 수 있는 것처럼, 국가 자산의 평등분배 원칙과는 달리, 기업 사유화가 부의 편중을 가져온 것과 마찬가지로 토지 사유화에서도 그러한 폐단이 나타나고 있다고 강조한다.

국제경제에서 금융자산의 비정상적, 불법적 이동인 '자본도피'(capital flight)는 자본의 국제이동과 그 맥을 같이 할 정도로 오랜 역사를 지니고 있다. 1990년대 글로벌 경제에서 자본자유화와 금융의 국제화가 급진전되면서 저이자·저이윤율 국가에서 고이자·고이윤율 국가의 정상적 자본이동은 물론 불법적 자본유출도 가속화되고 있다. 정상적 자본이동이 국제이자율이나 이윤율에서의 차익거래(arbitrage)를 추구함으로써 자본의 효율적 재분배를 촉진시켜 세계경제발전에 적지 않은 기여를 한다. 반면, 불법적 자본이동인 자본도피는 실물 및 금융부문에서의 투자자본의 잠재적 원천을 잠식하고, 유동성 부족을 초래하여 해당국의 경제발전을 저해함은 물론 해당국 경제에 대한 대외신임도를 추락시켜 국가경쟁력을 약화시키는 심각한 문제점을 내포하고 있다.

러시아에서 자본도피는 체제전환의 혼란기였던 1990년대 옐친시대는 물론 체제전환이 성공적으로 이루어지고 경제성장이 본격화된 2000년대 푸틴시대를 포함해 지금까지 지속되고 있는 러시아 경제의 고질적 병폐 중의 하나다. 제6장 "러시아 민간의 해외 자본도피"에서 이종문 교수는 1992년 급진적 자본주의 시장경제로의 체제전환을 시도한 이래 지금까지 러시아에서 자본의 해외도피가 발생한 원인과 자본도피의 유형 및 방법을 규명하고, 옐친시대와 푸틴시대를 거치는 동안 이루어진 해외자본도피 규모를 러시아 중앙은행이 발표하는 국제수지표(BOP)와 국제투자대조표(IIP)를 활용해 추정한 후, 이에 근거해 해외자본도피가 러시아 경제에 미친 일련의 부정적인 영향을 진단한다.

이종문은 모라토리엄(Moratorium)을 선언한 1998년을 전후해 러시아에서 자본도피가 절정을 이루었다고 보고, 민간자본의 해외도피 원인을 옐친시대와 푸틴시대를 구분하여 규명한다. 먼저 옐친시대에는 첨예한 정쟁에 따른 국정의 혼란, 경제적 불안과 위기, 과도한 관료주의와 부정부패의 만연, 기업인들의 도덕적 해이, 마피아로 대표되는 지하경제의 창궐 등이 러시아에서의 자본도피를 조장한 중요한 요인이었고, 한편 푸틴시대에는 정치권의 무분별한 시장개입과 같은 정책적 측면에서의 강압조치, 금융시스템의 구조적 취약과 외환자유화 정책의 조기실시, 그루지야 사태에 따른 서구자본의 급속한 이탈 등이 민간자본의 해외도피를 자극한 주요 원인으로 지목한다.

필자는 러시아에서 자본도피가 사회 전반에 다양한 악영향을 미쳤지만, 특히 경제부문에 끼친 영향이 가장 크다고 지적하면서 다음 네 가지 실증적 사례를 든다. 1) 실물 및 금융부문에서 투자재원의 잠재적 원천 손실을 야기하여 경제성장의 잠재력을 약화시켰고, 2) 러시아 국제수지 악화에 직접적 영향을 주어 대외부채 증가에 일조하였으며, 3) 러시아 금융시장의 불안과 대외지급능력을 감소시켜 러시아 국가신용도 추락을 부추겼고, 4) 과세대상이 되는 자산과 재산을 축소시켜 정부의 재정수입을 감소시켰다는 것이다.

필자는 러시아에서 자본들이 대내외 정치 환경의 변화가 야기되거나, 정부의 지나친 경제개입과 일관성이 결여된 정책운용 등으로 경제여건이 악화될 경우 언제라도 러시아를 탈출할 수 있다고 본다. 따라서 향후 러시아 정부가 금융시장, 특히 자본시장을 점진적으로 개방하는 과정에서 자본도피를 줄이고, 도피된 자본의 환류를 유도하기 위해서는 정치 안정과 경제 성장을 지속하는 가운데 복잡하고 불합리한 법적, 제도적 인프라를 개선하며, 사회 전반에 펴져있는 부패를 척결하고, 기업지배구조를 개선하는 등 러시아 경제의 투명성 제고와 경제 발전에 대한 신뢰감을 심어주어야 한다고 강조한다.

러시아의 자본도피에서 살펴보았듯이, 계획경제로부터 시장경제로의 이행에 있어서 중요한 작동 원리는 시장에 근거해 자원 배분을 가능하게 하는 은행 시스템의 구축이다. 시장경제에서 은행부문은 바람직한 안전성과 리스크 관리로 잉여자금으로서의 저축과 투자 등에 필요한 자금을 원하는 기업 및 다른 경제 주체와의 사이를 중개하는 중요한 기능을 담당한다. 그러나 러시아는 1998년 금융위기로 은행부문의 취약점과 함께 금융정책의 부실함을 보여주었다.

러시아가 향후 에너지 중심 경제에서 산업부문 다각화를 통한 지속 가능한 경제성장을 이룩하기 위해서는 은행을 기초로 금융시장 기반을 마련하는 정책적 노력이 시급한 실정이다. 제7장 "러시아 은행제도의 개혁: 이슈와 쟁점"에서 김상원 박사는 소비에트 시대 이래 러시아 은행제도의 변천사와 현 러시아은행 현황을 압축적으로 살펴보고, 금융시장의 주축으로서 러시아 은행구조의 특징과 문제점을 파악한 후 은행개혁의 필요성을 제기하고 있다.

김상원은 현 러시아 은행제도가 안고 있는 일련의 문제점으로 은행들의 과도한 수도권 편중 현상, 상위랭킹 은행에 집중된 자산규모, 국영은행(스베르방크, 모스크바방크, 대외무역은행 등)의 지배적 지위, 외국계 은행의 낮은 소매업 비율, 기업의 설비투자에 대한 은행의 자금 중개 기능 미비 등을 지적한다. 덧붙여 필자는 은행 간 통폐합 및 정리의 지연, 정부계 은행의 독점적인 지위 유지, 은행 간 경쟁의 제한, 중앙과 지방 간 은행규모의 격차, 은행의 한정적인 금융 중개 기능 등이 러시아 은행산업의 발전을 갉아먹는 구조적 문제라고 강조한다.

이런 은행 시스템의 문제점을 해결하기 위해 푸틴 정부는 "2008년까지의 러시아 연방 은행부문 발전 전략"으로 표현된 은행 개혁을 추진하고 있는데, 필자는 그 주요골자를 다음과 같이 정리한다. 우선 은행부문 위기를 방지하는 안정된 은행 제도의 구축이다. 둘째, 가계 저축 및 기업 저축을 집약해 융자 및 투자에 사용하는 은행업무의 향상이다. 셋째, 투자자, 채권자, 예금자에게 은행 신뢰도를 향상시킨다. 넷째, 예금자 및 은행 채권자의 권리 보호를 강화한다. 다섯째, 불성실한 상업 활동을 위한 금융기관 이용을 방지한다. 여섯째, 러시아 중앙은행에 의한 모니터링 시스템 강화이다. 일곱째, 구매융자 제도 구축이다.

김상원은 시장경제로의 이행을 목표로 하는 러시아에서 은행부문 규제 및 제도 개혁이 그 나름대로 진전해 왔음에도 불구하고, 여전히 은행부문의 금융 중개 기능이 전반적으로 취약해 향후 러시아의 지속적 경제성장에 걸림돌이 될 수 있다고 보고, 은행신용의 향상, 국영은행의 지배적 상황 해소, 민간은행의 통합 재편, 투자자의 시장 참여 증가와 다양화, 채권 및 주식과 같은 유가증권의 유동성 향상 등이 은행부문에서 요구되는 시급한 개혁과제라고 지적한다.

1991년 소련의 해체 이후 신 러시아가 시장경제체제를 도입함에 따라 국가가 소유한 자산이나 지분을 기업 및 개인에게 매각하는 이른바 사유화정책을 추진해 왔다. 이미 1997년에 이르러 전체 GDP 생산규모의 70%를 사적 부문에서 생산할 정도로 사유화가 빠른 속도로 진행되었다. 그러나 1990년대 급속한 사유화가 진행되는 동안, 러시아 학계 및 전문가 그룹 사이에서 국가의 기간산업들을 민간기업이나 외국기업에게 무분별하게 매각하고 있다는 비판이 지속적으로 제기되어 왔다.

이런 상황에서 새천년의 경계선에서 크레믈린의 권좌에 등극한 국가주의자 푸틴의 등장은 사유화 정책의 변경을 의미했다. 실제로 2000년 푸틴 정권 출범 이후 대형 기업에 대한 재국영화의 흐름이 나타났다. 사유화되었던 몇 몇 대기업들이 국영기업에 의해 인수되기도 했는데, 그 대표적인 사례로 가즈프롬(Gazprom)의 씨브네프트(Sibneft) 지분 인수와 로스네프트(Rosneft)의 유코스(Yukos) 지분 인수를 들 수 있다. 이처럼 러시아 정부는 에너지, 항공, 군수 등 주요 전략 산업 부문에서 대형 국영 기업들이 관련분야의 사기업을 합병, 인수하는 방식과 새로운 형태의 대규모 국영기업을 설립하는 방식으로 재국영화를 진행하고 있다. 그리고 2008년에는 항공, 군수, 원자력 등 전략산업부문에 대한 외국인 투자를 제한하는 법률이 제정되어 의회에서 통과되었다. 러시아의 주요 산업에서 국가부문의 확대 현상을 일각에서는 '국가자본주의'로 지칭한다.

최근의 러시아 경제를 '국가자본주의'로 규정하는 학자들은 기업 자율, 경쟁 등과 같은 자본주의 원칙이 국가의 과도한 간섭으로 침해되고 있다고 비판한다. 제8장 "러시아 경제의 국가부문 확대에 관한 고찰"에서 조영관 박사는 현 러시아 자본주의의 특징을 이해하는 가운데 향후 러시아 경제의 향방을 예측하기 위한 탐구적 차원에서 2000년부터 2008년까지 푸틴 집권기를 시간대로 하여 러시아 경제의 국가 부문 확대 배경과 그 특징을 살펴보고, 구체적으로 어떤 과정을 통해, 어떤 분야에서, 어느 정도 규모로 이러한 정책이 추진되고 있는가를 분석하고 있다.

조영관은 푸틴 정부 출범 이래 에너지, 군수, 항공, 자동차 산업 부문에서 '국가 주도의 자본주의' 움직임이 강화된 배경으로 크게 다음 세 가지로 지적한다. 국가부문 확대는 1) 러시아 정부의 경제 발전 전략에 따른 것으로 전략 산업을 육성함과 동시에 러시아 기업의 세계 시장으로의 진출을 위한 것이고, 2) 과도한 사유화에 대한 반작용으로 나타난 현상이며, 3) '올리가르히'에서 '실로비키'로의 집권 세력 성격 변동에 따른 결과라는 것이다.

필자는 러시아의 기업 부문에서 나타나는 국영화와 국가 독점 기업들의 영역 확대는 이행기 경제정책이 낳은 부정적인 결과를 정치, 경제적으로 극복하는 과정에서 자연스럽게 진행된 성격의 것이라고 분석한다. 요컨대 러시아에서 국가부문의 강화 정책은 일부에서 우려하듯 소비에트 체제로의 회귀를 지향한 것이라기보다는, 1990년대 시장경제로의 이행기 시기 국가 경제에서 전략적으로 중요한 의미를 갖는 에너지, 항공 등의 산업 부문까지도 무분별하게 사유화되었기 때문에 현재의 재국영화 현상이 나타나고 있다는 것이다.

결론적으로 필자는 주요 전략산업에 대한 러시아 정부의 재국영화 정책 시행은 1990년대 사적 자본의 형성 및 발전과정에서 노정된 부정적인 문제들과 현재 러시아 경제 발전에서 국가부문의 역할을 고려해 볼 때, 타당성과 적합성을 가진다는 평가를 내린다. 무엇보다도 주요 전략산업에 대한 재국영화 정책을 통해 1990년대 정치적으로 약화되었던 국가의 영향력이 강화되어 정치, 경제 체제가 안정된 가능성이 높다고 강조한다.

5

러시아 토지 사유화의 전개과정*

조 영 관

I. 서 론

러시아는 세계에서 가장 넓은 규모의 토지를 보유하고 있는 국가이다. 러시아의 국토 면적은 모두 17,098,200㎢로서 전 세계 지표 면적의 12.5%나 차지하고 있다.[1] 이 중에서 삼림지가 11,031,000㎢(64.5%), 특별 보호구역이 342,000㎢(2.0%), 수원지가 278,000㎢(1.6%), 주거지가 189,000㎢(1.1%), 공업, 교통과 기타 특수 용도의 토지가 171,000㎢(1.0%), 예비 토지가 1,079,000㎢(6.3%)이며, 농업용 토지는 4,008,000㎢(23.5%)이다.[2] 농업용 토지(농지)는 러시아 정부가 농업용으로 지정한 토지이며, 직접 농업에 이용되는 농경지와 농촌 지역의 도로, 주택 등을 포함한다. 농경지는

---

* 본고는 슬라브학보 제21권 1호(2006년)에 실린 논문을 수정 보완하여 게재한 것임.

1) *Россия в цифрах*, 2007 (М.: Росстат, 2007), с. 27.

2) Н.В. Комов, "Социально-экономические и правовые аспекты становления земельных отношений в России," *Земельный вестник России* No. 1 (2004), с. 3 참조.

농업생산에 이용되는 토지로 곡물재배지인 경지와 목초지 등으로 이루어져 있다. 이렇게 광대한 러시아의 국토에는 막대한 양의 지하자원이 매장되어 있다. 따라서 이러한 국토를 효율적으로 이용하고, 관리하는 것은 러시아 정부의 중요한 경제 정책 중 하나라고 할 수 있다.

러시아 혁명 이후 1917년의 '토지령', 1918년의 '토지 사회화령'을 통해 토지의 국유화가 진행되었다. 이후 1922년 러시아 공화국 토지법에서 토지에 대한 국가독점 소유가 최초로 공표되었으며, 1936년에 제정된 소련 헌법에서 모든 토지는 국가가 독점적으로 소유한다고 선언되었다.[3)] 소연방 시기에 모든 토지는 국가소유였으며, 국가기관의 결정에 의해서만 토지가 분배되었다. 집단농장(Колхоз), 국영농장(Совхоз)에 소속된 농민들이 야채 재배 등의 용도로 토지를 개별적으로 이용하기는 했으나, 토지에 대한 국가 독점 소유, 분배 원칙은 1980년대까지 유지되었다. 그러나 1990년대 초부터 러시아 경제부문 전반에 개혁이 필요해졌는데, 소비에트 체제하에서의 토지 이용의 문제점과 그로 인한 농업 경제의 비효율성으로 인해 토지 개혁의 필요성도 대두되었다.[4)] 이러한 문제점으로 대부분의 구소련 국가들에서 농업, 토지 개혁이 진행되었다.

토지 사유화의 첫 번째 목표는 토지의 효율적인 이용을 통해 농업 분야의 효율성을 달성하는 것이다. 1980년대 소련의 농업은 낮은 생산성으로 위기 상황에 처해 있었으며, 정부의 막대한 재정지원을 필요로 하고 있었다. 그러나 국제자원시장에서의 낮은 석유, 가스 가격 등으로 인해 정부의 재정 지원은 여의치 않은 어려운 상황이었다. 이러한 상황에서 소련 체제의 붕괴이후, 농업 효율성 향상을 위해 농업 개혁이 필요했고, 토지 사유

3) Е. Серова, И. Храмова, Н. Карлова, Т. Тихонова, *Система земельных отношении в России* (М.: ИЭПП, 1999), с. 4; С.В. Бороздин, *Земельные отношения и аграрые реформы* (М.: ЮНИТИ-ДАНА, 2002), с. 135-140; Д.А. Шишов, *Социально-экономические и правовые аспекты перераспределения земель* (СПб.: Издательство юридического института, 2003), с. 72-73.

4) Max Spoor & Oane Visser, "The State of Agarian Reform in the Former Soviet Union," *Europe-Asia Studies* Vol. 53, No. 6 (March 2001) 참조.

화는 여러 가지 농업 개혁 중의 하나로 진행되었다. 러시아의 농업 개혁은 집단농장, 국영농장의 재조직과 사유화, 토지 사유화, 토지 사유화법 제정, 자영농 형성, 토지 시장 형성 등을 포함하고 있다.[5)]

토지 사유화와 집단농장, 국영농장의 재조직은 농업의 효율성 향상이란 측면과 함께 토지 자체의 효율적인 이용이라는 측면에서 밀접한 연관을 가지고 있다. 소련시기에 집단농장, 국영농장들은 무상으로 토지를 이용함으로써 토지보다 농기계를 비롯한 다른 자산들을 소중히 다루었고, 이 과정에서 토양 침식, 침수, 잡초화 등으로 토양 상태는 점점 악화되었다. 이러한 문제들을 해결하기 위해 추진된 토지 개혁은 토지 사유화와 동시에 집단농장과 국영농장을 재조직하고 이를 통해 토지의 효율적 이용을 목표로 하였다.

토지 사유화의 두 번째 목표는 토지 소유구조를 바꾸는 것이다. 즉, 기존의 국가 독점 구조인 토지 소유관계를 해체하고 이를 통해 농업에서 자본주의적 소유구조를 형성하는 것이다. 1990년대 초에 러시아 경제의 전 부문에 걸쳐서 사회주의에서 자본주의로의 이행이 필요하였고, 농업부문에서 자본주의로의 이행은 토지 소유 구조의 국가 독점을 해체하고, 사유화된 농업 분야의 주식회사나 개인이 농지를 소유하고 농업에 종사할 수 있도록 하는 것이었다. 이처럼 토지 사유화의 두 번째 목표는 토지 사유화 과정을 통해 토지를 이용하는 농업 주체를 탈 국유화하는 것이었다.

이러한 토지의 효율적 이용을 통한 농업 생산력 증대와 토지에 대한 국가 독점 소유구조 해체라는 토지 사유화의 목표는 1990년대 초 시작된 기업 사유화의 목표와도 유사하다고 할 수 있다. 러시아 기업 사유화의 목표도 기업 경영의 효율성 달성과 자본주의적 소유구조의 전환이었다. 또 현대 러시아의 토지, 농업 개혁은 농촌공동체를 해체하고 자영농을 육성해 농업의 효율성을 향상시키는 동시에 정치 지지 세력의 확대를 시도했던

5) David J. O'brien, Stephen K. Wegren and Valery V. Patsiorkovski, "Contemporary rural responses to reform from above," *The Russian Review* 63 (April 2004), p. 256.

제정 러시아 시기 스톨리핀의 개혁과도 유사한 면이 있다.[6)]

이 글에서는 위에서 언급된 토지 사유화의 목표를 고려하여, 러시아의 토지 사유화, 탈집산화가 구체적으로 어떤 과정을 통해 진행되었는가를 살펴보고, 러시아 정부가 의도했던 토지사유화의 목표가 달성되었는가를 살펴보기로 한다.

토지 사유화 과정에서는 무엇보다 법적, 제도적 근거를 연구하는 것이 중요하다고 할 수 있다. 특히, 러시아와 같이 수 십 년 동안 토지가 국가 소유였으며, 토지의 사적 소유가 전혀 인정되지 않았던 국가에서 토지 사유화 관련법 제정은 매우 중요한 의의를 갖는다. 1990년대 러시아 사유화 과정은 토지 사유화 관련법들이 제정됨에 따라 러시아 농민들의 토지에 대한 소유권이 점차 확대되어 가는 과정이라고 할 수 있다. 이 글에서 사용하는 농민은 모든 형태의 농업 활동에 종사하는 사람을 전체적으로 포함하는 것이다. 좁은 의미의 농민은 집단농장, 국영농장에 소속되어 농업 활동에 종사하는 사람, 집단농장, 국영농장이 재소식된 주식회사, 협동조합 등에서 일하는 사람을 뜻하는 용어이다. 이러한 좁은 의미의 농민은 러시아 법에 근거하여 명칭 되어지는 개인부업활동에 종사하는 부업농, 자영농업에 종사하는 자영농 등과 구분된다. 러시아 농민들은 1990년대 초 이후 토지를 점유할 수 있게 되었으며, 최근의 법 제정을 통해 토지 매매를 포함한 토지에 대한 완전한 소유권을 확립할 수 있게 되었다.

따라서 이 글에서는 러시아 토지 사유화가 진행되는 과정을 법 제정을 중심으로 세 단계로 나누었으며, 각 단계별로 중요한 특징들을 살펴보고, 토지 사유화의 결과를 평가하였다.

6) 스톨리핀 개혁과 현내 농업개혁의 내용과 관계에 대해서는 성원용, "현대 러시아의 농업개혁과 농업구소의 변화," 『슬라브학보』제14권 1호(1999); 김영옥, "체제전환기 러시아의 소유권 논쟁-소유권 개념에 대한 역사적 이해를 바탕으로-,"『슬라브학보』제18권 2호(2003); Louis Skyner, "Property as rhetoric; land ownership and private law in pre-soviet and post-soviet Russia," *Europe-Asia Studies* Vol. 55, No, 6 (March 2003) 참조.

Ⅱ. 러시아 토지 사유화의 전개 및 특징

러시아의 토지 사유화 과정은 법 제정을 중심으로 세 단계로 나누어진다. 첫 단계는 1990년부터 토지사유를 인정하는 헌법이 제정된 1993년까지라고 할 수 있다. 이 시기에는 토지 사유화를 위해 농촌의 토지를 분할하여 농민들에게 무상으로 분배할 것이 결정되었다. 두 번째 단계는 1994년부터 2001년 연방 토지법이 제정되기 이전까지의 시기이다. 이 단계에서는 연방 토지법이 제정되지 못한 가운데 각 지역의 지역 토지법을 통해 실질적으로 토지 사유화가 진행되었다. 세 번째 단계는 2001년 연방 토지법 제정 이후 지금까지의 시기이다. 이 시기에는 연방 토지법, 농지매매법 제정으로 토지 사유화의 법적, 제도적 장치가 확립되었다.

1. 토지 사유화의 법적 기초 형성 (1990-1993)

러시아 토지 개혁의 첫 단계는 토지 개혁이 시작된 1990년부터 토지 사유를 인정한 헌법이 제정된 1993년까지이다. 이 시기의 목표는 국가가 소유한 토지를 농민들에게 분할하고, 새로운 농업 생산 형태인 자영농[7]의 토대를 갖추는 것이었다.

1990년 4월 소연방 최고회의에서 '토지법 원리'가 발표되었다. 이 최고회의에서는 토지에 대한 사적 소유제 도입이 논의되었으나, 완전한 사적 소유제가 도입되지는 못했고, 그 대신에 토지 점유권을 상속할 수 있게 되었으며, 이와 동시에 토지 임대제가 시행되었다.

또 1990년에는 1978년에 제정된 러시아 공화국 헌법이 개정되었는데, 개정 헌법은 토지 사적 소유제도의 도입을 허용하였다. 그러나 개정 헌법에서는 국민이 토지를 소유한 후 10년 동안 타인에게 매각하거나 증여하는 것

7) 러시아어로는 крестьянские(фермерские) хозяйства이며, 우리말로는 개인 농업경영, 개인 농민경영, 파머, 자영농 등으로 번역되어 사용되고 있다. 이 글에서는 자영농이란 명칭을 사용하였다.

을 금지하였고, 그 토지는 오직 국가만이 매입할 수 있도록 결정되었다.[8]

이 개정된 헌법을 근거로 1990년 말에는 '토지 개혁법', '농업경영법(자영농업법)' 등이 러시아 공화국 최고회의를 통과하여 1991년 1월부터 시행되었다. 이 법들에 의해 농민들이 개인 부업농업, 과수원, 텃밭, 개인 주택을 위한 토지를 소유하는 것이 허용되었다. 농장의 구성원들에게 농장 토지를 지분으로 나누어 주는 방식으로 토지 사유화를 실시할 것도 제안되었다. 토지 사유화 방법은 무상분배, 유상분배, 원소유자에게 환원 등의 방법이 있으나, 유상분배는 농민들에게 토지를 매입할 자금이 없었고, 원소유자에게 토지를 환원하는 것은 원소유자를 찾는 것이 어렵기도 하고 사회적인 문제를 불러일으킬 수도 있으므로 러시아 정부는 무상분배라는 방법을 택하였다. 사회주의 기간이 길지 않은 몇 몇 동유럽 국가에서는 토지사유화가 원소유자에게 환원이라는 형태로 이루어지기도 했다.[9]

자영농, 개인 부업농업, 과수원, 텃밭 용지로 농민들에게 토지를 분배하기 위해 러시아 정부는 지역별로 토지기구를 설립하여 농장들로부터 토지를 할당 받았다.[10] 1991년 4월에는 러시아 공화국 토지법이 제정되었으며, 이 토지법도 위 두 법의 토지 개혁 내용을 포괄하고 있다. 또 이 토지법에서는 과거에 행정적인 결정으로 해결되었던 모든 토지 관련 문제를 재판을 통해 해결하도록 하였다.[11] 그러나 10년 동안의 토지 매매 금지

8) Д.А. Шишов, *Социально-экономические и правовые аспекты перераспределения земель* (СПб.: Издательство юридического института, 2003), с. 76.

9) Stephen K. Wegren, "Why rural russians participate in the land market: socio-economic factors," *Post-Communist Economies,* Vol. 15, No. 4 (2003). p. 483-484. 불가리아에서의 토지 소유권 환원에 대해서는 Leland Rhett Miller, "Land restitution in post-communist Bulgaria," *Post-Communist Economies,* Vol. 15, No. 1 (2003) 참조.

10) И.В. Логуноава, "Становление частной собственности на землю в России в 1990-е годы," ред., Л.В. Милов, *Землевладение и землепользование в России (Калуга: КГПУ,* 2003), с. 423.

11) 재판에 의한 토지 문제의 해결은 국민의 토지 소유권 강화라는 측면에서 볼 때, 매우 중요한 의미를 갖는다. 소련시기에 1930년대 초반까지 토지 문제는 재판을 통해 해결되었으나, 농업 집산화 이후에는 정부의 행정적인 결정으로 해결되었다. 이 문제에 대해서는 С. Липски., "Современное государственное управление сельскохозяйственным землепользованием,"

조항으로 인해 완전한 토지 사유화는 이루어지지 않았다.

1991년 말 소련 붕괴 이후, 러시아에서 토지 개혁은 매우 빠른 속도로 진행되었다. 1991년 12월 27일 대통령령 323호 <러시아에서 토지 개혁을 실시하기 위한 긴급한 방안>과 1991년 12월 29일 <집단농장과 국영농장의 재조직에 관한 정부령>에 따라 농촌 경제의 개혁과 토지 사유화가 시작되었다. 이 두 법적 조치에 의해 모든 집단농장과 국영농장을 1992년에 새로운 농기업, 협동조합 등의 형태로 재조직 할 것과 집단농장, 국영농장이 이용하는 공적인 토지를 이 농장 구성원들의 소유로 전환할 것이 결정되었다.

집단농장, 국영농장이 소유한 토지는 집단농장, 국영농장 소속 농민들에게 지분 형태로 분배되었는데, 지역마다 조금씩 차이가 있었지만, 토지 지분은 러시아 전체적으로 일인당 평균 6-10 ha 정도로 분할되었다.[12)]

그러나 이 토지 지분은 토지 형태로 분배되지 않고, 농장의 관리 하에 있다가 농장의 농민들이 연금 생활자가 될 때, 다른 지역으로 이주할 때, 상속할 때, 또 이 토지를 그 지역에 위치한 기업에 투자할 때 분할된 토지를 자신의 소유로 할 수 있게 되었다. 또 농장 농민은 농장의 다른 농민에게 이 지분을 매각할 수 있게 되었다.[13)] 1992년 봄에 집단농장, 국영농장의 강제적인 재조직에 반대하는 농장들의 압력으로 러시아 정부는 재조직을 반대하는 집단농장, 국영농장은 이전의 농장 형태를 그대로 유지할 수 있도록 허용하였다. 그러나 이러한 반대는 경제적인 이유가 아니라, 경제개혁에 대한 지역 공산당의 지지를 받는 정치적인 반대이거나, 급격한 변화를 거부하는 심리적인 면이 강했다. 따라서 농장의 재조직 반대는 일시적, 지역적인 현상일 뿐, 이후 농장들의 수와 이용 농지면적은 급격히 줄

АПК, 6, 2003 참조.

12) А.Е. Шеншин, *Формирование основ рыночной экономики в России в конце XX в.* (М.: РИЦ ИСПИ РАН, 2002), с. 25.

13) П.М. Колованин, *Собственность на землю в России* (СПб.: Знание, 2003), с. 282-283.

어들고, 대부분의 농장들은 주식회사 등의 농기업으로 전환된다. 1993년까지는 농민이 보유한 토지 지분 거래는 동일한 집단농장, 국영농장 구성원 간에만 가능했으나, 1993년 10월 <러시아 토지 관계 조정과 농업 개혁 발전을 위한 대통령령> 발표 이후에는 집단농장, 국영농장 구성원 이외의 사람에게도 자신의 토지를 매각하는 것이 가능하게 되었다.[14)]

한편, 농지가 아닌 다른 용도의 토지(건축지, 거주지)는 지방의 행정당국이나 지역 토지 분배기구가 관리하게 되었다. 농촌 지역 행정기구가 보유한 토지는 토지 지분을 받지 못한 사람(타 지역으로부터의 이주인 등)에게 분배되었다. 지역의 일인당 분배 기준 내에서는 무상으로 토지가 분배되었으며, 기준을 초과하는 토지는 임대되거나 유상으로 분배되었다. 집단농장이나 국영농장도 지역 행정기구가 보유한 토지를 임대하거나 매입할 수 있었다.

이렇게 농장의 농민들이 지분형태로 토지를 소유할 수 있게 된 것과 함께 개인 부업농들과 자영농들이 토지를 소유할 수 있게 되었다. 이미 1970년대부터, 집단농장, 국영농장의 구성원은 개인 부업농업을 위해 토지를 분할 받아 사용해왔다.[15)] 물론 이 토지들은 국가의 소유였다. 농민들은 1991년 이후에는 영구사용권, 세습적 점유권 형태로 개인부업용 토지를 이용했으며, 1992년 '개인 부업농업, 과수원, 개인 주택 건설을 위한 토지의 소유와 판매에 대한 국민 권리법' 제정 이후에는 토지에 대한 소유권을 갖게 되었다. 농민 개인이 부업을 위한 농지로 정부로부터 무상으로 분배받을 수 있는 토지 면적은 0.5-1 ha 정도였다.[16)]

---

14) О. Кирчик, "Земельная реформа," *Отечественные записки* 1 (2004), с. 92-93.

15) 소련 정부는 부업농업에 대해 부정적인 입장이었다. 비록 부업농업이 주농산물이 아닌 감자, 야채, 달걀 등의 부차적 농산물 생산에 치중되어 있고, 기본적으로 개인적 소비를 목적으로 하였으나, 부업농업은 소련 농업의 중요한 형태 중 하나였다. 소연방 해체 이후, 2000년에도 부업농업은 러시아 전체 농업 생산의 약 27%를 차지하였다. Пациорковский, В. В., *Сельская Россия. 1991-2001 гг.* (М.: Финансы и статистика, 2003). с. 85.

16) Н. Шагайда, "Формирование рынка земель сельскохозяйственного назначения в России," *Отечественные записки,* 1 (2004), с. 264.

한편, 1992년에 등장한 자영농들은 토지를 영구 사용 형태로 분할 받았다. 자영농이 이 토지를 소유하기를 원할 경우, 지역의 일인당 분배 기준 내에서는 무상으로 토지를 소유할 수 있었는데, 무상 배당면적은 30-50 ha 정도였다. 기준을 초과하는 토지는 지역 토지 분배 기구, 다른 자영농, 농업 기업, 농업 기업의 연금생활자들로부터 임대하거나 유상으로 매입할 수 있었다. 그러나 자영농을 시작하는 사람들은 사업 초기부터 여러 가지 어려움을 겪었다. 질이 좋지 않은 토지가 분배되기도 했으며, 자금 융자도 부족하였고, 농기계도 부족하였다. 지역 토지기구가 자영농에 대한 분배를 목적으로 국영농장, 집단농장으로부터 분할 받은 토지 중에는 경지로 이용되지 않고 있거나, 질이 좋지 않은 토지가 포함되어 있었던 것도 토질이 나쁜 토지가 자영농에게 분배된 원인 중 하나이다.

이처럼, 부업농과 자영농들이 토지개혁 초기에 토지를 실질적으로 소유하게 되었다. 그러나 이들은 토지를 일정한 규모 이상으로 소유하는 것이 제한되었다. 상한선 규정은 소수의 사람에게 많은 토지가 집중되는 것을 막기 위해서였다. 또 개인 부업 농업용 토지는 토지를 이용하는 것에 제한이 없었으나, 자영 농업용 토지는 1년 동안 토지를 농업에 이용하지 않을 경우, 토지가 국가에 귀속되었다.

이러한 토지 개혁 과정은 1990년 7월 14일에 설립된 토지개혁 위원회가 담당했다. 토지 개혁 위원회는 1993년 2월 2일 토지 자원과 개발 위원회(로스콤젬)로 재조직되었는데, 러시아의 지방 행정단위마다 로스콤젬의 지부가 있다.[17)]

러시아 토지 개혁의 첫 단계는 1993년 12월 12일 헌법제정으로 마무리되었다. 1993년 러시아 헌법은 이후에 제정된 모든 토지 관련법의 기본이 되는 법이다. 이 헌법은 구체적으로 다음의 내용들을 포함하고 있다.

* 토지 소유 형태는 사유, 국유, 시유 등으로 다양하다.

---

17) Кошкин и др., *Управления государственной собственностью* (М.: ЭКОМОС, 2002), с. 482.

* 국민들은 토지를 사적으로 소유할 권리를 가진다.
* 사적 소유는 법으로 보호되며, 법원의 결정에 의해서만 상실된다.
* 토지 소유자는 자유롭게 토지를 소유, 이용, 관리한다(만약 환경을 해치지 않거나, 다른 사람의 권리나 이해를 침해하지 않을 경우).
* 토지 이용 절차, 조건은 연방법에 따른다. 국민의 소유권(토지 포함)은 헌법, 타 국민의 도덕, 건강, 권리와 법적 이익 보호, 그리고 국가 방위와 안보를 목적으로만 연방법으로 제한된다.[18]

이처럼 1993년 헌법은 토지에 대한 소유권을 완전한 형태로 인정하였다. 그러나 이러한 권한은 헌법제정 이후 곧바로 실현되지 못하고 연방 토지법이 제정된 뒤에 토지 사유권이 적용되도록 하였다.

이상에서 살펴본 것과 같이, 제1단계 토지 개혁 시기에는 토지 사유화를 위한 기본 방식이 결정되었다. 러시아에서 농지의 사유화는 집단농장, 국영농장의 농민들에게 토지 지분을 무상으루 동등한 면적으로 나누어 주는 방법으로 이루어졌다. 이 시기에는 농민들이 자영농, 개인부업농업 등의 형태로 토지를 소유하는 것이 허용되었다. 또 토지 문제를 담당하는 기구가 설립되었으며, 토지 사유를 인정한 헌법 제정을 통해 토지 소유를 다양화하기 위한 기본 법적 조건이 갖추어졌다. 이와 함께 집단농장, 국영농장을 주식회사, 협동조합 등의 새로운 농기업 형태로 재조직할 것도 결정되었다.

이처럼 1990년대 초반에 러시아 농업 개혁과 토지 사유화를 위한 방향과 방법이 모두 결정되었다. 그러나 농업 개혁과 토지 사유화를 반대하는 공산당, 농업당 등이 의회의 다수파를 형성하고 있는 정치적 상황에서 옐친 행정부는 이러한 개혁을 즉각적으로 실시할 수 없었다. 또, 개혁 초기 농업의 급격한 개혁에 대한 농장의 책임자들의 반대가 많았던 것도 농업 개혁과 토지 사유화가 기업 사유화나 다른 경제 개혁과 같이 빠른 속도로 추진되기 어려웠던 원인 중의 하나라고 할 수 있다.

---

18) *Конституция Российской Федерации* (М.: Юрид. лит., 1993).

2. 토지 사유화의 진행과 토지 시장의 형성(1994-2000)

토지 사유화의 두 번째 단계는 1994년부터 2001년 연방 토지법이 제정되기 이전까지의 시기이다. 이 시기에는 토지 개혁이 지속적으로 이루어졌는데, 1994년 민법과 1996년의 대통령령은 이 시기 토지 개혁의 중요한 법적 조치이다.

1994년에 제정된 민법은 17장에서 토지 매매를 허용하고 있으나, 이 조항은 연방 토지법의 제정 이후에 시행되도록 하였다. 토지 관계를 조정하는 연방 토지법 제정 논의는 의회를 중심으로 활발하게 진행되었다. 새로운 토지법 안은 의회에서 논의를 거친 후 1997년, 1998년에 각각 통과되었다. 그러나 옐친 대통령은 공산당 주도의 의회를 통과한 토지법이 헌법에서 보장하고 있는 자유로운 토지 매매를 인정하지 않는다는 이유로 거부권을 행사하였다. 대통령과 의회의 의견이 가장 첨예하게 대립된 것은 농촌 토지의 매매 허용 문제였으며, 원래의 목적이 아닌 상태로 사용되는 토지 소유권을 개인으로부터 정부에 귀속하는 것도 논란이 되었다.

1993년 헌법과 1994년 민법 17장에서 허용된 토지 매매가 연방 토지법의 부재로 실시되지 않는 상황에서 일부 지역에서는 자체적인 토지 관련 법안들을 제정했다. 1993년 러시아 헌법 72조에 의하면, 러시아 연방이나 지방이 공동으로 토지법을 만들고 집행할 수 있다고 되어 있다. 그런데 오랫동안 연방이 토지법을 제정하지 못한 상태가 지속되자 일부 지역에서는 이 조항을 근거로 자체적으로 토지법을 만들고, 토지 사유화를 시행하였다.[19] 이 헌법 조항에 따라 사라토프, 타타르스탄, 사마라, 카렐리, 보로네쥐, 스베르들롭스크, 쿠르스크, 탐보프 등 19개 주에서는 지역 토지법이 제정되어 토지 매매가 허용되었다.[20] 특히 사라토프 주는 1997년 러시아

19) Т.Г. Нефедова, *Сельская Россия на перепутье: Географические очерки* (М.: Новое издательство, 2003), с. 44.

20) 카잔에서 실시된 한 회의에서는 위의 주들을 포함한 19개 주의 대표들이 모여 각 지역별로 독자적인 토지 사유화 법안을 준비하고 있다고 밝히고, 대통령과 연방의회에 지역 토지법에 대한 명확한 법적 효력을 부여해 달라고 주장하기도 했다. Аяцков и др. *Собственность на землю в России: история и современность* (М.: РОССПЭН, 2002), с. 489.

에서 가장 먼저 토지 매매를 허용하는 지방 토지법을 제정하였는데, 옐친 대통령과 러시아 정부는 이 법의 제정을 지지하였다. 이 법의 제정 이후, 1997년 한 해 동안 사라토프 주에서는 6836건의 토지매매가 이루어졌다. 또 이 지역에서는 주정부의 관리 하에 1998년 3월 러시아에서 최초로 농지 경매가 실시되기도 했는데, 1998년, 1999년 동안 184건의 경매가 이루어져, 803 필지가 매각되었다.[21] 그러나 이러한 지역들과 반대로 다게스탄, 북오세티야, 알타이 등의 11개 지역에서는 여전히 토지매매가 허용되지 않았다. 이처럼 지역별로 다른 토지제도가 시행되는 혼란된 상황이 몇 년 동안 지속되었다.

| 표 1 | 집단농장과 국영농장의 재조직 (매년 연말 기준 단위: 천)

	1991	1992	1993	1994
전체 농기업수	25.5	26.6	26.9	26.9
집단농장	13.1	8.2	6.5	6.0
국영농장	12.4	7.1	4.0	3.6
재조직되거나 새로 설립된 농기업	-	11.3	16.4	17.3

자료: Российский статистический ежегодник, 1995 (М.: Госкомстат, 1995), 352.

한편, 정부의 농장 재조직 정책에 따라 위의 <표 1>에서와 같이 1992년 처음으로 새로운 형태의 농기업들이 등장했으며, 1992년, 1993년 동안 많은 농장들이 재조직 되었다. 이에 따라, 1991년에 각각 1만 3100개와 1만 2400개에 달하던 집단농장과 국영농장의 수는 1994년에 각각 6000개와 3600개로 크게 줄어들었다. 반면 재조직되거나 새로 설립된 농기업의 수는 1만 7300여개로 늘어났다.

집단농장과 국영농장의 재조직과 토지 분할 결과, 아래 <표 2>에서 볼 수 있듯이 집단농장, 국영농장 소유의 농경지 면적은 점차 줄어들었으며, 재조직된 농업 기업과 자영농 소유의 농경지 면적은 점차 증가하였다.

21) Аяцков(2002), с. 490.

<표 1>에서와 마찬가지로, 1992년, 1993년에 농경지 이용자들의 이용 토지 면적에 변화가 많았던 것으로 나타났다. 이미 1992년 재조직된 농기업의 이용 농경지 면적은 8200만 ha로 집단농장, 국영농장의 농경지 면적인 8080만 ha보다 많았으며, 1993년에는 재조직된 농기업의 이용 농경지 면적이 1억 170만 ha로서 집단농장, 국영농장의 농경지 면적 6980만 ha를 크게 초과했다. 1996년에는 전체 농경지의 70%가 개인이나 재조직된 농업 기업의 소유로 전환되었다. 이처럼 1992년부터 1990년대 중반까지 급격한 속도로 농업 개혁과 토지 개혁이 이루어졌다.

표 2 농경지 이용자 비율(단위: 백만 ha)

연도	농경지	농경지 중에서						
		농기업	농기업 이용지 중에서			자영농	개인 부업농	과수원, 텃밭
			집단농장	국영농장	주식회사, 협동조합 등			
1992	210.6	180.1	40.1	40.7	82.0	6.5	6.4	1.7
1993	210.1	175.0	34.9	34.9	101.7	9.7	5.4	1.8
1994	209.2	173.2	32.2	32.2	105.1	10.1	5.7	1.8
1995	209.6	171.2	31.3	31.3	105.5	10.5	5.3	1.9
1996	208.4	169.5	30.6	30.6	105.6	10.8	5.4	1.7

자료: Россия в цифрах, 1997 (М.: Росстат, 1997), с. 294.

농업 기업의 재조직 결과, 불완전한 토지 소유와 이용 구조가 형성되었다. 토지의 소유자들은 과거 집단농장, 국영농장의 구성원이었던 농민들이었고, 토지의 실질적 이용자들은 재조직된 농업 기업이었다. 토지 소유자와 이용자의 법적 관계는 불명확했다. 임대 계약이 체결되지 않은 경우가 많았으며, 이에 따라 토지 소유자들은 임대료를 거의 받지 못했고, 토지세는 이용자들이 지불했다. 이처럼 계약을 체결하지 않고 토지를 이용하는 것은 이용자인 기업들에게도 불안정한 것이었다. 소유자들은 언제든지 토지를 돌려줄 것을 요구할 수 있었고, 이에 따라 농업 기업들은 안정된 기업 활동이 보장되지 않았기 때문이다.

이러한 문제점을 없애기 위해 1996년 3월 토지 소유자와 이용자의 법적 권한 확립을 내용으로 하는 대통령령인 "국민의 토지에 대한 법적 권리 실현"이 발표되었다.[22] 이 대통령령은 현재 농촌 토지를 실질적으로 이용하는 자(주로 농업 기업의 책임자)들이 토지 지분의 보유자(농민)들과 농민들의 토지 매입이나 임내 계약을 체결하도록 규정하고 있으며, 토지 지분을 보유한 농민이 토지를 소유한 상태로 자유롭게 탈퇴하여 자신의 토지로 농업을 할 수 있도록 하고 있다.[23]

| 표 3 | 2000년 러시아 농민의 토지 지분 이용 형태(단위: %)

지분 이용 형태	100
임대	72.6
농기업에 대한 투자	22.6
자영 농업을 위해 토지 이용	4.1
개인 부업농업을 위해 토지 이용	0.7

자료: Кирчик, О., "Земельная реформа," Отечественные записки, 1, 2004, с. 93.

농민들은 지정된 기간과 정해진 조건으로 토지를 기업에 임대하거나, 토지 지분을 기업의 자본으로 전환할 수 있었다. 1995년까지 토지 지분 보유자의 70%가 지분 증명서를 받았으며, 2000년까지는 지분 보유자의 91.2%가 토지 지분 증명서를 받았다. 지분을 가지게 된 농민의 수는 약 1천 2백 만 명에 이르렀으며, 이 토지 지분 규모는 러시아 전체 농지 규모의 절반을 넘었다. 이들 중 2/3가 지분에 대한 권리를 행사했다.[24] 위의

---

22) Е. Иванов, "Совершенствование системы государственного управления земельными ресурсами(из опыта Псковской области)," *Экономист*, 1, 2003, с. 90.

23) П.М. Колованги (2003), с. 284

24) О. Кирчик (2004), с. 93.

<표 3>에서 볼 수 있듯이 대부분의 토지 지분 보유자는 토지 지분을 기업에 임대하는 방식을 택했다. 토지 지분을 기업에 임대한 경우가 72.6%이며, 그 다음으로 토지 지분 이용 형태는 농기업에 토지 지분을 투자한 경우이며, 22.6%의 토지 지분 소유자가 농기업에 토지 지분을 투자했다. 이에 비해 자영 농업이나 부업 농업을 위해 토지 지분을 이용한 비율은 미미했다. 정부에서 기대했던 것처럼, 독자적이고 개인적인 농업 활동을 위해 토지 지분을 이용하는 경우는 많지 않았던 것이다.

그럼에도 불구하고, 자영농의 등장은 이 시기 중요한 농촌 개혁 결과 중의 하나이다. 자영농은 1991년에 처음으로 등장하였으며, 1991년에는 50여개의 자영농이 약 5천 ha의 토지를 이용하였다.[25] 아래 <표 4>에서 나타난 것과 같이 1992년 러시아에는 18만 2800여개의 자영농이 존재했고, 1995년에는 28만 여개로 크게 증가했다. 1995년까지 자영농이 급속히 증가한 데는 정부의 자영농 지원이 큰 몫을 했다. 자영농에 대해 세제 혜택과 융자 우대를 했으며, 자영농은 정부의 지원으로 쉽게 농지를 받을 수 있었다. 또 1990년대 초 자영농 수의 증가는 초기에 농학자, 농업 기술자 등 농촌의 엘리트층이 새로운 형태의 농업에 대한 기대로 자영농이 된 경우가 많았기 때문이다.[26]

❙ 표 4 ❙ 자영농의 수와 이용 토지 면적(연말 기준)

	1992	1995	1998	1999	2000
자영농의 수(단위: 천)	182.8	280.1	270.2	261.1	261.7
자영농의 이용 토지 면적(단위: 천 ha)	7804	12011	13845	14384	15292
자영농의 평균 이용 토지 면적(단위: ha)	43	43	51	55	58

자료: Россия в цифрах, 2004 (М.: Росстат, 2004), с. 211.

25) Р.А. Москвитина, “Проблема земельной собственности в 1990-е гг.(на примере Саратовской области),” ред., Л.В. Милов, с. 432.

26) Т.Г. Нефедова, *Сельская Россия на перепутье: Географические очерки,* с. 76 참조.

자영농의 수는 1995년 이후에는 감소세를 보여 2000년에는 26만여 개로 줄어들었다. 그러나 이들의 평균 이용 토지 면적은 1992년의 43ha에서 1998년 51ha, 1999년 55ha , 2000년에는 58ha로 꾸준히 증가했다. 이것은 1995년 이후에는 자영농의 규모가 커지고 있다는 것을 나타낸다. 이러한 개별 자영농의 규모가 커지면서 자영농 전체의 이용 토지 면적도 1992년의 780만 4천 ha에서 2000년에는 1529만 2천 ha로 약 2배 증가했다. 그러나 이러한 자영농의 양적 증가에도 불구하고 러시아 농업 생산에서 자영농이 차지하는 비율은 여전히 낮았다.[27] 이것은 자영농의 낮은 생산성과 비효율성을 나타낸다. 정부 차원의 지원 축소도 자영농의 수가 감소한 원인이다. 1990년대 중반까지 정부는 자영농에 대해 세제, 융자 등의 혜택을 주었으나, 1990년대 후반에는 이러한 혜택을 축소하였다. 자영농은 은행 대출이 쉽지 않았고, 큰 액수의 농기계를 구입하는 것이 어려워져 생산성이 떨어지기도 했다.

비농업 분야에서 토지사유화는 농업 분야와는 다른 식으로 형성되었다. 도시지역에서의 토지 사유화의 특징은 사유화된 기업이 점유하고 있는 토지 사유화가 대부분을 차지하고 있는 것이다. 나머지 대부분의 토지는 여전히 국가가 소유권을 가지고 있다.

1994년 7월 22일 대통령령 1535호 '1994년 7월 1일 이후 러시아 국유, 시유 기업의 사유화 프로그램'은 사유화된 건물, 설비가 위치한 토지의 사유화를 허용하고 있다. 그러나 대부분의 기업들은 토지 매입을 위한 자금이 부족하였고, 기업이 토지를 소유, 운영하는 것에 대한 법적 보장이 없었으므로 기업 토지 사유화는 느린 속도로 진행되었다.

---

27) 자영농은 전체 농업 생산물의 2.5%(1999년), 3.0%(2000년), 3.7%(2001년), 3.7%(2002년)를 생산했으며, 2003년에는 전체 농업 생산물의 4.2%를 생산했다. А.Л. Оверчук., "Институциональные проблемы государственного управления землей и недвижимостью: пути решения," *Земельный вестник России*. 3 (2002), с. 11; *Россия в цифрах*, 2004 (М.: Росстат, 2004), с. 207; *Сельскохозяйственная деятельность хозяйств населения в России* (М.: Госкомстат России, 2003). с. 12.

| 표 5 | 토지 거래 형태

	1999		2000		2001	
거래형태	거래 수 (면적, 단위: ha)	비율 (단위; %)	거래 수 (면적, 단위: ha)	비율 (단위; %)	거래 수 (면적, 단위: ha)	비율 (단위; %)
전체	5226629 (72150706)	100	5271174 (60347313)	100	5556327 (69955514)	100
정부토지의 임대	4733347 (72028548)	90.56	4728690 (60213760)	89.7	5025656 (69791128)	90.4
정부토지의 임대권 매각	8104(6844)	0.16	15615 (4999)	0.3	6936 (24553)	0.12
정부토지의 매각	22191 (15821)	0.42	23969 (4375)	0.45	24465 (16257)	0.45
일반인, 기업 사이의 매매	291771 (45361)	5.58	315508 (55618)	6.0	305692 (48381)	5.5
증여	22443(5832)	0.43	23441 (6027)	0.44	24576 (6948)	0.5
상속	147533 (47606)	2.83	161912 (61668)	3.07	167512 (67410)	3.0
담보	1240(694)	0.02	2039(806)	0.04	1490(837)	0.03

자료: А. Ковальчук, "Земельный рынок россии," Отечественный записки, 1, 2004, c. 257; А.Л. Оверчук., "Институциональные проблемы государственного управления землей и недвижимостью: пути решения," Земельный вестник России 3 (2002), c. 9.

위의 <표 5>에서와 같이, 러시아 전체적으로 가장 일반적인 토지 거래 형태는 정부 토지의 임대이며, 전체 토지 거래의 90%를 차지하고 있다. 특히, 모스크바시의 경우, 거의 대부분의 토지는 여전히 정부가 소유하고 있으며, 이 토지는 기업체들에 임대되어 있다. 이 시기 토지 매매는 전체 토지 거래의 6%에 불과하였다. 토지 매매에는 정부 소유 토지를 매각하거나, 일반인이나 기업 사이에 거래가 이루어지는 두 가지 형태가 있다. 이

중에서 일반인이나 기업 사이의 토지 매매가 2001년의 경우 전체 토지 거래의 5.5%로서, 0.45%에 불과한 정부 소유 토지의 매각보다 훨씬 높은 비율을 차지했다. 이처럼, 전체 토지 거래 중에서 토지 임대가 매매보다 훨씬 높은 비중을 차지하고 있는 것은 여러 가지 원인이 있으나, 주요한 원인은 대부분의 기업들이 정부 소유의 토지를 임대하여 사용하고 있고, 2001년 연방토지법 제정 이전의 시기에는 연방차원의 명확한 법적 토대 미비로 토지에 대한 소유권이 확고히 갖추어지지 않았기 때문이다.

이상에서 살펴본 것처럼, 2단계 토지 사유화 시기는 1단계에서 토지 사적 소유가 1993년 헌법으로 인정된 가운데 이를 조정할 연방차원의 토지법 부재로 인해 토지에 대한 사적 소유가 완전한 법적인 제도를 갖추지 못한 단계였다. 그러나 러시아 정부가 추진하였던 토지법이 공산당의 반대로 의회에서 통과되지 못하고 있는 상황에서 연방과 지방이 공동으로 토지법을 제정할 수 있다는 1993년 헌법에 근거하여 사라토프, 타타르스탄, 사마라 등을 비롯한 지방에서는 자체적으로 토지법을 제정하여, 토지 매매를 허용하였으며, 토지 경매가 실시되었다. 토지법이 제정된 지역에서는 국민들이 토지와 관련한 완전한 소유권을 가질 수 있었다. 그러나 일부 지역에서는 여전히 토지 사유화가 금지되어 있었다. 이에 따라 이 시기는 지역 토지법 제정여부에 따라 각 주, 공화국별로 다른 토지 제도가 실시되고 있는 혼란의 시기였다. 그러나 러시아 전반적으로 다양한 용도로 국민들이 소유하는 토지 규모가 늘어났으며, 토지 매매, 임대 등 토지 관련 거래가 증가하였다.

즉, 이 시기에는 러시아 연방 차원에서는 합법화되지 않는 토지 매매가 지방 차원에서는 합법화되었다. 이것은 이 시기에 러시아 정부의 지방에 대한 영향력이 미약했다는 것을 보여준다. 한편, 토지 소유권의 관점에서는 농지에 대한 매매가 허용됨으로써 농지 소유권이 강화되었다. 그러나 연방법이 제정되지 못한 가운데 지방 차원에서 인정된 농지 매매권은 향후 제정될 연방법의 내용에 따라 다시 제한이 가해질 수 있는 불안정한 상황이었다고 할 수 있다.

3. 토지 사유화의 법적 토대 완성(2001-현재)

러시아 토지 사유화의 3단계는 2001년 연방 토지법 제정부터 현재까지의 시기이다. 2001년의 연방 토지법 제정과정에서 의회를 중심으로 찬반 논의가 치열하게 전개되었다.

토지법 제정 지지자들은 이 법의 제정을 통해 이미 다양한 형태로 토지를 소유한 사람들이 법적으로 토지 소유권을 확고히 보장 받을 것이고, 그동안 토지 개혁 과정에서 생긴 여러 가지 문제들이 해소될 것이라고 예상했다. 또 새로운 토지법이 외국자본의 대러시아 투자를 증대시킬 것이라고 주장했다. 그러나 반대론자들은 이 법이 제정된다면, 향후 몇 년 뒤에는 사유화가 되어서는 안 되는 천연자원이 포함된 지역까지 사유지가 될 수도 있으며, 외국인이 러시아 토지의 대부분을 매입할 수도 있다고 우려했다. 정부와 연방 토지법 제정 지지자들은 주거지(전체 토지의 1.1%)와 공업지(전체 토지의 1.0%)인 러시아 전체 토지의 2% 정도가 사유화 될 것이라고 반대론자들을 설득했으나, 반대론자들은 토지법 제정으로 사유화되는 토지 면적은 2%에 불과할지라도, 이 토지는 도시 지역 토지로서 막대한 자산 가치를 가지고 있다고 지적했다.[28)]

연방 토지법은 의회에서 많은 논쟁을 거친 후, 2001년 9월 20일과 10월 10일 각각 의회와 연방회의를 통과했으며, 2001년 10월 25일 대통령의 서명으로 시행되었다. 이 토지법은 농지와 삼림지 그리고 자연 보호 구역, 국립공원, 군대, 치안 기관, 묘지 등의 용도로 사용되는 토지를 제외한 토지의 거래를 허용하고 있다.[29)] 연방 토지법에 따라 러시아 토지법 원칙, 러시아 연방, 지방의 토지에 대한 법적 권한(1장), 토지 사용, 임대 규정(4장), 토지 이용권과 의무(6장), 토지권 상실, 제한 절차와 조건(7장), 정부

28) Аяцков и др. *Собственность на землю в России: история и современность*, с. 515-516; В. Беленький, Установимая " правила игры" на земельном рынке, *Вопросы экономики*, 8 (2001), с. 94-95.

29) 토지 사유화 반대자들의 강력한 반발을 우려해, 정부는 농업용지, 삼림지, 특별보호구역을 사유화 대상에서 제외하고, 도시지역의 토지만 사유화 대상에 포함하였다.

또는 시의 필요를 위한 토지 몰수와 관련된 손실 보상 규정(8장), 토지 가격과 토지 평가 방법(10장) 등이 결정되었다.[30)]

한편, 외국인들은 대통령이 정하는 국경지역의 토지와 특수한 지역 토지를 제외한 토지를 소유 할 수 있게 되었다.

이 법의 제정으로 일반인이나 기업이 그 동안 영구 이용권을 가지고 사용 중인 토지에 대한 영구 이용권이 중단되었다.[31)] 개인은 영구이용권을 가진 토지를 무상으로 사유화 할 수 있게 되었으나, 기업은 이용 중인 토지를 정부와 임대나 매입 계약을 체결하도록 하였다.

한편, 연방 토지법에서는 농지 매매의 특수성을 고려하여, 농지매매를 다루는 별도의 연방법 제정의 필요성을 규정해 놓았다. 이에 따라 러시아 정부는 2002년 3월 농지매매법을 의회에 제출하였고, 이 법은 2002년 7월 의회를 통과하였다. 농지매매법에 따라 2003년 1월부터 농지매매가 허용되었다. 이렇게 제정된 농지매매법은 소수의 사람들에게 농지가 집중되는 것을 막기 위해, 한 지방 행정구역 내에서 한 사람이 소유할 수 있는 농지규모를 그 지방 농지의 10%이내로 제한하고 있다. 가장 첨예한 문제가 되었던 외국인의 농지 매입권에 대해서는 외국인이 농지를 매입할 수 없으며, 단기, 장기 임대는 가능한 것으로 결정 되었다. 또 외국인의 지분이 50% 이상인 기업도 농지 임대만 가능하며, 매입은 허용되지 않도록 정해졌다.[32)]

연방 토지법과 농지매매법의 제정 이후, 토지 매매가 합법적으로 이루어지고 있다. 토지 매매 건수와 매매 가격은 토지 용도별로, 지역별로 큰 차이가 있다. 대도시 근교의 토지 매매는 활발한 편이다.[33)] 특히 모스크바

30) *Земельный кодекс российской федерации* (М.: Ось-89, 2002).

31) 사유화되지 않은 국유기업의 경우는 토지에 대한 영구 이용권을 가지고 계속 토지를 이용할 수 있었다.

32) Об обороте земель сельскохозяйственного назначения, Федеральный закон от 24 июля 2002 года, *Российская газета*, 27 июль, 2002.

33) 이에 대해서는 Шишов, Д.А., Зейналов, И.М., “Земельный рынок в Санкт-Петербурге и Ленинградской области,” *Аграрная наука*, 3 (2003) 참조.

근교의 토지는 다차, 주택 등 주거용으로 수요가 높으며, 2008년 7월 모스크바 근교에서 가장 비싼 토지의 가격은 100 평방미터에 7만 달러에 달했으며, 100 평방미터에 1만 5천 달러에서 5만 달러 사이에서 주로 거래가 이루어지고 있다.[34] 농지매매법으로 농업용 토지의 용도를 변경하는 것이 제한되어 있으나, 대도시 주변의 농지들은 수요가 높다.[35] 토지 투기꾼들이 도시 근교의 농민들로부터 농지 지분을 대규모로 사들이고 있다. 가난한 농민들과 재정적으로 어려운 기업들이 토지를 매각하고 있다. 농촌에서는 토지 수요가 아직 낮은 편이지만, 러시아의 남부의 농업 지역에서는 비교적 토지 매매가 활발하다.[36] 크라스노다르스크를 비롯한 남부 지방은 주요 곡물들이 생산되는 러시아 최대의 곡창지대이다.

1990년 이후의 토지 개혁 결과, 2003년 전체 농경지 중에서 정부가 보유한 농경지의 비율은 42%로 줄어들고, 개인이나 기업이 소유한 농지의 비율이 58%에 이르게 되었다. 개인이나 기업이 소유한 농경지 중에서 중에서는 개인이 농기업의 지분 형태로 보유한 비율이 전체 농경지의 51%로 가장 비율이 높았으며, 개인이 직접 농경지를 소유한 비율이 5%였고, 농기업이 소유한 비율은 1%였다.[37]

러시아 전체 토지 중에서 국유지는 92.4%, 사유화된 토지는 7.6% 정도이다. 또 사유화된 토지 7.6% 중에서 0.3% 토지를 법인이 소유하고 있으며, 7.3%를 개인이 점유하고 있다.[38] 국유지를 러시아 지역별로 살펴보면 다음과 같다.

---

34) www.mian.ru/moscow/Info/Analitics.aspx?id=3516(검색일: 2008년 11월 14일)

35) Бражко, В.Г., "Земльно-хозяйственное устройство сельских поселений," *Аграрная наука,* 4 (2003) 참조.

36) 러시아에서 2003년 한 해 동안 가장 토지 매매가 많았던 지역은 모스크바 주, 벨고로드 주, 크라스노다르스크 주, 타타르스탄 공화국이었다. 그 다음으로 토지 매매가 많았던 지역은 로스토프 주, 스타브로폴 주였다. *Forbes*, июль, 2005, с. 50.

37) Beth Mitchneck, "Governance and land use decision-making in Russian cities and regions," *Europe-Asia studies* vol. 59, No. 5 (July 2007), p. 737.

38) *Forbes*, июль, 2005, с. 48.

| 표 6 | 러시아 지역별 국유지 비율 (단위: %)

		2001	2003	2004
러시아 연방		92.4	92.5	92.4
	중부	-	62.0	61.9
	북부	-	97.1	97.1
	서부	61.6	61.7	61.6
	볼가	68.4	68.6	68.3
	우랄	-	-	94.6
	시베리아	-	-	93.7
	극동	99.6	99.6	99.6

자료: Beth Mitchneck, "Governance and land use decision-making in Russian cities and regions," Europe-Asia studies vol. 59, No. 5 (July 2007), p. 737.

<표 6>에서와 같이 지역별로 살펴볼 때, 농지나 공업 토지의 비중이 다른 지역보다 높은 중부, 서부, 볼가 연방 지구에서 국유지의 비중이 극동, 북부, 시베리아, 우랄 등 다른 지역과 비교하여 크게 낮은 것으로 나타났다. 이처럼 러시아 전체적으로 사유화 토지의 비율이 높지 않은 것은 사유화된 토지가 대부분 주거지와 공업, 교통 용도의 토지, 농경지 등이며, 전체 토지의 64.5%를 차지하는 삼림지와 특별보호구역, 수원지, 예비 토지가 여전히 국유지로 남아있기 때문이다.

러시아 토지 사유화의 3단계에서는 2001년의 연방 토지법, 2002년의 농지매매법 제정으로 토지 사유화를 위한 법적 제도가 확고히 갖추어졌다. 연방 토지법 제정으로 농지와 삼림지, 특수 지역 등을 제외한 토지 매매가 허용되었으며, 농지매매법 제정을 통해 농촌 지역의 농경지 매매가 허용되었다. 이 두 연방차원의 토지 관련법 제정으로 그동안 지방 토지법에 의해 토지가 거래된 지역의 토지 매매는 완전한 합법성을 갖게 되었다. 이러한 법적 조건을 바탕으로 이미 농경시의 절반이상이 사유화 된 것을 비롯해 많은 토지가 사유화 되었다. 또 이에 따라 토지 임대료, 토지세 등 토지 관련 예산 세입도 지속적으로 증가하고 있다.

이로써, 1990년대 내내 진행되어온 러시아의 토지 사유화, 도시 경제의 자본주의화가 법적으로 완전히 마무리 되었다고 할 수 있다. 이러한 법적인 차원에서의 토지 사유화의 완성은 향후 농업 발전을 위한 기본 토대를 형성했다. 또 농업 조직들이 주식회사로 전환되어 농기업에 대한 투자 가능성이 높아졌으며, 농기업간의 경쟁과 대형화를 통해 생산량을 증대할 수 있는 기초가 마련되었다고 할 수 있다.

Ⅲ. 토지 사유화의 영향

체제 이행 과정에서의 토지 사유화 정책과 농업 개혁을 통해 효율적인 토지 이용과 농업 생산 증대를 달성할 수 있을 것으로 예상되었으나, 아직까지는 효율적인 토지 이용, 농업 생산 증대는 이루어지지 않고 있다. 오히려 1990년대의 토지, 농업 개혁 과정에서 1992년부터 2005년 사이에 농경지의 면적은 약 1900만 ha가 줄어들어, 전체 농경지의 약 9%가 감소했다. 이러한 농경지 면적의 감소는 다음 <표 7>에서 잘 나타난다.

┃표 7┃ 농업 형태별 농경지 면적 (단위: 백만 헥타르)

	전체 농경지			
		농기업	자영농	부업농
1992	210.6	180.1	6.5	8.5
1995	209.6	171.2	10.4	9.9
2000	197.0	157.6	14.5	11.0
2005	191.7	137.9	19.5	18.4

자료: Россия в цифрах, 2007 (М.: Росстат, 2007), с. 230.

<표 7>에서 나타나는 것처럼, 전체 농경지 면적은 1992년 2억 1060만 ha이었으나, 2000년에는 1억 9700만 ha, 2005년에는 1억 9170만 ha로 감소하였다. <표 7>에서 두드러진 특징은 자영농과 부업농이 이용하는 농경

지 면적이 1992년의 650만 ha와 850만 ha에서 2005년에는 각각 1950만 ha와 1850만 ha로 오히려 크게 증가했다는 것이다. 반면 농기업이 이용하는 농경지 면적은 1992년의 1억 8010만 ha에서 2005년에는 1억 3790만 ha로 4220만 ha가 감소하였다. 이것은 자영농과 부업농의 개별 농업 활동이 활발해진데 비해, 농기업들이 이용하는 농업 용도의 농경지가 다른 용도로 변경되었으며, 농기업의 농업 활동이 침체되었음을 의미한다고 할 수 있다. 곡물 생산에서 큰 비중을 차지하는 농기업이 이용하는 농경지 면적의 축소는 러시아 농업의 전반적인 어려운 상황을 잘 보여주는 것이다.

이와 함께 농촌에서 이용하는 농기계의 수도 크게 감소하였다. 2001년의 경우, 펜자 주에서는 평균 4개의 농기업에서 1대의 트랙터를 구입하였고, 10개의 농기업에서 1대의 곡물 수확용 기계를 구입하였다. 이러한 농기계 구입 수는 1990년대 초에 1개의 농기업에서 5대의 트랙터를 구입하고, 2대의 수확용 기계를 구입하던 것에 비하여서도 크게 감소한 것이다.[39] 이것은 1990년대 러시아 농촌의 어려운 상황을 입증해 주는 사례이다. 이렇게 농지가 줄어들고 농기계가 부족한 상황에서는 토지를 효율적으로 이용하는 것은 불가능에 가까운 일이었고, 이것은 농업의 침체로 이어질 수밖에 없었다. 토지 사유화와 농업 개혁을 통해 농기업, 자영농, 부업농이 러시아 농업의 주류를 이루게 되었다. 따라서 이러한 세 가지 농업 형태의 경영 효율성을 통해 토지 사유화의 결과를 평가해 볼 수 있다.

러시아 농기업은 전체 농지의 81.9%, 부업농은 6.8%, 자영농은 11.3%의 토지를 소유하고 있다. 이렇게 러시아 농업에서 농기업은 절대적으로 높은 비중을 차지하고 있으나, 대부분의 농기업은 기업을 유지하기가 어려운 상태이다. 전체 27만 여개의 농기업 중에서 83-86%가 파산상태이다. 이 농기업들은 비용이 수입을 초과하거나 부채를 갚지 못하고 있다. 나머지 농기업들도 경영이 어려우며, 약 5%의 농기업만이 정상적인 농업을 할

39) Волкова, Н., Широкова, Е., "Формы хозяйствования и эффективность землепользования," с. 61.

수 있는 상태이다.[40] 이러한 원인은 과거의 집단농장, 국영농장이 주식회사, 협동조합 형태의 농기업으로 재조직되었으나, 실제로는 이름만 바뀌었을 뿐, 경영상의 질적, 기술적 변화가 이루어지지 않았기 때문이다. 러시아 정부는 농장을 재조직을 통해 자본주의 기업 형태로 바꾸어 농업 경영 효율성 증대를 시도했으나, 성과를 거두지 못하고 있다.

또 다른 농업형태인 자영농의 경우는 본문에서 언급된 것처럼, 자영농이 소유하고 있는 농지 면적에 비해 이들이 생산하는 농업 생산량 비중이 크게 낮을 정도로 생산성이 낮다. 러시아 정부는 농업 개혁과 토지 사유화의 실시로 자영농의 수가 급격히 증가하여, 이들이 러시아 농업의 주축을 이루어 농업 생산량을 증대시킬 것이라고 기대하였으나, 이러한 예상은 빗나가고 말았다. 심지어 일부 자영농은 분할 받은 토지를 이용하지 않고 버려두기도 했으며, 농업에 종사하기보다 정부의 지원금을 기대하고 자영농을 지원한 경우도 있었다. 또 자영농들은 농기계와 가축의 부족으로 생산성이 낮고, 곡물 생산의 비중이 낮아 러시아 농업 생산에서 차지하는 비중이 낮은 편이다.

부업농의 경우는 과거에 비해 농업에서 차지하는 비중이 높아졌으며, 이용 농지에 비해 생산성이 높게 나타나고 있으나, 감자, 야채, 과일, 우유, 계란 등으로 생산 농작물이 한정되어 있다. 즉, 주요한 농업 생산물인 곡물 생산은 대부분 농기업이나 자영농이 생산하고 있으므로, 부업농이 러시아 농업에서 차지하는 역할은 적다고 할 수 있다. 이에 따라 부업농의 생산량 증대에도 불구하고, 러시아의 주요 농업 생산물을 생산하는 농기업, 자영농의 낮은 생산성은 러시아의 농업 개혁이 성공하지 못했음을 나타낸다.

이처럼, 러시아의 주요한 농업 형태인 농기업, 자영농, 부업농은 생산, 경영 측면에서 각각 서로 다른 문제점을 가지고 있다. 농업의 비효율성은 위에서 언급된 농업 형태들의 개별적인 문제 외에도 국가 경제의 침체에

---

40) Grigory Ioffe, "The Downsizing of Russian Agriculture," *Europe-Asia Studies* Vol. 57, No, 2 (March 2005), p. 182.

원인이 있었다고 할 수 있다. 러시아 경제가 전체적으로 어려운 상황에서 정부의 농업 부문에 대한 지원이나 은행의 자금 지원이 부족하였고, 그것은 농업의 침체로 이어졌던 것이다. 비교적 정부 차원의 지원을 덜 필요로 하고, 대형 농기계보다 가족의 노동에 의존하던 부업농에서 상대적으로 생산량이 증대되었넌 것은 이러한 사실을 입증한다고 할 수 있다. 또 경제 침체로 비료, 제초제 사용량이 감소하였고, 곡물의 우량종자 사용량도 감소하였는데, 이것은 직접적으로 농업 생산량을 감소시키는 원인들이었다.

농업 생산의 효율성 문제는 러시아 전체의 농업 생산량 감소에서도 확인할 수 있다. 1991년부터 2001년까지 곡물 생산량은 27% 감소했으며, 사탕무 생산량은 54.8%, 해바라기는 20.6%, 아마는 18.4%, 육류는 58.5%, 우유는 41%, 달걀은 26.4%, 양모는 5.6%의 생산량이 감소했다.[41] 이렇게 볼 때, 토지 사유화로 농장을 재조직하고 자영농을 육성하여 농업 생산의 효율성을 시도했던 러시아 정부의 계획은 실패하였다고 할 수 있다. 또한 농촌에 거주하는 국민의 경제생활 수준도 향상되지 못했다. 한 예로, 농촌 주민의 임금 수준은 1990년대에 크게 낮아져, 개혁이전 농촌의 평균 임금이 전체 국민의 95%에 이른데 비해, 2001년에는 39.1%에 불과하였다. 이외에도 주택, 통신, 교통 서비스와 식료품 소비 등에서 전반적인 생활수준이 저하되었다.[42] 이러한 내용은 토지 개혁을 포함한 농업 개혁이 농민의 생활을 향상시키지 못했으며, 오히려 농민의 생활수준은 전체 국민의 평균적인 생활수준보다 더 낮아졌다는 것을 나타낸다.

이처럼 농업 개혁과 토지 사유화를 통하여서도 농업 생산의 효율성은 나아지지 못하였고, 오히려 경작면적이 현저하게 줄어들었으며, 농민들의 생활은 경제적으로 더욱 악화되었다.

---

41) Grigory Ioffe(2005), p. 180. 현대 러시아 농업의 생산성 하락에 대해서는 성원용, "러시아 농촌의 사회경제적 상황과 농공복합체의 구조 변화," 『유라시아 연구』제2권 제1호(2002년 겨울호)를 참조.

42) Е.В. Серова, Т.В. Тихонова, И.Г. Храмова, С.В. Храмова, О.В. Шик, *Сельская бедность и сельское развитие в России* (М.: ИЭПП, 2004) 참조.

Ⅳ. 결 론

이 글에서는 1990년부터 진행된 러시아의 토지 사유화 과정을 살펴보았다. 1990년 이후 러시아 토지 제도는 급격히 변화하여 왔다. 러시아의 토지 사유화 과정은 주요 토지 관련법들의 제정을 기준으로 크게 3단계로 나누어서 볼 수 있다.

첫 번째 단계는 토지 개혁이 시작된 1990년부터 토지 사유화를 인정한 러시아 헌법이 제정된 1993년까지이다. 두 번째 단계는 1994년부터 2001년 연방 토지법 제정 이전까지의 시기이며, 세 번째 단계는 2001년 연방 토지법 제정 이후부터 현재까지의 시기이다.

이러한 세 단계를 거치면서 주요한 토지 관련법들의 제정을 통해, 토지에 대한 국민의 소유권은 점차로 강화되었다. 러시아에서는 이미 1993년 12월 헌법제정으로 토지에 대한 사유화가 공식적으로 인정되었다. 그러나 토지 거래는 연방 토지법의 제정 이후로 연기되었고, 연방 토지법은 여러 정치세력간의 대립으로 오랫동안 제정되지 못하였으며, 2001년에 이르러서야 의회를 통과하고 대통령의 서명을 통해 공식적으로 시행되었다. 그러나 연방 토지법이 제정되지 못한 상황에서도 지방 토지법, 대통령령 등의 법적 조치를 통해 토지 사유화는 실질적으로 진행되어 왔다.

러시아의 토지 사유화는 토지 소유구조 변화의 측면에서 살펴볼 때는 다양한 토지 소유 형태의 도입이라는 정부의 목적을 달성하였다고 할 수 있다. 토지에 대한 국가 독점 대신에 자영농, 부업농, 농기업 등 토지 소유 형태가 등장하였다. 그러나 새로운 농업 형태의 도입이라는 러시아 토지 사유화 정책을 통해서도 당초 농업 개혁의 근본적인 목표였던 농업 효율성을 향상시키지는 못하였다.

또한 토지 소유 구조 변화의 과정에서 여러 가지 문제점도 발생하였다. 이것은 대부분 1990년대 러시아 토지 개혁이 법적, 조직적, 경제적 토대가 없는 상황에서 급속도로 이루어졌기 때문에 나타난 것이다. 실질적인 토지 사유화보다 연방 토지법의 제정이 늦어져 비합법적이고 비정상적인 방법으로 토지 사유화가 진행되었고, 토지 시장이 형성되었다. 또 지역적으로 토지 개혁 속도와 사회경제적 조건이 달랐기 때문에 토지 개혁은 지역마다 다른 방식으로 진행되었으며, 여러 정치 세력 간의 대립으로 토지 관련법들은 상호 모순되기도 했다. 최근에 대두되는 문제점은 토지가 점차 소수의 농업에 종사하지 않는 대기업에게 집중되고 있는 것이다. 특히, 모스크바 등 대도시 근교에는 대기업들이 부동산업에 진출하고, 수만 ha에 이르는 농지를 매입하여, 농업이 아닌 다른 용도로 이용하고 있다. 이처럼 토지 소유관계에서는 국가독점이 해체되고, 농민들이 토지를 소유할 수 있게 되었으나, 국가의 토지 독점 대신에 사기업이 토지를 독점하는 결과가 나타나기도 했다.

러시아 토지 사유화의 특징 중의 하나는 평등한 무상분배이다. 정부는 집단농장, 국영농장의 농민들에게 농장의 토지를 지분으로 평등하게 무상으로 할당하였다. 이러한 토지 사유화 특징은 기업 사유화에서 전 국민에게 바우처를 평등하게 무상 분배한 것과 유사한 평등분배의 원칙에서 나온 것이다. 그러나 기업 사유화에서의 사례에서 볼 수 있는 것처럼, 국가자산의 평등분배 원칙과는 달리, 기업 사유화가 부의 편중을 가져온 것과 마찬가지로 토지 사유화에서도 그러한 폐단이 나타나고 있는 것이다.

참고문헌

김영옥, “체제전환기 러시아의 소유권 논쟁-소유권 개념에 대한 역사적 이해를 바탕으로-.”『슬라브학보』제18권 2호(2003).

성원용, “현대 러시아의 농업개혁과 농업구조의 변화.”『슬라브학보』제14권 1호(1999).

O'brien, David J., Wegren, Stephen K. and Patsiorkovski, Valery V. “Contemporary rural responses to reform from above.” The Russian Review 63 (April 2004).

Ioffe, Grigory. “The Downsizing of Russian Agriculture.” Europe-Asia Studies Vol. 57, No, 2, (March 2005),

Miller, Leland Rhett. “Land restitution in post-communist Bulgaria.” Post-Communist Economies, Vol. 15, No. 1 (2003).

Skyner, Louis. “Property as rhetoric; land ownership and private law in pre-soviet and post-soviet Russia.” Europe-Asia Studies Vol. 55, No, 6 (March 2003).

Spoor, Max & Visser, Oane. “The State of Agarian Reform in the Former Soviet Union.” Europe-Asia Studies Vol. 53, No, 6 (March 2001).

Mitchneck, Beth. “Governance and land use decision-making in Russian cities and regions.” Europe-Asia studies, vol. 59, No. 5 (July 2007).

Wegren, Stephen K. O'brien, David J. & Patsiorkovski, Valery V. “Russia's rural unemployed.” Europe-Asia Studies, Vol. 55, No. 6. (2003).

Wegren, Stephen K. “Why rural russians paticipate in the land market: socio-economic factors.” Post-Communist Economies, Vol. 15, No. 4 (2003).

Аяцков и др. Собственность на землю в России: история и современность. М.: РОССПЭН, 2002.

Беленький, В., “Установимая “правила игры” на земельном рынке,” Вопросы экономики, 8 (2001).

Бороздин, С.В. Земельные отношения и аграрые реформы. М.: ЮНИТИ-ДАНА, 2002.

Бражко, В.Г. “Земельно-хозяйственное устройство сельских поселений.” Аграрная наука, 4 (2003).

Волкова, Н., Широкова, Е. “Формы хозяйствования и эффективность землепользования.” АПК, 5 (2003).

Ерошов, Ю.А. и др. Инвестиционный климат и структура рынка в энергитическом секторе России. М.: ТЕИС, 2005.

Иванкина, Е.В. Федотов, И.В. “Экономические последоствия реформиров ания землепользования для отечественных предприятий,” Земельный вестник России 1 (2003).

Иванов, Е. “Совершенствование системы государственного управления земельными ресурсами(из опыта Псковской области).” Экономист 1 (2003).

Кирчик, О. “Земельная реформа.” Отечественные записки 1 (2004).

Ковальчук, А. “Земельный рынок россии.” Отечественный записки 1 (2004).

Коловангин, П.М. Совственность на землю в России. СПб.: Знание, 2003.

Комов, Н.В. “Социально-экономические и правовые аспекты становления земельных отношений в России” Земельный вестник России 1 (2004).

Кошкин и др. Управления государственной собственностью. М.: ЭКОМОС, 2002.

Липски. С. “Современное государственное управление сельскохозяйственным землепользованием.” АПК 6 (2003).

Логуноава, И.В. “Становление частной собственности на землю в России в 1990-е годы,” ред., Л.В. Милов, Землевладение и землепользование в России. Калуга: КГПУ, 2003.

Марченко, Ю.А. “Сколько стоит земля.” Земельный вестник России 2 (2003).

Москвитина, Р.А. “Проблема земельной собственности в 1990-е гг.(на примере Саратовскойобласти.”ред., Л.В. Милов, Землевладение и землепользование в России.Калуга: КГПУ, 2003.

Нефедова, Т.Г. Сельская Россия на перепутье: Географические очерки. М.: Новое издательство, 2003.

Оверчук, А.Л. “Институциональные проблемы государственного управления землей и недвижимостью: пути решения.” Земельный вестник России 3 (2002).

Пациорковский, В.В., Сельская Россия. 1991-2001 гг. М.: Финансы и статистика, 2003.

Серова Е. Храмова И., Карлова Н., Тихонова Т., Система земельных отношений в России. М.: ИЭПП, 1999.

Серова, Е.В. Тихонова Т.В,. Храмова И.Г., Храмова С.В., Шик О.В. Сельская бедность и сельское развитие в России. М.: ИЭПП, 2004.

Солдатенков, В.В. “Приватизация и самовольная переуступка прав на землю.” Земельныйвестник России 2 (2003).

Шагайда, Н. “Формирование рынка земель сельскохозяйственного назначения в России.” Отечественные записки 1 (2004).

Шеншин, А.Е. Формирование основ рыночной экономики в России в конце XX в. М.: РИЦ ИСПИ РАН, 2002.

Шишов, Д.А. Социально-экономические и правовые аспекты перераспределения земель. СПб.: Издательство юридического института, 2003.

Шишов, Д.А. Зейналов, И.М. “Земельный рынок в Санкт-Петербурге и Ленинградской области.” Аграрная наука 3 (2003).

Forbes, июль, 2005.

Коммерсант, 09 декабрь, 2003.

Ведомости, 31 август, 2004.

Новые известия, 18 май 2004.

Земельный кодекс российской федерации. М.: Ось-89, 2002.

Об обороте земель сельскохозяйственного назначения, Федеральный закон от 24 июля 2002 года, Российская газета, 27 июль, 2002.

Сельскохозяйственная деятельность хозяйств населения в России. М.:

Госкомстат России, 2003.
Российский статистический ежегодник, 1995. М.: Госкомстат, 1995.
Россия в цифрах, 1997. М.: Росстат, 1997.
Россия в цифрах, 2004. М.: Росстат, 2004.
Россия в цифрах, 2005. М.: Росстат, 2005.

6

러시아 민간의 해외 자본도피*

이 종 문

Ⅰ. 서 론

국제경제에서 금융자산의 비정상적, 불법적 이동인 자본도피(capital flight)는 자본의 국제이동과 그 맥을 같이 할 정도로 오랜 역사를 지니고 있다. Charles Kindelberger(1937)가 자본도피를 '자산 소유자가 자산의 손실발생에 대한 두려움으로 인해 행하는 비정상적인 자산 흐름'으로 정의한 후 이를 규명하기 위한 이론들이 다양하게 전개되어 왔다. 국제자본 이동에 있어 정상적인 자본유출과 자본도피를 구분하고자 하는 많은 연구에도 불구하고 경제학적으로 일반화되고 보편화된 자본도피에 관한 정의는 아직까지 명확하게 확립되어 있지 않다. 자본도피란 전쟁의 위험, 내란,

* 본고는 2005년 6월 '슬라브연구(제21권 1호)'에 발표한 논문 "시장경제체제로의 전환과정에서 나타난 러시아에서의 자본도피"를 새로운 추정 방법을 통해 수정 보완한 것임을 밝힌다.

쿠데타, 정권교체 등 국내 정치, 사회적 정세 불안이나 초인플레이션, 경제 불황, 외환위기 등 경제적 위험으로 한 나라의 화폐 가치가 급락하고 이로 인해 자신이 보유한 자산 가치에서의 손실위험이 예상될 경우 이를 보존하기 위해 자본을 국외로 유출하는 행위를 말한다. 마약, 밀수, 매춘과 같은 경제범죄 활동을 통해 조성된 자본의 불법유출과 외환관리법을 위반하거나 탈세를 목적으로 비정상적인 방법을 통해 자국통화표시의 금융자산을 안정성이 높은 달러나 유로화 등의 국제결제통화 금융자산으로 교체한 후 이를 해외로 유출하는 행위는 물론 국내정치 및 경제 불안으로 인한 적법한 자본유출까지도 자본도피에 포함된다.

금융자산의 비정상적, 불법적 이동인 자본도피는 해당국의 정치, 경제, 사회적 혼란과 밀접한 관계를 맺고 있다. 18세기 말 프랑스에서 발생한 대규모 자본도피는 프랑스혁명(1787~1797년)이, 1970~1980년대 사하라 사막 이남의 아프리카 국가들에서 발생한 자본도피는 각국의 정치적 혼란과 지도층의 부패, 내전, 쿠데타 등이 도화선이 되었다. 그리고 1930년대 서방세계에서 러시를 이루었던 자본의 해외유출은 대공황(Great Depression)이, 1980년대 초부터 중반까지 멕시코, 브라질, 아르헨티나 등 중남미 국가에서 발생한 대규모 자본도피는 대외부채가, 1997년 태국, 말레이시아, 인도네시아 등 동남아 국가들에서 발생한 대규모 자본도피는 외환위기가 그 원인으로 지목되었다. 반면에 1980년대 말부터 1990년대 초까지 체코, 헝가리, 폴란드 등 중·동부 유럽 국가들에서 나타난 자본도피와 1990년대 러시아를 위시한 CIS국가들에서 발생한 자본도피는 시장경제로의 체제전환과정에서 발생한 정치·경제·사회적 혼란이 그 원인이었다.

1990년대 글로벌 경제에서 자본자유화와 금융의 국제화가 급진전되면서 저이자·저이윤율 국가에서 고이자·고이윤율 국가의 정상적 자본이동은 물론 불법적 자본유출도 가속화되고 있다. 정상적 자본이동이 국제 이자율이나 이윤율에서의 차익거래(arbitrage)를 추구함으로써 자본의 효율적 재분배를 촉진시켜 세계경제발전에 적지 않은 기여를 하는 반면, 불법적 자본이동인 자본도피는 실물 및 금융부문에서의 투자자본의 잠재적 원천을 잠식하고, 유동성 부족을 초래하여 해당국의 경제발전을 저해함은 물론 해당국 경제에 대한 대외신임도를 추락시켜 국가경쟁력을 약화시키는 심각한 문제점을 내포하고 있다.

본고에서는 1992년 시장경제로의 체제전환을 시도한 이후 지금까지 러시아에서 자본도피가 발생한 원인과 방법을 고찰해 보고, 자본도피의 규모를 추정해 보기로 한다. 그리고 자본도피가 러시아 경제에 미친 영향력을 거시경제지표를 통해 분석해 보고자 한다.

Ⅱ. 러시아에서 자본도피 발생원인

세계 각국에서 발생한 자본도피 역사를 살펴보면 해당국의 정치·경제·사회적 혼란이나 위기가 동인으로 작용하였다. 그런데 러시아에서의 자본도피는 다른 사례와 비교해 사뭇 다른 양상을 띠고 있다. 중남미 국가와 동남아 국가들에서 발생한 자본도피와 사하라이남 아프리카 국가들에 있어서의 자본도피가 특정 요인, 즉 전자가 대외부채나 환율 및 금융 불안과 같은 경제적 요인에 의해, 후자가 주로 내란, 쿠데타, 부패 등의 정치·사회적 혼란으로 발생한 반면, 러시아를 포함한 시장경제로의 체제전환 국가들에서 발생한 자본도피는 정치·경제·사회적 요인은 물론 제도적 요인이 복합된 결과다. 그리고 중·동부 유럽 및 발틱 국가들에서의 자본도피 현상이 1990년대 중반부터는 급속도로 감소해 단기적 현상에 그친 반면, 러시아에서는 현재까지 지속되고 있는 진행형이라는 특징을 지니고 있다.

1. 옐친시대 자본도피 발생원인

러시아 민간의 해외자본도피는 1992년부터 시작된 가격 및 대외경제활동의 자유화와 국영기업의 사유화로 대표되는 급진적인 자본주의 시장경제로의 체제전환과정에서 대규모로 발생하였다. 특히 모라토리엄(Moratorium)

을 선언한 1998년을 전후하여 러시아에서의 자본도피는 그 절정을 이루었다. 체제전환과정에서 불가피하게 발생한 정치, 사회적 혼란과 경제 불안, 침체가 원인이었다. 옐친시대인 1990년대 러시아에서 발생한 대규모 해외 자본도피 원인을 구체적으로 살펴보면 다음과 같다.

첫째, 정치권의 지도력 부재로 인한 국정혼란을 들 수 있다. 체제개혁과정에서 드러난 옐친의 리더십 부재는 행정부를 중심으로 한 개혁파와 최고회의를 장악한 보수파간의 정쟁을 촉발시켜 1993년 10월 내란과 군대를 동원한 무력 진압을 초래하였다. 그 후 1994년과 1999년 체첸무장세력과의 1, 2차 전쟁발생, 1995년과 1999년 총선에서 여당의 제1당 지위 상실, 올리가르히(과두재벌)들의 막대한 지원을 등에 업은 힘겨운 재선 성공과 이들의 정치참여로 인한 정경유착의 심화, 1996년 옐친의 심장병 수술과 건강문제로 인한 정치권력의 공백, 1999년 두마(하원)의 옐친 탄핵안 상정 등은 러시아 국내외 정치 환경의 불확실성을 증폭시켰다. 러시아 국민들은 자신들이 보유한 자본이나 자산원본의 손실 리스크를 헷징(hedging)해야 할 필요성을 강하게 느꼈고 그 결과 자신들이 보유한 루블화 자본을 보다 안전한 경화(hard currency) 자산으로 대체하고 이를 해외로 반출하는 방법을 선택하게 되었다.

둘째, 경제적 측면에서의 불안과 위기 상황을 들 수 있다. 사전적 준비가 미흡한 상태에서 밀어붙인 급진적 체제개혁은 심각한 경제침체를 초래하였다. 10%가 넘는 마이너스 경제성장으로 인한 국내총생산(GDP)과 국민소득의 급감, 3자리 수를 넘는 살인적인 인플레이션의 발생, 만성적인 재정적자와 대외부채의 급증, 루블화의 가치폭락으로 인한 달러통용화(dollarization)와 실질 구매력의 급감, 경기침체로 인한 실업 및 임금체불 증가 등이 지속되었다. 그리고 경제정책 수립 및 시행에서의 일관성 결여와 시행착오, 1995년 금융피라미드 사건과 1995년 은행위기, 1998년 금융위기 및 모라토리엄 선언은 러시아 경제에 대한 불신감과 불확실성을 확대재생산하였다. 낮은 수익(low return)과 높은 위험(high risk)하에서 러시아 자본 소유자들은 저축이나 투자를 통한 재산증식보다는 재산 원본을 보호하기 위한 안전한 피신처를 찾게 되었고, 결국 국제결제성 통화로의 대체를 통한 해외로의 자본탈출이 가장 합리적이고 이성적인 대안이 되었다.

셋째, 법률적, 제도적 시스템 미비와 불합리성을 들 수 있다. 무엇보다 지나치게 많은 종류의 세금과 높고 불합리한 세율, 세무당국의 강제 징수 등 조세시스템의 불완전과 미비는 납세자들에게 탈세의 원인을 제공함과 동시에 해외로의 불법적 자본도피를 조장하였다. 사유재산권 보호와 관련된 제도적 장치의 부재는 국민 저축을 통한 러시아 내에서의 자본축적을 어렵게 하였다. 짧은 역사로 인한 부실 상업은행의 난립, 금융 감독의 부재와 비리의 만연, 1995년 은행위기 및 1998년 경제위기로 인한 은행들의 대규모 파산과 고객예금에 대한 인출 제한과 거부는 러시아 금융제도에 대한 국민들의 신뢰성 상실을 가져다줌으로써 그들의 재산을 외국은행에 저축하거나 해외로 반출하도록 유인하였다.

그 외에도 지나친 관료주의와 관련된 부패의 만연, 국영기업들의 급속한 사유화과정에서 발생한 정부 관료와 국영공장 관리자들이 중심이 된 기업경영자들의 도덕적 해이, 마피아로 대변되는 범죄조직이 중심이 된 지하경제의 팽창도 러시아에서의 자본도피를 조장한 중요한 요인이 되었다.

2. 푸틴시대 러시아에서의 자본도피 발생원인

푸틴시대 러시아는 국제유가 상승과 푸틴의 강력한 지도력을 바탕으로 연평균 7%에 달하는 고속·압축성장을 이루며 세계 11대 경제대국으로 부상하였다. 그 결과 옐친시대 겪었던 심각한 경제침체와 외환위기를 완전히 극복하였고, 대외적으로는 세계 정치, 경제무대에서 글로벌 파워(global power)로서 자신의 위상을 회복하였다. 이와 같은 성장과 발전에도 불구하고 러시아 민간의 해외로의 자본도피가 감소되기보다는 더욱 확대되고 있어 러시아 경제에 심각한 고민거리가 되고 있다. 이는 푸틴 정부가 취한 일련의 반기업적, 반자본주의적 경제정책과 경제시스템에서의 구조적 결함 및 정치적 리스크가 여전히 내재되어 있기 때문이다. 그 내용을 구체적으로 살펴보면 다음과 같다.

첫째, 정치권의 무분별한 시장개입과 같은 정책적 측면에서의 강압조치가 자본도피를 조장한 요인으로 작용하였다. 특히 2003년 10월 러시아 정부가 최대 민간석유기업 "유코스(YOKOS)" 회장인 미하일 호도르코프스키를 탈세혐의로 체포, 구속한 후 핵심 자회사인 유간스크네프티가스를 국영기업에 강제 매각시켜 유코스를 사실상 국유화시킨 사건은 개인의 사유재산권 보호와 자유로운 기업 활동 보장에 대한 러시아 정부 정책의 신뢰도에 금이 가도록 만들었다. 그 후 2004년부터 본격화된 에너지를 중심으로 한 전략산업에서의 강력한 국영화 추진, 2008년 철강기업 메첼(Mechel)에 대한 푸틴의 자의적 반독점조사 지시, TNK-BP의 경영권을 둘러싼 러시아 정부와 영국간의 대립 격화 등은 러시아 정부가 언제라도 민간사업이나 비즈니스 활동에 개입할 수 있음은 물론 개인 재산권을 국유화할 수 있다는 공포감을 러시아 민간에 강력히 심어주었다. 정치권력의 계속되는 시장개입과 국유화 의지는 러시아 자본주의시스템에 대한 불안감을 증폭시켰고 결국 민간의 자본도피를 조장한 동인으로 작용하였다.

둘째, 금융시스템의 구조적 취약과 외환자유화 정책의 조기실시를 들 수 있다. 2004년 5~6월 러시아 중앙은행이 몇 몇 문제 상업은행들에 대해 취한 영업허가 취소 조치는 상업은행에 대한 신뢰 위기를 재발시키며, 금융정책에 대한 국민들의 불신감을 고조시켰다. 러시아 민간은 보다 안전한 금융시스템으로의 자산 이전을 생각하게 되었고 외국계은행이나 해외은행이 그 대안이 되었다. 그리고 2006년 7월 러시아 루블화의 태환성을 완전보장하기 위해 조기 실시한 외환자유화 조치는 그 취지와 달리 러시아 국내자산의 해외이동을 더욱 가속화시키는 새로운 도피 수단을 제공했다.

셋째, 그루지야 사태의 촉발을 들 수 있다. 2008년 8월 그루지야가 남오세디이 지역을 선제공격하면서 촉발된 러시아와 그루지야간의 전쟁은 러시아 시장에 대한 불확실성을 확대 재생산했다. 그루지야와의 전쟁은 정치군사적 측면에서 러시아의 부활을 전 세계에 알리는 신호탄이었으나, 러시아적 리스크를 부각시키며 러시아 경제에 최대의 악재로 작용하였다.

경제가 가장 두려워하는 요인이 전쟁 또는 내란이라는 점에서 그루지야 사태는 러시아 경제의 불확실성을 증폭시켰다. 그루지야 사태 발발 1개월 만에 외국인 투자자들이 러시아 자산 및 주식시장에서 400~500억 달러에 달하는 자금을 회수하면서 증시와 외환시장이 심각한 충격을 받았다. 또한 그루지야 사태를 빌미로 미국과 유럽연합(EU)이 러시아의 선진 8개국(G8)지위와 세계무역기구(WTO)가입 등에 부정적 견해를 표출하면서 러시아 시장에 대한 재평가에 들어간 것도 시장 위험도를 증폭시켰다.

Ⅲ. 러시아에서 자본도피 방법 및 유형

개인 재산권과 대외경제활동의 자유가 보장된 1992년부터 러시아 민간, 특히 기업들은 아주 다양한 방법이나 경로를 통해 해외로의 자본도피를 끊임없이 지속하고 있다. 그 대표적인 방법을 살펴보면 다음과 같다.

첫째, 수출과 관련된 자본도피다. 가장 대표적인 방법은 상품 및 서비스 수출가격을 실제액보다 과소 산정하여 신고하는 export under-invoicing이다. 즉 수출기업들이 수출송장에 기입하는 가격을 실제 수출가격보다 낮게 조작하여 그 차액을 해외에 예치하는 방법이다. 그 외에 밀수출을 통해 얻은 수익을 해외지사나 계정에 남겨두는 방법이 있다. 또한 해외에 자회사를 설립한 러시아 기업이 적은 마진을 보고, 즉 낮은 가격으로 상품을 자회사에 판매하고 그 자회사는 국제가격으로 상품을 다시 판매해 부당이익을 얻고 이를 해외에 축적하는 방법이 있다. 1990년대 중반까지는 국내가격과 국제가격을 이용한 수출이 성행하였다. 이는 내국민을 위한 싼 가격의 제품을 수출업자가 구입한 후 이를 높은 국제가격으로 수출함으로써 그 차액을 착복하고 이를 해외에 빼돌리는 방법으로[1] 대부분이 석유나 천

1) 1992~1994년까지 석유의 러시아 국내 판매가격과 수출가격사이에는 대단히 큰 격차가 존재했었는데 이는 국내 물가상승을 억제하기 위한 조치였다. 1992년 석유의 국내 판매가격은

연가스 등의 에너지 부문이나 구리나 알루미늄, 목재 등의 원재료 부문에서 발생하였다.

둘째, 수입과 관련된 자본도피 방법이 있다. 대표적인 것이 상품 및 서비스 수입가격을 실제 가격보다 과대 산정하여 신고하는 import over-invoicing 방법이다. 즉 수입업자나 업체들이 수입송장을 이중 작성하여 실제 수입가격보다 많은 돈을 송금하고 그 차액을 해외에 유치하는 것이다. 그 외에 실제로는 수입을 하지 않고 대금을 송금하여 빼돌리는 허위수입이나 다른 상품으로의 위장수입을 통해 해외로 자금을 빼돌리는 방법도 자주 이용되었다.

셋째로는 해외, 특히 조세도피지에 합작법인이나 자회사를 설립해 놓고 합법적, 불법적으로 자금을 유출하는 방법이다. 주로 현지 고용인원을 허위나 과대로 신고한 후 임금을 경화로 지급하거나, 재화나 서비스 구입과 관련된 비용을 허위 지출함으로써 자본을 도피시켰다. 또한 선불지급조건의 수입신용장(L/C)을 작성해 대금을 송금한 후, 계약을 파기하거나 자회사를 부도처리하는 방법을 통해 대금을 해외에 축적시켰다.

넷째로는 불완전한 외환관리 규정의 맹점을 이용한 합법적인 자본도피가 있다. 해외직접투자(FDI)나 포트폴리오투자를 명목으로 합법적으로 자본을 유출한 후 이를 해외에 축적시키는 방법, 역외 은행에 계정을 개설할 수 있는 사람들이 가명 및 차명계좌를 개설한 후 주로 조세도피지에 있는 은행으로의 합법적인 이체나 송금을 통해 자본을 도피시키는 방법이 여기에 해당된다. 상기 방법은 러시아 중앙은행이 통제할 방법이 거의 없다는 데 그 심각성이 있다.

다섯째로는 조직범죄 활동을 통한 자금의 세탁 및 도피를 들 수 있다. 러시아 마피아는 검은 돈, 즉 마약이나 무기밀매, 매춘 등의 범죄활동을 통해 얻은 돈을 국내, 또는 해외에서 유령회사를 통해 세탁하고 이를 조세도피지로 반출하는 것으로, 앞에서 언급한 방법을 통하거나, 부패한 세관

톤당 15.8달러였는데 반해 수출가격은 톤당 117달러로 무려 7.4배나 차이가 존재했었고, 1993년에 국내 판매가격은 17.1달러, 수출가격은 105달러로 6.1배, 1994년에는 각각 30.0달러, 101달러로 3.4배의 차이가 존재했었다.

관리들을 매수해 국경세관을 통과하는 방법이다. 이는 범죄조직들이 개혁 초기의 정치적·사회적 혼란을 틈타 많이 행한 수법이다. 그 외에 암달러 시장에서 외화를 환전한 후 이를 휴대하여 출국하는 방법으로 대외거래가 활발하지 못한 개인들이 주로 사용하였다.

Ⅳ. 러시아의 해외자본도피 규모 측정

경제학적으로 자본도피 현상을 설명하려는 시도가 본격화된 것은 1980년대 들어서다. 짧은 역사로 아직까지 자본도피에 관한 정의가 명확하게 정립되지 않은 관계로 인해 일반화되고 보편화된 추정 방법이 존재하지 않고 있다.[2] 자본도피 규모 추정과 관련해 어려운 점은 무엇보다 유출된 자본 중에서 어느 것이 도피된 자본인지를 명확하게 규명하기가 쉽지 않다는 것과, 보편적으로 인정된 방법이 존재하지 않음으로 인해 어떤 접근법을 택하느냐에 따라 자본도피 규모에서의 차이가 대단히 클 수밖에 없다는 것이다. 본 논고에서는 가장 보수적 자본도피 추정방식인 핫머니(Hot Money) 방법을 이용해 추정해 보기로 한다. 핫머니 방법은 국제수지표(BOP)에 나타난 비은행 민간부문의 순단기 자본유출과 오차 및 누락을 합한 금액으로 산정되는데 그 방법은 <표 1>과 같다. 여기서 비은행민간부문

2) 현재 사용되고 있는 자본도피 추정방법은 크게 3가지로 분류된다. 첫째, 잔여방법(residual method)이다. 자금원천에서 자금사용을 뺀 잔여분을 자본도피로 보는 방법으로 가장 광범위하게 자본도피를 정의하고 있다. 세계은행(World Bank. 1985)과 Morgan Guaranty(1986), Cline(1986) 등이 지지하고 있다. 둘째, 핫머니 방법(Hot Money Method)이다. 전형적인 자본유출로서 단기자본의 흐름에 초점을 맞추고 있다. 단기자본이 기대수익과 리스크 변화에 민감하게 반응하는 핫머니 자금성격을 띠고 있다는 점에서 핫머니 방법이라 칭하고 있다. Cuddington(1986), Cumby and Levich(1987), Loungani and Mauro(2000) 등이 지지하고 있다. 셋째, Dooley 방법이다. Dooley(1986)는 자본유출을 정상적 자본유출과 비정상적 자본유출로 구분하여 후자를 자본도피로 정형화하였다. 그는 자산의 불법적 유출뿐만 아니라 자국으로 유입되지 않는 합법적인 자산수출까지도 자본도피에 포함시켰다. 앞의 두 가지 방법이 자본도피를 유량(flow)개념에서 본데 반해 Dooley방법은 저량(stock)개념에서 접근하고 있다.

이란 통화당국이나 중앙 및 지방정부, 상업은행을 제외한 민간기업과 가계를 말한다.

‖ 표 1 ‖ 핫머니(Hot Money) 방법에 의한 자본도피 추정 방법

Hot Money I 1) Net errors and omissions + 2) Net flows of non-FDI, Non-portfolio investment assets and liabilities held by entities other than the monetary authorities, general government, and banks Hot Money II 1) Hot Money I + 2) Net flows of non-FDI, non-portfolio investment assets and liabilities held by banks Broad Measure 1) Hot Money II + 2) Net flows of portfolio investment assets and liabilities in the form of debt securities

자료: Prakash Loungani and Paolo Mauro(2000)

1990년대부터 2000년 초까지 러시아에서 발생한 해외로의 자본도피가 어느 정도인지를 추정해 보고자 하는 많은 연구들이 있어 왔다. 앞에서 언급한 바와 같이 아직까지 자본도피에 관한 정의가 명확하게 정립되지 않은 관계로 인해 추정 방법도 아주 다양해 그 규모의 추정치에 있어 기관들이나 학자들 간에 그 편차가 대단히 크다. 러시아 정부당국을 포함해 각 연구기관과 학자들이 추정한 러시아 자본도피 규모는 <표 2>와 같다. 러시아 중앙은행은 개혁 이후 10여 년간 매년 약 120억 달러가 해외로 유출된 것으로 추정한 반면, FITCH IBCA는 1993~1998년 동안 매년 230억 달러가 도피된 것으로 추정하였다. 러시아의 일간지인 "베도모스티"는 1999~2001년 동안 매년 최소 200억, 최대 400억 달러가 해외로 도피된 것으로 보도하였다. 그리고 A. 바비체바는 2001년 3월 28일자 "콤소몰스카야 프라브다"지에 발표한 논고에서 해외은행에 예치된 러시아인 소유의 예금이 총

2,425~2,475억 달러에 달한다고 주장하였다.

| 표 2 | 러시아 민간의 자본유출 및 해외자산 누적액

		자본도피/유출 규모(억$)	기간
러시아 정부당국	하원(국가안보위원회)	2,000 (자본유출)	1992~1996
	대외경제관계부	1,500~2,000 (자본유출)	1992~1996
	검찰청	400~500 (불법유출)	1997년 1월
	경제부	2,300 (자본유출)	1992~1997
	내무부	90 (연평균 불법유출)	1998년 1월
	중앙은행	500~700 (불법유출)	1992~1995
경제학자	Bulatov A. Senchagov B., Gubin B.	1,800~2,200 (자본유출)	1992~1995
	Khaldin M.	1,500 (자본유출)	1992~1994
	Loushin A., Sarafanov M.	430 (해외자산) 불법수출: 220	1995년 말.
	Illarionov A.	510 (해외자산) 불법수출: 250	1995년 말
	Grigoriev L.	100 (연평균 불법유출)	1990년대
	Khodov L.	180 (연평균 불법유출)	1990~1994
	Bavichev A.	2,425~2,475 (해외자산)	2000년 말
	Dynnikova	1,850 (자본도피)	1992~2000
언 론	Vedomosti	2,000~4,000 (자본도피)	1992~2001
국제기구/연구소	World Bank	600 (해외자산)	1996년 말
	IMF, Paris Club	500 (해외자산)	1995년 말
	Coopers & Lybrand	600 (해외자산)	1996년 말
	University of Western Ontario	1,333 (자본도피)	1992~1997.9
	Fitch IBCA	1,360 (자본도피. 연평균 230)	1993~1998
	Institute for International Finance	180~240(연평균 자본도피)	1992~1999

자료 : University of Western Ontario(1998) 자료를 기초로 재구성함.

국제수지표(BOP)를 이용해 자본도피를 추정하기에 앞서 러시아 국제수지표가 지닌 통계적 한계점과 관련해 반드시 주의해야 될 점이 있다. 첫째가 동일 국제수지표 항목 자료에 있어서도 발표 및 수정 시점에 따라 그 통계적 차이가 대단히 크다는 점이다. 일례로 1997년 오차 및 누락항목의 수치는 2001년 국제수지표에는 48.5억 달러였는데 반해, 2003년 수정된 국제수지표에는 92.4억 달러, 2008년 7월 국제수지표 자료에는 87.8억 달러로 계속해 변경되며 무려 2배나 차이가 나고 있다. 이와 같은 이유로 어느 시점에서 자본도피를 추정하느냐에 따라 그 규모에서 적지 않은 차이가 발생한다. 이번 논문에서 추정한 자본도피 규모와 2005년 발표한 논문에서 추정한 자본도피 규모 간에 제법 큰 차이를 보이는 것도 여기에 기인한다. 둘째, 본 논문에서는 1992~1993년에 발생한 자본도피 규모 추정치를 산정하지 않았다. 소비에트연방 붕괴 후 나타난 러시아 사회 전반에 걸친 총체적 혼란으로 1992~1993년에 러시아 중앙은행과 국가통계위원회가 기초자료를 제대로 수집하지 못했기 때문이다. 지금 러시아 중앙은행 사이트에 나와 있는 1992~1993년 자료는 중앙은행이 2000년 이후 추정 분석한 것으로 항목의 분류가 제대로 되어 있지 않을 뿐만 아니라 통계적 오차가 너무 커 그 신뢰성에서 상당한 문제점을 내포하고 있다.

<표 3>은 러시아 중앙은행이 2008년 10월 1일 수정 발표한 국제수지표(BOP) 자료를 기초로 핫머니(Hot Money)방법을 이용해 체제개혁 이후 지금까지 14년 6개월(1994년~2008년 6월) 동안 러시아 민간에서 발생한 해외로의 자본도피 규모 추정치를 보여준다. '핫머니I' 방식을 적용할 경우 동기간 동안 발생한 해외로의 총 자본도피 규모는 3,438억 달러로, 연평균 237.1억 달러였다. 'Broad Measure' 방식에 의하면 총 3,535억 달러, 연평균 243.8억 달러의 자본이 러시아 국내를 탈출하여 해외로 이동한 것으로 분석되었다.

❙ 표 3 ❙ 핫머니 방법에 의한 러시아에서의 자본도피 규모 (단위: 백만 US달러)

	순오차 및 누락 (1)	미수령수출/미인수 수입 대금 (2)	유가증권 허위거래 대금송금 (3)	수출신용/수입 선지급금 (4)	기타 투자 (5)	민간 주식 투자 (6)	민간 채권 투자 (7)	자본도피 규모	
								Hot Money I	Broad Measure**
1994년	-465	2,991	-	3,686	209	-	-	6,421	6,421
1995년	8,657	4,216	-	-1,895	603	-	1,400	11,581	12,981
1996년	7,252	8,417	-	6,219	5	-	-588	21,893	21,305
1997년	8,780	9,674	-	696	0	-	16	19,150	19,166
1998년	9,361	7,151	-	5,388	1	-	-	21,901	21,901
1999년	8,481	4,634	-	3,322	11	-	-	16,448	16,448
2000년	9,290	4,834	-	4,245	407	31	522	18,776	19,329
2001년	9,550	5,866	-	-475	784	62	72	15,725	15,859
2002년	6,077	11,167	1,076	1,697	3	-85	29	20,020	19,964
2003년	9,174	10,103	5,362	4,012	1,618	26	-28	30,269	30,267
2004년	5,874	6,237	19,665	656	16	21	106	32,448	32,575
2005년	7,840	11,535	16,417	7,711	6	472	330	43,509	44,311
2006년	-9,741	15,062	5,516	626	8	98	530	11,471	12,099
2007년	13,209	17,531	17,607	904	10	1,653	3,824	49,261	54,738
2008년 상반기	4,372	11,251	8,990	327	7	85	1,068	24,947	26,100
계	97,711	130,669	74,633	37,119	3,688	2,363	7,281	343,820	353,464

* : 허위 유가증권 거래대금 송금은 2002년 4/4분기부터 편입시킴.
Broad** : 은행부문의 기타투자 순흐름과 포트폴리오투자 순흐름이 제외된 수치임.
자료: 러시아 중앙은행 "Balance of Payment of the Russian Federation"을 기초로 작성.

상기 분석에서 나타난 러시아 자본도피의 가장 큰 특징은 자본도피와 경기변동 간에는 상관관계가 거의 존재하지 않는다는 점이다. 이는 러시아 자본도피가 경기변동과는 무관하게 항상 발생하며 경제여건을 포함해 정치, 제도적 측면에서 강한 영향을 받고 있다는 점을 보여준다. 또한 경제, 사회시스템의 혼란기였었던 1990년대 보다 경제성장과 정치적 안정이 이루어진 2000년대 자본도피의 평균적 수준과 변동성이 더욱 확대되고 있다. 이는 러시아에서의 자본도피가 일시적 현상이 아니라 하나의 경제현상으로 자리하고 있음을 말해준다.

자본도피를 기간별로 분석해 보면 3번의 상승과 2번의 하락파동을 보이고 있다. 1992~1993년, 1996~1998년, 2003~2008년은 증가추세를, 1994~1995년과 1999~2002년은 하락추세를 보여주고 있는데 이는 그 기간 동안의 정치·경제적 환경 변화와 밀접한 관계를 지니고 있음을 알 수 있다.

1992~1993년 2년간 610~700억 달러에 달하는 대규모 자본도피는[3] 시장경제로의 체제개혁 초기에 나타난 붕괴에 가까운 정치·경제·사회적 혼란과 국영기업의 사유화와 대외무역을 포함한 경제활동 자유화를 통한 노멘클라투라들과 조직범죄집단들이 행한 대규모 자본유출이 그 원인이었다.

1994~1995년 자본도피가 다소 축소된 것은 고수익을 보장하는 국내금융회사로의 투자가 확대되었고[4], 중앙은행이 고정변동환율제(Currency Corridor)를 채택함으로써 환율이 급속도로 안정되며, 하이퍼인플레이션이 다소 진정되는 기미를 보였기 때문이다.

1996~1998년 사이에 대규모의 자본도피가 이루어진 것은 대통령선거를 둘러싼 정치적 불확실성의 확대, 재선 후 옐친의 건강악화로 인한 정치리더십부재, 재정적자와 단기성 대외부채 급증, 은행 부실 등으로 인한 금융위기 확산, 1997년 아시아 외환위기의 러시아 상륙과 1998년 모라토리엄(채무지불유예) 선언 등으로 러시아 정치, 경제에 대한 국민들의 불안감이 증폭되었기 때문이다.

---

3) 러시아 과학 아카데미산하 경제연구소(Institute of Economics)와 캐나다 웨스턴 온타리오 대학(University of Western Ontario) 국제경제관계연구 센터(1999)는 1992~1993년 동안 러시아에서 발생한 자본도피가 610~700억 달러에 이르는 것으로 추정하였다.

4) 1993년 하반기부터 1994년 상반기 동안 러시아 국민들은 투자회사가 자행한 금융피라미드 사건에 휩쓸렸다. 2,000만 명이 넘는 러시아 국민들이 MMM과 루스키돔셀렌가를 포함한 300개가 넘는 투자회사들이 유인한 고수익 미끼에 속아 30조루블(150억 달러)가 넘는 금융사기를 당하였다.(자세한 내용은 현대러시아경제(2007) p. 225~227참조)

1999~2002년은 모라토리엄 선언 후 지속된 루블화의 평가절하, 국제유가상승 등으로 인해 경제가 회복기에 접어들었고, 2000년 푸틴이 대통령으로 취임한 후 정치적 안정이 확립되고 경제개혁 추진이 본격화되면서부터 자본도피도 점진적으로 감소하였다. 체제개혁 이후 경제가 처음으로 플러스 성장으로 전환하면서 국내에서의 수익창출 기회가 높아졌고, 국제사회에서 자금세탁방지가 강화되었다. 또한 해외에 있는 러시아 자본의 투자를 유인하기 위해 세금만 내면 돌아오는 돈의 전력을 묻지 않는다는 푸틴의 대사면 조치도 일조하였다.

2003~2008년 동안 자본도피는 정치 환경의 개선과 경제성장의 지속에도 불구하고 다시 급증하는 추세를 보이며 외환위기 이전 수준을 넘어섰다. 이는 앞에서 언급한 바와 같이 유코스 사태 등에서 보인 정치권의 지나친 경제개입으로 인한 러시아 행정부의 사유재산 보호와 기업 및 금융정책에 대한 국민들의 불신감이 고조되었기 때문이다. 2005년 443억 달러를 기록하였던 자본도피 규모가 2006년에는 120억 달러로 급감하였는데 이전 자본도피분의 상당액이 국내로 환류한데 기인한 것으로 추정된다. 매년 80~100억 달러에 달하던 순오차 및 누락에서의 적자가 2006년에는 약 100억 달러 흑자로 전환한 것이 이를 설명해준다. 일시적 급변동을 고려한 2005~2007년 동안 연평균 자본도피규모는 370억 달러로 자본도피가 여전히 상승추세를 보이고 있음을 알 수 있다. 러시아 자본도피를 구성 항목별로 살펴보면 다음과 같은 몇 가지 특징을 지닌다.

첫째, 오차 및 누락 항목에서의 수치가 지나치게 높다. 러시아는 오차 및 누락 항목 규모(금액)가 조사기간 동안 매년 60억~130억 달러를 기록하였다. 그 결과 전체 자본도피(Broad measure)의 27.6%인 980억 달러에 달했다. 러시아의 오차 및 누락 항목 수치는 서방은 물론 브릭스(BRICs) 국가들과 비교해서도 지나치게 높은 수준이다.[5] 원래 오차 및 누락은 국

5) 2005년 각국의 오차 및 누락율을 상품수출입합계 대비 비율로 살펴보면 러시아 2.72%, 미국 0.41%, 영국 2.03%, 독일 0.64%, 일본 1.42%, 한국 0.51%, 중국 1.21%, 인도 0.37%, 브라질 0.15%였다.

제수지에 계상되는 기초통계자료의 오류, 기초통계간의 계산시점과 평가방법상의 차이, 통계기술의 미숙으로 수입계정과 지급계정이 일치하지 않는 경우 양계정의 차이를 조정해 주기 위한 항목으로 일반적으로 그 규모가 크지 않다. 그 규모가 큰 경우 이는 음성적인 외환자금의 유출입을 보여주는 간접적인 지표로 인정되는 경우가 많다. 예를 들어 수입업자나 업체가 수입서류를 허위로 작성하여 은행에 제시하고 수입대금을 해외로 불법 반출하는 경우 국제수지표의 자본계정에는 기록되나 경상계정 수입항목에는 기록되지 않기 때문에 오차 및 누락에서 음(-)이 발생하기 때문이다.

둘째, 러시아 중앙은행의 국제수지표 금융계정 기타투자 자산항목에는 다른 나라에는 잘 나타나지 않는 미수령 수출대금(Non-repatriation of exports proceeds)과 상품 및 서비스 미인수 수입대금(non-supply of goods and services against import contracts)이 있다. 이는 러시아 민간이 대외무역거래에서 정상거래를 위상하여 행하는 대표적인 자본도피 방법인 Trade mis-invoicing이다. 전자에는 수출가격의 under-invoicing과 수출대금의 국내 미반입이 포함되며, 후자에는 상품 및 서비스 수입가격의 over-invoicing과 수입대금을 지불한 후 그에 상응하는 재화와 용역의 수입이 실제로 이루어지지 않는 경우가 해당된다. 상기 방법을 통한 자본도피가 1997년 100억 달러에서 1999~2001년에는 46~58억 달러로 축소된 후 2002년 다시 100억 달러를 넘어섰고 2007년에는 175억 달러로 확대되었다. 대외무역관련 총 자본도피 규모는 1,307억 달러로 전체 자본도피의 37%를 차지하였다. 수출입관련 자본도피에 있어 두드러진 특징은 1998년까지는 수출을 이용한 자본도피가 주를 이룬 반면 1999년부터는 수입관련, 그중에서도 특히 서비스 수입과 관련된 자본도피가 주를 이루고 있다는 점이다. 2001년~2008년 상반기 동안 서비스 수입관련 자본도피 규모가 총 400억 달러로 동기간 무역관련 자본도피의 45%를 차지하였다.[6] 이는 1998년 모

6) 서비스 수입관련 자본도피 규모는 다음과 같다. 2001년 29.75억$, 2002년 95.27억$, 2003년 93.36억$, 2004년 50.60억$, 2005년 38.41억$, 2006년 21.42억$, 2007년 46.14억$, 2008년 상반기 24.62억$.

라토리엄 선언 이후 중앙은행이 자본유출을 줄이고, 외환보유를 증가시키고자 수출업체들이 수출을 통해 획득한 외환의 전부 또는 일부를 국내외환시장에서 강제 매각하도록 하는 조치를 강력하게 취하였을 뿐만 아니라 상품수입에 있어서도 감독체계를 강화하였기 때문이다. 그 결과 상대적으로 손쉬운 비상품부문인 서비스부문을 이용한 자본도피가 늘어났다.

셋째, 허위 유가증권거래대금 송금(remittances against fictitious transactions in securities)을 통한 자본도피가 2002년부터 급증하고 있다. 해외에서 허위로 유가증권을 매입하고 그 대금을 송금한 것을 합친 것으로 러시아 국가관세 위원회와 자본규제 관련 기관들이 제공한 자료를 기초로 중앙은행이 2002년 4/4분기부터 작성해 발표하는 항목이다. 2003년 54억 달러에 불과했었던 허위 유가증권투자를 이용한 자본도피가 그 후 매년 150억 달러를 넘어서며 불과 6년간 총 746억 달러로 전체 자본도피의 21%를 차지했다. 허위 유가증권거래 방법이 러시아 민간의 새로운 자본도피 수단으로 부각되었다. 이는 2004년 EU 및 2006년 미국과의 WTO가입을 위한 양자협상에서 금융시장 개방에 관한 합의가 이루어졌고, 2007년부터 완전한 외환자유화를 실시함으로써 민간의 해외 자본유출이 용이해졌기 때문이다. 즉 국내 금융시장의 점진적 개방 및 외환자유화가 자본도피 포트폴리오를 새로 구성하는 계기가 되었다.

넷째, 수출무역신용 및 수입 선지급금을 이용한 자본도피가 있다. 무역관련 기업부문에서 발생하는 것으로 수출대금의 본국 송환을 연기하거나 수입대금을 미리 지불한 후 환율 변동을 이용하여 그 차액을 해외에 유치하는 것으로 대외경제활동과 관련해 해외로 자본을 도피하는 직접적인 방법이나 경로에 해당되는 항목들이다. 러시아 기업들은 주로 선불지급조건의 수입신용장(L/C)을 작성해 대금을 송금한 후, 계약을 파기하거나 자회사를 부도처리하는 방법을 통해 대금을 해외에 축적시켰다. 1990년대 주요한 자본도피 수단이었던 상기 방법이 2006년부터 급격히 줄어들고 있는 것은 유가증권을 이용할 수 있는 보다 용이한 대체 방법이 나타났기 때문이다.

다섯째, 적법한 포트폴리오투자나 기타투자를 이용한 자본도피가 있다.

기업들의 해외대출과 예금이 주를 이루는 기타투자는 누적 규모가 지금까지 37억 달러에 불과하고, 주식 및 채권투자와 관련된 포트폴리오투자는 96.4억 달러에 그치는 등 합법적 방법을 통한 자본도피는 아직까지는 그 규모가 미약하다. 이는 러시아 기업들이 허술한 자본규제 법규를 이용해 다른 수단, 즉 허위 유가증권투자를 이용한 자본도피를 선호하기 때문이다. 그러나 외환자유화와 향후 도입할 자본자유화를 준비하기 위한 사전조치로 러시아 금융당국이 허위 유가증권투자에 대한 통제 및 제재를 강화할 경우 합법적인 포트폴리오투자를 통한 자본유출이 늘어날 것으로 전망된다. 2005~2006년 6~8억 달러에 불과했었던 합법적 포트폴리오투자를 통한 자본유출이 2007년 54.8억 달러로 급증한 것이 그 전조라 할 수 있다.

그 외에 기업을 중심으로 한 민간의 해외직접투자(FDI)를 통한 자본도피도 러시아에서는 매년 적지 않게 이루어지고 있는 것으로 추정되고 있으나 적법성이 높다는 측면에서 여기서는 포함시키지 않도록 한다. 참고로 러시아연방 통계위원회에 의하면 2008년 상반기 러시아 민간의 해외투자 누적잔액은 490.3억 달러, 그중 직접투자 잔액은 189억 8,600만 달러인 것으로 확인되었다. 그중 조세도피지인 키프로스가 13.6%인 25.8억 달러를 차지하는 등 영국령 버진 아일랜드, 지브랄타, 라이베리아, 스위스 등이 포함되어 있는 것으로 보아 상당수의 기업들이 여전히 탈세 등을 목적으로 자금을 해외에 반출하고 있는 것으로 추정된다.[7)]

7) 러시아 통계청이 발표하는 해외직접투자보다 중앙은행이 발표하는 해외직접투자가 훨씬 크게 나타나고 있는데 이는 자료수집 방법과 목적에 있어서의 차이에 기인한다. 국가통계청은 세관자료와 특별질문서를 통해 작성하고, 중앙은행은 국가통계청자료와 의무적으로 보고해야 하는 외환과 관련된 상업은행 자본계정 모니터링 시스템을 이용해 산정하기 때문이다. 러시아 중앙은행에 따르면 2002년까지 20~30억 달러수준에 그쳤던 러시아 기업들의 해외직접투자가 2003년 97.6억 달러, 2004~2005년 130억 달러로 늘어났고, 2006년에는 230억 달러, 2007년에는 452억 달러로 급증하였다. 그리고 2008년에는 상반기만 313억 달러의 해외직접투자가 이루어졌다.

V. 자본도피가 러시아 경제에 미친 영향력

자본도피는 그것이 이루어지는 당해국의 경제에 심각한 악영향을 끼침은 물론 다른 나라 경제에도 영향을 미친다. 일국에서 자본도피가 대규모로 일시에 발생할 경우 당해국의 대부자금시장에서는 자금수요의 증가가 발생해 이자율이 상승하며, 그에 따라 기업들의 투자가 감소하게 된다. 외환시장에서는 자국화폐의 공급이 증가하여 그 가치가 하락(평가절하)하게 됨으로써 민간부문에서의 소비위축으로 이어지게 된다. 소비와 투자의 위축은 국민소득 및 국민 총생산의 감소를 낳게 된다. 또한 국제수지의 악화를 초래함으로써 대외부채의 증가에 일조하며 '핫머니(hot money)'가 되어 국내 및 국제금융시장을 교란하기도 한다.

러시아에서 발생한 대규모 자본도피 또한 러시아경제 발전 및 개혁에 적지 않는 부정적인 결과를 낳았다. 이를 구체적으로 살펴보면 다음과 같다.

1. 경제성장

자본도피가 러시아 경제에 미친 가장 큰 악영향은 실물 및 금융부문에서의 투자재원의 잠재적 원천의 손실을 야기하여 경제성장 잠재력을 약화시켰다는 점이다. 특히 1990년대 체제전환과정에서 발생한 대규모 자본도피로 인한 투자재원의 부족은 이자율 급등, 생산 위축, 경기 침체로 몰아가는 악순환의 고리를 만드는데 일조하였다.[8] 투자를 위한 국민자본인 총고정자본형성이 1989년 GDP대비 33%에서 1999년 14%대로 급락하였는데, 민간부문의 자본투자가 4.4%에 그친 것이 결정적 원인이었다. 1998~2000년 민간부문에서의 자본도피 규모가 총고정자본형성의 44~58%를 차지한 것

8) 러시아 재무부장관을 역임한 예브게니 야신(1992)은 러시아가 시장경제체제로의 이전과정에서 경제위기를 극복하고 개혁을 완수하기 위해서는 15년 동안 매년 150~200억 달러의 자금이 필요하다고 역설하였다. 매년 240억 달러에 이르는 자본의 해외도피는 1990년 러시아의 경제개혁과 발전에 필요한 재원의 충당에 얼마나 막대한 악영향을 끼쳤는지를 미루어 짐작할 수 있다.

에 비추어볼 때 투자자본 형성에 결정적 악영향을 끼쳤음을 알 수 있다. 그 후 2000~2006년까지 GDP대비 총고정자본형성은 18%대에 머물렀는데 동기간 중국은 38%, 인도는 27%, 브라질은 17%수준이었다.[9] 고정자본투자의 차이가 브릭스(BRICs)4국의 경제성장률 차이에 적지 않은 영향을 미쳤다.[10]

| 표 4 | 자본도피와 주요 경제지표와의 비교 (I)

	자본도피 (백만 $)	GDP(경상가격)		경상수지		상품수지		총고정자본형성	
		백만 $	대비(%)	백만 $	대비(%)	백만 $	대비(%)	백만 $	대비(%)
1994년	6,421	276,901	2.32	7,844	81.9	16,927	37.9	49,336	13.01
1995년	12,981	313,451	4.14	6,963	186.4	19,816	65.5	66,075	19.65
1996년	21,305	391,775	5.44	10,847	196.4	21,592	98.7	78,355	27.19
1997년	19,166	404,946	4.73	-80	-	14,913	128.5	74,065	25.88
1998년	21,901	271,038	8.08	219	10000.5	16,429	133.3	43,773	50.03
1999년	16,448	195,907	8.40	24,616	66.8	36,014	45.7	28,191	58.34
2000년	19,329	259,702	7.44	46,839	41.3	60,172	32.1	43,786	44.14
2001년	15,859	306,583	5.17	33,935	46.7	48,121	33.0	57,914	27.38
2002년	19,964	345,486	5.78	29,116	68.6	46,335	43.1	61,911	32.25
2003년	30,267	431,429	7.02	35,410	85.5	59,860	50.6	79,254	38.19
2004년	32,575	591,902	5.50	59,512	54.7	85,825	38.0	108,673	29.98
2005년	44,311	764,256	5.80	84,409	52.5	118,364	37.4	135,579	32.68
2006년	12,099	988,557	1.22	94,340	12.8	139,269	8.7	182,685	6.62
2007년	54,738	1,289,535	4.24	76,241	71.8	130,915	41.8	271,705	20.15
2008년*	26,100	799,135	3.27	63,622	41.0	101,889	25.6	-	-
계**	353,464	6,831,468	4.63	573,833	61.6	916,441	38.6	1,281,302	25.55

대비(%)는 각 항목 대비 자본도피 비중임.
2008년* : 상반기(1~6월)까지임.
계** : 총고정자본형성은 2008년 상반기를 제외한 수치 및 비중임.

9) Deutsche Bank Research (2008). Brazil, Russia, China, India: How the Waking Giants are Reshaping the World.

10) IMF(2008)에 의하면 2000~2006년 동안 중국은 총 91.1%, 인도 58.6%, 러시아 59.1%, 브라질 24.2%의 경제성장률을 기록했다.

Deutsche Bank Research(2007)와 CMASTF(2008)에 의하면 2005년 러시아 전체 경제성장률 6.4%중에서 소비부문, 총고정자본형성, 순수출이 기여한 정도는 각각 7.0%, 1.6%, -3.2%였고, 6.7%성장을 이룩한 2006년에는 각 부문이 각각 6.7%, 2.7%, -5.3% 기여하였고, 8.1%성장을 달성한 2007년에는 각각 7.1%, 3.8%, -3.9%기여하였다. 2005~2007년 자본도피 규모가 총고정자본형성의 약 20%를 차지하고 있어 이것이 투자재원으로 활용되었을 경우 약 1%의 추가 성장이 가능했음을 알 수 있다.

┃표 5┃ 자본도피와 주요 경제지표와의 비교 (II)

	자본도피	총 대외부채 (억 달러)				외환보유고		연방예산수입**	
	백만$	총부채	(%)	연방정부	(%)	백만 $	(%)	백만$	(%)
1994년	6,421	1,267	5.1	1,185	5.4	7,210	89.1	-	-
1995년	12,981	1,327	9.8	1,148	11.3	17,200	75.5	-	-
1996년	21,305	1,530	13.9	1,258	16.9	15,324	139.0	-	-
1997년	19,166	1,828	10.5	1,364	14.1	17,784	107.8	44,544	43.0
1998년	21,901	1,884	11.6	1,389	15.8	12,223	179.2	27,646	79.2
1999년	16,448	1,782	9.2	1,332	12.3	12,456	132.0	24,880	66.1
2000년	19,329	1,600	12.1	1,167	16.6	27,972	69.1	39,994	48.3
2001년	15,859	1,463	10.8	1,030	15.4	36,622	43.3	53,959	29.4
2002년	19,964	1,523	13.1	968	20.6	47,793	41.8	70,134	28.5
2003년	30,267	1,860	16.3	982	30.8	76,938	39.3	83,697	36.2
2004년	32,575	2,135	15.3	972	33.5	124,541	26.2	121,340	26.8
2005년	44,311	2,572	17.2	711	62.3	182,240	24.3	181,129	24.5
2006년	12,099	3,106	3.9	447	27.1	303,732	4.0	231,322	5.2
2007년	54,738	4,635	11.8	374	146.4	478,762	11.4	304,330	18.0
2008년*	26,100	5,271	5.0	347	75.2	568,966	4.6	179,006	14.6

대비(%)는 각 항목 대비 자본도피 비중임.
2008년* : 상반기(1~6월)까지임.
연방예산수입* : 재무부 자료를 기초로 연평균환율로 환산한 수치임.
자료 : 러시아연방 통계청과 중앙은행 자료를 기초로 재작성함.

2. 국제수지와 대외부채

자본도피는 러시아 국제수지 악화에 직접적 영향을 끼치며 대외부채 증가에 일조하였다. 1997~1998년에는 자본도피 금액이 상품수지흑자보다 더 많았고, 1995~1998년에는 경상수지흑자보다 더 많았다. 조사기간(1994~2008년 상반기) 동안 해외로 불법 유출된 자본은 동기간 총 누적 경상수지흑자의 61.6%, 상품수지흑자의 38.6%를 차지하였고 2008년 상반기 전체 국가부채(5,271억 달러)의 67%에 해당하였다. 자본도피는 특히 시장경제로의 체제전환기였던 1990년대 러시아 국제수지 악화와 대외부채 급증에 결정적 악영향을 끼쳤다. 당시 러시아는 국내저축이 부족했기 때문에 인프라 구축과 산업 재건을 위해 필요한 자본을 해외차입과 외국인투자에 의존해야했다. 그러나 투자환경이 극히 열악한 상태에서 외국인투자를 통한 투자재원의 충당이 사실상 불가능해지면서 체제개혁과 경제발전을 수행하는데 필요한 자금을 국제기구 및 금융기관으로부터의 차입에 의존하게 되었고 이는 대외부채의 급증으로 이어졌다.[11] 특히 경제침체기였던 1992~1999년 동안 이루어진 자본도피 규모는 1,682억 달러(1992~1993년 700억 달러 포함)로 1999년 말 연방정부의 총대외부채(1,332억 달러)보다 26%나 많고, 통화당국 및 민간을 포함한 국가 총외채(1,782억 달러)의 95%에 달했다.

3. 대외지급능력

자본도피는 러시아 금융시장의 불안과 대외지급능력을 감소시켜 러시아 국가신용도에 부정적 영향을 미쳤다. 자본도피는 국제수지표상의 준비자산 증감에 직접 영향을 미쳐 대외지급능력의 척도가 되는 외환보유고 감소를 이끈다. 1990년대 러시아 정부의 외환보유고는 줄곧 100~200억 달

11) 러시아는 세계은행(World Bank)으로부터 1992~1999년까지 부자 및 구조조정 등을 목적으로 117.5억 달러(승인기준)의 차관을, 국제통화기금(IMF)으로부터 확대재정차관, 스탠바이 차관, 체제전환차관으로 1992년~1999년까지 155억 9,630만 SDR을, 유럽부흥개발은행(EBRD)으로부터 1994~1998년까지 대러시아 시장개혁 사업과 관련해 31억 ECU를 차관으로 제공받았다

러에 불과했다. 만성적 외환 부족은 수입대금 결제 및 대외부채의 원리금 상환능력에 대한 의구심을 증폭시켜 러시아 국가 신뢰도를 훼손하였고 이는 모라토리엄 선언으로 가는 단초를 제공했다. 러시아 정부가 1998년 8월 모라토리엄을 선언하게 된 배경에는 민간의 대규모 자본도피가 자리하고 있다. 2000년대 들어 유가급등에 힘입은 오일머니의 유입으로 외환보유고가 급증하면서 상기 문제가 덮어지고 있으나 경제위기시 자본도피는 외환부족을 가속화시키며 국가를 부도의 수렁으로 내모는 역할을 수행한다. 그리고 러시아의 경우 취약한 금융시스템이 자본도피를 조장하였고, 자본도피는 금융시스템을 더욱 취약하게 만들며 위기상황을 가속화시켰다. 1990년대부터 2000년대 초반까지 자본도피를 통한 해외자산 취득의 증가는 루블 환율의 평가절하를 가속화시켜 외환시장의 불안을 조장하였으며, 투자재원의 감소로 실질금리가 마이너스로 유지되면서 러시아 국내 금융자산의 축적이 줄어드는 얕은 금융(shallow fiance)상태를 발생시켜 금융 및 외환위기를 초래하였다.

4. 정부재정

자본도피는 과세대상이 되는 자산과 재산을 축소시켜 정부의 재정수입 감소에 일조한다. 특히 1990년대 횡행한 탈세를 목적으로, 마약이나 무기 밀매 등 범죄 활동을 통한 자금세탁 및 도피는 러시아 정부의 조세수입 감소를 야기함으로써 정부의 재정정책 수행에 걸림돌이 되었음은 물론 연방예산적자의 중요한 원인이 되었다.[12] 러시아 정부는 재정수지 적자를 보전하는데 있어 심각한 곤란을 겪었다. 개혁 초기(1992~1994년)에는 주로 국영기업의 매각대금이나 중앙은행 신용, 즉 통화발행을 통해 보전하였는데 이는 통화량의 증발로 이어져 초인플레이션을 유발하였다. 1995년부터 러시아 정부는 단기국채(GKO) 및 중기연방채권(OFZ) 등의 국채를

12) 1990년대 러시아 연방재정수지는 만성적인 적자를 면치 못하였다. 재정수지 적자(GDP대비)는 1993년 9.2%, 1994년 12.1%, 1995년 4.9%, 1996년 7.4%, 1997년 3.4%, 1998년 3.2%, 1999년 1.3%였다.

발행하거나 국제통화기금(IMF)을 위시한 해외로부터의 차관을 통해 재정 수지적자를 보족하는 방식을 채택하였다. 그러나 이 방법은 대외 및 국내 부채의 증가를 야기하였을 뿐만 아니라 금융시장, 특히 채권시장에서의 가격하락으로 인한 금융 불안과 국가예산에 있어서의 이자부담을 더욱 가중시켜 러시아 정부의 재정정책 운용에 있어 더욱 큰 부담을 지게 만들었다. 1990년대 러시아 연방재정수지의 만성적 적자 배경에는 자본도피가 깊숙이 개입하고 있었다.

Ⅵ. 결 론

체제개혁 이후 지금까지 러시아에서 발생한 민간의 자본도피는 그 규모가 1980년대 남미국가들에서 발생한 전체 자본도피보다, 1980년대 말부터 1990년대 초까지 동유럽국가에서의 전체 자본도피 규모보다 더 크다. 그리고 더 큰 문제는 규모의 크기나 정확성보다는 자본도피가 경제에 치명적인 부정적 영향을 미친다는 점이다. 이점을 인식한 러시아 정부는 자본유출의 불법적 통로 및 방법을 차단하기 위한 다양한 조치들을 취하고 있다. 외국환 매매에 대한 규제 등 엄격한 외환관리를 통해 투기성 자본의 이동이나 불법외환거래를 억제하고 있다. 외환위기 이후에는 수입대금을 지불한 후 일정기간(90일)내에 상품을 수입하도록 의무화하였으며, 수출대금의 송환 지연에 대한 과징금을 부과하거나 상품을 수출해 받은 외화의 일정부분을 국내시장에서 루블로 의무 매각하게 함으로써 수출입과 관련된 자본흐름을 통제하기도 하였다. 일정규모 이상의 모든 금융 거래(50만 루블)와 자산 거래(250만 루블)에 대한 조사, 은행 등 금융기관들의 가명계좌 개설 금지 등을 골자로 하는 사금세탁방지법(anti-money laundering law)을 2001년 8월 채택한데 이어 반테러자금법 등 일련의 추가 조치를 강구하였다. 또한 사회전반에 만연되어 있는 탈법과 탈세, 관료들의 부정부패를 척결하고자 범죄 및 부패와의 전쟁을 선포하였다.

그러나 세계경제의 글로벌화(globalization)가 가속화되면서 국제자본시장에서 다양한 금융상품이 개발되고 있으며 거래방식도 급속도로 변화하고 있어 자본이동에 대한 규제 조치들은 그 시행에 있어 많은 어려움이 따르며 실효성도 크지 않는 것으로 알려지고 있다. 2000년대 이후 러시아 자본도피의 주원인은 정부개입과 관련된 비즈니스 활동 환경의 악화다. 따라서 무엇보다도 해외자본도피를 억제하는 가장 효과적인 방법은 사적 재산에 대한 확실한 보장을 바탕으로 유리한 비즈니스 환경을 창출해 외국인투자 및 개인자금의 국내투자를 유도하는 것과 인플레이션 억제 등 거시경제 지표의 안정을 통해 경제성장과 발전을 도모하는 것이다. 2000년대 들어 정치상황의 안정과 경제여건의 개선에 힘입어 러시아 경제로의 외국인 투자가 증가하고 있는데 그중에서도 특히 키프로스나, 스위스, 룩셈부르크, 버진 군도(영국령) 등 조세도피지로부터의 투자가 증가하고 있다. 이는 과거에 해외로 도피되었던 국내자본이 외국인투자 명목으로 러시아로 환입되고 있는 것으로 확인되고 있다.

체제개혁 이후 러시아에서 발생한 자본도피의 감소와 증가, 도피된 자본의 환류 등 일련의 패턴은 자본이동이 정치 및 경제여건의 변화에 대단히 민감하게 반응한다는 것을 보여주고 있다. 즉 러시아에서 상기의 자본들은 대내외 정치 환경의 변화가 야기되거나, 정부의 지나친 경제개입과 일관성이 결여된 정책운용 등으로 경제여건이 악화될 경우 언제라도 러시아를 탈출할 수 있다는 것을 말해준다. 따라서 러시아가 앞으로 금융시장, 특히 자본시장을 점진적으로 개방하는 과정에서 자본도피를 줄이고, 도피된 자본의 환류를 유도하기 위해서는 정치 안정과 경제 성장을 지속하는 가운데, 복잡하고 불합리한 법적, 제도적 인프라를 개선하며, 사회 전반에 퍼져있는 부패를 척결하고, 기업지배구조를 개선하는 등 러시아 경제의 투명성 제고와 발전에 대한 신뢰감을 심어주어야 한다.

참고문헌

윤덕용 외. 『최근 해외자본유출의 원인 분석과 정책적 시사점』. 서울: 대외경제정책연구원. 2005.

이종문, "시장경제체제로의 전환과정에서 나타난 러시아에서의 자본도피." 『슬라브연구』제 21권 1호. 2005.

Abalkin, A. and J. Whalley. 1999. "The Problem of Capital Flight from Russia," The World Economy, May, Vol. 22, No. 3, 412-444.

Ajayi, S. Ibi. 1997. An Analysis of External Debt and Capital Flight in the Severely Indebted Low Income Countries in Sub-Saharan Africa, IMF Working Paper 97/68.

Collier, Paul, Anke Hoeffler and Catherine Pattillo. 1999. "Flight Capital as a Portfolio Choice," November, IMF Working Paper 99/171.

Loukine, Konstantin. 1998. "Estimation of Capital Flight from Russia: Balance of Payments Approach," The World Economy, July, Vol. 21, No. 5, 613-628.

Pyagay. V. "The Causes of Capital Flight in Russia," Thesis of Graduate School. Seoul National University. Feb 2002.

Sheets, Nathan. 1996. "Capital Flight from the Countries in Transition: Some Empirical Evidence," Journal of Policy Reform, Vol. 1, pp. 259-277.

Sicular, Terry. 1998. "Capital Flight and Foreign Investment: Two Tales from China and Russia," The World Economy, July, Vol. 21, No. 5, 589-602.

Tikhomirov, Vladimir. 1997. "Capital Flight from Post-Soviet Russia," Europe-Asia Studies, Vol. 49, No. 4, 591-616.

Westin, Peter, 2000. "Export Revenues: Repatriation or Expropriation?" Russian Economic Trends, February, 3-10.

Indem Foundation. 2002. "Diagnostic of Russian corruption: Sociological Analysis," Moscow, May.

P. Loungari and P. Mauro. 2000. "Capital Flight from Russia," IMF Policy Discussion Paper, June.

J. Odling-Smee. 2002. "Capital Flight and Economic Reforms in Russia," paper prepared for the Conference "Russia's Fight Against Capital Flight and Money Laundering" 30 May 2002, Chatham House, London.

Лопашенко Н.А. "Бегство Капитала из России и его возвращение." Издательство Интел-Синтез, 2003.

Лопашенко Н.А. "Бегство Капиталов из России как способ отмывания преступных доходов: проблем ответственности возвращения." http://sartraccc.sgap.ru/Pub/lopashenko(20-09-04).htm

Катасонов В.Ю. "Бегство Капитала из России: Моногафия." Анкил. 2002.

7

러시아 은행제도의 개혁: 이슈와 쟁점*

김 상 원

I. 서 론

계획경제로부터 시장 경제로의 이행에 있어서 중요한 작동 원리는 시장에 근거해 자원 배분을 가능하게 하는 은행 시스템의 구축이 필요하다. 즉, 시장경제에서 은행부문은 바람직한 안전성과 리스크 관리로 잉여자금으로서의 저축과 투자 등에 필요한 자금을 원하는 기업 및 다른 경제 주체와의 사이를 중개하는 중요한 기능을 담당하고 있다. 은행부문은 저축과 대출을 통해 프로젝트의 리스크와 수익을 평가한다. 그리고 대출을 이용하는 기업 등에는 엄격한 예산 제약(Hard Budget Constraints)을 통해 제공된 자금의 효율적인 활용을 실현시킨다.

* 본고는 2008년 9월 '비교경제연구(제15권2호)'에 게재했던 "러시아 은행제도의 개혁"을 수정 보완한 것임.

그리고 은행은 효율적인 결제 기능을 제공함으로서 시장경제에 있어서 경제 거래 코스트 삭감에도 공헌한다. 과거 계획경제에서 금융부문, 특히 은행부문은 정부가 작성한 계획의 집행 기관에 지나지 않았고, 정부의 계획에 근거해 각 산업부문들과 국영기업에 자금을 배분하는 기능만 담당하고 있었다. 때문에 계획경제에서 은행은 스스로 리스크를 판단하여 금융을 중개하는 기능과 능력을 가지지 않았다. 기업 및 개인이 은행에 예치한 예금 사용에는 다양한 제한이 부과되었고, 금리도 규제되고 있었기 때문에 은행의 신용창조 기능에 대한 정부의 감독 및 규제 제도도 필요하지 않았다.

시장경제 체제로 이행을 선언한 러시아는 1990년대 경제개혁의 어려운 시기를 벗어나 현재는 국제유가의 지속적인 가격 상승으로 순조로운 경제 성장을 계속하고 있다. 2007년 실질 GDP가 8.1% 성장함으로서 2000년 이후 연 평균 6%대 성장세를 유지하고 있다. 그러나 경제성장의 주축은 원유 및 천연가스를 비롯한 천연자원 수출이며, 현 경제의 성장을 견인하고 있는 국내소비 및 설비 투자도 천연자원수출에서 비롯된 경제 효과이다. 러시아가 향후 지속적인 경제성장을 유지하기 위해서는 자원경제 중심에서 벗어나기 위한 산업구조 조정을 통해서 제조업이나 서비스 산업 등 또 다른 산업부문의 육성 및 발전을 도모해야 한다. 이를 위해서는 은행 시스템의 도움이 반드시 필요하다. 하지만 러시아는 시장경제로의 체제전환 과정에서 화폐공급의 행정적 통제에서 중앙은행에 의한 통제로 적절한 전환이 이루어지지 않아 금융시장의 역할이 미약했다. 1998년 금융 위기 경험과 금융 발전과 경제성장의 관련성, 기업지배 구조 등에 대한 지난 경험이 러시아에서도 금융 시스템 중요성에 대한 인식을 높이는 계기가 되었다.

2008년 5월 7일 메드베데프 대통령은 취임사에서 "나의 가장 중요한 목표는 시민과 경제 자유를 더욱 고양하는 것"[1]이라고 천명하면서, 이를 통

---

1) "Выступление на церемонии вступления в должность Президента России." http://www.kremlin.ru/appears/2008/05/07/1235_type63374type82634type122346_200262.shtml (검색일 2008년 7월 17일)

해서 지속적인 경제발전과 부강한 국가 건설을 약속하였다. 따라서 현 러시아의 상황은 푸틴시기보다 경제개혁을 위한 환경은 훨씬 좋은 조건이 마련되었다고 할 수 있다. 그러나 경제구조 개혁은 정부에 의한 정책과 천연자원 산업으로 얻어진 수익을 다른 산업에 어떻게 효과적으로 배분할 것인지가 문제이다. 따라서 이를 담당할 금융부문의 역할이 중요하다. 그러나 러시아 은행부문과 자본시장이라고 하는 금융부문이 변화되어온 상황을 살펴보면 러시아 경제의 발전에 기여했다고 할 수 없다. 즉 금융부문 자체의 개혁을 진행시키지 않으면 안 되는 상황에 있다. 금융부문이 얼마나 취약한가는 석유 대기업의 유코스(ЮКОС)의 탈세 문제에 의한 주식시장의 동요, 중견 은행 소드비즈네스방크(Содбизнесбанк)의 은행 면허 박탈로 단번에 파급된 은행섹터 신용불안 등의 사례에서 볼 수 있다.[2)] 이와 관련하여 본 논문의 연구목적은 금융시장의 주축으로서 러시아 은행구조의 특징과 문제점을 파악하는 가운데 은행개혁의 필요성을 제기하는데 있다.

Ⅱ. 러시아 은행제도의 변화

1. 사회주의 체제하의 은행제도

계획경제의 은행제도는 중앙은행이 상업은행 기능 등 모든 기능을 담당하는 모노방크(Монобанк)시스템이며, 소련에서는 고스방크(Госбанк)가 그 역할을 맡았다. 외국 무역이나 농업, 융자 등의 전문 기능을 완수하는 은행은 있었지만, 전문 분야를 특화한 고스방크의 지점적 존재이며, 은행제도 전체로부터 보면 기능이 분화된 것은 아니다. 유일한 은행이 고스방

2) 2004년 5월 13일 자금세탁 및 자본금 허위 계상에 관여한 혐의로 러시아연방 중앙은행이 Содбизнесбанк의 은행 면허를 박탈하였다. 6월 4일에는 Кредиттрастбанк가 파산을 선언했다. 이 사건으로 은행의 신용 불안이 확대되어, Гутабанк가 국영 은행인 대외무역은행에 의한 구제 매수를 받아 예금자 보호법이 긴급하게 제정되는 계기가 되었다. http://www.vector-e.ru/archive/20040621/current/ (검색일 2008년 7월 15일)

크와 기업 간, 고스방크와 가계 간에는 결제 수단이 있었다. 그러나 기업 간, 기업과 국가 간의 고스방크를 경유한 결제는 모두 장부상의 대체이며 돈을 매개로 하지 않는 비금융 결제였다. 은행업무의 대상이 되는 기업이 모두 국영기업이었기 때문에 기업 융자는 정부의 계획에 의해 진행되었다. 고스방크의 기능은 결제뿐이어서 은행의 능력과는 상관없었다. 예를 들면 소련 주식회사의 회계 부문은 고스방크이며 주체적인 재무 기능은 없었다. 덧붙여 장부상의 돈은 용도별로 나누어, 투자용 자금을 자재 구입이나 임금 지불에 전용하는 것은 불가능했다.3)

가계 부문의 은행예금도 자발적인 경과가 아닌, 국가정책에 의하여 반강제적으로 실행되었다. 이러한 강제당한 저축(Forced saving)으로 국가경제계획을 수행하였다. 즉 저축을 투자에 돌려 금융 순환에 연결하는 금융 중개 기능은 정부가 연차 계획을 세우면서 직접 수행했다. 고스방크는 결제와 장부 관리라고 하는 수동적인 역할을 담당하였기에 계획경제에서는 시장 경제적인 의미에서의 은행은 존재하지 않았다.

그럼에도 불구하고 은행으로서의 기능을 회복하기 위하여 소련체제하에서 은행구조 변화는 시도되었다. 즉 1987년 고스방크는 소련 중앙은행으로 이름을 바꾸었다. 1990년 7월 13일 법령을 통해 소련 중앙은행이 러시아연방 고스방크로 바뀌면서, 러시아연방 최고의회가 직접 관리하였다. 소련 중앙은행의 사무소들과 특수은행들은 주식회사로 탈바꿈하기 위해 러시아 연방소유로 선언되었다. CIS형성 후에 러시아 고스방크는 여러 문제에 직면하게 되는데 이는 다른 소련 구성공화국들이 러시아 고스방크의 루블화 발행 권리를 인정하려하지 않았고, 루블화권에서 벗어나려 했기 때문이다. 1991년 11월 러시아 고스방크는 공식적으로 소련 중앙은행의 책임을 모두 이전받았고, 1991년 12월 소련이 붕괴할 때까지 유지되었다. 이 결과 러시아와 CIS의 다른 공화국들에서 독립적인 은행구조의 출현으로 이끌었다.4)

3) В.М. Маклярский, Экономика России (М.: Международные отношения, 2001), с. 135.
4) P. Gregory and R. Sturt, Russian and Soviet Economic Performance and Structure (N.Y.: Addison Wesley, 2001), p. 308.

2. 체제 전환 후의 은행제도

소련 시대 말 모노방크 시스템에서 중앙은행과 상업은행 각각의 기능을 분리하는 한편, 1988년 협동조합법에 따라 비국영 은행 설립이 인정되어 이원적 구조의 은행 시스템으로 개편 되었다. 소련 국립은행과 그 지점망만으로 구성된 은행제도가 해체되어 외국 무역, 농업, 공업, 저축 등의 분야별로 5개 전문 은행이 설립되었다. 같은 시기에 협동조합법이 시행되어 소규모의 사적 기업 설립이 가능해졌다. 이 협동조합법은 사영 은행 및 금융회사 설립도 인정하고 있었다. 한편, 정부에 의한 은행 및 금융회사에 대한 규제, 감독 체제가 정비되지 않는 상태였다. 이 무정부상태에 가까운 상태에서 소련 붕괴 후 1992년부터 민영화가 시작되는 것과 동시에 수많은 은행이 설립되었다.

이러한 상황에서 전환기 첫 4년 동안 러시아 연방 중앙은행법(1990년에 승인)과 러시아 연방 은행과 은행활동에 관한 법(1991년, 1992년 개정)은 은행활동을 관리하였다. 이 법들은 많은 업무를 중앙은행으로 넘겼는데 예컨대, 은행허가, 은행 통제 및 감시, 통화 공급 조절, 재할인율 정책, 통화정책 및 외환정책 수행, 루블화 안정화가 있다. 중앙은행은 러시아 연방 최고회의 책임 하에 있었다. 중앙은행은 화폐를 발행할 권리가 있었으나 연방예산적자를 지원하기 위한 발행은 금지되었다.[5)]

1990~1992년 은행법은 이원화된 은행시스템, 즉 모든 상업은행과 신용기관을 감독하는 중앙은행을 설립하는 기초가 되었다. 중앙은행은 정부로부터 독립을 선언하였고 은행의 은행으로서 그리고 최후 대부자로서의 기능을 수행해야했다. 초기 전환기동안 대부분의 상업은행 신용은 정부에서 산업, 농업 더 나아가 은행부문 스스로 직접 신용으로 이루어졌다. 중앙은행으로부터 쉽게 자금지원을 받을 수 있었다는 점은 금융 분배자로서의 위치와 더불어 상업은행이 러시아에서 가장 수익성 좋은 사업 중 하나가 되게 했다.

1990~1992년 은행법은 상업은행을 관리 및 감독하기 위한 방법으로 중

5) Маклярский(2001), *op.cit.*, p. 136

앙은행에 많은 권한을 주었다. 러시아의 경우에 중앙은행에 의해 만들어진 많은 법령과 정부령, 대통령령에 기반한 제도는 상당한 혼란을 일으켰다. 상업은행이나 고객들은 은행활동에 대한 적법성을 확신할 수 없었다. 1990~1992년의 상업은행법은 많은 단점과 모호성에도 불구하고 러시아의 현대 은행시스템의 기반을 마련하였다. 이 법은 러시아에서 새로운 이원화된 은행구조를 정의하였다. 은행업무, 허가조건 및 철회, 상업은행의 의무, 중앙은행에 대한 권리, 상업은행과 고객간의 관계를 구분하였다.

상업은행법은 상업은행의 개념과 그 업무를 정의하였다. 은행 설립과 폐업에 관한 절차를 제공했고 유동성과 지불능력에 관한 기준을 세웠다. 은행은 자유롭게 수수료와 수신, 여신 이자율을 책정하였으나 중앙은행 통화정책과 신용정책의 제한 내에서 가능했다. 카르텔은 금지되었다. 모든 은행은 예금을 받을 수 있었다.[6)]

이러한 은행에 관련된 법체제의 변화 속에서 러시아의 은행체제는 중앙은행과 상업은행의 이원적 체제로 분리되어 조금씩 발전되어갔다. 고스방크는 중앙은행이 되어 현재는 러시아연방 중앙은행이며, 루블의 발권과 안정성 확보, 은행 제도의 강화와 결제 기능 등 중앙은행으로서의 역할을 담당하고 있다. 스베르까사(Сберкасса)를 계승한 러시아 최대 은행 스베르방크(Сбербанк), 대외 경제 은행을 계승한 브네쉬토그방크(Внешторгбанк) 등[7)], 소련 시대 전문 은행은 그 후의 변천을 거쳐, 국가 소유 상업은행으로 오늘에 이르고 있다. 그 외에는 기업 재무부문이 독립해 발전된 은행 등 소련시기 말기 이후 시장 자유화 속에서 다수 은행이 탄생했다.

상업은행의 경우 설립을 모체별로 구분하면 첫째, 저축은행, 대외경제은행을 제외한 전문 은행과 그 지점이 사유화된 은행, 둘째, 사유화 이전 국유기업이 설립한 은행, 셋째, 협동조합법 이래 설립된 신규의 은행으로

6) P. Gregory and R. Sturt (2001), *op.cit.*, p. 309.

7) 최초의 상업은행은 고스방크의 전문은행인 Сбербанк(저축금융), Внешторгбанк(대외무역금융), Промстройбанк(산업금융), Агропромбанк(농업금융), Жилсоцбанк(주택금융)으로 특화되었다.

분류할 수 있다. 현재는 이러한 모체별 분류의 의미는 크지 않다. 문제는 이 시기 러시아에서는 규제 및 감독 체제가 확립되기 이전에 은행의 정의조차 분명히 하지 않는 상태에서 수많은 은행이 설립되었던 것이다.

3. 러시아 은행 현황

러시아 은행은 1992년 말 1,713개 은행이 설립되었으며, 1996년 말에는 2천 개를 초과하였다. 그러나 중앙은행의 감독 강화와 1998년 금융위기 등으로 은행의 파산이 급증하면서 2008년에는 1,212개까지 감소했다. 은행 감소와 더불어 지점수도 1996년 6,353개에서 2008년 3,490개로 감소했다. 특히 러시아 최대은행인 스베르방크의 지점수가 1,928개에서 795개로 대폭 줄었다. 스베르방크를 제외한 은행은 1997년 이후 2년 동안 4,425개로에서 1,604개로 감소했으나, 2003년 이후 조금씩 늘어나고 있다.[8)]

| 표 1 | 러시아 은행현황

	1996	2003	2004	2005	2006	2007	2008.9.30
등록 은행수	2,576	1,612	1,464	1,356	1,293	1,243	1,243
영업 은행수	2,007	1,277	1,249	1,205	1,143	1,092	1,187
전체 지점수	39,549	3,219	3,238	3,295	3,281	3,455	3,512
스베르방크	34,426	1,045	1,011	1,009	859	809	795

출처: "Бюллетень банковской статистики" 각호
http://www.cbr.ru/publ/BBS/Bbs0807r.pdf

현재 러시아 은행은 2008년 9월 30일 기준으로 1,243개의 신용 기관이 등록되어 그중 1,187개 은행이 영업을 하고 있다. 통화 위기 후 신용 기관의 도태는 다소 진행되었지만, 2000년 이후 큰 변동은 보이지 않고 있다. 호조인 경세 때문에 경영 기반이 취약한 소규모 금융기관도 유지 되고 있

8) "Бюллетень банковской статистики." http://www.cbr.ru/eng/publ/BBS/Bbs0810e.pdf (검색일 2008년 11월 11일)

다. 한편 외국인 자본이 참여된 신용 기관은 약 130여개이지만, 외국인 자본이 경영권을 가지는 경우는 매우 적다. 총자산액과 신용 공여액 상위 20개 은행이 60%, 개인 예금은 80%를 차지하고 있어 금융 기능이 얼마나 상위 은행에 집중되어 있는지 알 수 있다.

러시아의 10대 은행 중 1위는 스베르방크이다. 예금은 전 러시아의 60%를 차지하고 있고, 자산액, 자본금, 이익 등 대부분에서 압도적인 위치를 차지하고 있다. 스베르방크와 브네쉬토르그방크, 가즈프롬의 자회사인 가즈프롬방크, 모스크바시가 약 63% 출자한 Bank of Moscow 등[9], 정부계 은행이 상업은행의 핵심을 차지하고 있다. 정부가 출자 및 관리하는 은행은 23개이지만, 출자 비율이 25% 이하로 경영에 간접적으로 간섭하고 있는 은행도 400개 이상이다. 정부는 출자 비율이 낮은 은행부터 보유주식을 매각할 방침이지만, 그것을 어떻게 진행하는지는 향후 과제이다. 정부계와 외자계인 MDM bank 과 International Moscow Bank를 제외하면 러시아 은행 상위에 속한 대다수의 은행들이 세계 최대의 천연 가스 기업의 가즈프롬(Gazprom)과 금융산업그룹인 알파그룹(Alfa Group)의 포켓방크로부터 발전한 은행이다. 세계적으로 보면, 복합기업(Conglomerate)은 금융기관으로부터 분가 하여 다른 산업에까지 활동 영역을 펼치는 것이 일반적이지만 러시아의 경우는 역으로 유력한 非금융 기업이나 그룹이 상업은행을 보유하는 형태로 발전해 왔던 것이 특징이다. 중부 유럽과 달리 외국자본의 진출이 한정적이다. 그러나 시티은행(Citibank)과 라이파이젠 (Raiffeisenbank)은행[10]의 완전 출자 자회사는 총자산액으로 각각 16위, 7위뿐만 아니라, 그 외 외자계 은행도 러시아에서의 사업을 확대하고 있다. 이와 같이 러시아의 은행 섹터는 정부계, 러시아 대기업 계열의 민족계, 외자계 3개의 계열로 분류할 수 있다.

---

9) http://www.en.mmbank.ru/p1/ (검색일 2008년 7월 29일)

10) Компания Raiffeisenbank. http://www.futuretoday.ru/company/raiffeisen (검색일 2008년 7월 29일)

｜표 2｜ 러시아 상업은행 현황

	순자산		유동자산	
순위	은행명	금액(백만루블)	은행명	금액(백만루블)
1	스베르방크	5,164,799	스베르방크	156,824
2	VTB(대외무역은행)	1,602,970	VTB(대외무역은행)	73,657
3	가즈프롬방크	910,998	알파방크	65,350
4	방크 모스크바	521,095	루스키스탄다르크	64,886
5	알파방크	513,619	프롬스비아즈방크	29,372
6	로스셀호즈방크	511,237	로스방크	28,493
7	라이파이젠은행	485,154	라이파이젠은행	25,545
8	로스방크	383,875	방크모스크바	23,896
9	VTB24	378,895	시티은행	22,183
10	유니크레디트방크	368,410	가즈프롬방크	20,844

출처: "Ликвидация ликвидности" «Эксперт» №36 (577), 1 октября 2007. http://www.expert.ru/printissues/expert/2007/36/likvidaciya_likvidnosti/

은행산업의 성장원인으로 빠른 소득 증가, 민간수요 증가, 오일달러 유입을 통한 유동성 증가, 그리고 은행 신용 및 경쟁력 강화를 들 수 있다. 러시아는 2000년 이후 현재까지 연평균 7%의 높은 경제성장률을 기록하였다. 러시아 국내총생산 급증은 전체 수출의 63%를 차지하는 에너지의 국제가격 상승과 국내총생산의 50%에 이르는 민간소비지출 증가에 기인한다. 가처분소득 증가, 민간소비지출 증가 등 경기호조와 유동성 증가가 은행의 여수신을 증가시키는 결정적인 역할을 하였다. 2001년부터 현재까지 연평균 25%의 성장률을 기록한 민간소비지출은 유동성 증가와 맞물리면서 민간수요를 증가시키고 있다.

Ⅲ. 러시아 은행구조와 문제점

1. 은행수와 자산규모 집중도

러시아에서는 소규모 은행이 다수 존재하며 1998년 금융위기를 이후 은행수가 다소 줄어들고 있다. 특히 자산규모를 기준으로 상위 5대은행이 2008년 10월 현재 42.9%를 차지하고 있어 실질적인 의미에서의 은행 재편은 진행되지 않았다고 할 수 있다. 즉 20위까지 은행이 전체 자산의 64.4% 이상이다. 2008년 10월 현재 은행당 평균 자산은 상위 20위까지는 214억 5천만 달러이지만 21위 이하는 평균 2억 1천만 달러에 지나지 않는다. 자본금 규모에 의해 은행을 구분해 보면, 2008년 10월 현재, 러시아에서 영업 중인 은행 중, 자본금이 1억 5천만 루블(약 430만 유로) 이상의 은행은 529개로 50%에도 미치지 못한다. EU 은행의 최저자본금 기준은 500만 유로이기 때문에 러시아 은행의 50%는 EU의 최저 자본금 기준도 충족시키지 못하고 있다. 자본금 1천만 루블 미만의 소규모 은행 수가 감소해, 3억 루블 이상 대규모 은행 수가 증가하고 있다[11]. 은행 자본금 증가는 최저 자본 준비에 관한 규제에 의해 자본 증가를 의무화한 결과이다[12].

총자산이나 자본금의 규모가 작은 영세은행은 은행으로서 충분한 기능을 하고 있다고 말하기 어렵다. 러시아 은행 대부분이 이러한 영세은행이라는 점은 러시아 은행의 금융 중개 기능이 완전하게 수행되지 못하는 이유 중의 하나이다.

11) 러시아의 은행은 자본 규모로 보면 성장이 현저하지만, 은행부문의 규모 자체는 작다. 또 자기자본의 증가는 순조롭게 진행되었지만, 자본의 질적인 면이 문제가 되고 있다. IMF, World Bank, "Financial Sector Assessment Russian Federation", October. 2003. http://www1.worldbank.org/finance/assets/images/Russia_FSA.pdf (검색일: 2008년 7월 21일)

12) 최저 자본 준비에 관한 규제는 개략 다음과 같다. 신인가의 은행에 관한 최저 자본 준비액은 5백만 유로, 2005년에는 자본금액 5백만 유로 미만의 은행에 대해 자기자본 비율이 10%를 밑도는 경우, 은행 면허가 자동적으로 취소된다.

| 표 3 | 자산규모 집중도

	1998	2004	2005	2006	2007	2008.10*
상위 5대 은행(%)	41.0	45.1	43.8	42.4	42.3	42.9
6~20위 은행(%)	21.6	16.5	18.6	20.5	21.4	21.5
21~50위 은행(%)	13.6	11.7	11.4	12.1	12.8	13.3
51~200위 은행(%)	13.5	15.7	15.8	15.6	15.1	14.8
201~1000위 은행(%)	9.6	10.7	10.2	9.2	8.4	7.5
1001위 ~ (%)	0.7	0.3	0.2	0.1	0.1	0.1
총계계(%)	100.0	100.0	100.0	100.0	100.0	100.0
총자산(억루블)	7661	71369	96962	139635	201251	224327

출처: "Отчет о развитии банковского сектора и банковского надзора" http://www.cbr.ru/publ/root_get_blob.asp?doc_id=8136
* "Бюллетень банковской статистики" 2008. 10호
http://www.cbr.ru/eng/publ/BBS/Bbs0810e.pdf

또한 영업점의 지역적인 편재가 눈에 띄고 있다. 러시아의 은행의 반은 모스크바시와 주에 있어, 모스크바주에 있는 은행은 전체 은행 총자산의 84.5%, 자본의 82.2%, 非금융 부문 융자의 85.4%를 차지하는 등 지역적인 집중도도 높다. 러시아연방에서는 은행이 한 지역을 본점으로 하는 은행이 1개 존재하거나 또는 은행이 존재하지 않는 지역도 있다[13].

모스크바를 포함한 중앙연방지구는 은행수의 55.6%가 등록되어 있지만, 다른 연방지구에 등록된 은행 수는 중앙연방지구 등록은행 점포수의 50%에 지나지 않고 있다. 중앙연방지구 이외의 지방은 대부분이 지역에 등록된 은행의 수가 적다. 즉 중앙연방지구에는 자체 은행수도 많지만 다른 지역 은행 시점 개설도 많이 되어있다. 다른 관할구역에는 상대적으로 자체 은행 수보다 타 지역 은행 지점이 많다. 시베리아연방은 3.1배, 북서연방지구는 2.3배, 극동연방지구는 1.7배이다. 자체 은행 수가 적은 지방일수록 다른 지방으로부터의 은행 영업점 진출이 많은 것을 알 수 있다.[14]

13) Ю.М. Воронин, *Россия:Экономический рост* (М.: Финансовый контроль, 2004), с. 259.

| 표 4 | 러시아 은행의 지역별 분포도

	2003		2005		2007		2008.7	
	은행수	(%)	은행수	(%)	은행수	(%)	은행수	(%)
중부연방지구	714	54.1	752	56.6	714	57.0	632	55.6
-모스크바시 모스크바주	639	48.4	679	51.1	646	51.6	568	50.0
북서연방지구	91	6.9	86	6.5	84	6.7	81	7.1
남부연방지구	143	10.8	137	10.3	128	10.2	118	10.4
볼가연방지구	157	11.9	154	11.6	146	11.7	134	11.8
우랄연방지구	82	6.2	76	5.7	67	5.3	63	5.5
시베리아연방	86	6.5	80	6.0	71	5.7	68	6.0
극동연방지구	46	3.5	44	3.3	43	3.4	40	3.5
계	1329	100.0	1253	100.0	1136	100.0	1127	100.0

출처: "Бюллетень банковской статистики. Регионального приложения" 각호
http://www.cbr.ru/publ/BBS/Bbsq0803r.pdf

2. 국영은행의 지배적 지위

국영 은행의 지배적 지위가 문제되고 있다. 러시아 대형은행은 크게 두 그룹으로 나눌 수 있다. 스베르방크, 모스크바방크, 대외무역은행 등과 같은 국영은행그룹과 가즈프롬방크, 알파방크 등과 같은 대기업 자회사형태의 민간은행그룹이다. 이처럼 대형은행과 수많은 영세은행이 공존하고 있다는 것은 러시아 은행의 대표적인 특징이다. 2002년 러시아에는 23개의 국영은행(국가가 50% 이상의 출자 비율을 가지는 은행)이 존재하고, 전 은행 섹터의 자기자본 34.4%, 총자산 37.5%, 융자 39.2%, 가계 예금 72.1%를 차지하는 거대한 존재가 되고 있다. 그중에서도 스베르방크가 압도적 지위를 차지하고 있다[15].

---

14) ЦентральныйБанк России, *Обзор Банковского Сектора Российской Федерации, Аналитические Показатели*, No.39, январь 2007г. Банк России.

15) 자기자본 베이스와 총자산 베이스에서 러시아 최대의 은행은 스베르방크이며, 두 번째도

스베르방크는 러시아연방 중앙은행의 감독 및 관리 하에 있고, 상업은행으로서 모든 은행 업무를 수행하고 있지만, 연방정부의 재무대리은행으로서 정부 계좌를 취급해 국영은행이라고 해도 무방하다. 2007년 스베르방크의 은행부문에서 총자산의 비중은 28.4%이며, 루블 가계 예금의 79% 이상, 외화기준 가계 예금의 48%이상의 비중을 가지는 등 소매 시장에서 독점적인 지위를 보관 유지하고 있다. 非금융기관 대출 비중은 30%미만이며, 또 인터방크 대출의 비중은 10.8%에 오르고 있다.

소수의 국영은행이 실질적으로 러시아 금융시장을 지배함으로써 경영관리가 부실할 수 있는 문제점과 정부의 특정한 금융수요나 요청에 부응하여야 할 필요가 존재해 시장 질서를 혼란시킬 수 있는 가능성이 있다.

3. 외국계 은행의 문제

러시아에 있는 외국은행은 2008년 현재 212개로 그중 외국인 지분이 100%인 은행은 68개, 50%인 은행은 21개이다. 외국계 은행 중 자본금이 큰 은행은 라이파이젠은행(오스트리아), 국제모스크바은행(IBM), Home Credit Finance(미국), 한자은행(독일), BNP파리바(프랑스), 스벤스카한데르스은행(스웨덴), 도이체은행(독일), 시티은행(미국), HSBC(영) 이외에 인도, 이란, 일본, 한국 등이 있다. 러시아 국내의 외자 은행 소재는 중앙연방지구 93개(68.4%), 북서연방지구에 12개(8.8%)가 집중되어 있고, 연해주 9개(6.6%), 시베리아지역 6개(4.4%), 남부지구 5개(3.7%), 극동지구 2개(1.5%)가 있어, 외국계 은행 분포도에서도 중앙연방지구로의 편중 현상은 여전히 높게 나타났다. 외자 은행 자본금 총액은 과거 12년간 러시아 전체 은행 자본금 총액의 57%에서 1999년 10.7%, 2001년 7.5%, 2002년에 5.3%까지 떨어졌다가 2005년 후반부터 증가하기 시작했다.[16] 그 원인은

국영 은행인 대외무역은행이다. "Ликвидация ликвидности" «Эксперт» № 36 (577), 1 октября 2007. http://www.expert.ru/printissues/expert/2007/36/likvidaciya_likvidnosti/ (검색일 2008년 7월 30일)

16) "Информация о регистрации и лицензировании кредитных организаций в 2008 году."

미국계 은행 진출과 기존 라이파이젠은행 등의 증자 그리고 예금보험제도나 신용기록제도의 실시, 해외시장에서 주식공개(IPO)를 통한 러시아의 은행에 대한 외국은행의 출자 등이다.

외국계 은행은 특히 소매 업무에 집중하고 있지만, 소매 시장에서 비중은 크게 높지 않다. 융자도 외화기준이 중심이 되고 있어 외국계 은행의 융자의 85%는 외화기준이다. 아직까지 상황은 외국계 은행이 러시아 국내 은행으로서 루블 기반 여신업무나, 융자업무를 행할 단계에는 이르지 않았다고 할 수 있다. 이는 외국계 은행 진출에 의해 러시아 국내 은행부문의 경쟁이 높아진다고 하는 환경 조성은 아직 이르다고 할 수 있다. 외국계 은행의 문제는 자국 내 은행과 긴밀한 관계를 맺고 있는 다국적 기업에 여신이 집중되어 소비자 금융시장에 대한 진입이 더욱 요구된다.

표 5 외국계 은행 현황

	2004	2005	2006	2007	2008.3
50%이상 외국자본은행 수	42	52	65	86	89
영업은행 수 대비(%)	3.4	4.3	5.7	7.9	8.2
자산대비(%)	7.6	8.3	12.1	17.2	17.9
자기자본대비(%)	7.8	9.3	12.7	15.7	16.9
대출대비 (외국계포함 법인대출)(%)	6.1	7.3	9.9	15.5	15.7
개인예금대비(%)	3.0	3.4	6.2	8.9	8.8
기관예금대비(%)	9.2	9.4	13.1	17.8	18.7
당기순이익/손실대비(%)	10.0	7.6	10.9	16.4	22.7

출처: "Информация о регистрации и лицензировании кредитных организаций в 2008 году"
http://www.cbr.ru/statistics/print.aspx?file=bank_system/inform_08.htm&pid=pdko&sid=inr_licko

http://www.cbr.ru/statistics/print.aspx?file=bank_system/inform_08.htm&pid=pdko&sid=inr_licko (검색일 2008년 7월 30일)

4. 러시아 은행의 여·수신 상황

금융 위기 이후 러시아 은행부문에서는 대출이 증가하는 경향에 있다. 은행 대출 비율은 1999년 39.85%에서 2007년 53%로 상승하고 있다. 그러나 대출 내용은 개인대출이 1999년 37.3%에서 2007년 57.8%로 증가하고 있지만, 반대로 기업대출은 90%에서 72%로 감소하고 있다. 또 중장기 대출의 비중은 24%에서 28%로 조금 증가하였다. 외화기준 대출 비중은 38.5%에서 33.2%에 감소하고 있지만, 아직도 30%를 웃도는 높은 비율이다.[17)]

예금 추이를 살펴보면 개인예금은 2003년 47.6%에서 2007년 35.4%로 감소를 나타냈지만, 반대로 기업예금 비중은 3,125억 루블에서 35,200억 루블로 크게 증가하고 있다. 또 중장기 예금 비중은 13%에서 44%로 상승하였고, 외화예금 비중은 48.5%에서 32.8%로 감소했다. 그러나 실질 액수 베이스로 보면 외화예금액은 큰 변동을 보이지 않고 있다.

이러한 현상은 1990년대 마이너스 성장에서 2003년 이후 6-7%의 높은 성장을 지속함으로서 개인소비의 성장을 반영하고 러시아의 은행 대출, 예금 모두 개인 부문이 지속적으로 확대되고 있음을 나타내고 있다. 주택 융자, 크레디트 카드 론, 자동차 구입 대부금 등 구미형 소비자 금융이 증가해, 개인용 대출 잔고는 2001년부터 2007년 3월까지 약 15배가 증가되었다. 개인 대출이 은행 대출에 차지하는 비중도 6.7%에서 20.7%로 상승하였다. 기업용 대출은 이 기간에 1.19조 루블에서 4.38조 루블로 3.7배에 증가했다. 한편, 은행 간 자금 대출도 1,300억 루블에서 5,460억 루블로 증가하고 있지만, 은행 대출 전체의 8.8%에 머물고 있어 은행 예금 잔고도 이 기간에 9,700억 루블에서 약 4조 루블로 4.1배 증가하고 있다. 러시아에서는 예금 잔고가 대출금 잔고를 밑도는 상황에서 금융기관 과제는 개인의 장롱 예금을 끌어늘이고, 기업의 국외 노피 자금을 국내에 재투자 시키는 것에 있다.

17) "Бюллетень банковской статистики" 각호. http://www.cbr.ru/publ/BBS/Bbs0807r.pdf (검색일 2008년 7월 30일)

러시아 은행부문에서 은행대출 증가, 가계와 기업 저축의 진전 등은 일어나고 있지만, 중장기 기업대출과 예금 획득 등에서는 별다른 진전이 일어나지 않고 있다. 또 외화기준 거래 비율이 지속적으로 높게 나타나고 있음을 알 수 있다. 즉 은행부문이 기업의 설비투자 등에 자금 중개 기능을 적절히 하고 있다고 할 수 없다.

| 표 6 | 예금 및 대출 추이

	1999	2003	2004	2005	2006	2007
총예금 (억 루블)	-	29,996	43,116	59,605	86,262	122,523
(증가율,%)	-	30.3	23.3	25.9	25.0	22.4
개인예금 (억 루블)	2,971	15,195	19,808	27,612	38,097	51,592
(증가율,%)	48.7	47.6	30.4	39.4	38.0	35.4
법인예금 (억 루블)	-	3,125	7,579	12,711	21,467	35,200
총대출 (억 루블)	5,068	26,749	38,859	54,529	80,305	122,871
(증가율,%)	39.8	48.9	45.3	40.3	47.3	53.0
개인대출 (억 루블)	276	2,487	5,382	10,558	18,827	29,711
(증가율,%)	37.3	74.9	116.4	96.2	78.3	57.8
은행해외차입잔고 (억$)	27	129	198	345	678	1,132

출처: "Бюллетень банковской статистики" 각호
http://www.cbr.ru/publ/BBS/Bbs0807r.pdf

러시아 루블 금리 체계 중에서, 예금 금리와 대출 금리에 큰 차이가 있다. 개인용 대출 금리는 평균 17.4%로, 개인 예금금리 평균의 4.7%와 12.7%의 차이가 있다. 법인을 위한 대출 금리도 1개월 이내가 8.3%, 반년

부터 1년 이내가 12.9%로 높다. 러시아 은행 전체 예금 70%를 개인으로부터 조달해서 대출금의 70%를 기업 전용으로 대출하고 있다. 예대차익은 평균해 10% 정도로 본다. 이 정도 예대차이 갭이 있는 나라는 드물고, 금융이익 규제를 하고 있는 중국에서 조차 3% 정도이다.[18)]

은행 간 자금 거래는 출자자와 수취인 레이트의 차이는 유로 및 달러 시장 등에서는 0.125%이지만, 루블 자금 거래에서는 1.5%정도의 차이가 있다. 보다 높은 유동성 코스트와 신용리스크 프리미엄이 있기 때문이다. 은행 간 시장에서는 오버나이트 거래가 중심으로, 1개월 등 약간 긴 자금은 거래가 매우 적다. 이러한 금리 체계아래에서 개인 예금을 획득할 수 있고 대출처를 가지는 대기업 금융기관은 유리하다. 예금 조달 수단을 갖지 않는 금융기관은 비교적 비싸고 불안정한 은행 간 거래에 의존 하지 않을 수 없다. 러시아 금융기관 전반으로서는 큰 예대차익이 존재하고, 2005년에는 약 99%의 금융기관이 이익을 계상하고 있어 이익의 액수도 해마다 증가하고 있다.

| 표 7 | 루블 예금·대출 평균 이자율 (단위: %)

	예금			대출		
	평균	30일 이내	181일-1년	평균	30일 이내	181일-1년
개인	4.7	3.6	9.7	17.4	15.2	19.1
법인	3.5	3.0	5.6	11.1	8.3	12.9

출처: "Бюллетень банковской статистики"
http://www.cbr.ru/publ/BBS/Bbs0807r.pdf

러시아의 금융 심화도를 비교한 IMF 자료를 통해서 보면 다음과 같다.[19)] M2, 민간 부문에의 대출, 채권 잔고, 주식시장 시가총액, 각각의 내

18) "Бюллетень банковской статистики." http://www.cbr.ru/publ/BBS/Bbs0807r.pdf (검색일: 2008년 7월 21일)

19) IMF-WORLDBANK, Financial Sector Assessment; Russian Federation, October 2003. http://www1.worldbank.org/finance/assets/images/Russia_FSA.pdf (검색일: 2008년 7월 21일)

GDP 비율 어떤 것을 취해도, 러시아의 수준이 낮은 상태라는 것을 알 수 있다. 선진 제국에 비해 낮은 것은 물론, 체코, 헝가리, 폴란드의 동유럽 국가와 비교해도 낮다. M2의 비율이 높으면 은행 예금이 대출을 통해서 경제 활동을 확대시키지만, 가계 저축이나 기업의 잉여자금 등이 은행예금으로 돌지 않고 해외로 유출되고 있는 것을 추측할 수 있다. 따라서 민간 부문에의 대출 비율도 낮다. 채권 잔고의 비율도 낮고, 사채 시장은 확대되고 있지만, 간접 금융을 축소하는 직접 금융이 진행되고 있다고 할 수 없다.

❙ 표 8 ❙ 금융 심화도 비교

국명	M2		대출		채권잔고		주식시장 시가총액	
	백만달러	GDP %	백만달러	GDP %	백만달러	GDP %	백만달러	GDP %
러시아	74	24	54	17	11	3	78	27
체코	40	71	25	45	8	15	9	16
헝가리	22	43	18	35	13	26	10	20
폴란드	75	43	46	26	35	20	26	15
독일	1,336	71	2,442	130	1,048	56	1,072	57
미국	6,509	64	7,741	76	11,672	115	13,984	137

출처: IMF-WORLDBANK, "Financial Sector Assessment; Russian Federation" October 2003

러시아 은행의 총대출금은 2007년 현재 GDP 대비 37.2%에 지나지 않고, 동유럽 국가들과 비교해도 지극히 낮다. 가계 부문 대출은 GDP 대비 9%로 거의 금융 중개 기능을 하지 못하고 있다. 또 수신액의 경우 GDP 대비 15.6%로 타국 비해 크게 낮은 편이다. 은행 대출과 가계 저축 비율이 낮은 이유는 러시아 국영은행이 주식회사화한 것을 제외하고 대부분의 은행이 설립 모체인 대기업의 금융 업무만을 맡고 있기 때문이다. 금융 서비스가 주 업무인지 또는 외환이나 국채 투자에 집중하는 투자 회사인지 설립 근거가 애매한 경우가 많다. 이는 시장개혁 초기 은행 설립 심사가 충분히 이루어지지 않아서 은행 본연의 자금 중개 기능이 제대로 수행되지 못한 역사적인 이유가 있다. 또한 법체제 정비가 미흡하여 대출보다 국채 등을 자금운용에 중요한 수단으로 사용했기 때문이다.

Ⅳ. 러시아 은행제도의 개혁

1. 은행 섹터 개혁의 필요성

러시아 은행부문의 구조적 문제는 우선 통합 및 정리가 지연되고 있다는 점이다. 시장경제로의 이행 초기 러시아는 은행 설립 규제가 느슨했기 때문에 세금과 자금 등의 편리성을 위해 수많은 은행이 설립되었다. 재무기반의 취약한 소규모 은행의 정리가 늦고, 천개 이상의 은행이 영업하고 있는 상황에서 최저 자본금 5백만 유로 이상의 350여 은행으로는 은행 부문에 대한 국민의 불신을 가속시키는 결과만을 가져왔다. 또한 은행 부문에 있어서 경쟁을 제한하고, 중앙은행에 의한 효과적인 관리 및 감독 실시가 곤란하다.

둘째, 정부계 은행의 독점적인 지위 유지 문제이다. 금융 위기로 인한 대기업 소유 은행의 파산 경험을 한 국민들의 민간은행에 대한 불신은 은행부문에 있어서 정부계 은행 지배적 존재 해소를 어렵게 하고 있다. 연방 및 지방 정부가 소유하는 정부계 은행은 개인 예금의 72%, 은행부문의 자본, 자산, 기업용 대출을 평균 35% 이상을 점하고 있다. 특히 스베르방크는 정부에 의한 예금 보증과 전국적인 지점망으로 개인 예금의 65% 이상을 차지하고 있다. 압도적인 자금력을 배경으로 여신 업무 등에도 적극적으로 진출하고 있다. 정부계 은행은 예금보호의 문제 이외에 정부인가 사항과 은행 감독의 특별대우 등으로 민간은행보다 경쟁상 유리인 입장에 있어, 민간은행 발전의 제약 요인이 되고 있다. 또한 금융 부문에 대한 정부의 정책적 개입 틀이 되고 있다.[20)]

셋째, 한정적인 경쟁과 중앙과 지방 격차이다. 민간 대기업 소유 은행은 여전히 금융산업그룹(FIG: Financial Industrial Groups)으로 결합되어 여수신 양면에서 관련된 회사와 거래를 중점적으로 수행한다. 또한 이들은 모스크바를 중심으로 한 한정된 지점망 밖에 가지고 있지 않다. 천천히 다른 회사나 타 지역과 거래를 증가시키는 움직임은 볼 수 있지만, 여전히 그룹을 넘은 민간은행간 경쟁은 한정적이며, 특히 지방에서 활동은 소극적이다. 러시아의 은행 부문에 대한 외국 자본의 관심은 높아지고 있지만, 외국계 은행은 은행부문 자산의 10% 미만을 차지하는 존재에 지나지 않고, 그 활동도 모스크바에만 집중하고 있다. 모스크바 이외 지역에서는 수많은 지방은행이 있지만, 그 대부분이 소규모 은행이고, 모스크바와 비교해도 정부계 은행의 지배적인 존재가 한층 더 강하고, 지방에 있어서 금융서비스 보급 또한 한정적이다.

넷째, 한정적인 금융 중개 기능 문제이다. 은행부문에서 한정된 경쟁은 러시아에 있어서 은행을 통한 효과적인 금융 중개기능의 발달을 저해하고 있다. 최근 은행 융자의 급속한 성장에도 불구하고, 기업용 대출의 GDP 비율은 17%에 지나지 않고, 이미 30%대에 이르고 있는 동유럽 국가들과 비해도 낮은 수준에 머물고 있다. 러시아에서는 민법상 은행은 정기성 예금에서 예금자로부터 요구가 있으면 언제라도 응하지 않으면 안 될 의무를 지고 있어 은행에 있어 장기안정자금은 될 수 없다는 문제가 있다. 이 때문에 1년 이상의 장기 융자는 전체의 융자의 3할에 지나지 않고, 장기자금 공급에 의한 중개 기능에 대해 은행 부문의 역할은 한정적이다.[21)]

따라서 러시아 경제에서 은행부문이 효율적인 자금 배분 역할을 담당하

---

20) Ю.А.Корчагин, *Современная Экономика России* (Ростов: феникс, 2007), с. 390-392.

21) 러시아에서는 은행 이외의 자본시장을 통한 금융 중개도 한정적이다. 러시아 거래 시스템(RTS)을 중심으로 하는 주식시장은, 최근의 호조인 주가를 반영해 주식시가 총액으로는 2,000억 달러로 GDP의 50% 가까운 수준에 이르고 있지만, 실제의 거래는 10개 회사 정도의 종목에 집중하고 있어, 주식 공개(IPO)에 의한 신규 자금 조달의 장소로서는 기능하고 있지 않다. 사채 시장도 2003년에는 규모가 배증하는 등 급속한 확대를 보이고 있지만, 그런데도 규모는 48억 달러와 GDP의 1%에 지나지 않는다. 그 이외에는, 약속어음을 통한 자금 조달도 활발하게 행해지고 있어 시장규모도 100억 달러에 이르고 있지만, 감독·규제 제도는 정비되어 있지 않은 불투명한 시장이 되고 있다.

여 경제성장 기반을 만들기 위해는 시급하게 은행부문 개혁이 진행되어야 한다. 1998년 외환위기 직후 구조조정은 은행부문에 대한 유동성 공급과 함께 부실은행 구조조정을 위한 법률적 근거 마련에 초점을 맞추고 있다. 1999년 이후 은행부문 구조조정을 위해서 마련된 법안으로는 은행을 포함한 신용기관 부도처리에 관한 법[22]과 신용기관 구조조정에 관한 법[23]이 있다. 부도처리 법은 중앙은행이 문제은행에 대해 면허정지를 명령하고 이어 45일 이내에 부도처리를 실시할 수 있도록 규정하여 부실은행을 퇴출시킬 수 있는 법적 근거를 마련하였다. 구조조정 법은 구조조정과 자본재충전을 통해 은행의 회생에 관한 제도적 근거를 담고 있으며, 이 법에 따라 금융기관회생기구[24]가 설립되었다.

그러나 외환위기 이후 은행정책은 다음과 같은 한계로 인해 러시아 은행부문의 구조적 문제점을 근본적으로 해결하는 데 실패하였다. 외환위기 이후 청산된 은행의 수를 국가별로 비교해보면 러시아는 위기 발생 1년 후 12%의 은행이 정산되는 데 그친 반면, 비슷한 위기를 겪은 다른 나라의 경우 더 많은 은행이 청산된 것으로 나타났다. 은행의 구조조정을 위해 설치된 ARKO의 경우 부족한 재원으로 인해 부실은행의 회생을 이끌어내는 데 한계를 노출하였다. 러시아 은행부문 소유와 지배구조가 가지는 문제점을 획기적으로 개선할 법률적 장치 또한 여전히 부족한 것으로 나타났다. 마지막으로 은행의 구조조정 과정에 정치적인 판단이 개입하여 공정성을 훼손하였다는 논란은 정부 정책에 대한 신뢰를 떨어뜨렸다.

이러한 점을 극복하기 위하여 다음의 은행부문 개혁 중점은 신용 향상과 국영은행의 민영화와 민간은행의 육성 및 강화에 초점을 맞추었다. 은행부문의 신용 향상을 위해 이미 몇 개의 정책이 나왔다. 첫째 재무제표를 포함한 은행부문의 투명성 향상이다. 2004년부터 은행은 국제회계기준에 근거한 재무제표 작성하고, 2007년 말까지 국제회계기준으로 이행하는 것

22) Law on the Bankruptcy of Credit Organization: BCO law, 1999년 2월
23) Law on Restructuring of Credit Organization:RCO law, 1999년 6월
24) Agency for the Restructuring of Credit Organizations: ARKO

이다. 하지만 현재까지 완전하게 이행되고 있지 않다.

다음은 은행의 신용 향상을 보완하는 조치로서 개인예금의 보호를 위해서 예금보험제도가 도입되었다. 은행은 러시아연방 중앙은행에 의한 심사를 받아 합격하면 이 제도에 가입할 수 있다. 이 제도에 가입한 은행이 도산하면 개인이 보유한 은행예금은 10만 루블까지 보호된다. 그 재원에는 참가은행이 제출한 기금에서 충당된다. 또한 최저자본금액 인상으로 소규모 은행의 통폐합 추진이나 재무기반 강화를 목적으로 2007년 초부터 은행의 최저자본금액이 500만 유로로 인상됐다. 2007년 현재 자본금이 500만 유로에 미치지 못한 은행에 대해서는 자본금을 2007년 초보다 줄이지 않는다는 조건으로 영업을 허용하고 있다. 현재 러시아의 최저자본금기준에 미치지 못한 은행은 50% 미만이다. 그리고 러시아연방 중앙은행의 은행 주식보유 축소이다. 2002년 초 현재 러시아연방 중앙은행은 스베르방크를 포함해 62개 은행의 주요 주주이며, 424개 은행의 주주다. 은행을 감독해야 할 중앙은행이 은행의 주식을 소유하는 형태가 발생하고 있다. 중앙은행에 의한 은행 주식보유 비중을 축소하는 법안이 마련되었지만 아직까지 실제 법률로 확정되지는 못하고 있다.

이 외에도 은행 감독에 관해서는 자기자본 비율규제, 대규모 여신규제, 유동성 화보규칙 등이 설치되어 엄격하게 관리되게 되고 있다[25]. 이와 같이 은행부문 신용 향상을 위한 준비는 진행되어 오고는 있지만, 러시아 은행부문의 경우 한층 더 은행의 소유 구조나 관리 및 감독에 대한 투명성을 향상시키는 것이 필요하다. 특히 은행 소유주를 명확히 하는 문제는 더욱 복잡하다. 표면상의 소유주 리스트 공개는 의무이지만, 그룹 관련 회사 등을 통해서 복잡하게 뒤얽혀 있기 때문에 진정한 소유주와 체제를 잡기 어려운 구조이다. 이 점이 감독을 느슨하게 할 수 있는 계기를 만들어 잠

25) 금융 부문의 감독 체제는 은행 부문에 대해서 러시아 연방 중앙은행, 자본시장에 대해서는 연방 증권시장 위원회(Federal Commission for Securities Markets), 연금에 대해서는 노동성, 보험에 대해서는 재무성 보험 감독국의 4개로 분할되어 있다. 효율적으로 광범위한 금융 감독을 행하기 위해서는 이들 4개의 감독기관간의 정보교환이 철저하게 이루어져야 한다.

재적인 시스템 리스크를 안고 있다.

국영은행 민영화는 러시아 최대 은행인 스베르방크의 과점을 해결하는 것에서부터 출발한다. 스베르방크의 최고책임자는 항상 러시아 재무부 출신이며, 임원도 러시아연방 정부 각 부의 출신으로 구성된다. 국채시장에 있어서 최대 투자가이며, 여신부문에서도 러시아를 대표하는 기업들이 차지하고 있다.[26] 따라서 스베르방크의 분할이나 민영화는 정치적으로도 곤란하게 되어 있다. 이 때문에 먼저는 민간은행과 비교해 스베르방크의 특혜를 폐지해, 민간은행과 경쟁을 높이는 방향으로 검토되고 있다. 민간은행과 경쟁조건을 동일하게 해 나가는 것과 동시에, 향후는 한층 더 국영은행과 민간은행의 역할 구분을 명확히 하는 정책이 필요하다.

민간은행 육성 강화를 위해서는 소규모 은행 통합을 진행시키는 것이 필요하다. 그 과정 그리고 특정의 기업 그룹의 금융회사로부터 탈피해 나가는 것이 필요하다. 예금보험제도 가입은 중앙은행 심사를 통해 이루어지고, 이 심사를 통해서 불건전한 은행과 불투명한 은행이 예금보험 제도의 대상에서 탈락하여 도태되는 것이다[27]. 이와 같이 본래의 금융 중개에 공헌할 수 있는 은행을 골라내어 육성해가는 것이 필요하다.

2. 푸틴 정부의 은행제도 개혁

은행부문의 발전 전략은 2005년 4월 5일 연방정부와 중앙은행이 "2008년까지의 러시아 연방의 은행부문 발전 전략"을 공표하면서 시작되었다. 러시아는 1998년 금융위기의 극복대책으로서 2001년 12월에 은행 발전 전략이 결정 및 공표되었지만, 목적을 달성하기 위해서는 새로운 전략이 필요했고, 2005년 2월 연방정부 내각회의에서 승인되었다. "2008년까지

26) 주요한 고객은 Rostelekom(통신), RAO UESR(종합 에너지), Lukoil(석유), TNK(석유), The Sibneft and Severnaya Neft Oil Companies(석유), Transneft(파이프라인), Norlisk Mining and Metallurgical Company(광업), Aeroflot(항공) 등이다.

27) 러시아 연방 중앙은행에서는 1,300개 은행 중 500개 은행 정도가 예금보험 제도 도입 기준을 만족 시킬 것으로 본다.

러시아 연방 은행부문 발전 전략'은 러시아 은행정책의 기본으로 9장 90항으로 구성된 장대한 문서로 2002-2003년에 IMF와 World Bank 그리고 러시아 정부가 공동으로 작업한 "러시아 금융 부문 평가프로그램" 권고를 고려해 작성되었다. 외국자본의 러시아 은행부문 참가 규정 정비, 재외은행의 중앙은행 보유주식 매각, 은행 경쟁력 인상조치, 각종 수속비용 인하와 간소화 등이 포함되어 있다.

은행부문의 주요 개혁 내용은 다음과 같다. 우선 은행부문 위기를 방지하는 안정된 은행 제도의 구축이다. 둘째, 가계 저축 및 기업 저축을 집약해 융자 및 투자에 사용하는 은행업무의 향상이다. 셋째, 투자자, 채권자, 예금자에게 은행 신뢰도를 향상시킨다. 넷째, 예금자 및 은행 채권자의 권리 보호를 강화한다. 다섯째, 불성실한 상업 활동을 위한 금융기관 이용을 방지한다. 여섯째, 러시아 중앙은행에 의한 모니터링 시스템 강화이다. 일곱째, 주택융자 제도 구축이다.

현재는 자기자본 5백만 유로 이상 은행에 있어서 최저 자기자본 비율은 10%이며, 5백만 유로 이하 경우에는 11%이다. 한편, 자기자본 비율이 정해진 하한을 밑도는 경우에는 해당 은행 도산을 방지하기 위해서 중앙은행이 관여할 의무가 정해져 있다. 자기자본 비율이 2%이하로 내렸을 경우에, 중앙은행이 시중은행의 은행업무 라이센스를 취소할 의무가 있다. 2006 년 1월 19일 "은행 및 은행 업무"법 및 "금융기관의 도산"법 개정으로 은행업무 라이센스 취소 기준은 자기자본 비율이 2%에서 8%까지 상향 조정되었다

새롭게 설립되는 은행의 자기자본액은 5백만 유로에 상당한 루블로 정해져 있다. 게다가 2005년부터는 자기자본 비율이 10%이상으로 정해져 이러한 규제를 채우지 않는 은행에 대해서는 라이센스가 취소된다. 또 2007년부터는 자기자본 비율 10%규제는 非은행기관 등 모든 금융기관에 대해 유효하게 된다. 동시에 모든 금융기관의 자기자본액수가 5백만 유로 이상으로 정해진다.

또한 러시아 중앙은행의 은행부문에 대한 모니터링 기능 강화 정책아래

에서 은행과 기업과의 거래 리스크를 산정하는 목적으로 채권자와 채무자의 융자 거래에 대한 정보를 개시하는 시스템이 구축될 예정이 되고 있다. 전체의 구상으로서는 가계 저축을 투자로 전환시키는 효과적인 은행 제도 구축, 러시아 국내 금융시장에 있어 외자계 금융기관과 경쟁할 수 있는 은행 섹터 육성, 은행 섹터의 안정성 향상, 예금자보호제도 구축, 투자자, 채권자, 예금자로부터 높은 신뢰를 받는 은행 섹터의 육성이다. 이 전략 프로그램에는 구체적인 숫자도 다루어지고 있다. 구체적인 목표로 2009년 1월 1일까지 총자산, 자기자본, 융자 금액을 GDP 대비 각각 56%-60%, 7%-8%, 26%-28%로 하는 것이다.28)

효율적인 은행제도는 고도 경제 성장률을 달성하기 위해서는 필수이며, 특히 1998년에 없어진 신뢰 회복이 선결 조건이다. 때문에 예금보험제도 도입과 국제회계기준에 적합한 회계 제도 도입, 정보개시의 철저한 이행, 은행 활동 모니터링, 필요한 경우 도산 수속 확정, 채권자 권리 보호 등이 개혁의 중요한 포인트가 되어 있다.

은행의 모니터링 기능은 중앙은행이 담당하고 있지만, 예금보험 제도는 예금보험국이 담당하고 있다. 예금보험제도는 2단계로 나눌 수 있어 도입된다. 제1단계는 재무상황이 안정된 은행이 임의 가맹하는 단계이다. 하지만 이 시기에 가맹하지 않은 은행도 은행 업무는 계속 실시하는 것이 인정된다. 제2단계는 국제회계기준이 도입되고 나서 1년 이상 경과한 후 실시된다. 제2단계에서는 예금보험제도 가맹이 의무이다. 가맹을 인정받지 못한 은행은 개인예금 취급 허가를 취소한다.

은행예금 보장 액수는 최대 10만 루블이지만, 복수 은행에 계좌를 개설하는 것이나, 동일 은행에 대해 가족의 계좌를 개설하는 것에 의해서 보증되는 금액을 늘리는 것은 가능하다. 일정한 조건을 채운 은행에 한해서 예

28) 은행 섹터가 프로그램내로 발전해 나가는 경우, 은행 섹터 성장률은 GDP 의 성장률을 웃도는 계산이 된다. 만일 GDP 의 평균 성장률은 7%이면, 은행 섹터 총자산의 증가율은 15%, 자기자본의 증가율은 13%, 융자의 신장율은 17%이다. И.А. Николаев , Сколько стоит Россия (М.,Экономика Елима, 2004), p. 256

금보험제도에 가입하는 것이 가능하다. 이 제도에 가입되지 않는 은행은 신규 예금을 수취가 불가능하다. 스베르방크는 예금보험제도에 2007년부터 가입[29)]하게 되어있었다. 예금보험제도 도입에 의해서 은행부문의 독점구조가 개선될 것으로 예상되고 있다.

3. 글로벌 금융위기와 러시아 은행

현재까지 러시아는 에너지 수출을 통한 수익의 대부분을 세금으로 징수하여, 일부는 예산으로 전용, 나머지는 석유 안정화 기금으로 적립, 외환보유고로 축적하였다. 국내의 기업 활동 즉, M&A, 건설투자, 소비자 금융부문에서 필요한 자금은 유럽의 자본시장으로부터 단기 자본을 싸게 빌려 조달하고 있었던 것이다. 러시아의 저축률이 낮아, 은행을 통한 자금 융통이 용이하지 않았던 점도 유럽 자본시장에 대한 의존성을 높였다. 그동안 유럽에서 빌린 돈은 기한이 만기하면 같은 금액을 대출 받아 변제하는 형식으로 위험한 영업을 하고 있었다. 그런데 서브 프라임 문제로 유럽의 은행들은 러시아에 더 이상 자금을 대출하지 않기 시작하였다.

2008년 8월의 그루지야 전쟁도 외국 투자가의 투자 전략을 수정하게 만들었다. 즉 러시아의 주식시장으로부터 단기간에 외국인 투자 자본이 이탈하기 시작했던 것이다. 러시아의 기업은 주식발행으로 자금을 모으는 것은 별로 하지 않기 때문에, 주가의 하락도 그 점에서는 영향을 주지 않는다. 하지만 은행으로부터의 융자는 자사주를 담보로서 행해지는 것이 많기 때문에, 은행이 기업에 돈을 대출하지 않는 것은 큰 문제를 야기 시킨다.

동시에 대형은행도 불량 채권의 증가를 우려해 중소 은행에 돈을 공급하지 않기 시작하면서 러시아 경제에 충격을 주었다. 현재 오일머니는 정부, 중앙은행, 그리고 대형은행에 전부 몰려있는 상황이다. 이러한 상황의 영향으로 그동안 러시아 경제의 급성장을 이끌어오던 건설, 소비자 금융

29) 스베르방크의 예금보험제도 가입은 이행 기간을 두어 실시된다. 스베르방크의 보험료는 러시아 중앙은행의 특정 계좌에 두고, 예금보험제도에 가입 이후 보험료가 전체의 시스템과 통합된다.

은 큰 폭으로 축소하였고, 생산 및 제조기업도 차례차례로 생산 축소의 연쇄 반응을 일으키고 있다. 하지만 금융위기는 은행 및 기업들에게 경영혁신을 일으킬 수 있는 호기가 되기도 한다. 지금까지 로비 또는 지대추구(Rent-Seeking)를 위해 고려되었던 잉여 인원을 정리하고 구조조정을 시작할 수 있는 기회가 되었다. 하지만 경제하강기에 실업률을 높여 국가경제에는 부담이 될 수 있다.

원유가격 상승을 배경으로 높게 평가되었던 루블은 8월 이후 중앙은행이 달러를 대량으로 매각하면서 약 15% 정도 평가하락 하였다. 러시아 은행·기업 등은 연말까지 약 400억 달러를 서방 금융기관에 변제해야 하지만, 루블 하락은 그 부담을 계속 부풀리고 있다. 현재 러시아의 민간 대외채무는 약 5000억 달러로, 외화보유고 액수와 거의 비슷하고, GDP의 50%에 상당하는 액수이기도 하다. 더욱이 내년은 800억 달러의 변제가 필요한 상황이다.

러시아의 개인 예금은 약 5조 루블(1850억 달러 상당)이다. 개인들이 자산가치 보호를 위해 달러 구매에 나서면, 외화보유고의 급속한 감소도 예상되어진다. 그러나 러시아의 해외자산이 약 3000-7000억 달러로 추정되고 있다. 외화보유고는 약 5000억 달러로, 당장의 변제 능력은 충분하다. 따라서 1998년 8월의 디폴트(Default) 사태와 같이 루블이 3분의 1, 4분의 1로 폴락하거나, 8분의 1로 폭락했던 주식시장의 혼란은 예상되지 않는다.

문제는 원유가격 하락이 어느 정도의 기간 동안 계속 되는지, 그리고 정부에 의한 구제금융 지출이 어디까지 효과를 미칠지가 당면의 러시아 경제 운명을 결정할 것이다. 러시아 정부는 자금을 스베르방크, 대외경제은행, 그리고 가스프롬방크에 융통해, 다시 중·소규모의 은행으로 회전되기를 기대하고 있다. 하지만 10월말 현재 이들 3개 은행은 이 자금을 자신들의 은행 건전화를 위해 운용하였고, 중·소규모의 은행에 회전시키지 않고 있다. 관리 능력의 미비와 함께 회수할 수 있는 가능성이 높지 않기 때문이다.

루블 가치의 하락으로 외국인 직접투자의 경우 현지 코스트는 하락한 것으로 나타난다. 그러나 부품·설비를 수입 해 러시아에서 제품을 조립하는 방식은 안정적이지 못하다. 또 소비자 금융이 감소하고 있는 상황이고, 수입 인플레이션으로 소비자 생활 코스트 상승으로 전체 소비는 활성화를 기대하기는 어렵다. 러시아 기업은 자본 참가 및 융자 요청을 국제시장에 요청하고 있지만, 불투명한 비즈니스 환경 때문에, 연속적인 투자 및 신규 투자는 당분간은 어려워 보인다.

V. 결 론

러시아 은행부문의 발전 상황은 다른 시장경제 이행기 국가들과 비교해 보았을 때 매우 낮게 평가되고 있다. EBRD의 평가에 의하면 EU에 가입한 동유럽 국가들과 우크라이나, 몰도바, 그루지야, 아르메니아보다 은행부문 개혁이 늦다고 평가되고 있다. 시장경제로의 이행을 목표로 하는 러시아에서 은행부문 규제 및 제도 개혁이 그 나름대로 진전해 왔음에도 불구하고, 여전히 은행부문의 금융 중개 기능이 전체적으로 약하며, 향후 지속적 경제성장에 걸림돌이 될 수 있는 가능성이 제기되는 것이다.

은행부문의 발전이 더딘 이유는 러시아는 여전히 국영은행의 역할이 큰 부분을 차지하며, 금융시장 참여 및 퇴출에 관한 규제가 미약해 은행부문에 필요한 경쟁이 제약되고 있다. 경제발전의 원동력이 되어야 할 중소기업을 위한 융자에 대해서 은행부문이 여전히 소극적인 것 등이 문제점이다.

그리고 은행에 대한 신용 향상, 금융상품 다양화, 새로운 고객 세그먼트(segment) 개척, 리스크 데이터 구축 능력 강화, 장기자금 조달 능력 강화 등이 과제이다. 또한 소규모 은행의 도태가 제대로 이루어지지 않고, 은행부문의 통합이 불완전하고, 효율적으로 경쟁력을 키우는 은행이 충분하지 않다. 그 동안 은행부문 개혁은 일정한 진전이 있다고 할 수 있지만 여전히 많은 과제가 남겨져 있다. 시장경제로의 이행에 있어서 금융부문 개혁은 지속되어야 한다.

금융 부문이 본래 가지는 금융 중개 기능을 발휘하려면 개선되어야할 문제점은 많다. 은행부문에서는 신용 향상, 국영은행의 지배적 상황의 해소, 민간은행의 통합 재편 등이 과제이며, 투자자의 시장 참여 증가와 다양화, 채권과 주식 등의 유동성 향상 등이 과제이다. 모두 시장 구조의 근간에 관련되는 것으로 있어 개선에는 시간을 필요로 한다.

그러나 한편으로 은행융자가 에너지부문에 치우쳐 있이 주식시장도 에너지부문에 의해 지배되고 있는 구조에 있는 것을 고려해보면, 원유가격 폭락 등이 생겼을 경우 현재 상황에서 은행부문이 금융시장에서 입을 피해가 가장 클 수 있다. 따라서 러시아 은행부문 개혁에는 시간이 필요하지만 가능한 빠른 시기에 개혁이 필요하다.

참고문헌

Gregory, P. and Sturt, R. Russian and Soviet Economic Performance and Structure, N.Y.: Addison Wesley, 2001.

IMF, World Bank, "Financial Sector Assessment Russian Federation", October. 2003.

http://www1.worldbank.org/finance/assets/images/Russia_FSA.pdf (검색일: 2008년 7월 21일)

Воронин, Ю.М. Россия:Экономический рост, М.:Финансовый контроль, 2004.

Корчагин, Ю.А. Современная Экономика России, Ростов:феникс, 2007.

Маклярский, В.М. Экономика России, М.:Международные отношения, 2001.

Николаев, И.А. Сколько стоит Россия, М., Экономика Елима, 2004.

Центральный Банк России, Обзор Банковского Сектора Российской Федерации, Аналитические Показатели, No.39, январь 2007г. Банк России.

"Выступление на церемонии вступления в должность Президента России"

http://www.kremlin.ru/appears/2008/05/07/1235_type63374type82634type122346_200262.shtml (검색일 2008년 7월 17일)

"Бюллетень банковской статистики"

http://www.cbr.ru/publ/BBS/Bbs0807r.pdf (검색일 2008년 7월 29일)

"Бюллетень банковской статистики. Регионального приложения"

http://www.cbr.ru/publ/BBS/Bbsq0802r.pdf (검색일 2008년 7월 25일)

"Информация о регистрации и лицензировании кредитных организаций в 2008 году"

http://www.cbr.ru/statistics/print.aspx?file=bank_system/inform_08.htm&pid=pdko&sid=inr_licko (검색일 2008년 7월 30일)

Компания Raiffeisenbank.

http://www.futuretoday.ru/company/raiffeisen (검색일 2008년 7월 29일)

"Ликвидация ликвидности" «Эксперт» №36 (577), 1 октября 2007.

http://www.expert.ru/printissues/expert/2007/36/likvidaciya_likvidnosti/(검색일 2008년 7월 30일)
“Отчет о развитии банковского сектора и банковского надзора”
http://www.cbr.ru/publ/root_get_blob.asp?doc_id=8136 (검색일 2008년 7월 25일)
Банковская Система: Угроза Кризиса и Необходимость Реформ
http://www.vector-e.ru/archive/20040621/current/ (검색일 2008년 7월 15일)
Bank of Moscow
http://www.en.mmbank.ru/p1/(검색일 2008년 7월 29일)

8

푸틴 시기 러시아 경제의 국가 부문 확대*

조 영 관

Ⅰ. 머리말

1990년대는 러시아에서 사유화가 활발하게 진행되었던 시기였다. 체제 이행과정에서 중요한 경제 정책 중 하나였던 사유화 정책을 실시함에 따라 국가가 소유한 자산이나 지분이 기업 및 개인에게 매각되어 왔다. 이미 1997년에 이르러 전체 GDP 생산규모의 70%를 사적 부문에서 생산할 정도로 사유화가 빠른 속도로 추진되었다.

그러나 1990년대 사유화가 진행되는 동안, 사유화가 지나치게 급속도로 추진되고 있으며, 국가의 기간산업들을 민간기업이나 외국기업에게 무분별하게 매각하고 있다고 주장하며 사유화 정책을 비판하는 학자들의 주장도 지속적으로 제기되어 왔다.[1)]

---

* 이 글은 슬라브학보 제23권 3호(2008년)에 실린 논문을 수정하여 게재한 것임.

옐친 정부 이후, 2000년대 푸틴 정부 시기에는 1990년대에 국영기업이 사기업화 되었던 것과는 달리 대형 기업에 대한 재국영화의 흐름이 나타났다. 사유화 되었던 몇몇 대기업이 국영기업에 의해 인수되기도 했는데, 그 대표적인 사례는 가즈프롬(Gazprom)의 씨브네프트(Sibneft) 지분 인수와 로스네프트(Rosneft)의 유코스(Yukos) 지분 인수이다. GDP 생산 중 사 부문의 비중은 2004년까지 70%를 계속 유지했으나, 2005년 이후에는 이 비중이 65%로 감소하였다.[2] 자본주의 체제가 도입된 후, 지속적으로 사유화가 추진되었던 러시아에서 발생한 이러한 국가 부문의 확대는 러시아 국내외에 적지 않은 파장을 일으키고 있다. 이러한 흐름에 대하여 비판적인 견해를 가진 러시아 국내외의 여러 학자들은 최근의 이와 같은 경제 시스템을 '국가 자본주의'로 규정하고 있다.[3] '국가 자본주의'에 대한 언급은 과거 소련 체제를 비판하였던 정치가, 학자들의 주장에서 찾을 수 있다. 이들은 소련의 체제가 진정한 사회주의가 아닌 '국가자본주의'라고 지칭하였는데, 사회주의 혁명을 통해 성립된 사회주의 국가가 오히려 노동자를 억압하고, 이를 통해 자본주의적인 축적을 진행하고 있다는 의미에서 이 용어를 사용하였다. 최근의 러시아 경제를 '국가자본주의'로 규정하는 학자들은 기업 자율, 경쟁 등과 같은 자본주의 원칙이 국가의 과도한 간섭으로 침해되고 있다고 보고 비판하고 있는 것이다.

---

1) 1990년대에 지속적으로 사유화 정책을 비판하고, 국가부문의 강화를 주장하였던 대표적인 경제학자들과 논문으로는 Кульков В., "Еще раз о смене приватизационной модели," *Российский экономический журнал,* No 1(1998); Кульков В., "Российская приватизация в шестилетней ретроспективе," *Российский экономический журнал* 5-6(1996); Некиперов А., "Снова о выборе экономическогокурса России," *Российский экономический журнал* 5-6(2000); Глазьев С. "В очередной раз-на те же грабли," *Российский экономический журнал* 5-6(2000) 등이 있다.

2) www.ebrd.com/pubs/econo/tr07r.pdf(검색일: 2008.03.10)

3) Peter Rutland, "Business and civil society in Russia" in ed. Alfred B. Evans, Jr. Laura A. Henry and Lisa McIntosh Sundstrom *Russian civil society* (New york: M. E. Sharpe, 2006). p. 81; Радыгин А. "Россия в 2000-2004 годах: на пути к государственному капитализму," *Вопросы Экономики*. No 4(2004). 소련 시기의 국가자본주의에 대해서는 토니 클리프, 『소련 국가자본주의』, 성성신 옮김(서울: 책갈피, 1993) 참조.

물론 러시아에서는 지속적으로 사유화가 추진되고 있으며, 2006년에도 러시아 정부는 2007년부터 2009년까지의 사유화 3개년 계획을 수립하여 사유화를 진행하고 있다. 그러나 이와 동시에 러시아 정부는 에너지, 항공, 군수 등 주요 전략 산업 부문에서 대형 국영 기업들이 관련분야의 사기업을 합병, 인수하는 방식과 새로운 형태의 대규모 국영기업을 설립하는 방식으로 재국영화를 진행하고 있다. 그리고 2008년에는 항공, 군수, 원자력 등 전략산업부문에 대한 외국인 투자를 제한하는 법률이 제정되어 의회에서 통과되었다.

푸틴 정부가 이러한 정책을 추진하게 된 배경은 무엇인가? 그것은 과거 국가가 경제를 전적으로 통제하였던 소비에트식 경제체제로의 회귀를 추구하는 것일 수도 있으며, 정권의 권력 강화 차원에서 진행된 정책일 가능성도 있다. 또 소련 해체 이후 국가의 정치, 경제적 혼란을 정비하는 과정에서 나타난 현상일 수도 있다.

이 논문에서는 이러한 국가 부문 확대의 배경과 특징을 분석하고, 구체적으로 어떤 과정을 통해, 어떤 분야에서, 어느 정도 규모로 이러한 정책이 추진되고 있는가를 분석하고자 한다. 최근의 국가부문 확대 정책에 대한 분석을 통해 현재 러시아 자본주의의 특징을 이해하고, 향후 러시아 경제가 어떤 방향으로 나아갈지를 파악할 수 있을 것이다.

이 논문에서 다루는 시기는 2000년 푸틴 정부의 출범부터 현재까지이다. 이 주제와 관련된 선행연구는 러시아에서는 몇 몇 개별적인 국영화 과정을 분석한 라드이긴(Радыгин А), 말기노프(Мальгинов Г)의 논문,[4] 서구에서는 Peter J S Duncan, Sheila M. Puffer, Daniel J. McCarthy, Leon Aron의 연구[5] 등이 있다. 그러나 푸틴의 이와 같은 정책의 배경이나, 최근

---

4) Радыгин А., "Россия в 2000-2004 годах: на пути к государственному капитализму," *Вопросы Экономики*. No 4(2004). Радыгин А., Мальгинов Г., Рынок корпоративного контроля и государство. *Вопросы Экономики.* No 3(2006).

5) Peter J S Duncan, "'Oligarchs', business and russian foreign policy: from El'tsin to Putin," Centre for the study of Economics and social change in Europe, *Economics Working paper* No 83(2006); Sheila M. Puffer, Daniel J. McCarthy, "Can Russia's

전략 산업 부문에서 발생하는 중요한 변화의 특징과 성격에 대해서는 연구가 미흡하다고 할 수 있다.

최근의 국가 부문 확대 정책에 대한 연구를 위해 이 논문에서는 러시아 경제 전반에서의 국영기업 확대의 특징을 분석하고, 주요 전략 부문에서 국영 기업에 의한 인수와 합병 과정을 살펴봄으로써 국가부문 확대 현상을 살펴볼 것이다. 국가부문은 국유기업과 국영기업, 주식회사 중 정부의 보유 지분, 정부가 보유한 토지와 건물, 국가가 해외에 보유한 자산 등을 포함하는 개념이라고 할 수 있다. 이 연구에서는 국유기업과 국영기업, 주식회사 중 정부가 보유한 주식 지분 등을 국가 부문으로 다룰 것이다. 그리고 국가부문의 확대를 위한 정부의 정책을 국영기업의 내부적 감독, 통제 강화와 국영기업의 외부적 영역확대로 나누어 분석할 것이다. 이 두 가지 사항이 푸틴 정부의 국가 부문 강화 정책의 핵심이라고 할 수 있기 때문이다. 구체적으로 러시아 국가 경제에서 중요한 비중을 차지하는 에너지 자원 부문, 군수 산업 부문, 항공 부문에서의 국가부문 확대 사례를 살펴볼 것이다.

Ⅱ. 국가 부문 확대의 배경

최근의 푸틴 정부의 국영기업 확대 배경에 대해서는 다음과 같은 몇 가지 분석을 할 수 있다.

첫째, 국가부문확대는 러시아 정부의 경제 발전 전략에 따른 것으로 전략 산업을 육성함과 동시에 러시아 기업의 세계 시장으로의 진출을 위한 것이라고 분석할 수 있다. 현재의 국영기업 확대는 주요 산업의 육성을 통

state-managed, network capitalism be competitive? Institutional pull versus institutional push," *Journal of world business* 42(2007); Leon Aron, "Putinism'" *American Enterprise Institute* (Spring 2008).

해 이들 부문의 세계 시장으로의 진출이라는 목적을 달성하기 위한 전단계로 진행되고 있는 것이다. 이를 위해 러시아 정부는 러시아 경제에서 주요한 위치를 차지하고 있으며, 세계 시장에서 경쟁력을 갖춘 에너지, 군수산업, 항공 등의 분야에 대한 정부의 감독과 통제를 강화해야 할 필요가 있는 것이다.

러시아의 대표적인 경제발전전략으로는 '2020 장기 경제 개발 전략' 프로그램과 '2013년까지의 극동 및 자바이칼 지역의 경제, 사회 발전 연방프로그램'이 있다. 이 외에도 별도로 수립된 교통 부문 전략인 '교통전략 2020'과 같은 세부 전략도 있다. 러시아의 경제발전전략들은 1990년대에도 수립되었으나, 재정의 어려움으로 제대로 실행되지 못했다. 러시아 정부는 석유 수출로 발생한 수입으로 안정화 기금을 설립하였는데, 2008년에는 안정화 기금 중 일부를 투자를 위한 국부펀드로 조성함에 따라 전략부문에 대한 투자가 더욱 활성화 될 것으로 예상된다.

2006년 7월 개최된 국가소비에트(Государственный Совет)[6] 회의에서 대통령의 지시로 2020 계획의 수립이 결정되었고, 경제 발전통상부의 주도로 프로그램이 작성되고 있다. 2008년 3월 발표된 2020 프로그램은 러시아 국민의 복지 증대, 국가안보 강화, 장기적인 경제발전, 세계무대에서 러시아의 지위 강화 등을 목표로 하고 있는데, 러시아가 2020년까지 항공, 로켓운반체, 나노, 원자력 등에서 세계 5위의 위치를 차지하는 것을 목표로 하고 있다.[7] 특히 이 프로그램에서는 동시베리아-태평양 석유 파이프라인 건설사업, 부르가스-알렉산드루폴리스 석유 파이프라인 건설사업, 하랴가-인도 석유파이프라인 건설사업, 동부 시베리아 및 극동 지역 가스 파이프라인 건설사업, 사할린 2 프로젝트 등의 에너지 개발 계획이 중요한 과제로 포함되어 있다.[8] 극동 시베리아 에너지 개발계획에 대해서

---

6) 국가소비에트는 2000년 9월 1일 대통령령으로 만들어졌다. 대통령이 의장을 맡고, 정부 각료들이 참석하는 정부부처간의 협의 기구이다.

7) www.radiomayak.ru 2007년 6월 9일(검색일: 2008년 4월 20일)

8) *Концепция долгосрочного социально-экономического развития российской федерации,*

는 '2013년까지의 극동 및 자바이칼 지역의 경제, 사회 발전 연방프로그램'에 매우 자세하게 언급되어 있는데, 이를 통해 이러한 에너지 개발 계획은 장기적인 관점에서 한국, 중국, 일본, 인도 등과의 에너지 사업 협력과 이 국가들로의 수출 증대를 목표로 하고 있음을 파악할 수 있다. 따라서 최근의 에너지 기업들에 대한 정부의 영향력 확대는 이 기업들을 통해 다른 국가들에 진출하려는 러시아 정부의 경제 발전 전략과 밀접한 연관성을 갖는다.

러시아가 가장 우선적인 투자대상 지역으로 고려하는 CIS 국가들에 대한 투자 증대와 러시아 최대 기업인 가즈프롬의 CIS 진출을 통해 이러한 러시아 정부의 적극적인 해외진출 확대 정책을 알 수 있다.

| 표 1 | 러시아의 대 CIS 직접투자 (단위: 천 달러)

	2000	2004	2005	2006
전체	130981	713016	620522	4127757
아제르바이잔	26	2379	6734	6661
아르메니야	5	1032	138185	3168
벨로루시	77238	280193	102438	572329
그루지야	133	285	60	328
카자흐스탄	3453	84104	204314	189231
키르기즈스탄	7	628	1247	112094
몰다비야	31224	6600	4904	44131
타지키스탄	-	3067	496	22315
투르크메니스탄	2934	1865	-	-
우즈베키스탄	929	138547	6968	176174
우크라이나	15032	194316	155176	3001326

자료: Россия в цифрах 2007. Росстат. М., 2007. с. 422

Минэкономразвития(М.. 2008), с. 114.

푸틴 정부시기에 러시아의 대 CIS 국가들에 대한 투자는 급격히 증가하였다. <표 1>에서와 같이 전체 CIS 국가들에 대한 러시아의 투자 규모는 2000년의 1억 3천만 달러에서 2006년에는 약 41억 달러로 약 30배 증대되었다.

특히, 가즈프롬은 2000년 이후, 카자흐스탄, 우즈베키스탄, 투르크메니스탄 등 중앙아시아 에너지 자원보유 국가들에 활발하게 진출하였다. 카자흐스탄에서는 2002년 6월 국영 에너지회사인 카즈무나이가스사(Kazmunaigas)와 공동으로 카즈로스가스사(Kazrosgas)를 설립하였으며, 이 기업을 통해 카자흐스탄의 가스를 유럽으로 운송하는 계약을 체결했다. 또 가즈프롬은 2002년 우즈베키스탄 정부와 2003년부터 2012년까지 우즈베키스탄의 가스를 매입하는 계약을 체결했으며,[9] 2005년에는 투르크메니스탄의 가스를 2028년까지 독점 매입하는 계약을 체결하기도 했다.[10]

이러한 CIS 지역에 대한 러시아의 투자는 다른 지역과는 다른 특수한 목적을 가진다고 할 수 있다. 유럽으로의 수출을 위한 에너지 자원 확보가 가장 중요한 목적이며, 동시에 러시아 제품의 판매 시장을 확보하고 에너지 운송비용을 감소시키는 등의 다양한 경제적 목적을 가진다. 이와 함께, CIS 국가들로의 투자와 에너지 협력을 통해 러시아는 이 국가들에 대해 경제적으로뿐만 아니라, 정치적으로도 영향력을 행사하고 있다. 이러한 점에 비추어, 러시아 정부로서는 가즈프롬에 대한 국가의 영향력이 지속적으로 유지되고, 강화되어야 할 필요가 있는 것이다.

이처럼 국영기업을 통한 세계시장으로의 진출은 러시아의 경제적 이익의 실현과 함께 진출 국가들에 대한 정치적인 영향력의 확대라는 이중적인 성과를 동시에 거둘 수 있다는 점에서 러시아 정부의 중요한 정책으로 다루어지고 있다.

둘째, 국가부문의 확대는 과도한 사유화에 대한 반작용으로 나타난 현

9) Jeronim Perović, "Energy companies in the Caspian," in ed. A. Wenger, J. Perovic and R. W. Orttung *Russian business power*(London and New york: Routledge, 2006). p. 99.

10) Alekcei Malashenko, "Russia and Turkmenistan," *Russian analytical digest*, No 29, 16 (October 2007). p. 2.

상이라고 할 수 있다. 1990년대에 '충격요법'에 의해 사유화가 급속도로 진행되었으며, 국가 경제 발전 전략상으로 중요한 부문들까지 러시아 사기업이나 외국 기업의 소유가 된 것이 최근 국영화의 원인이라고 할 수 있다. 사유화를 중단하거나 국영화를 추진해야 하는 필요성은 러시아 국민들 사이에서도 많은 지지를 받고 있다. 이러한 사실은 러시아 레바다 센터(Levada Center)에서 2000년대 초에 행한 설문조사에서 잘 나타난다.

▌표 2▐ 정부의 정책 우선순위에 대한 응답 조사

(대상자 : 1600명의 러시아인. 질문내용: 당신은 정부가 다음 중 어떤 정책을 중요하게 고려해야 한다고 생각하십니까? 3-4개 항목을 선택하시오)

응답 항목	2000년 2월	2001년 3월	2002년 6월	2003년 6월	2004년 6월
1. 공업 생산 증대	60	57	47	51	48
2. 사회 복시 정책	28	31	30	33	35
3. 경제에 대한 정부의 조정 강화	31	33	30	29	33
4. 대형 국영기업 사유화 재검토	25	28	23	27	31
5. 임금, 연금 체불 해결	47	32	35	30	29
6. 일반 국민과 기업에 대한 세금 부담 완화	29	28	28	27	25
7. 정부의 경제 기반 산업 지원	22	30	26	26	24
8. 사기업 활동 장려, 창업자에 대한 융자 제공	13	17	20	16	15
9. 개혁 강화, 사적 자본 역할 강화	10	13	11	11	13
10. 자연독점부문 또는 새로운 금융산업그룹의 영향력 축소	10	16	11	11	12
11. 세금 납입 증대	16	13	13	12	11
12. 비수익, 손실 기업 폐쇄	11	10	11	10	9
13. 기업 사유화, 토지 사유화 지속	7	8	12	10	8
기 타	3	4	2	1	3
응답곤란	4	4	6	7	4

자료: 레바다 분석 센터[11)]

<표 2>의 2000년부터 2004년까지 러시아 레바다 센터의 설문조사 결과는 국민들의 사유화에 대한 거부감을 잘 보여준다. 응답자들은 "정부가 가장 중요하게 고려해야 하는 정책은 무엇인가?"라는 질문에 대한 13가지 항목의 답변 중에서 3-4개를 중복하여 선택할 수 있었는데, 조사 결과 응답자의 약 30%는 국영화 정책이나 기존에 진행된 대기업의 사유화 결과를 재검토하는 것이 필요하다고 했으며, 지속적인 사유화 정책의 필요성을 지적한 사람은 약 10%에 불과했다.

또 다른 조사 결과는 각 경제부문별로 러시아인들의 외국인 투자에 대한 거부감을 보여준다. <표 3>에서 나타난 것과 같이 전러시아여론연구센터(VTSiOM)의 조사에 따르면, 조사 대상 러시아 국민들 중 80%는 국방부문에 대한 외국인 투자에 반대했으며, 60% 이상의 러시아 국민들은 가스, 석유, 전력 부문에 대한 외국인 투자에 반대했다. 또 항공 부문에 대해서는 러시아 국민의 51%, 자동차 부문에 대해서는 29%가 외국인 투자를 반대했다. 전문가들은 일반 국민에 비해 외국인 투자에 대한 반대 비율이 낮았으나, 가스와 석유 부문에 대해서는 50%의 전문가들이 외국인 투자를 반대했다. 이처럼, 러시아 국민들은 일반 국민이나 전문가들이 공통적으로 에너지 산업에 대한 외국인의 투자를 반대하는 경향이 강했으며, 일반 국민들은 국방, 전력, 항공, 자동차 등의 산업 부문에 대해서도 외국인 투자를 제한해야 한다는 생각을 가지고 있다. 이러한 사회전반의 여론이 푸틴 정부가 국가부문 확대 정책을 추진하는 배경이 되었다고 할 수 있다.

실제로 항공부문에서 과도하게 진행된 사유화의 예를 찾을 수 있다. 항공부문은 거대한 영토를 가진 러시아의 국가 운송 산업에서 매우 중요한 위치를 차지하고 있다. 이행기 경제개혁 과정에서 단일 항공사였던 아에로플롯(Aeroflot)이 사유화되어 분할되었고, 1994년 무렵에는 393개의 항공사가 출현하게 되었다.[12] 이후, 장기간에 걸친 러시아의 경제위기 상황

11) http://www.levada.ru/press/2004070702.html(검색: 2008.3.15)

12) Лукьянов С., Тиссен Е., Кисляк Н., "Рынок авиационных пасажирских перевозок России:квазиконкуренция или ...?," *Вопросы Экономики.* No 11(2007). с. 123.

과 초고속 인플레이션으로 운임은 인상되었고, 항공 여객운송 규모는 급격히 감소하여, 러시아 항공 산업은 쇠퇴하였다. 따라서 최근 정부의 거대 항공기 제작회사 설립은 소규모로 분리되어 있거나, 사유화된 항공 부문을 통합하여, 국가 경제 발전을 위한 주요 산업으로 육성하려는 의지가 담겨있다고 할 수 있다.

| 표 3 | '외국인 투자가 허용되지 않아야 하는 경제 분야는 무엇인가?'란 질문에 대한 러시아 국민의 응답

(연한색: 일반국민, 짙은색: 전문가, 조사연도: 2005년, 2006년)

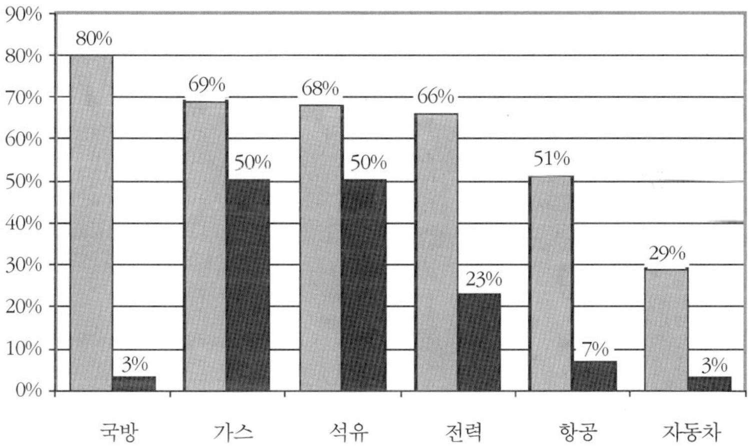

자료: 전러시아여론연구센터(VTSiOM), Russian analytical digest, No 27. (September 2007). p. 14에서 재인용

이러한 사례는 석유 부문에서 가장 두드러진다. 러시아 경제에서 가장 큰 비중을 차지하고 있는 석유 분야는 국가의 정치, 경제에 절대적인 영향을 주며, 국가적인 자원의 투자 전략, 개발 전략이 필요하기도 하다. 1990년대 석유 부문의 사유화로 인해 대형 석유 기업들이 민간의 소유가 되었으나, 국가 경제가 안정기에 접어든 현 상황에서 러시아 정부로서는 새국영화를 추진할 필요성이 있는 것이다. 이 점에서 최근의 기업 부문에서 나타나는 국영화와 국가 독점 기업들의 영역 확대는 과거의 사유화 정책에

대한 반작용으로 진행되었다고 할 수 있다.

셋째, 국가부문의 확대는 집권 세력의 성격 변동에 따른 것이다. 서구 학자들은 러시아의 자본주의는 올리가르히 자본주의, 시장 자본주의, 실로비키 자본주의가 혼합되어 있으며, 이 세 가지 유형의 자본주의가 상호 네트워크를 형성하고 있다고 분석한다.13) 이러한 구분을 따른다면, 러시아 자본주의는 1990년대에는 올리가르히의 세력이 컸으나, 2000년대에는 실로비키로 대표되는 정부의 영향력이 커지며, 정부가 경제를 주도하고 있다고 할 수 있을 것이다.

1990년대 러시아의 올리가르히들은 국유기업 책임자, 공산당의 간부, 사유화 과정에 참여하여 기업을 설립한 지식인 계층 등 세 가지의 출신 배경을 가진다.14) 첫 번째, 두 번째 유형의 올리가르히들은 과거 사회주의 체제에서 교육받았으며, 체제를 이어갈 엘리트들이었다. 이들은 1990년대 초, 러시아 자본주의 초기 사유화 과정에서 설립된 국영기업의 경영인으로 변신하였고, 이들 중 몇 몇은 올리가르히로 불리게 되었다.

이와 비교하여, 실로비키는 과거 KGB로 불렸던 연방보안국이나 군, 경찰 출신의 정치가, 기업인들을 일컫는다. 이들은 푸틴의 집권이후, 대통령 행정실과 정부의 요직, 국영대기업의 사장직을 차지하게 되었고, 국가 정치, 경제에 매우 커다란 영향력을 끼치게 되었다. 실로비키 세력의 등장이후, 과거 옐친 정부 시기에 정치와 기업 활동에 동시에 참여하며, 큰 영향력을 행사하였던 올리가르히들은 더 이상 정치에 관여할 수 없게 되었다. 이러한 올리가르히들의 권력 상실과 실로비키의 등장 과정에서 발생한 사건들이 호도르콥스키와 구신스키, 베레좁스키가 경영했던 기업의 국영화이다. 실로비키들은 정치, 경제에 막강한 영향력을 행사하고 있으며, 이들

---

13) Sheila M. Puffer, Daniel J. McCarthy, "Can Russia's state-managed, network capitalism be competitive? Institutional pull versus institutional push," *Journal of world business* 42(2007). pp. 4-7.

14) Marshall I. Goldman, *The Piratization of Russia*(London and New york: Routledge, 2003), p. 103.

이 푸틴이 원했던 것보다 훨씬 강력하게 국영화를 추진했다고 주장하는 견해도 있다.[15] 실로비키들은 권력을 갖는 것과 동시에 경제적 이익 추구를 위해 경제부문을 장악해야 할 필요성을 가졌다고 할 수 있다. 이러한 과정을 거쳐 과거 1990년대 올리가르히들이 러시아에 특수한 자본주의를 형성하였던 것처럼, 2000년대의 러시아에서는 정부 내에서 권력을 차지하게 된 실로비키 세력이 경제에 막대한 영향을 끼치는 '실로비키 자본주의'가 형성되었다. 이처럼 푸틴의 국가 부문 확대 정책 배경에는 정부의 경제발전 전략, 사유화에 대한 반작용, 집권세력의 변동이라는 다양한 요인들이 상호 결합되어 있다고 할 수 있다.

Ⅲ. 국영기업에 대한 통제 강화: 내부적 통제

정부의 기업에 대한 영향력 증대는 국영기업에 대한 관리, 감독 강화를 통해 파악할 수 있다. 1990년대 사유화 과정에서 국영기업의 주식회사화가 진행되었고, 정부 관료들은 주요 국영 주식회사의 이사로 겸직하였다. 1990년대 옐친 정부 시기의 정부를 대표하는 국영기업 이사진들은 기업 경영에 실질적인 영향을 미치지 못하거나, 정부의 이익보다는 경영자의 이익이나 자신의 이익을 추구하는 경향이 강했다. 푸틴 정부시기에는 국영기업에 대한 감독, 통제를 위해 정부는 파견된 이사들에 대한 감독을 강화하였다. 이에 대한 대표적인 사례가 가즈프롬이라고 할 수 있다.

가즈프롬은 소련시기 가스부에서 1989년 국유기업으로 바뀌고, 1993년 주식회사화 되었다. 정부의 감독과 통제가 느슨해진 시기에 최고 경영자였던 체르노미르진과 바히레프가 기업내에 막강한 영향력을 행사하였다. 체르노미르진은 1985년 가스부 장관에 임명된 이후, 1992년 부총리에 임명될

15) Peter J S Duncan, 'OLIGARCHS', business and Russian foreign policy: from El'tsin to putin, *CSESCE Economics Working Paper No. 83*(October 2007), p. 10.

때까지 가즈프롬의 최고 경영자로 활동했으며, 뱌히레프는 1992년부터 2001년까지 회장직을 역임했다. 이들은 자신의 가족과 친척들을 가즈프롬의 주요 요직에 임명했는데, 체르노미르진의 손자와 뱌히레프의 아들이 가즈프롬의 주요 자회사 사장으로 활동하기도 했으며, 가즈프롬의 사유화 과정에서도 일부 지분을 친척들의 소유로 한 것으로 알려졌다.[16] 이 외에도 가즈프롬은 기업 관련자들에게 막대한 자금을 대출하고, 세금을 지불하지 않고, 정부에 적절한 이익배당금을 지불하지 않았는데,[17] 이것은 뱌히레프가 2001년 회장직에서 물러나게 된 원인이 되었다. 푸틴의 집권 이후, 2001년 가즈프롬에는 푸틴과 페테르부르그시에서 함께 근무했던 알렉세이 밀러가 새로운 회장으로 임명되었으며, 이처럼 가즈프롬과 관련 없는 푸틴 측근의 회장 임명은 가즈프롬에 대한 정부의 감독 강화를 의미하는 것이다.

푸틴 정부에서는 푸틴 측근의 관료나 실로비키 출신들이 주요 국영기업의 정부 대표 이사진으로 파견되어, 정부의 영향력이 강화되었다. 최근 2008년 2월 러시아 정부는 주요 국영기업에 정부대표로 파견하는 새로운 이사진을 발표하였다. 로스네프트사의 경우, 이고리 세친 대통령 행정실 부실장, 세르게이 나르이쉬킨 부총리 등이 포함되어 있으며, 아에로플롯사에는 빅토르 이바노프 대통령 보좌관, 보리스 코롤 교통부 차관 등이 이사진 명단에 포함되어 있다. 또 연합항공사(Обединенная авиастроительная корпорация)에는 알렉산드르 젤린 공군참모총장, 안드레이 코스틴 대외무역은행 사장 등이 포함되었고, 국영방송사인 '제 1채널'(первый канал)에는 알렉세이 그로모프 대통령 홍보 담당 비서, 미하일 레신 대통령 보좌관 등이 포함되었다.[18] 이처럼 푸틴 대통령의 최측근들이 국영기업 이사진 명단에 올랐고, 이들을 통한 국영기업에 대한 정부의 감독이 강화되고 있다.

16) Erika Weinthal and Pauline Jones Luong, "The paradox of energy sector reform," in *The State after Communism* ed. Timothy J. Colton and Stephen Holmes(New York: Rowman & Littlefield publishers, INC. 2006). p. 230.
17) Marshall I. Goldman (2003), pp. 105-116.
18) www.expert.ru/news/2008/02/05/pravitpredst(검색일: 2008.03.02)

국영기업에 대한 또 다른 정부의 감독 강화 형태는 정부에 대한 배당금 지분 증대요구이다. 2008년 초 러시아 정부는 국영주식회사들에 대해 전년도 기업 결산 결과 발생한 순이익 중 20% 이상을 정부에 지분으로 지불할 것을 요구하였다. 2년 전인 2005년에는 전년도 순이익 중 10% 이상을 정부에 지불할 것을 요구하였었다. 이에 따라, 지난해의 경우, 2006년에 발생한 순이익 중에서 가즈프롬은 18%, 로스네프트는 13.2%, 트란스네프(Transneft)는 10%, 아에로플롯은 19%, 스뱌지인베스트(Связьинвест)는 80%를 정부에 지불한 바 있다.[19] 물론 이것은 러시아 경제의 성장과 기업의 이익 증대에 따른 것이기도 하지만, 1990년대 방만하게 경영되어 왔던 국영기업에 대한 정부의 관리가 강화되었다는 것을 의미한다고 할 수 있다.

이와 같이, 1990년대 국영기업에 임명된 경영자들과 정부 대표 이사진들이 국가의 이익보다 개인의 이익추구를 위해 활동하였던 것을 막기 위해 2000년대에 정부는 기업 경영진에 대한 감독을 보다 강화하고 있다. 가즈프롬의 사례는 이 과정을 선명하게 보여주며, 이를 통해 정부의 가즈프롬에 대한 관리가 간접적 관리 방식에서 직접적 통제 방식으로 바뀌었음을 알 수 있다. 1990년대 체제이행기에 체르노미르진, 뱌히레프 등 소련 시기의 기업 책임자들이 그대로 국영기업의 장을 맡게 되었고, 이들은 사유화 과정에서 기업 지분을 보유, 확대하며 기업에 대한 영향력을 강화하였다. 그러나 푸틴시기에는 기업 내에 큰 세력을 가진 경영자들을 제거하고, 가즈프롬과 관련 없는 밀러와 같은 새로운 친푸틴계 정부 인물을 파견하여 기업에 대한 직접적인 통제체제를 형성하였다.

또한 정부 재정 확충을 위해 재정적인 부분에서의 감독을 보다 철저히 하여, 정부의 영향력을 강화하고 있다. 이러한 움직임은 국영기업의 사업부문을 확대하고, 다른 국가들로의 진출을 활발하게 하기 위한 선단계로 국영기업 내부에서 정부의 영향력을 확고히 하고, 통제를 강화하려는 것으로 해석할 수 있다.

---

19) www.expert.ru/news/2008/03/13/divendy(검색일: 2008.03.19)

Ⅳ. 대형 국영기업[20]의 설립과 전략산업에서의 국가부문 확대: 외부적 영역 확대

1. 통합 국영기업의 설립

러시아 산업 부문별로 정부의 영향력이 미치는 정도에 차이가 있는데, 오팅(Orttung)은 그 정도에 있어서 각 산업을 세 부문으로 구분하고 있다. 첫째는 정부가 가장 큰 영향력을 갖고 있는 부문으로서, 가스, 전력, 군수, 석유 수송, 다이아몬드 등의 분야이다. 두 번째는 정부가 중간정도의 영향력을 행사하는 부문으로서, 석유, 석탄, 은행 등의 부문이다. 세 번째는 정부의 영향력이 낮은 부문인 여행, 산림, 제약, 과일, 채소 등의 부문이다.[21] 최근 러시아 정부는 국영기업들을 통해 여러 분야에서 민간 기업 지분을 매입하였고, 이 결과 위와 같이 구분되어 왔던 산업 각 부문에 대한 정부의 영향력에도 새로운 변화가 나타났다.

| 표 4 | 2004-2008년 국영기업의 주요 기업 주식 지분 인수 사례

회사	부문	날짜	방법
구타 은행 (Guta bank)	은행	2004년 9월	국영 대외 경제은행이 85.8% 지분 매입
모스에네르고 (Mosenergo)	전력	2004년 여름-가을	가즈프롬이 지분 25%+1로 지분 늘림
프롬스트로이뱅크 페테르부르그(Promstroibank St Petersburg)	은행	2004년 9월	국영 대외무역 은행이 25%+1 지분 인수
아톰스트로이엑스트르트 (Atomstroieksport)	원자력 건설	2004년 10월	가즈프롬뱅크가 지분 54% 인수
통합전력시스템 (RAO UES)	전력	2004년 가을	가즈프롬 지분 10.5%로 늘림

20) государственная корпорация, government cooperation.

21) Orttung R. W., Business in foreign and security relations in ed. A. Wenger, J. Perovic and R. W. Orttung *Russian business power*(London and New york: Routledge, 2006), p. 38.

회사	부문	날짜	방법
투압스 정유(Tuapse)	정유	2004년 12월	로스네프트가 소주주들로부터 40% 지분을 매입하여 경영권 획득
유간스크네프트가스 (Yuganskneftegaz)	석유, 가스	2004년 12월	로스네프트가 76.8%의 지분을 바이칼파이낸스그룹으로부터 매입
탐베이네프트가스 (Tambeyneftegaz)	석유, 가스	2005년 5월	가즈프롬뱅크가 노바텍사로부터 25% 지분 매입
Northgas	석유, 가스	2005년 6월	가즈프롬이 소송을 통해 Northgas 51% 지분을 재획득
일간지 이즈베스티야(Izvestiya) 주간지 피크타임(Chas pik)	언론	2005년 6월-9월	가즈프롬 미디어가 경영권 획득
가즈프롬 (Gazprom)	석유, 가스	2005년 7월	국영 로스네프트가스가 가즈프롬의 10.7% 지분을 매입하여 가즈프롬에 대한 정부 지분을 50% 이상으로 증대
세이쿱네프트가스 (Seikupneftegaz)	석유, 가스	2005년 7월	로스네프트가 노바텍으로부터 34% 지분 매입
씨브네프트 (Sibneft)	석유, 가스	2005년 10월	가즈프롬이 69.66% 지분 인수
베르흐네촌스크네프트가스 (Verkhnechonskneftegaz)	석유, 가스	2005년 10월	로스네프트가 인테로스로부터 25.9% 매입
압토바즈 (AvtoVAZ)	자동차	2005년 10월	국영 로스아바론엑스포르트가 62%의 지분 인수
연합기계제작사 (OMZ, Объедининенные машиностроительные заводы)	기계제작	2005년 11월	가즈프롬은행이 75% 지분 인수
울란우데 항공사, 모스크바 헬리콥터 공장, 까잔 헬리콥터 공장, 로스베르톨(Rosverstol), 모스크바 기계제작 회사 브페료드(Vpered)	항공	2005년	아바론프롬이 기존의 기업을 통합하여 헬리콥터 제작회사 설립
파워 기계 (Power Machines)	기계제작	2005년 12월	통합전력시스템이 지분을 25%로 늘림
우드무르트네프트 (Udmurtnef)	석유	2006년 7월	로스네프트가 Sinopec으로부터 51% 지분 인수
씨브네프트가스 (Sibneftegaz)	가스	2006년 7월	가즈프롬은행이 Itera로부터 51% 지분 인수

회사	부문	날짜	방법
노바텍(Novatek)	가스	2006년 6월-7월	가즈프롬이 2조달러 이상 지불하고 19.9% 주식 매입
VSMPO-Avisma	티타늄	2006년 9월	국영 로스아바론엑스포르트가 비공개 금액을 지불하고 41% 주식 매입
모리온 (Морион)	기계제작	2007년 1월	가즈프롬은행이 82.5% 지분 매입
붉은 10월 (Красный октябрь)	금속	2007년 2월	로스아바론엑스포르트 자회사인 러시아 특수강(РусСпецСталь)이 100% 지분 매입
사할린에너지 (로얄더취쉘 55%, 미쯔이 25%, 미쯔비시 20%)	석유, 가스	2007년 2월	가즈프롬이 50+1% 지분 매입
Охинская 발전소	전력	2007년 2월	로스네프트가 85.6% 지분 매입
Кредит Урал Банк	금융	2007년 3월	가즈프롬은행이 100% 지분 매입
ЭМАльянс-Атом	원자력 기계제작	2007년 3월	국영 아톰에네르고마쉬(Атомэнергомаш)가 50+1% 지분 매입
Mirax-Паза	서비스	2007년 3월	가즈프롬스트로이가 매입
Дальтрансгаз	가스관	2007년 5월	가즈프롬이 49.24% 지분 매입
РУСИА Петролеум	가스	2007년 9월	가즈프롬이 62.9% 지분 매입
동시베리아 가스회사 (Восточно-Сибирская газовая компания)	가스	2007년 9월	가즈프롬이 50% 지분 매입
파크오일 (Паркойл)	석유, 가스	2007년 9월	로스네프트가 51.45% 지분 매입
파크오일서비스 (Парксервис)	석유, 가스	2007년 9월	로스네프트가 100% 지분 매입
트란스마쉬 (Трансмаш)	기계제작	2007년 9월	러시아 철도(РЖД)가 95% 지분 매입
중앙호텔(Центральная Гостиница)	숙박	2007년 10월	자산부가 경영권 매입

회사	부문	날짜	방법
블라크라 (Влакра)	건설	2007년 10월	로스네프트가 50% 주식 매입
루스폴리멧(Русполимет)	금속	2007년 10월	로스아바론엑스포르트 자회사인 러시아 특수강이 경영권 매입
MCorwick	기계제작	2007년 11월	카마즈(Камаз)사가 경영권 획득
톰스크네프트(Томскнефть)	석유	2007년 12일	가즈프롬네프트사가 50% 지분 매입
중부볼가 라디오통신시스템(СМАРТС)	통신	2007년 12일	국영 스뱌지인베스트 자회사인 볼가텔레콤이 97.03% 지분 매입
쌀레스(Салес)	기계제작	2007년 12월	아바론프롬 자회사인 사투른(Сатурн)이 100% 지분 매입
연합 예금 은행(Объединенная депозитарная компания)	금융	2007년 12월	국영 대외경제은행이 99.99% 지분 매입
우랄 지역 외환 거래소	금융	2007년 12월	모스크바 은행간 외환거래소(ММВБ)가 100% 지분 매입
연해주 무역 항만	운송	2008년 2월	가즈프롬네프트사가 50% 지분 매입
광물성 비료	화학	2008년 3월	가즈프롬 자회사인 시부르(Сибур)-광물성 비료가 100% 지분 매입

자료: OECD Economic Surveys: Russian Federation (2006). p. 4. www.oecd.org/eco/surveys/russia(검색일: 2007. 08. 25); www.ma-journal.ru/review/ 각 호 (Слияния и поглошения 러시아 저널 합병과 인수)(검색일: 2007.9.10; 2008.3.10; 2008.11.10)

<표 4>를 통해 2004년부터 2008년까지의 대형 국영기업에 의한 인수, 합병으로 기존에 정부가 크게 영향력을 행사하고 있던 군수, 가스 부문의 영향력이 더욱 증대되고 있는 가운데, 중간 정도의 영향력을 가졌던 석유, 은행 부문에 대한 영향력이 점차로 증대되고 있음을 파악할 수 있다. 은행 분야를 살펴보면, 러시아 정부는 2004년 국영 대외 무역은행을 통해 구타뱅크와 프롬스트로이뱅크의 지분을 매입했으며, 항공, 자동차 분야에 대한 정부의 지분을 늘려 이 분야에 대한 영향력을 강화했다.

푸틴 정부의 국가 부문 강화 정책은 2004년, 2005년, 2006년 동안 지분의 인수를 통해 국영기업의 영역이나 규모의 확대로 나타났으며, 이런 움직임은 2007년에 더욱 두드러졌다. 2007년 한 해 동안, 러시아에서는 29개의 통합 기업(интегрированные структуры)이 설립되었는데, 이 과정에서 132개 주식회사의 지분이 통합되었고, 117개의 국유기업(унитарные предприятия)이 주식회사로 전환되었으며, 8개의 국유기업이 통합되었다. 28개의 통합기업은 대통령령으로 설립되었으며, 1개의 통합기업은 정부행정령으로 설립되었다.[22] 통합기업들이 대통령령으로 설립된 것은 이러한 통합과정에서 푸틴 대통령의 역할이 중요하게 작용했음을 보여주는 것이다.

2007년의 두드러진 특징은 연방 특별법으로 6개의 국영기업(государственная корпорация)을 설립한 것이다. 이 국영기업들은 대외경제은행(<Банк развития и внешэкономической деятельности>), 로스나노테크(<Российская корпорация нанотехнологий>), 주거 개혁 장려 기금(Фонд содействия реформированию жилищно-коммунального хозяйствия), 올림프스트로이(Гсудадарственная корпорация по строительству олимпийских объектов и развитию города Сочи как горноклиматического курорта), 로스테크놀로기(Государственная корпорация по содействию разработкам, производству и экспорту высокотехнологичной промышленной продукции <Ростехнологии>), 로스아톰(Государственная корпорация по атомной энергии <Росатом>)이다. 이 국영기업들은 서로 다른 설립목적을 갖고 있는데, 주거 개혁 장려 기금, 올림프스트로이는 정부의 특별한 경제정책 프로그램에 따른 것이고, 대외경제은행, 로스나노테크는 특수한 산업 분야를 장려하기 위한 것이며, 로스테크놀로기, 로스아톰은 관련 산업을 통합하여 관리하기 위한 목적으로 설립된 것이다.[23] 군수 산업 분야를 통합하기 위하여 설립된 로스테크놀

---

22) *Российская экономика в 2007 году. Тенденции и перспективы*(М.: ИЭПП, 2008), с. 476.

로기와 원자력 분야를 통합하기 위한 목적으로 설립된 로스아톰의 경우가 국가 부문의 확대와 밀접한 관련을 가진다.

국영기업(государственная корпорация)은 1996년 1월 공포된 연방법 <비상업기관법>을 1999년에 보완하며, 추가할 때 포함된 법적 기업형태이다. 2007년 이전까지 이 형태의 기업은 1998년 금융위기극복을 위해 1999년에 설립된 금융기관 구조조정사(Агенства по реструктуризации кредитных организаций)와 예금자 보호를 위해 2004년에 설립된 예금보험사(Агенства по страхованию вкладов) 두 곳에 불과하였고, 두 기관 모두 금융부문과 관련된다는 특징을 가지고 있었다. 그러나 2007년에 수가 증가하고, 금융 이외의 주요 산업으로 설립 부문도 확대되면서, 러시아 정부 경제 정책의 중심에 위치하게 되었다. 이 기업 조직의 설립은 많은 논란을 불러일으키고 있다. 우선 설립 과정이 비공개적이었으며, 급속도로 진행되었다는 것이 논란이 되고 있고, 향후 활동 방법, 발전 방향 등에 대해서도 의문이 제기되고 있다. 그럼에도 불구하고, 새로운 형태의 대규모 국영기업의 설립과 이 기업으로의 기존 국영기업의 통합은 최근 정부의 국가부문 확대 정책에 부합되는 것이라고 할 수 있다.

이처럼, 러시아 정부는 최근 국영기업을 통해 사기업의 지분을 지속적으로 인수하였다. 이를 통해 과거 정부가 큰 영향력을 행사하고 있던 가스, 전력, 군수, 석유수송 등의 분야와 함께 석유, 기계, 통신, 금융, 광물 등의 분야에서도 강력한 영향력을 갖게 되었다. 무엇보다 2007년 특별법의 제정으로 추진하고 있는 새로운 형태의 국영기업 설립은 정부의 주요 산업부문에 대한 영향력 확대 정책을 명확하게 나타내고 있다.

2. 전략산업에서의 국가 부문의 확대

러시아 정부의 전략산업 부문에서 몇 가지 중요한 사례를 통해 국영기업이 확대되는 과정을 구체적으로 살펴볼 수 있다. 첫 번째, 에너지 자원

23) *Российская экономика в 2007 году* (2008), с. 476.

분야에서의 국영 부문 확대이다. 대표적인 사례는 가즈프롬과 로스네프트를 통한 기업인수이다. 두 번째, 군수 분야 국영기업의 확대이다. 다양한 부문으로 활동 범위를 넓히고 있는 '로스아바론엑스포르트(Rosoboronexport, 러시아 무기 수출사)'가 주요 사례이다. 세 번째, 항공 분야의 국영기업의 확대이다. 최근에 추진된 대형 국영항공회사의 설립이 주요한 사례이다.

1) 에너지 자원 부문

러시아에서 에너지 분야는 정부가 개별 기업에 대해 큰 영향력을 끼칠 수 있는 가능성이 높은 분야이다. 에너지 수송을 위해서는 국영파이프 라인을 이용해야 하는 점 외에도, 사기업들은 정부와의 밀착 관계를 통해 수출, 투자 등에서 혜택을 받을 수 있다. 최근에 정부는 에너지 분야의 사기업에 대한 통제를 넘어서, 국영에너지 기업의 확대를 활발하게 추진하고 있다. 앞의 <표 4>에서 나타난 것과 같이 가즈프롬과 로스네프트의 다른 기업 지분 인수가 지속적으로 추진되고 있는 것이다.

가즈프롬을 통한 가장 큰 규모의 기업 인수는 씨브네프트와 사할린에너지로부터의 지분 매입이었다. 2005년 10월 가즈프롬은 자회사를 통해 씨브네프트 주식 72.66%(130억 9100만 달러)를 매입하였는데, 과거 가즈프롬뱅크를 통해 인수한 지분 3.016%를 합쳐 안정적인 경영권을 확보하였다.[24] 사할린에너지사로부터의 지분 매입은 사할린 지역의 에너지 개발사업에 투자하고 있는 영국, 네덜란드 등 외국 기업으로부터 가즈프롬이 각각 절반씩의 지분을 인수하여 50%+1의 지분을 확보한 것이다. 이 사례들은 러시아 최대의 국영기업이 올리가르히와 외국 기업으로부터 지분을 인수하여 경영권을 확보함으로써 유코스 사건 이후, 에너지 부문에서 국가 부문의 확대를 보여주는 주요한 사례라고 할 수 있다. 이외에도 가즈프롬은 노바텍(Novatek)사와 루씨아 페트롤리움(РУСИА Петролеум), Томскнефть(톰스크네프트) 등 석유, 가스 부문의 기업 지분을 지속적으로

24) *Российская экономика в 2005 году. Тенденции и перспективы.* (М.: ИЭПП, 2006). с. 446.

매입하며, 기업을 확장하고 있다.

최근에도 가즈프롬의 영역 확대, 영향력 강화와 연관된 세 가지 중요한 사례들이 있었다. 첫 번째 사례는 가즈프롬이 러시아 최대 석탄회사를 인수한 것이다. 2008년 2월 가즈프롬은 러시아 최대 석탄회사인 시베리아 석탄회사(СУЭК)의 주식 50%+1주를 취득하여 경영권을 갖게 되었다. 이 기업의 인수는 현재 러시아 대통령이며, 2007년 2월 당시에는 가즈프롬 이사장이었던 드미트리 메드베제프(Д. Медведев)가 추진하였던 것으로, 당시 메드베제프는 이를 가즈프롬의 에너지 사업 다각화 계획의 하나라고 밝힌바 있다.[25] 2007년에 추진되어오다가 2008년에 마무리된 이 석탄회사 인수를 통해 가즈프롬은 기존의 가스, 석유 외에 석탄 산업에도 본격적으로 진출할 수 있게 되었다.

둘째 사례는 가즈프롬이 슈토크만 가스전의 독자개발을 선언한 것이다. 2006년 10월 가즈프롬은 그 동안 외국기업들과 공동 개발을 추진하여 왔던 러시아 북부 지방에 위치한 슈토크만 가스전을 독자적으로 개발할 것이라고 발표하였는데, 이를 통해 에너지 부문에 대한 외국 기업의 영향력을 배재하고 러시아 정부의 영향력을 강화하려는 정부의 의도를 알 수 있다.

세 번째 사례는 가즈프롬이 러시아와 영국의 합작석유 회사인 TNK-BP로부터 동시베리아의 코빅타 가스전의 지분을 인수한 것이다.[26] 이것은 가스전 개발 사업권 취소 등의 압력을 통해 이루어진 것으로 결국 러시아 정부가 막대한 가스가 매장되어 있는 것으로 평가되는 코빅타 가스전을 민간기업과 외국 합작기업이 독점하는 것을 허용하지 않은 것이다.

더구나 이것은 석유 생산규모에서 러시아 세 번째의 대형 석유기업이며, 러-영 합작 기업인 TNK-BP와 관련되어있다는 점에서 중요한 사건이라고 할 수 있다. 최근 러시아 정부는 TNK-BP에 대한 여러 가지 압력을 행사하고 있다. 이미 2006년 10월 러시아 정부의 관계자가 이 회사에 석

25) www.rg.ru/2007/02/09/medvedev-gazprom.html;www.rg.ru/2008/02/26/gazprom-suek-anons.html (검색일: 2008.6.9)

26) www.rg.ru/2007/02/26/gazprom-anons.html(검색일: 2008.5.25)

유 사업과 관련 중요 문서를 넘겨주었다는 혐의로 체포되었는데, 2008년 3월에는 또 다시 이 회사의 직원이 산업 스파이 혐의로 체포되었다.[27] 또 2008년 3월과 6월에는 최근 수 년 동안의 탈세 혐의로 경찰이 TNK-BP 사무실을 수색하였으며, 영국인 사장이 경찰에 소환되어 조사를 받기도 했다.[28] 석유 부문의 대기업에 대한 탈세 혐의와 경영인에 대한 경찰 조사는 유코스 사건 이후로는 처음 발생한 것이다. 러시아의 전략 산업인 석유 부문에 진출한 외국 기업에 대해 다양한 방법의 압력이 가해지고 있다는 점에서 러시아 정부가 국영기업을 통해 TNK-BP의 지분을 확보하여 기업 경영에 관여하려는 의도가 있을 가능성도 높다고 할 수 있다.

한편, 로스네프트의 경우에도 유코스사의 최대 자회사인 유간스크네프트가스 인수 이후, 베르흐네촌스크네프트가스(Verkhnechonskneftegaz), 우드무르트네프트(Udmurtnef), 파크오일(Паркойл) 등 에너지 부문의 기업을 적극적으로 인수하고 있다.

가즈프롬과 로스네프트를 통한 국영화에 의해 <그림 1>에 나타난 것과 같이, 러시아 전체 석유생산에서 국영기업이 차지하는 석유생산비중도 2000년의 약 22%에서 2006년에는 약 35%로 증가하였다. 국영기업의 석유생산비중은 '주식담보대출사유화' 이전 시기인 1995년 이전에는 약 80%에 달했으나, 1995년 이후 급격히 감소하였고, 2000년대 초에는 20%에도 이르지 못했다. 그러나 최근 2005년, 2006년 국영기업이 사기업들의 지분을 인수한 이후, 국영기업의 생산 비중이 높아진 것이다.

에너지 부문이 경제에서 차지하는 비중이 절대적으로 높은 러시아에서 국영 기업인 가즈프롬, 로스네프트는 러시아 경제정책을 추진하는 중요한 도구라고 할 수 있다. 따라서 이 기업들의 다른 기업 인수는 정부의 국가부문 확대라는 경제정책의 방향을 잘 나타내고 있다고 할 수 있다. 특히 러시아 최대 기업인 가즈프롬은 2000년대 들어서 본격적으로 석탄, 석유

27) www.rg.ru/2008/03/21/zaslavskie.html(검색일: 2008.6.9)

28) www.rg.ru/2007/06/05/tnk-anons.html(검색일: 2008.5.20); Leon Aron, "Putinism," *American Enterprise Institute* (Spring 2008), p. 8.

등 다른 에너지 부문에 진출하였으며, 의료, 유통, 호텔, 통신 등 에너지와 관련 없는 부문으로도 사업을 확장하고 있다. 이미 2004년의 경우, 가즈프롬의 직원 중에서 비에너지 계열회사에 근무하는 직원의 수가 전체 직원의 40%에 달하는 것으로 나타났다.[29] 이러한 가즈프롬의 사업 다각화를 통해 향후 정부가 산업 전반에 걸쳐 주도적인 역할을 가지게 될 수 있을 것으로 전망할 수 있다.

그림 1 1994-2006년 기업소유 형태별 석유 생산 비중 (단위: %)

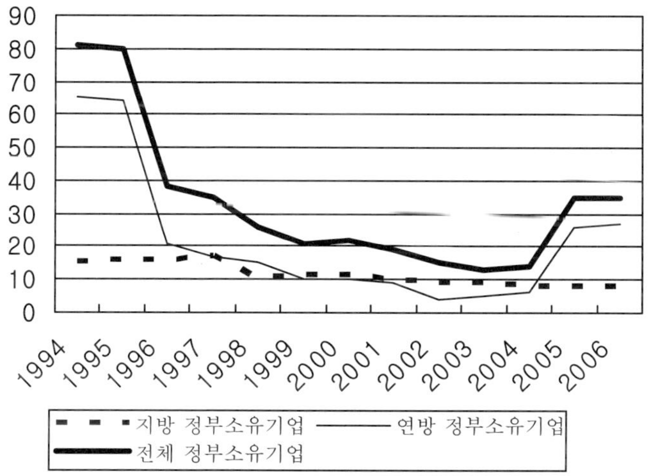

자료: Russian analytical digest, No 27. 18(September 2007). p. 14.

최근의 에너지 부문의 인수, 합병 과정을 통해 1990년대와는 다른 정부의 새로운 관리, 통제 방식을 파악할 수 있다. 1990년대 러시아 정부의 에너지 부문에 대한 통제 방식을 사기업의 수출, 운송에 대한 통제를 통한 간접적인 방식의 통제라고 한다면, 2000년대의 에너지 부문에 대한 통제는 국영기업이 사기업을 인수하는 직접적인 통제 방식으로 전환되었다고 할 수 있다.

---

29) Кузьмин Б., Воробьева Л., Воробьева О., "Проблемы и перспективы корпоративного управления ОАО <ГАЗПРОМ>," *Вопросы экономики*. No 4(2007). c. 105-106.

2) 군수 산업 부문

군수산업은 소비에트 시기 국가 경제에서 큰 비중을 차지해 왔다. 소비에트 시기인 1980년대에 군수산업이 GDP에서 차지하는 비중은 35-50%에 이르렀으며, 군수산업에 고용된 인구수도 국가 전체 경제에 고용된 1억 노동자의 10%를 차지하는 약 1천만에 달했다. 당시 주요 수출대상은 구소련 국가들과 사회주의권의 국가들이었으며, 군수산업의 연간 수출액은 31억 달러에 이르렀다.

소련이 해체된 이후인, 1990년대에도 군수산업은 러시아 경제에서 적지 않은 비중을 차지했다. 군수 기업들은 무기 수출을 통해 막대한 수입을 거두어 왔다. 에너지와 더불어 러시아 제품이 해외시장에서 외화를 벌어들일 수 있는 산업 부문이 군수 부문이었다. 그러나 이행기의 경제 위기 상황에서 몇 몇 군수기업들이 파산되기도 했으며, 소기업으로 분할되어 사기업에게 매각되기도 했다.

그러나 푸틴의 집권 이후에는 군수 산업 부문에 대한 정부의 영향력이 강화되었다. 우선 러시아 정부는 2001년 말 "2002년부터 2006년까지 군수산업의 구조조정과 발전 프로그램"을 작성하고, 군수부분에 대한 정부의 역할을 강화하는 정책을 추진하였다.[30)]

러시아 군수 부문에서 정부의 영향력 확대로 평가될 수 있는 가장 두드러진 사례는 군수 부문의 기업 통합을 통해 거대 기업인 로스아바론엑스포르트를 설립한 것이다. 이것은 1990년대 이행기에 군수 기업들이 사유화된 것과는 정반대의 상황이라고 할 수 있다. 로스아바론엑스포르트사는 2000년 11월 대통령령으로 기존의 로스보오루줴니예(Рособоружение)와 프롬엑스포르트(Промэкспорт)를 합병하여 설립되었는데,[31)] 이 기업을 통

30) Orttung R. W. and Demidov B., Russian business, the arms trade, regional security in ed. A. Wenger, J. Perovic and R. W. Orttung *Russian business power*(London and New york: Routledge, 2006), p. 157-160. 스톡홀름 국제평화연구소(SIPRI)의 자료에 따르면, 2002년-2006년 동안 전세계의 재래식 무기 수출에서 러시아가 차지하는 비중은 28.9%를 차지하여, 30.2%를 기록한 미국을 뒤이어 두 번째를 기록했다. *SIPRI Yearbook 2007*, Stockholm International Peace Research Institute. p. 17.

한 무기 수출 규모는 러시아 전체 무기 수출의 94%를 차지할 정도이다.[32)]

로스아바론엑스포르트는 2002년 다른 국영기업과 함께 헬기 제작 기업인 아바론프롬(Оборонпром)사를 설립하였다. 아바론프롬은 울란우데 항공사(49.18%), 모스크바 헬기 회사(31%), 까잔 헬기 회사(29.92%), 모스크바 기계 제작 회사 브페료드(Вперед, 전진)(38%)와 스투핀 기계제작 회사(60%)의 지분을 인수하였다.[33)] 이 외에도 아바론프롬은 2008년 초 페름주의 페름 모토르스트로이텔리늬 콤플렉스(Пермь Моторстроительный комплекс)를 인수하였으며, 향후 사마라주의 모토르스트로이텔리(Моторстроитель)를 인수하여 엔진 부문 국영기업을 설립할 계획이다.[34)] 모토르스트로이텔리는 전투기 엔진과 '소유즈(Союз)', '몰니아(Молния)' 등의 로켓 운반체용 엔진을 제작하는 것으로 알려진 기업이다.

최근 로스아바론엑스포르트는 사업 영역을 다각화하며, 기업의 규모를 급속도로 확대하고 있다. 대표적인 사례는 자동차 산업에 새롭게 진출한 것이다. 2005년 12월 바즈(ВАЗ)사의 경영진이 교체되며, 로스아바론엑스포르트사의 관련 인물이 사장으로 임명되었으며, 로스아바론엑스포르트와 대외경제은행 등의 대표들이 바즈사의 주요 직책을 차지했다. 현재 로스아바론엑스포르트사가 바즈(ВАЗ)사의 지분 62%를 보유하고 있는 것으로 추정되고 있다.[35)] 자동차 부문 외에 로스아바론엑스포르트사의 또 다른 영역 확장은 2006년 9월 세계 최대의 티타늄 생산업체인 'ВСМПО-АВИСМ

---

31) 대통령령 N 1834 <연방 국유기업 '로스아바론엑스포르트'사의 설립> 참조. Российская газета. 04. 11. 2000.

32) Orttung R. W. and Demidov B., "Russian business, the arms trade, regional security," in ed. A. Wenger, J. Perovic and R. W. Orttung *Russian business power*(London and New york: Routledge, 2006), p. 160.

33) *Российская экономика в 2005 году. Тенденции и перспективы*(М.: ИЭПП, 2006). с. 449

34) www.expert.ru/articles/2008/03/13/motorstr(검색일: 2008.3.24)
www.expert.ru/printissue/volga/2008/08/pod_svoe_kruylo(검색일: 2008.3.24)
www.expert.ru/printissue/volga/2008/11/news_obschaya_korzina(검색일: 2008.3.24)
www.expert.ru/articles/2008/03/18/oboronpmk(검색일: 2008.3.24)

35) 공식적으로는 대외경제은행이 7%의 지분을 보유하고 있을 뿐이며, 로스아바론엑스포르트는 지분을 보유하고 있지 않는 것으로 알려진다. Российская газета, 12. 12. 2005.

(VSMPO-AVISMA)'사의 지분 41%를 매입한 것이다.[36] 향후 로스아바론엑스포르트사는 철강부문으로 본격적으로 진출할 것으로 예상되고 있다. 이미 로스아바론엑스포르트사는 자회사로 러시아특수철강(РусСпецСталь)사를 보유하고 있으며, 이 회사는 2007년 2월 볼고그라드의 철강회사인 붉은 10월(Красный октябрь)사의 지분 100%를 매입하기도 했다.[37]

러시아 최대의 군수기업인 로스아바론엑스트르트는 이처럼 군수부문뿐 아니라, 자동차, 티타늄, 철강 등의 분야로 사업을 확대하며, 러시아의 대형 국영기업으로 성장하고 있다. 따라서, 이 기업은 군수부문에서뿐만 아니라, 경제 전반에 걸쳐 국가의 경제에 대한 영향력 확대를 위해 중요한 역할을 하고 있다고 할 수 있다.

최근에는 군수 부문에 국영기업(государственная корпорация)인 로스테크놀로기(Ростехнологии)사가 설립되었는데, 이 회사가 250여 개에 달하는 주요 군수 기업들을 통합하여 경영하는 문제가 논의되고 있다.[38] 정부의 군수산업 담당 세르게이 이바노프 부총리는 이러한 논의에 반대하며, 우선 4개의 군수 홀딩을 설립하여, 각 홀딩의 75%를 로스테크놀로기가 소유하는 방법을 제시하고 있다.[39] 어떤 방식으로든 향후 로스테크놀로기를 통한 군수 부문의 통합과 영역 확대라는 정부의 정책이 추진될 것이다.

이러한 정책은 1990년대의 거대 군수기업들이 분리되고, 사유되었던 것과는 다른 새로운 정책 방향이며, 이를 통해 중요한 수출분야이며, 전략분야인 군수 산업에 대한 통제가 강화되고 있다.

3) 항공, 기계 부문

러시아의 주요 산업 중의 하나인 항공 분야에서도 정부의 영향력이 급격하게 확대되고 있다. 정부의 영향력이 확대되고 있는 대표적인 사례가

36) Российская газета. 12. 09. 2006.
37) *Российская экономика в 2006 году. Тенденции и перспективы*(М.: ИЭПП, 2007). с. 628.
38) www.expert.ru/printissue/export/2008/17news_bolshoi_hapok(검색일: 2008.3.24)
39) www.expert.ru/news/2008/03/04/rostehtolog(검색일: 2008.3.24)

2005년 8월 러시아 저축은행(Сбербанк)이 아에로플롯사의 주식 25% 지분을 인수한 것이다. 러시아 최대의 국영은행이 최대 항공사의 대규모 지분을 매입하였다는 점에서 중요한 사건이라고 할 수 있다.

최근 항공부문에서 정부의 영향력 확대를 나타내는 더욱 중요한 사례는 대형 국영 항공사의 설립이다. 러시아 정부는 항공 산업의 발전을 위해 2006년 2월 대통령령으로 연합항공사(Обединенная авиастроительная корпорация)를 설립했다. 이 회사는 기존의 국영 항공사들인 수호이(Сухой), 일류신(Илюшин), 야코블레프(Яковлев), 투플료프(Туплев), 미그(Миг), 카잔(Казан) 항공사 등과 민간항공사인 이르쿠트(Иркут)를 통합한 대형 국영항공사이다.[40)]

러시아 정부는 2005년 초부터 민간부문과 군수부문을 결합한 러시아 최대의 항공기 제작회사를 설립하는 계획을 세워왔다. 현재 연합항공사는 민간용, 군사용 항공기를 생산하며, 설계, 생산, 판매, 서비스 등 항공기와 관련된 모든 분야를 활동 대상으로 하고 있다. 이 항공사의 정부 지분은 75% 정도로 알려지고 있다.[41)] 러시아 정부는 향후 10년간 항공기 생산 규모를 현재의 2.8배로 증대하고, 항공기 수요를 충족시키기 위해 2-3년 내에 40-50대의 여객기를 생산하며, 2013년에는 총 120대의 여객기 생산 계획을 세워놓고 있다.[42)]

이처럼, 최근 에너지, 기계, 항공 등의 분야에서 정부 부문의 영향력 확대가 빠르게 진행되었다. 이에 따라 최근 러시아 정부가 보유한 주식 비중도 증가하고 있는 추세이다. 정부부문이 보유한 주식 비중은 2003년에는 전체 주식의 20%에 머물러 있었으나, 2006년 초에는 29.6%로 증가했으며, 2007년 초에는 35.1%로 증가했다. 지난 4년 동안 약 15% 이상 증가한 것이다. 정부 보유 주식 비중의 증가와 함께, 정부가 보유한 주식의 가치도 큰 폭으로 상승했다. 전체 러시아 주식 시장의 주식 평가액이 2006년

40) Российская газета. 02. 21. 2006.
41) Российская газета. 07. 11. 2006.
42) 성원용, 임동민, 『러시아 교통물류정보 조사』(한국교통연구원, 2005년), 158쪽.

한 해 동안 6400억 달러에서 1조 500억 달러로 증가한 가운데, 정부 보유 지분의 주식 가치도 1890억 달러에서 3690억 달러로 증가했다.[43] 또 2004년 정부는 러시아 400대 대기업 중 81개 기업의 경영권을 갖고 있었으나, 2006년에는 103개 기업에서 경영권을 확보하게 되었다.[44]

이상에서 국영기업 확대과정에 나타나는 특징적인 점을 찾을 수 있다. 우선, 국가 자산 확대 부문에 기존의 가즈프롬, 로스네프트 이외에 로스아바론엑스포르트와 같은 새로운 국영 기업들이 참여하고 있다는 것이다. 또한 최근에는 가즈프롬, 로스아바론엑스포르트 등의 국영 기업들이 전통적인 주력 사업 분야 이외에 자동차, 철강, 금융, 출판, 건설, 운송 등 경제 전분야에 걸쳐 적극적으로 진출하고 있는 것이 특징이다. 전반적으로 국영기업의 활동이 활발해지며, 국영기업 규모가 확대되었고, 인수와 합병을 통한 활동 영역이 다양화 되었다고 할 수 있다. 즉, 기존의 독점국영기업이 더욱 거대한 기업으로 성장하고 있으며, 동시에 이 독점기업들을 통해 정부의 산업에 대한 영향력이 더욱 확대되고 있다.

Ⅴ. 맺음말

2000년 이후에 나타난 러시아 경제의 국가부문 확대 정책은 최근 2008까지도 지속적으로 추진되고 있다. 물론 러시아 경제의 모든 부문에 걸쳐 이러한 현상이 나타나는 것은 아니다. 그러나 푸틴 집권 이후의 에너지, 군수, 항공 등 주요 전략 산업 부문의 국영대기업을 중심으로 추진되고 있는 국가부문 확대 정책은 1990년대 경제 정책과는 뚜렷한 차이를 보여준다. 이러한 정책은 러시아에서 시장 자본주의 체제가 성립되어 있으나, 국가가

---

43) ГрозовскийБ. Главный собственник страны. Ведомости 13 Февраля 2007 г. www.vedomosti.ru/newspaper/print.shtml?2007/02/13/120672(검색일: 2007.06.15).

44) *Российская экономика в 2007 году. Тенденции и перспективы*(М.: ИЭПП, 2008). с. 477.

사적 부문에 적지 않은 영향을 끼치고 있다는 점에서 '국가주도의 자본주의'라고 할 수 있을 것이다. 이러한 경향은 러시아 최대의 기업인 가즈프롬의 사례에서 가장 두드러진다. 가즈프롬은 형식적으로는 사유화가 진행되어 왔고, 외국인 투자자들도 투자가 가능하도록 개방되었다. 그러나 2000년대 들어 기업 내부적으로 정부에 의한 통제가 강화되었으며, 외부적으로는 규모를 넓히고 영역을 확대하는 과정이 지속적으로 추진되고 있다.

러시아 정부의 국가부문 강화 정책에 대해서는 러시아 국내외에서 상반된 평가가 내려지고 있다. 우선 러시아 경제 개혁의 주도세력이었던 가이다르 전 총리가 소장으로 있는 이행기 경제 연구소의 학자들은 이러한 경향을 매우 부정적으로 비판하고 있다. 이 연구소의 기업 소유 관련 전문가인 라드이긴(А. Радыгин)은 국가 부문의 강화가 러시아 사기업뿐만 아니라 러시아 경제 전체에 매우 부정적인 결과를 가져올 것이라고 단언하고 있다.[45] 또 1990년대 초, 경제개혁 계획을 입안하였던 경제학자인 야블린스키(Г. Явлинский)는 1990년대의 사유화는 합법적으로 이루어졌으므로, 재검토의 대상이 아니며, 재검토는 타당한 근거를 가진 특수한 경우에 한해 예외적으로 있을 수 있다고 지적하였다.[46]

OECD와 같은 국제 경제 기구들도 이와 유사한 입장을 취하고 있다. 2006년의 OECD 경제 보고서는 러시아에서는 기업에 대한 정부의 관리가 필요할 뿐이며, 정부의 직접적인 통제나 간섭이 필요한 것은 아니라고 지적하며, 최근의 정책을 비판하고 있다.[47] 한편, 과거 관료였으며, 경제학자인 예브게니 야신(Е. Ясин)은 국가와 경제의 관계는 국가의 기능을 어떻게 보는 가에 따라 다를 수 있다고 하며, 중립적인 입장을 취하였다.[48]

45) *Российская экономика в 2005 году. Тенденции и перспективы*(М.: ИЭПП, 2006). с. 407-408.

46) Явлинский Г. "Необходимость и способы легитимации крупной частной собственности в России: постановка проблемы," *Вопросы экономики.* No 9(2007). с. 21.

47) OECD Economic Surveys: Russian Federation(2006). p. 4. www.oecd.org/eco/surveys/russia (검색일: 2007.07.20)

48) Ясин Е. "Государство и экономика на этапе модернизации," *Вопросы экономики.*

야신은 기업은 정치에 관여하지 말고, 정부는 기업의 활동을 장려해야 한다고 주장했다. 또 그는 사유화에 문제가 있는 대기업은 분할하거나, 정부에 벌금을 지불하도록 해야 할 것이라고 밝히고 있다. 또 야신은 이러한 처벌 과정이 일반적으로 법에 의해 이루어져야 하지만, 러시아의 경우에는 사법기관의 독립성에 문제가 있다고 지적했다.[49)]

반면, 국가부문 강화 정책이 타당한 근거를 가지고 있다고 지적하는 학자들도 있는데, 대표적인 인물로는 경제학자이며, 정치가인 세르게이 글라지예프(С. Глазьев)가 있다. 그는 논문과 인터뷰, 언론 기고 등을 통해 지속적으로 1990년대의 주식담보대출을 비롯한 사유화 과정에서 올리가르히들이 부당한 방법으로 막대한 이익을 얻은 반면, 러시아 국민들은 커다란 손실을 입었으므로, 올리가르히들의 자산을 정부에서 환수해야 한다고 주장하고, 국가 경제에서 정부의 역할 확대를 강조해 왔다.

러시아의 국가부문의 강화 정책을 분석한 결과 이행기의 혼란된 자본주의시기를 거치며, 이 상황이 정치, 경제적으로 극복되는 과정에서 자연스럽게 진행된 성격의 것이라는 결론을 내릴 수 있다. 소비에트 체제로의 회귀를 지향한 것이라기보다, 1990년대의 사유화 과정에서 국가 경제에서 전략적으로 중요한 의미를 갖는 에너지, 항공 등의 산업 부문까지도 사유화되었기 때문에 현재의 재국영화 현상이 나타나고 있는 것으로 볼 수 있다. 이러한 정책의 시행은 1990년대 러시아 사적 자본의 형성, 발전과정에서의 부정적인 문제들과 현재 러시아 경제 발전에서 국가부문의 역할을 고려해 볼 때, 타당성과 적합성을 가진다고 평가할 수 있다. 최근의 국가부문 확대 정책은 경제에 큰 비중을 차지하는 대기업들에서 나타나는 현상이므로 러시아 경제 전반에 끼치는 영향은 매우 크다고 할 수 있다. 국가 부문 강화 정책의 긍정적인 영향은 이 정책을 통해 1990년대 정치적으로 약화되었던 국가의 영향력이 강화되어 정치, 경제 체제가 안정될 가능

No 4(2006). с. 4-6; Ясин Е. *Новая эпоха-старые тревоги: экономическая политика.* (м.: новое издательство. 2004). с. 134.

49) Российская газета. 15. 05. 2006.

성이 높다는 것이다.

한편, 이러한 정책은 러시아 여론조사기관의 조사 결과에서 나타나는 것처럼, 러시아 국민들의 지지를 받고 있다. 특히 에너지를 비롯한 몇 몇 산업부문이 국가 경제에서 절대적인 역할을 차지하는 러시아에서 지속적인 경제발전을 위해서는 이들 산업에 대한 국가의 영향력 확보가 중요한 전략적 과제라고 할 수 있다. 에너지 산업의 특성이라고 할 수 있는 장기적인 차원의 발전전략, 막대한 자금 투자, 외국 정부와의 협력 필요성 등으로 인해 국가가 주도하는 산업 발전 전략이 매우 유효하다고 할 수 있다.

결국 최근 러시아 정부의 에너지, 군수, 항공, 자동차 산업 부문에서의 '국가 주도의 자본주의' 움직임은 이러한 인식에 따른 것으로 푸틴은 이러한 정책을 수행하는 동시에 개인의 권력도 강화해 왔다고 볼 수 있다. 2008년의 대통령 선거 결과 드미트리 메드베데프(Д. Медведев)가 새로운 대통령으로 당선되었으나, 푸틴은 총리직을 수행하고, 여당을 장악하여 여전히 국가의 지도자 역할을 하고 있다. 따라서 푸틴 집권기의 '국가 주도의 자본주의'도 당분간 지속될 가능성이 매우 높다고 할 수 있다.

참고문헌

성원용, 임동민, 『러시아 교통물류정보 조사』, 한국교통연구원, 2005.

Aron, Leon. "Putinism." American Enterprise Institute (Spring 2008).

Malashenko, Alekcei. "Russia and Turkmenistan." Russian analytical digest No 29 (October 2007).

Barnes, Andrew. Owning Russia. Ithaca and London: Cornell University Press, 2006.

Erika Weinthal and Pauline Jones Luong, "The paradox of energy sector reform," in The State after Communism ed. Timothy J. Colton and Stephen Holmes, New York: Rowman & Littlefield publishers, INC, 2006.

Goldman, Marshall I. The Piratization of Russia (London and New york: Routledge, 2003).

Hanson P. & Teague E., "Big Business and the State in Russia." Europe-Asia Studies, Vol. 57, No. 5(July 2005).

Perović, Jeronim. "Energy companies in the Caspian." in ed. A. Wenger, J. Perovic and R. W. Orttung, Russian business power. London and New york: Routledge, 2006.

OECD Economic Surveys: Russian Federation 2006. www.oecd.org/eco/surveys/russia (검색일: 2007년 8월 25일)

Orttung R. W. and Demidov B., Russian business, the arms trade, regional security in ed. A. Wenger, J. Perovic and R. W. Orttung, Russian business power. London and New york: Routledge., 2006.

Duncan, Peter J S. "'Oligarchs', business and russian foreign policy: from El'tsin to Putin." Centre for the study of Economics and social change in Europe, Economics Working paper No. 83(2006).

Rutland, Peter. "Business and Civil society in Russia." in ed. Alfred B. Evans, Jr., Laura A. Henry and Lisa McIntosh Sundstrom. Russian civil society: a critical assessment. New york: M. E. Sharpe, 2006.

Pyle, W. "Collective action and post-communist enterprise: the economic logic of russia's business associations." Europe-Asia Studies, Vol. 58, No. 4(June 2006).

Pyle, W. "Organized business, political regimes and property rights across the Russian Federation." BOFIF Discussion Papers. 18(2007).

Russian analytical digest, No 27. 18 (September 2007).

Puffer, Sheila M., McCarthy, Daniel J. "Can Russia's state-managed, network capitalism be competitive? Institutional pull versus institutional push." Journal of world business 42(2007).

SIPRI Yearbook 2007, Stockholm International Peace Research Institute(2007).

Концепция долгосрочного социально-экономического развития российской федерации, Минэкономразвития(М.. 2008).

Кузнецов, А. "Два вектора экспансии российских ТНК-Евросоюз и СНГ," Мировая экономика и международные отношения No 2(2006).

Кузьмин, Б., Воробьева Л., Воробьева О., "Проблемы и перспективы корпоративного управления ОАО <ГАЗПРОМ>." Вопросы экономики. No 4(2007).

Лукьянов, С. Тиссен Е., Кисляк Н., "Рынок авиационных пасажирских перевозок России:квазиконкуренция или ...?." Вопросы Экономики. No 11(2007).

Перегудов, С. П., Корпорации, общество, государство. М.: Наука, 2003.

Радыгин, А. "Россия в 2000-2004 годах: на пути к государственному капитализму." Вопросы Экономики. No 4(2004).

Радыгин, А., Мальгинов Г. "Рынок корпоративного контроля и государство." Вопросы Экономики. No 3(2006).

Медведев, Рой, Время Путина?, М.: Права человека, 2001.

Российская экономика в 2005 году. Тенденции и перспективы. М.: ИЭПП, 2006.

Российская экономика в 2006 году. Тенденции и перспективы. М.: ИЭПП, 2007.

Российская экономика в 2007 году. Тенденции и перспективы. М.: ИЭПП, 2008.

Яковлев, А. "Российская корпорация и региональные власти. модели взаимоотношений и их эволюция." Вопросы экономики No 1(2007).

Явлинский, Г. "Необходимость и способы легитимации крупной частной собственности в России: постановка проблемы." Вопросы экономики

No 9(2007).

Ясин, Е. “Государство и экономика на этапе модернизации.” Вопросы экономики No 4(2006).

Ясин, Е., Новая эпоха-старые тревоги: политическая экономия. М.: новое издательство, 2004.

Ясин, Е., Новая эпоха-старые тревоги: экономическая политика. М.: новое издательство, 2004.

ГрозовскийБ. Главныйсобственник страны. Ведомости 13 Февраля 2007 г. www.vedomosti.ru/newspaper/print.shtml?2007/02/13/120672(검색일: 2007.06.15)

Российская газета. 04. 11. 2000.

Российская газета. 12. 12. 2005.

Российская газета. 21. 02. 2006.

Российская газета. 15. 05. 2006.

Российская газета. 12. 09. 2006.

Российская газета. 30. 10. 2006.

Российская газета. 07. 11. 2006.

Эксперт. No 39. 22. 10. 2001.

Эксперт. No 7. 20. 02. 2006.

www.expert.ru/news/2008/02/05/pravitpredst(검색일: 2008.03.02)

www.expert.ru/news/2008/03/04/rostehtolog(검색일: 2008.3.24)

www.expert.ru/articles/2008/03/13/motorstr(검색일: 2008.3.24)

www.expert.ru/printissue/volga/2008/08/pod_svoe_kruylo(검색일: 2008.3.24)

www.expert.ru/printissue/volga/2008/11/news_obschaya_korzina(검색일: 2008.3.24)

www.expert.ru/articles/2008/03/18/oboronpmk(검색일: 2008.3.24)

www.levada.ru/press/2004070702.html(검색일: 2008.3.15)

www.ma-journal..ru/review/ 각 호 (Слияния и поглошения 러시아 저널 합병과 인수)(검색일: 2007.9.10; 2008.3.10; 2008.11.10)

www.garweb.ru/project/vas/news/smi/05/02/20050214/10681104.html(검색일: 2007.08.27)

www.radiomayak.ru 2007년 6월 9일(검색일: 2008년 4월 20일)

www.rg.ru/2007/02/09/medvedev-gazprom.html(검색일: 2008.6.9)

www.rg.ru/2007/02/26/gazprom-anons.html(검색일: 2008.5.25)

www.rg.ru/2007/06/05/tnk-anons.html(검색일: 2008.5.20)

www.rg.ru/2008/02/26/gazprom-suek-anons.html(검색일: 2008.6.9)

www.rg.ru/2008/03/21/zaslavskie.html(검색일: 2008.6.9)

제3부

러시아의 세계화와 이슬람

개설

세계화는 경제적 차원에서 시작된 것이고, 정치적인 영향력을 지니기도 하지만 또 한편으로는 세계적 차원에서의 사회문화적 변화를 가져오는 것이기도 하다. 지난 20여 년간 러시아에서 일어난 정치·경제·사회적 변화는 러시아가 세계화되는 과정이라고 할 수 있다. 그러나 러시아의 세계화는 연착륙했다고 보기는 어렵다. '충격요법'을 통한 가격자율화와 자유로운 기업활동 및 자유무역 등 신 자유주의적 경제원리에 바탕을 둔 옐친정부의 시장경제 개혁은 오히려 경제상황의 악화, 빈부격차의 심화와 부패의 만연, 국가권력의 약화, 마피아의 발호, 올리가르히의 등장과 같은 심각한 정치·경제적 문제와 사회·문화적 정체성 혼란을 초래했다.

이에 따라 옐친정부가 신 러시아를 서구정치경제질서로 편입시키고자 했던, 세계화로 요약되는 신 자유주의적 국가발전전략이 과연 러시아에 적합한 것인가라는 의문이 제기되었고, 러시아의 발전방향은 과연 어떤 것이어야 하는가에 대한 논란이 지난 1990년 내내 러시아 지식인들과 정치인들 사이에서 있어 왔다. 사실 러시아 국가의 발전 방향성을 둘러싼 이런 이슈는 이미 170여 년 전 서구주의와 슬라브주의 사이에 있었던 논쟁의 연장선상에 있고, 유럽과 아시아라는 두 대륙에 걸쳐져 있으면서 양 대륙과의 역사·문화적 경험을 공유했던 러시아인들로서는 자기정체성 규정의 문제이자 러시아의 지적세계를 양분시켜 왔던, 좀처럼 수렴되기 어려운 난제이기도 하다.

오늘날 러시아 지식인들은 세계화의 영향과 그에 대한 러시아의 응전을 시대를 뛰어넘은 또 다른 서구주의 대 슬라브주의, 아틀란티스주의(atlanticism) 대 유라시아주의(eurasianism)의 대결로 보고 있다. 제9장 "세계화에 대한 러시아의 도전과 응전 - 신 유라시아주의"에서 김우승 교수는 신 유라시아주의를 세계화에 대한 러시아의 반작용으로 나타나는 사회사상으로 보고 이에 대한 사상사적 검토와 함께 세계화 및 유라시아주의적 전제들에 대한 러시아 인들의 의식을 고찰한다.

김우승은 신 유라시아주의를 1920년대 지정학적 공간과 사회문화적 공간을 기반으로 러시아의 특성과 정체성을 모색했던 유라시아주의와는 다른, 1990년대부터 나타난 새로운 사상적 경향으로 러시아의 발전전략을 정치경제적 공간으로 구체화시킨 것으로 정의한다. 이러한 배경 속에서 형성된 신 유라시아주의는 1) 러시아 문화가 가지고 있는 메시아니즘적 성격, 즉 러시아가 다시 세계의 중심으로 세계문명을 이끌어 가야 한다는 러시아 민족주의적 전통 위에서, 2) 고르바초프의 신사고와 옐친의 자유주의적 친 서방 개혁주의에 대항하는 형태로 나타났으며, 3) 서구중심의 근대문명을 극복하기 위한 하나의 시도로서 러시아 고유의 국가발전 모델을 모색하고, 4) 푸틴의 국가주의 정책에 의해 추동된 강한 러시아의 재건을 통해 유라시아 공간에서 위대한 강대국 러시아의 부활을 지향한다고 설명한다.

필자는 푸틴 대통령이 서구주의자이면서 동시에 러시아의 전통적 가치관을 존중하는 슬라브주의적 사고를 포지한 신유라시아주의자로 분석하면서, 유라시아적인 사고에 기초한 푸틴의 대내외정책은 러시아의 세계화가 낳은 부작용에 대한 응전이며 경제적 및 안보적 국익확보와 밀접히 맞물려 있다고 본다. 특히 유로 아틀란티스주의와 유라시아주의 논쟁을 두 개의 영역 즉, 경제적 영역과 정치철학적 영역으로 분리시킨 푸틴의 러시아 국가발전전략은 보다 실천적이고 이중적이라고 평가한다. 예컨대 푸틴은 러시아의 비즈니스 엘리트에게는 유로-아틀란티스적 서구 경제권으로의 통합을 요청한 반면 외교 및 안보정책에서는 유라시아주의자들의 반미주의와 반세계화주의를 강하게 반영하고 있다는 것이다.

결론에서 필자는 1990년대부터 러시아의 지적 세계에 등장한 신 유라시아주의를 19세기에 있었던 슬라브주의-서구주의 논쟁과 1920년대의 고전적 유라시아주의와 마찬가지로 자신들이 처한 공간적 환경 변화와 역사적 경험을 기반으로 스스로의 정체성과 국가의 발전방향을 찾으려는 움직임으로 규정한다. 이렇게 볼 때 탈 사회주의 이후 러시아가 겪었던 정체성 위기는 역설적으로 새롭고 적절한 대안적 정체성, 즉 신유라시아주의적 정체성을 모색할 수 있는 기회를 제공해주었다고 강조한다.

냉전 종식 후 이루어진 러시아의 적극적인 국제경제체제 편입 노력과 G8 정회원국 지위 획득 그리고 자본주의 체제로의 이행 속도의 가속화는 러시아에 대한 서방의 관심을 고조시켰다. 특히 2001년 9·11 테러사건 이후 세계상품시장에서 원유, 가스, 금, 곡물, 비철금속 등의 가격이 급등하면서 러시아와의 자원 및 에너지 협력이 강조되었고, 이에 따라 서방기업들의 러시아 투자가 급증했다. 한편 국제유가의 고공행진과 자원 수출가격의 앙등으로 자금여력이 충분해진 러시아 주요 기업들도 대 서방권 투자 확대와 M&A를 적극적으로 전개하기 시작했다.

러시아 기업들의 과감한 해외투자 진행과 더불어 2008년 2월엔 에너지 수출로 벌어들인 돈의 일부를 안정화기금에서 떼어 내 해외민간기업 주식 등에 대한 공격적 투자를 가능하게 하는 320억 달러 규모의 국부펀드(일명 국민복지기금)도 출범시켰다. 제10장 "러시아의 세계화와 기업들의 해외투자 그리고 국부펀드 - 국가안보전략의 일환인가 아니면 Globalization의 추세인가"에서 김석환 교수는 시장경제체제 도입이후 러시아 기업들의 해외투자 및 M&A 증대, 국가차원에서 이루어지는 국부펀드의 해외투자 촉진이 러시아의 세계화, 즉 러시아 경제의 세계경제체제로의 편입을 위한 것인지 아니면 부국강병을 위한 국가안보전략의 일환인지, 멀리는 비잔틴 제국과의 교류이래, 가까이는 표트르 대제의 근대화 개혁 이래 서구세계와의 상호작용을 통한 역사적 발전 경로라는 통시적 관점에서 분석하고 있다.

김석환은 러시아의 서구정치경제질서로의 편입 노력이 세계화를 위한 것인가? 아니면 국가안보전략의 일환인가? 라는 양자택일적 의문이 제기되고 여기에 하나의 답만을 선택하기 어려운 이유가, 수세기 동안 러시아와 유럽 사이에서 진행된 그리고 현재도 진행되고 있는 러시아는 유럽의 일원인가 아니면 유럽 밖의 세력인가 하는 질문, 이를테면 러시아의 문명적 성격 규정과 밀접한 함수 관계에 있다고 주장한다.

러시아는 스스로의 정체성을 유럽과 일치시키고 국가의 발전을 위해 서구문명세계로의 편입 노력을 꾸준히 전개해왔지만, 서구는 러시아를 유럽 밖의 세력으로 간주하면서 차별을 해왔기 때문에 제대로 대접을 받지 못한 채 늘 소외당해왔고, 이로 인해 서구화의 열망이 편견과 차별에 의해 좌초되어 실망으로 바뀔 때마다 서구와 대립하는 모습을 역사적으로 반복해왔으며, 그런 현상은 EU와 NATO, WTO로부터 소외되어 있는 푸틴과 메드베데프 시대에 이르러서도 마찬가지로 크레믈린 지도부는 "왜 서구는 우리를 동등하게 취급하지 않는가? 러시아는 동맹이 아닌가?"라는 질문을 끊임없이 던지고 있다고 지적한다.

김석환은 이와 같은 이슈 제기가 루스키들의 마음속에 있는 서구화의 길에 대한 그들 스스로의 중간평가이자 또 다른 방향전환을 시사하는 측면이 강하다고 분석한다. 때문에 시간이 가더라도 서방과 러시아의 상호평가의 간극 또한 쉽게 메워지지 않을 것이며, 러시아는 표트르 대제의 개혁 이후 독자적인 정체성을 모색하는 보수화의 길을 갔듯이, 전 세계적으로 경제위기를 극복하는 수단으로 국가의 개입이 강화되는 시기를 맞아 그들만의 새로운 길을 갈 가능성이 매우 높을 것으로 파악한다. 결론적으로 필자는 러시아의 국제경제체제 편입과 참여의 노력이 국가안보 및 외교정책 개념과 완전히 분리된 상태로 진행되기는 어려울 것으로 보면서 때로는 세계화의 적극적 참여가, 때로는 안보 및 정치적 판단이 좀 더 우선시되는 융합적 모습으로 진행될 것으로 전망한다.

오늘날 러시아에서 이슬람은 규모와 신자 수로 볼 때 러시아 정교에 버금가는 제2의 종교로 자리 잡고 있다. 러시아는 이미 16세기부터 끊임없는 식민지 확장 과정 속에서 수많은 무슬림 민족을 짜르 제국 속으로 통합해 왔다. 러시아 제국 영역을 그대로 계승한 소비에트 연방 역시 무신론 체제를 표방했음에도 불구하고, 세계에서 두 번째로 큰 무슬림 대국으로 건재했었다. 비록 이슬람 사원은 파괴되고 종교인들은 추방되었으며 이슬람과 관련된 풍습과 관행이 억압당했을지라도, 이슬람은 다양한 형태로 민중들 속에서 명맥을 유지했다. 소비에트 체제가 몰락하기도 전에 이슬람이 빠른 속도로 부활할 수 있었던 것도 이 종교가 갖고 있던 생명력과 일상성(日常性) 때문이었다.

종교 영역과 정치 영역이 서로 명확히 분리되지 않는 이슬람이 러시아라는 특수한 환경 속에서 어떻게 적응해 가고 있는지를 파악하는 학문적 노력은 우리의 지적 호기심을 자극하기에 충분하다. 제11장 "분열된 '움마': 러시아 이슬람의 현재와 공인 종교인"에서 현승수 박사는 러시아연방의 정치, 사회, 문화 속에서 이슬람과 무슬림의 역할이 증대되면서 발생하는 다양한 현상들을 살펴보고, 특히 러시아 이슬람만의 독특한 풍경을 만들어내는 종무국 제도와 종무국을 중심으로 활동하는 체제 공인 종교인들의 분열 및 경쟁의 갈등 관계를 분석하고 있다.

현승수는 '움마'(ummah)란 러시아 연방에 소속된 무슬림 공동체를 의미하고, 이슬람에서는 인종과 민족을 초월해 이슬람을 신앙하는 모든 무슬림을 '움마'의 일원으로 간주한다고 설명하면서 체제 이슬람을 공인 종교인과 전통 이슬람이라는 러시아 이슬람 특유의 개념을 동원해 고찰하고 있다.

필자는 러시아 이슬람에서 공인 종교인은 국가의 보호와 지원을 받는 형태를 말하는 것으로서, '종무국'이라는 이슬람 종교 조직을 중심으로 활동해왔고, 소연방시절에는 중앙집권적 성격의 4개의 이슬람 종무국이 존재했지만 시간의 경과와 함께, 특히 소련의 해체를 전후해 수십 개의 종무국으로 핵 분열하였다고 지적하면서, 그 이유로 종교인 개인의 야망과 정치적 의도를 위해 이용되거나 부추겨지는 종무국 간의 경쟁과 대립을 제시한다.

한편 현재 러시아 정부와 공인 종교인들이 즐겨 사용하는 '전통 이슬람'이라는 용어는, '와합주의'로 통칭되는 '비전통 이슬람'에 대항하기 위해 만들어진 다분히 정치적인 개념으로 파악한다. 그리고 러시아 땅에서 역사적으로 뿌리를 내려온 '러시아화'된 이슬람이 정통이라면, 소련 말기 자유화의 바람을 타고 외부에서 유입된 '비전통 이슬람'은 이단이 된다고 필자는 설명한다.

러시아에서는 과거 소비에트 시기부터 중앙아시아 지역에서 활동하던 반체제 이슬람주의자들을 와합파로 불러왔다고 지적하고, 오늘날 체첸의 반러시아 저항파를 비롯해 반정부적, 반체제적 성향의 이슬람교도들이 모두 와합파로 낙인찍혀 공포와 제거의 대상이 되고 있지만 엄밀한 의미에서 과격파 혹은 반체제적 이슬람주의자들을 뭉뚱그려 와합파로 통칭하는 것은 옳지 않다고 강조한다.

끝으로 필자는 러시아연방 내 이슬람은 통합성을 상실한 채 분열되어 있다고 보고, 러시아 연방 정부는 자국 내 무슬림이 어떤 형태로든 단합하여 국가 정책에 영향력을 행사할 수 있을 정도로 세력화되기를 결코 원하지 않을 것이기 때문에 이러한 조건들을 감안한다면 가까운 장래에 러시아연방 내 모든 무슬림들을 통괄하는 단일 기구가 국가에 의해서든, 아니면 종교인들 스스로에 의해서든 조직되어지기는 힘들 것으로 전망한다.

9

세계화에 대한 러시아의 도전과 응전

신 유라시아주의*

김 우 승

Ⅰ. 머리말

20세기 후반부터 "세계화"는 현대사회의 변동을 묘사하는 데에 있어 가장 흔하게 사용되고 있다. 세계화는 경제적인 차원에서 시작된 것이고 정치적인 영향력을 가지고 있는 것이기도 하지만 또 한편으로는 세계적 차원에서의 사회문화적 변화를 가져오는 것이기도 하다. 그리하여 그것은 모든 국가의 생활방식과 종교, 언어 등과 같은 일상생활과 심지어는 미각이나 이상과 같은 문화적 요소들에도 영향을 주고 있다.

특히, 1991년 소 연방의 해체와 함께 세계화 과정은 러시아 인들의 의

* 이 글은 『담론201』 9권 3호(2006), pp. 257-82에 게재된 김우승, "러시아의 새로운 정체성 모색-세계화인가 유라시아주의인가,"를 한국사회역사학회의 허락을 얻어 수정 보완한 것임을 밝힌다.

도나 바람과는 관계없이 러시아 사회를 변화시키는 거대한 동력으로 작용하였다. 이러한 러시아의 세계화 과정은 1980년대 고르바초프의 페레스트로이카와 글라스노스찌에서 시작되어 옐친 시기의 체제이행 과정 속에서 이루어졌다. 이 과정은 이전의 사회주의 체제와는 전혀 다른 패러다임, 즉 세계 자본주의 경제 속으로의 편입과정 속에서 이루어졌다. 고르바초프의 페레스트로이카와 글라스노스찌는 러시아를 세계 속에 노출시키는 것이었고 옐친의 '충격요법'과 민영화 과정은 글로벌 경제 속에서의 생존가능성을 시험하는 무대였다고 할 수 있다.

그러나 이러한 시도는 러시아를 세계 자본주의 무대에 연착륙시키는데 실패하였다. '충격요법'을 통한 가격자율화와 자유로운 기업 활동 및 자유무역 등 신 자유주의적 경제 원리에 바탕을 둔 옐친의 체제이행 정책은 오히려 빈부격차의 심화와 부패의 만연, 국가권력의 약화, 범죄조직의 유사국가화, 올리가르히의 등장 등으로 말미암아 러시아의 정치, 경제, 사회가 총체적 난국으로 빠져드는 현상을 가져 왔으며 결과적으로 이러한 난국은 1998년의 금융위기로 극대화되었다.

이에 따라 옐친이 추진했던 신 자유주의적인 발전전략이 과연 러시아에 적합한 것인가? 러시아의 발전방향은 과연 어떤 것이어야 하는가에 대한 논란이 지난 1990년 내내 러시아 지식인들과 정치인들 사이에서 있어 왔다. 사실 이 문제는 이미 170여 년 전 서구주의와 슬라브주의 사이에 있었던 논쟁이며 유럽과 아시아라는 두 대륙에 걸쳐져 있으면서 양 대륙과의 역사·문화적 경험을 공유했던 러시아인들로서는 자기정체감의 문제이자 결코 풀 수 없는 문제이기도 하다. 특히 러시아의 지식인들은 세계화의 영향과 그에 대한 러시아의 응전을 시대를 뛰어넘은 또 다른 서구주의 대 슬라브주의, 아틀란티스주의(atlanticism) 대 유라시아주의(eurasianism)의 대결로 보고 있다. 따라서 이 글에서는 러시아의 발전전략으로서의 세계화와 그에 대한 반작용으로서의 신 유라시아주의를 살펴본다.

1920년대 유라시아주의가 지정학적 공간과 사회문화적 공간을 기반으로 러시아의 특성과 정체성을 모색하려는 것이었다면 1990년대부터 나타난 신 유라시아주의는 이를 바탕으로 러시아의 발전전략을 정치경제적 공간으로 구체화시킨 것이었다고 할 수 있다. 이러한 신 유라시아주의가 1990년대 새로이 나타나게 된 배경은 다음 3가지로 압축할 수 있다. 1) 구 러시아제국과 소비에트 제국이 붕괴되면서 국가권위가 실종되었고 특히 서구와의 경쟁에서 패배하였다는 국민적 상실감을 보상할 수 있는 새로운 국가이념이 필요하였다. 2) 체제이행 과정의 경제적 곤란과 계층적 양극화에서 나타난 대중의 상실감을 극복할 새로운 비전 제시가 필요하였다. 3) 러시아 전체의 위기와 이데올로기적 공황상태를 지식인이 앞서서 극복해야 한다는 러시아 인텔리겐챠 특유의 성향이 작용하였다.

따라서 이러한 배경 속에서 나타난 신 유라시아주의는 1) 러시아 문화가 가지고 있는 메시아니즘적 성격, 즉 러시아가 다시 세계의 중심으로 세계문명을 이끌어 가야 한다는 러시아 민족주의적 전통 위에서 2) 고르바초프의 신사고와 옐친의 자유주의적 친 서방 개혁주의에 대항하는 형태로 나타났으며 3) 서구중심의 근대문명을 극복하려는 러시아 고유 발전모델의 모색을 시도하며 4) 푸틴에 의해 강력한 러시아를 회복하여 유라시아 공간에서의 강력한 러시아 제국을 건설하는 것으로 나타난다.

유라시아주의에 대한 러시아학자의 연구로는 찌간꼬프((Tsygankov, A. P.)의 논의가 대표적이다. 그는 유라시아주의에 대한 지속적인 발표를 통해 러시아 내 유라시아주의가 동일한 목소리를 내기보다는 세계관과 전략에 따라 다양하게 나타난다는 점을 보여 주고 있다.[1] 반면 국내에서는 신범식과 오원교의 연구 등이 있는데 신범식은 유라시아주의가 러시아의 이

1) Tsygankov, A.P. "Hard-Line Eurasianism and Russia's Contending Geopolitical Perspectives," East European Quarterly, XXXII, No.3(Fall 1998); Mastering Space in Eurasia: Russia's Geopolitical Thinking after the Soviet Break-up," Communist and Post-Communist Studies, Vol.36 (2003); "New Directions in Russian International Studies: Pluralization, Westernization and Isolation," Communist and Post-Communist Studies, Vol.37 (2004); "The Return to Eurasia: Russia's Identity and Geoeconomic Choices in the Post-Soviet World," Eric Helleiner and Andreas Pickel(eds.), Economic Nationalism in A Globalizing World(Ithaca and London: Cornell University Press, 2005).

념을 계승하고 있다는 측면에서 1920년대의 고전적 유라시아주의의 이념적인 측면과 실천적인 측면을 정치적 맥락에서 살펴보고[2] 푸틴 정부의 러시아의 외교적 방향성을 신 유라시아적 시각에서 조망하기도 한다.[3] 오원교는 세계화에 대응하는 러시아의 문화적 대안이라는 점에서 신 유라시아주의의 시기별 전개과정과 개념을 분석하고 있다.[4] 또한 우준모는 지정학적 측면에서 러시아의 대외적 목표를 논의하면서 유라시아주의와의 관계를 살펴보고 있다.[5] 이들의 논의는 모두 유라시아주의가 세계화에 대한 러시아학계의 대응이라는 점에서 러시아 사회의 변화방향을 가늠할 수 있는 중요한 변수라는 점을 정확하게 지적하고 있다.

그러나 기존 연구들이 주로 정치, 외교학적 논의에서 이루어지면서 러시아 인들이 서구에 대한 어떠한 인식을 가지고 있으며 유라시아주의의 개념과 주장들이 사회적으로 얼마나 뿌리를 내리고 있는지에 대한 사회학적 논의는 상대적으로 미흡하였다. 따라서 이 글에서는 신 유라시아주의를 세계화에 대한 러시아의 반작용으로 나타나는 사회사상으로 보고 이에 대한 사상사적 검토와 함께 세계화 및 유라시아주의적 전제들에 대한 러시아 인들의 의식을 살펴보려 한다. 이를 위해 이 글은 Ⅱ장에서는 사상적 전통 속에서의 유라시아주의를 Ⅲ장에서는 세계화 과정에 대응하는 신 유라시아주의의 논의전개를, Ⅳ장에서는 러시아인의 의식 속에서 보이는 유라시아주의적 요소를 살펴본다. 그리고 마지막 결론에서는 푸틴 정책에서 나타나는 유라시아적 특성을 간단히 논의하면서 유라시아주의의 미래를 가늠해 볼 것이다.

---

2) 신범식, "고전적 유라시아주의의 두 측면에 대한 일 고찰," 『러시아연구』8권 2호(1998), pp. 249-91.
3) 신범식, "러시아: 유라시아주의와 아틀란티스주의 사이에서,"『역사비평』54(2001), pp. 76-95.
4) 오원교, "신 유라시아주의 - 세계화 시대의 러시아적 대안 문화론," 『슬라브학보』20권 1호(2005), pp. 165-93.
5) 우준모, "러시아의 지정학적 목표: 유라시아주의의 확립과 실현," 『국제정치논총』제45집 1호(2005), pp. 255-80.

Ⅱ. 사상적 전통 속에서의 유라시아주의

1. 1830년대의 서구주의와 슬라브주의

러시아의 사회발전에 대한 논의가 본격적으로 나타나기 시작한 것은 1830년대부터이다. 1836년에 발표된 차다예프의 「철학서한」과 1937년의 「어느 미치광이의 변명」은 러시아의 무지함과 후진성에 대한 철저한 자기부정이었으며 또 한편으로는 러시아적 메시아니즘을 통한 극복을 말해주는 것이었다. 그리하여 이를 계기로 하여 러시아의 인텔리겐챠들 사이에서는 '러시아의 운명과 소명'에 대한 논의가 본격적으로 시작되어 슬라브주의와 서구주의의 논쟁으로 나타나게 되었다.[6)]

슬라브주의는 사랑과 협동, 공동체적 삶에 기반을 둔 러시아 정교적인 전통이 러시아의 본질인데 표트르 대제의 무분별한 서구문명의 도입이 이러한 러시아의 순수성을 앗아갔으며 합리적, 개인주의적 사상과 지나친 법률존중주의 및 강제의 원칙이 전제적인 억압을 가져 왔고 러시아를 파멸로 이끌었다고 비판한다. 따라서 이들은 농민공동체(mir 또는 obshchina)의 전통 속에 있는 러시아 정교의 공동체적 정신(소보르노스찌; sovornosti, 개인 사이의 화합과 조화를 뜻한다)을 전체 사회에 확대시킴으로써 이들 통해 러시아와 나아가서는 서구까지도 구원할 수 있다고 보았다.

반면 서구주의는 개인의 자유 실현이라는 문제에서 시작하여 이를 실현하는 과정에서의 러시아의 발전과정을 모색한다. 즉 개인의 자유를 실현하기 위해서는 러시아가 보다 진보된 유럽의 일원이 되어 서구의 계몽주의적인 요소를 도입하고 그들의 발전된 정치체제를 받아들여야 한다고 주장한다. 따라서 이들은 표트르 대제가 서구 문명을 받아들이면서 비로소

6) 슬라브주의와 서구주의에 대한 분석으로는 김우승, "소비에트 지성의 두 뿌리: 서구파-슬라브파의 논쟁과 개혁의 문제," 『현상과 인식』, 14권 4호(1990, 겨울), pp. 27-52와 Andrzej Walicki, *The Slavophile Controversy: History of a Conservative Utopia in 19th Century Russian Thought* (Glasgow. Oxford University Press, 1975), 9장 볼 것.

러시아는 문명화된 세계로 나아가게 되었다고 보면서 표트르의 개혁처럼 러시아도 서구의 의회정치와 자유주의를 받아들일 것을 주장한다.

결국 이들 두 논의는 게르첸이 지적하는 것처럼 "야누스와도 같이, 그리고 로마노프왕조의 쌍두독수리와도 같이 각기 다른 방향을 보고 있지만 (러시아를 사랑하는) 동일한 마음에서 출발한 것이었다. 즉 양쪽 모두 전제적이고 억압적인 현재의 짜르 체제와 농노제가 잘못된 것임을 인식하고 있었고 그것을 해결할 수 있는 새로운 사회체제를 찾고 있었다. 슬라브주의는 그것을 러시아 민족의 문화적 전통 속에서 찾았고 반면 서구주의는 서구의 새로운 이데올로기 속에서 찾으려 했던 것이다. 달리 말하면 슬라브주의가 공동체라는 집단주의의 차원에서 출발하였다면 서구주의는 개인의 자유라는 개인주의의 차원에서 출발했으며 슬라브주의는 어머니로서의 러시아를 사랑했다면 서구주의는 아들로서의 러시아를 사랑했던 것이었다.[7]

표 1 슬라브주의와 서구주의 비교

	슬라브주의	서구주의
문제의 출발점	러시아 발전방향	
발전방향	러시아의 독자적 발전방향	서구의 발전방향
역사적 인식	비판; 나무를 잘못 자른 정원사	긍정; 올바른 러시아의 발전방향
사상적 인식	집단주의	개인주의
핵심요소	소보르노스찌(집단의 조화)	개인의 자유
농민공동체	긍정적	부정적
자본주의	부정적	부분적 긍정
러시아에 대한 사랑	가슴; 어머니와 같은 존재로 사랑	머리; 자식과 같은 존재로 사랑

7) 스미르노바(Zinaida V. Smirnova)는 슬라브주의의 기본요소를 1) 합리주의에 반대하는 종교적 이상주의 2) 사회적 요소로서의 러시아 농민공동체 3) 러시아의 역사적 역할이라는 세 가지로 보면서 이들에 대한 종합적인 분석이 이루어져야 함을 강조하고 있다. Zinaida V. Smirnova, "The Debate about Slavophilism; Some methodological aspects of the study of early slavofilism," *Soviet Studies in Philosophy* (winter, 1988-89), p. 36.

2. 1920년대의 고전적 유라시아주의

19세기 슬라브주의와 서구주의 논쟁이 니꼴라이 Ⅰ세의 전제정치에 대한 하나의 반작용이었다면 1920년대의 고전적 유라시아주의는 볼셰비키 혁명 이후 붕괴된 러시아의 이념, 죽어가는 러시아를 살려야 한다는 절박감에서 비롯된다. 그리고 러시아 문화에 대한 이러한 위기의식과 함께 자신들이야말로 세계를 휩쓰는 사회주의 파도 속에서 진정한 러시아적 문화를 지켜내야 할 사명을 가지고 있다고 인식하게 된다. 바로 이러한 망명지식인들의 정서가 러시아 문화의 새로운 규명과 보존이라는 '유라시아주의'(Evrazistvo) 운동으로 나타나게 된다.[8)]

이들의 논의는 1921년 언어학자인 뜨루베쯔꼬이(Н. Трувецкой)와 경제학자인 사비쯔끼(П. Н. Савицкий), 철학자 플로롭스끼(Г. В. Флоровский), 예술학자 슙친스끼(П. П. Сувчинский) 등 4명이 10개의 논문을 집필한 공동논문집 「동쪽으로의 출발, 그 예감과 실현, 유라시아주의자들의 주장」(Исход к Бостоку, Пкечувствия и свекшения, Утвекждение евразийцев)에서 처음 등장하였다. 그리고 1923년에 들어오면서 역사학자인 베르나드스끼(Г. В. Вернадский)가 동참하여 러시아 역사에서 몽골지배 시기를 동방적 요소로 재인식하면서 유라시아주의의 특징적인 역사관 및 문화관이 정립된다.[9)]

고전적 유라시아주의자들은 러시아를 유럽과 아시아 어느 곳에도 속하지 않으면서 자체적으로 통합된 유라시아라는 지정학적 공간에 위치한 독특한 역사적-문화적 세계로 규정하는 것에서 시작한다. 그리고 이 시각에서 유럽문명에 대한 비판과 러시아 민족 역사를 재해석하고 있다.[10)] 뜨루베쯔꼬이

---

8) 원래 유라시아(Eurasia)라는 용어는 1883년 오스트리아의 지리학자인 에른스트 쥬스(E. Zuiss)가 유럽과 아시아를 포함한 세계에서 가장 큰 대륙을 지칭하면서 사용하였다. 이 용어는 유라시아주의자들에 의해 단순한 지리적인 공간의 의미를 넘어 정치, 경제, 사회, 문화적 의미를 복합적으로 가진 것으로 파악되고 있다.

9) Shlapentokh, Dmitry, V., "Eurasianis: Past and Present," *Communist and Post-Communist Studies*, Vol.30 (1997), pp. 130-31.

10) Mazurek, Slawomir, "Russian Eurasianism - Historiography and Ideology," *Studies in*

와 베르나드스끼가 이러한 사상을 주도하였는데 그들은 러시아 문화를 유럽의 한 부분으로 보는 것이 아니라 서방과 동방의 요소를 가진 전혀 독자적인 것으로 보았다. 사비쯔끼는 유라시아는 자연 지리적 측면에서 사막과 스텝, 툰드라와 타이가 삼림이 자연스럽게 교차되는 곳이며 그 몸통은 바로 러시아가 된다고 보았다. 또한 이곳에 거주하였던 게르만족, 핀족, 터키족, 몽골족, 퉁구스-만주족들은 민족들 간 문화적으로 서로 연결되고 융합적인 모습을 띠고 있다. 따라서 이들은 독특한 형제애로 묶여져 있으며 상호반목과 배타성보다는 상호유인성이 더 강하다고 보았다. 이러한 시각에서 보았을 때 러시아 인민은 유럽인도 아니며 아시아인도 아닌 유라시아인이라는 독특한 범주에 속하는 것이었다.11) 또한 러시아 문화의 근원 역시 유럽적 전통과는 전혀 일치되지 않는, 러시아의 민족 국가적 역사 속에 있으며 유라시아 민족은 거대한 역사적 공동운명체이기 때문에 언어적이나 종교적인 특성에 의한 소속감보다 유라시아적 형제애에 대한 소속감이 더 강하다고 보았다. 따라서 지나치게 유럽을 지향하는 것은 마치 18세기와 19세기에 러시아 정부가 유럽의 영향을 받으면서 反인민적이고 反민족적으로 되었던 것처럼 현재의 러시아에도 또한 치명적이 된다고 보았다.12)

결국 고전적 유라시아주의는 러시아 문화의 고유성과 존재성에 대한 슬라브주의적 전통을 발전적으로 계승하면서 나아가 동양적 요소를 적극적으로 평가하였다. 유라시아주의는 투르크 유목민의 세계와 몽골의 러시아 지배를 러시아 문화를 이루는 한 부분으로 포함시켰으며 이 역사를 러시아와 동방의 프리즘으로 바라보았다. 따라서 유라시아라는 지정학적 특성과 국가적, 초인종적 통일성에 기초한 러시아적인 '제 3의 길'의 추구는 그들이 떠났던 조국 러시아에서 나타나기 시작했던 계급적 이상주의와 인종적 분리주의에 대한 극복을 지향하는 일종의 '보수적 범 민족주의'로 평가될 수 있다.13)

East European Thought, 54(2002), pp. 108-9.

11) 신범식(1998), p. 251.

12) 김우승, "러시아 민족주의와 체제이행의 전망,"『배재대 사회과학연구』9집(1993), p. 122.

Ⅲ. 세계화 과정 속에서의 유라시아주의

1. 신 유라시아주의의 등장과 이론적 기반

러시아에서의 신 유라시아주의의 등장은 1980년대 고르바초프의 대외 개방적인 신사고 정책에 대한 대안적인 사상으로 등장한다. 1990년대 초반 일간지인 『날(День)』이 창간되면서 소비에트 제국과는 구분되는 유럽과 아시아 사이에 위치한 유라시아 제국에 대한 논의가 나타나기 시작했으며 이후 지정학적 측면을 강조하는 저널인 『요소(Елементы)』를 통해 극단적인 유라시아주의가 확산되기 시작하였다.[14] 그리고 자유주의적 경제 원리를 기반으로 한 옐친의 충격요법을 통한 시장경제가 도입되고 부익부 빈익빈 현상이 가속화되자 과연 이러한 신 자유주의적 시장경제 논리가 러시아에 적합한가의 문제를 중심으로 신 유라시아주의는 세계화에 대한 비판과 함께 적극적인 대안으로 떠오르게 된다.[15]

사실 신 유라시아주의의 등장은 소련의 해체라는 정치경제학적 현상과 맞물려 있다. 첫째는 소비에트 제국이 해체되면서 지식인들은 구체제에서 가지고 있던 특권과 사회적 역할의 상실에 대한 보상적 심리가 러시아 자체의 위기에 대한 대응으로 나타나게 되었다는 점이다. 둘째로는 서구와의 경쟁에서 패배했다는 국민적 상실감과 체제이행 과정에서의 경제적 어려움과 계층적 양극화 속에서 나타난 대중적 좌절의 극복이 필요했다는 점이다. 특히 70여 년 동안 러시아 인들을 지탱해 왔던 사회주의 이념이 무너지면서 국민들의 정체성 혼란이 심화되고 친 서구 내지는 친미정책에 따른 2류 국가로의 전락에 따른 국민적 불만은 전환기의 이데올로기적 공백을 메울 새로운 통합 이데올로기를 요구하게 되었다. 그리하여 쌍두독

13) 오원교(2005), p.171.

14) Tsygankov, A. P,(1998), p. 315.

15) 이 시기 러시아 민족주의의 등장에 대해서는 김우승(1993), pp.125-31과 김우승(1994), pp.321-40, 신 유라시아주의의 흐름에 대해서는 오원교(2005), pp. 167-75 참조.

수리 문장이 보여주듯이 소련 해체 후 전 세계의 공산주의화라는 이념적 목표를 상실한 러시아 인들에게 유라시아주의는 러시아가 새로이 세계의 중심이 되어 세계 문명을 이끌고 미국으로부터 유라시아를 지켜야 한다는 메시아적 사명과 역할을 제공해 주는 새로운 이념으로 비추어지게 되었다. 이러한 사회적 분위기는 러시아 민족주의로 하여금 자연스럽게 신자유주의에 기반을 둔 세계화에 대한 비판과 대안을 제시하는 신 유라시아주의로 끌고 가게 되었다.16)

그러나 러시아에서의 세계화에 대한 논의 역시 다른 나라와 마찬가지로 다양한 입장들이 혼재되어 있다. 어떤 논의는 세계화가 새로운 파시즘이며 신 식민주의라고 비판하는 반면 또 다른 사람들은 인간 진화와 '세계촌'으로 가는 변형의 자연스러운 과정이라고 말한다. 예컨대 쉬쉬고프(Шишков, Ю. В)와 같은 학자는 러시아가 세계 자본주의 체제에 편입되는 것은 불가피한 현상이라는 시각을 보인다. 즉 세계화는 산업화와 정보화의 산물이며 각 국가의 민족경제를 전 세계적으로 통합해 가는 메커니즘으로 본다. 물론 선진국 경제에 새로이 편제되는 주변국들이 강요당하는 저임금이나 파행적 도시화 과정은 존재하지만 궁극적으로는 주변국의 기술수준과 생활수준 및 문화수준의 향상을 가져온다는 점에서 많은 부분 긍정적이라는 것이다.17)

그러나 신 유라시아주의자들이 보았을 때 세계화는 서구 중심적 모델에 불과하며 다국적 기업의 통제와 무국적, 무자국어, 무종교, 무문화로 대표되는 서구 엘리트의 지배로 간주된다. 또한 세계화가 진행되면서 신자유주의는 그 자체가 전통종교를 대신한 새로운 이단종교로 등장했다고 혹평하고 있다. 세계화에 대한 러시아 지식인들의 비판은 다음과 같은 측면에서 이루어지고 있다.18)

---

16) Tsygankov, A. P.(2003), pp.104-105; 신범식(2001), pp. 81-83.

17) Шишков, Ю. В, "Глобализация экономики-продукт индусткиализации и информатизатии социума," *Общественные науки и современность*, No.2(2002), c. 146-50.

18) Goulnara Baltanova, "Islam and Globalization: Russian Muslims' Place in the Context," *Journal of Muslim Minority Affairs*, Vol.22 No.2(2002), pp. 427-28.

1) 세계의 사회-경제적 발전에 대한 서구 중심적 모델
2) 다국적 기업과 민족국가의 정치적 지배에 대한 거부
3) 전 세계 천연자원에 대한 다국적 통제
4) 혜택 받고 특권을 가진 인종과 기타 인종으로의 인종 분리
5) 무국적, 무자국어, 무종교, 무문화로 대표되는 국제화되고 서구화된 엘리트의 지배
6) 전통종교를 대신하는 새로운 이단(neo-paganism)으로서의 '자유 시장' 이데올로기
7) 대중 빈곤의 무시

서구를 비판하는 대표적 유라시아주의자는 빠나린(Панарин А. С.)이다. 그는 고전적 유라시아주의를 원용하여 문명 및 문화적 측면에서 서구를 비판하면서 러시아가 취할 수 있는 제 3의 길을 제시한다. 빠나린은 유럽이 말하는 보편성(universality)은 특정의 문화적 패권으로부터 유래되었다고 본다. 그리고 이를 통해 유럽은 다른 문명을 식민화시켰다. 이것은 곧 유럽 중심주의이며 여기서 나온 유럽의 합리성으로 위장한 기술중심주의적 행동은 모든 인간성을 말살시켰다. 이 점에서 서구문명은 진정한 도덕과는 배치되는 것이다. 따라서 러시아는 서구와는 거리를 두어야 하며 유럽 제국주의와 대응하는 러시아 중심적인 태도를 가져야 한다. 이 점에서 그는 고전적 유라시아주의에서 중심개념이었던 '문명'을 다시 끌어들인다. 빠나린은 역사의 '다변수성'(plurivariability)을 주장하면서 문명의 충돌에서 헌팅턴이 말하는 것처럼 세계를 다중심적으로 이해해야 한다고 본다. 그는 보편주의와 민족적 특수주의 사이에서 제 3의 길을 제시한다. 그것은 문화영역 또는 문명으로 러시아를 이러한 다중심주의(polycentrism)의 전형적인 보기로 간주한다. 서구식 모형의 확산으로 나타나는 왜곡된 남북의 딜레마 및 세계화/인종성을 거부하고 유라시아주의적 전통에서 나오는 진정한 양극화 즉 서양과 동양을 축으로 하는 양극화를 재확립하는 것이다. 문명은 동서의 양극 시스템 속에서 그 위치를 설명해야만 이해가

가능하다고 본다.[19)]

그러나 세계화는 세계의 다극화-다중심적인 문화를 미국식의 단일모형으로 강제로 통합시키고 있는 것으로 보면서 빠나린은 미국이 주도하는 세계화에 대해 적대감마저 나타낸다. 그에 의하면 세계화의 현대적 자유주의자들은 근대 민족경제가 했던 것처럼 자유 시장에서의 소비자 대중의 경제적 주권과 민주정치에서의 유권자의 정치적 주권을 보호하는 것이 아니라 오히려 국제적인 금융투기꾼들을 옹호하며 국제적 약탈자들을 보호한다고 본다. 특히 국제적인 금융자본의 약탈로부터 지역경제를 보호하는 주체인 민족국가를 제거함으로써 전 세계를 독점하는 '글로벌 전체주의'로 흘러가고 있다고 비판한다.[20)]

특히 미국에 대해서는 다분히 러시아 민족주의의 시각에서 비난을 가한다. 미국문화의 속성은 태생적으로 각자가 속해 있던 과거의 민족문화로부터 탈피하는 것이라는 가정에서 출발한다. 바로 이 때문에 미국은 미국중심의 세계화 내지는 미국유사 문화화를 통해 전통주의의 흔적을 제거하고 있는데 이러한 '미국주의'의 '새로운 인간'의 창출은 마치 볼셰비키 혁명 후의 '새로운 사회주의 인간형' 창출과 유사하다는 것이다. 따라서 문화와 도덕적 규범을 상실한 미국중심의 세계화, 즉 '글로벌 전체주의'에서 벗어나 글로벌 민주주의로 이행하기 위해서는 동방과 러시아의 위대한 문명이 나타나야 한다고 주장한다.[21)]

이 점에서 빠나린이 주장하는 '제 3의 길'은 '제국으로서의 러시아'이다. 그는 고전적 유라시아주의의 역사관을 원용하면서 초기 유라시아주의에서는 거의 언급되지 않았던 네 가지 요소를 부활시킨다. 즉 불교(유라시아 종교로서의 이슬람과 같은 종교), 중앙아시아(러시아와 티무르의 연합과 같은 상징), 코사크 족(러시아 인의 스텝적 정체성), 시베리아(러시아로 하여금 유라시아적 조건을 얻게 만들고 제국의 정복을 자연스럽게 만들어

19) Laruelle, Marlene(2004), pp. 120-21.

20) Панарин А. С., *Искушение глобализмом*(Москва: Эксмо пресс, 2002), с. 6-11.

21) Панарин А. С.(2002), с. 100-107.

주는 요소) 등이 그것인데 유라시아 대륙의 몸통인 러시아는 바로 이들을 역사적으로 포용하고 있었다고 본다. 고전적 유라시아주의에서처럼 빠나린은 키예프 루씨를 유라시아 국가라기보다는 유럽 국가였다는 점에서 거부하고 대신 몽골 치하에 있던 시기에 초점을 맞춘다. 타타르의 멍에는 러시아로 하여금 제국이 되게 하였으며 스텝지대를 지배하게 만들었다. 그리하여 진정한 러시아는 모스크바 공국시대에 정교와 몽골국가의 원칙이 합쳐지면서 출생하였으며 러시아와 타타르의 혼합에서 만들어졌다. 현재의 러시아는 몽골의 국가주의에서 출생한 것이며 그것의 유일한 후계자이다. 그리고 러시아의 동쪽으로의 팽창은 '모스크바-제3 로마론'이라는 이념을 기반으로 정당화시킨다. 즉 이미 죽음의 길로 들어선 서구를 대신하여 새로운 세계의 중심으로서의 사명을 가지게 된 러시아가 당연히 취할 수 있는 형태라는 것이다.[22)]

빠나린은 정치적 차원에서 공화국이 아닌 제국(imperial)이 '문명적으로 다원화된 민주주의'를 가져온다고 본다. 그가 주장하는 제국은 이중으로 정당화된다. 첫째, 인간관계를 규제하는 상위수준으로 글로벌한 세계에서 문명화된 의식을 가져다주며 인종 중심적 지역주의의 발달을 막아 준다. 둘째, 제국은 구조적으로 유라시아의 종교적, 민족적 다양성과 일치한다. 즉 인종적으로 다양한 집합체의 공동생활을 가능케 하는 정치형태이며 제국은 유라시아만의 특별하고 자연스러운 시스템이다. 결국 서구문명에 대한 대안으로서의 '제 3의 길'은 '제국으로서의 러시아'만이 가능한 것이다.[23)]

바로 여기에서 신 유라시아주의자들의 문제의식, 즉 아틀란티스주의와 유라시아주의의 대결이 시작된다. 러시아의 지식인들은 세계화의 문제를 아틀란티스주의 대 유라시아주의의 문제로 인식하며 현대판 서구주의 대 슬라브주의로 보기도 한다.

즉 아틀란티스주의에서는 러시아를 유럽의 한 부분이며 서구 국가 가운

22) Laruelle, Marlene(2004), pp. 123-24.
23) Laruelle, Marlene(2004), pp. 122-23.

데 하나로 보면서 시장화와 민주화, 글로벌한 자유주의적 경제정책, 서구적 문화가치의 채택 등을 주장한다. 그리고 옐친 시기의 러시아 발전전략이 바로 아틀란티스주의의 소산이었다고 본다. 반면 유라시아주의는 유럽과 아시아를 잇는 러시아의 지정학적 위치를 강조하면서 러시아는 유럽과는 다른 문명을 가지고 있다는 점을 강조하면서 러시아가 유라시아 공간에서 중심적인 역할을 담당해야 함을 주장한다. 그리고 유라시아주의는 러시아 문명의 독특함에 뿌리를 두고 있고 아틀란티스주의는 인간의 권리와 자유에 바탕을 둔 보편주의적 기반에서 나온다고 본다. 또한 유라시아주의가 권위주의적이고 온정주의적(paternalistic) 정치체제를 주장하는 반면 아틀란티스주의는 시민사회를 기반으로 하고 있다. 일반적으로 유라시아주의자들은 소련 붕괴 이후 시장경제로의 과정이 아틀란티즘에 뿌리를 둔 세계화의 과정이었고 이로 인해 러시아는 자신의 본질과 소명을 상실하게 되었다고 본다. 따라서 유라시아주의는 고르바초프의 신 사고에 대한 거부에서 시작하여 유라시아 제국의 건설과 이를 통한 서구와는 다른 러시아적 가치와 신념의 보존을 주장하게 된다.[24]

2. 사회발전 전략으로서의 신 유라시아주의 – 쁘로하노프와 두긴

신 유라시아주의는 실천정책에 있어서는 주장하는 집단에 따라 그 내용이 극단적으로 다양하게 나타나고 있다. 유라시아주의를 집중적으로 연구해 온 찌간꼬프는 1998년의 연구에서는 구체적인 국제정치적 전략에서의 급진성의 정도에 따라 유라시아주의를 근대화주의자와 팽창주의자(modernizer-expansionist)로 분류하였다가[25] 2002년 이후 유라시아주의의 지정학적 이미지가 협소한 정치영역에서 벗어나 경제적 및 문화적 교차지점으로서의 러시아의 경제발전 내지는 유라시아 지역의 통합을 강조하는 안정론자와 지리경제학자 계열이 대세를 이루면서 팽창주의자를 제외한

24) Rubinstein, Alvin Z. "Russia A Drift," *Harvard International Review*, Vol.22 Issue 1(Winter/Spring 2000), pp. 14-19.

25) Tsygankov, Andrei P.(1998).

나머지 집단을 문명화론자-안정화론자-지리경제학자로 구분하고 있다.[26] 여기서는 쁘로하노프(Александр Проханов)의 근대화주의와 두긴(Александр Дугин)의 팽창주의적 접근을 중심으로 신 유라시아주의가 주장하는 사회발전의 실천전략을 다루고 찌간꼬프가 했던 보다 세부적인 2003년의 분석은 <표 3>으로 소개만 한다.

❙ 표 2 ❙ 유라시아주의에서의 근대화주의와 팽창주의의 비교

		근대화주의적 유라시아주의	팽창주의적 유라시아주의
지적 기원		지정학이론 서구 현실주의 근대화이론	지정학이론
기본가정	군사력	방어수단으로서의 군사력	팽창과 지정학적 동맹을 얻기 위한 수단으로서의 군사력
	제국의 단위	자기 충족적 제국	지속적인 제국 팽창
	행위동기	합리적 이해 및 문화적 가치	지정학적 가치
탈 냉전시대의 세계관		- 국제적 군사갈등의 회피 - 경제적 및 기술적 발전 - 온건한 팽창	지정학적 진공을 채우기 위한 즉각적이고 광범위한 팽창

출처: Tsygankov, Andrei P,(1998), p.334.

쁘로하노프와 일간 '날(День)'의 편집장인 샤밀 술따노프(Шамиль Султанов)는 영토와 국경문제에 있어 팽창주의자보다 온건한 노선을 취하고 있다. 즉 소연방의 붕괴에 대한 향수를 가지고 있지만 소 연방 체제로 되돌아가는 것은 불가능하다는 점을 인식하고 있다. 따라서 소연방의 영토 안에서 다른 형태로의 제국을 부흥하기 위해 경제발전과 군사적 기술을 가속화하는 '유라시아 제국' 건설을 지향하고 있으며 나아가 지정학적 이점을 이용한 슬라브-중앙아시아-중국 연합공동체를 만들 것을 꿈꾸고 있다. 이 점에서 이들이 추구하는 제국은 소연방처럼 자기 충족적이며, 자기 발전적이고 지정학적으로 안정된 영토를 가진 형태이다. 그리고 그것

26) Tsygankov, Andrei P.(2003).

은 유라시아 제국의 이름 아래 러시아 변방에 있는 동일한 역사적 전통과 그들 사이의 문화적 및 언어적 유사성을 가진 국가들로 이루어진다. 또한 군사력은 단순한 방어수단 즉 기술발전과 경제적 근대화를 통해 외부로부터 제국을 보호하기 위한 주된 수단에 군사력을 한정시킨다.[27)]

탈 냉전시기 러시아의 대외전략에 있어서 일반적으로 유라시아주의자들은 러시아를 마지막 희망이며 미래 유라시아 제국의 마지막 지주라고 생각하고 있다. 바로 러시아만이 미국의 헤게모니를 상징하는' 새로운 세계질서'에 대한 유일한 대안이 된다고 생각한다. 그러나 과정적인 측면에서 근대화주의자들은 극단적인 대결보다는 유라시아의 유지에 초점을 두고 있다. 즉 근대화주의자는 미국이 초강대국으로서의 파트너인 소련의 붕괴를 위해 전력을 다해 왔다는 점은 인정한다. 그러나 가까운 미래에 미국 역시 쇠퇴하게 될 것이며 미국은 헌팅턴이 '문명충돌'에서 예견하듯이 중국, 일본, 독일, 인도, 이란, 그리고 터키의 전통적 제국주의와 부딪히게 된다고 본다. 이러한 세계의 재분할은 단계별로 서서히 진행되겠지만 이미 시작되었다고 본다. 먼저 (1) 이전 소연방 또는 중앙아시아, 중동지역에 대한 통제를 둘러 싼 갈등이 촉진되고 (2) 신성로마제국의 재생산을 의미하는 독일권의 영향력의 형성되며 (3) 국제정치에서 통제할 수 없는 테러리즘이 등장하고 (4) 전통적인 군사적 수단으로 해결할 수 없는 새로운 지역갈등이 등장할 것이라 예견한다. 그리고 미국은 무슬림이나 중국과의 군사적 대결에 러시아를 끌어들이려 하겠지만 러시아는 오로지 유라시아 제국의 유지를 위해 경제적 및 기술적 도약에 집중해야 한다고 주장한다.[28)]

이러한 주장과는 달리 두긴은 러시아 발전방향에 있어 보다 강경한 입장을 보이고 있다. 두긴은 『요소(Елементы)』의 편집장이었으며(1992-1998) 일간 『날(День)』과 『내일(Завтра)』에 대한 주요 기고자였는데 과학 아카데미와 같은 공식적인 학계와는 별도로 활동하면서 정치계에 영향을 주고

---

27) Tsygankov, A. P.(1998), pp. 315-35.
28) Tsygankov, A. P,(1998), pp. 333-35.

있다. 특히 쥬가노프와 지리노프스키, 루츠코이 등에게 영향을 주었다. 1991-1993년에는 고전적 애국주의 잡지인 『날』과 『내일』에 기고하면서 공산당과 가까웠으나 1998년부터는 야당과 거리를 두고 정치권력의 중심권과 밀접한 관계를 가지면서 프리마코프를 지지하였다. 그럼에도 불구하고 제도권 정치에서 그의 위치는 모호한 채로 남아 있었다. 푸틴의 대통령 선출은 두긴의 정치적 입지를 바꾸어 놓았다. 그는 의견불일치를 이유로 리모노프의 민족-볼셰비키 당을 떠나 옐친의 서구주의에 반대하는 입장을 취하면서 2001년 4월 '예브라지야(Евразия)'라 부르는 운동단체를 만들었다. 그러나 그의 목표는 권력을 잡으려는 것이 아니라 영향을 주려는 것이었으며 '예브라지야'는 푸틴의 편에 서서 정부와 연합으로 선거계획을 세웠다. '예브라지야'의 주요 포인트 가운데 하나는 연방의 내적 긴장을 해결하는 '강력한 힘을 가진 러시아'이었으며 후에 그것은 지정학에 기반을 둔 과학적 애국주의로 표현되었다. 그는 현재 유라시아 제국과 아틀란티스 세계 사이의 대결을 담은 공식 웹 사이트(www.strana.ru)를 운영하고 있다.29)

두긴을 비롯한 팽창주의적 유라시아주의자들은 연령적으로 젊은 탓이기도 하지만 소연방에 대한 어떠한 존경심도 가지고 있지 않다. 이들이 생각하는 영토는 러시아나 소연방 시기의 영토를 넘어서 미국의 압력에 대항할 수 있는 정도의 강력하고 거대한 '유라시아 제국'을 형성하는 것이다. 특히 그는 발틱 지역과 동유럽 지역을 포함하는 소연방의 부활을 꿈꾼다.

즉 유라시아 제국의 지속적인 확장만이 치열한 세계에서 살아남기 위한 유일한 수단이라고 인식하고 있다. 이들이 보는 유라시아 세력은 러시아와 독일이며 반면 아틀란티스 세력은 미국과 영국으로 대변되는데 이들은 경제적 이해관계에서나 세계관에서 서로 반대되는 입장에 있다. 따라서 고전적 유라시아주의들이 주장했던 것처럼 아틀란티스주의에 대항하여 러시아-독일-일본의 동맹을 주장한다. 온건한 근대화주의자들과는 달리

29) Laruelle, Marlene(2004), pp. 126-27.

이들이 생각하는 군사력은 팽창의 수단이다. 또한 미국, 즉 범 아메리카주의(Pan Americanism)적 신 세계질서에 대항하기 위해 유라시아는 로마제국과 러시아제국을 합쳐야 하며 그것은 지정학적으로 유라시아 동맹은 해양세력에 대항하는 대륙세력의 동맹이라고 주장한다.[30)]

❙ 표 3 ❙ 지정학적 관점을 가진 러시아 학파들: 세계관과 전략

<table>
<tr><th></th><th>팽창주의자</th><th>문명화론자</th><th>안정화론자</th><th>지리경제학자</th><th>서구주의자</th></tr>
<tr><td>유라시아의 이미지</td><td>대륙적 제국주의</td><td>문명</td><td colspan="2">경제적 및 문화적 교차지점</td><td>공간적 실체 없음</td></tr>
<tr><td>러시아 안보목표</td><td>패권, 군사력</td><td>생존</td><td>안정</td><td>발전</td><td>민주주의 서구와 조화편입</td></tr>
<tr><td>러시아 영토</td><td>소비에트 연방 이상으로 확장</td><td>소비에트 연방의 영토</td><td colspan="3">소비에트 이후의 현재 영토 보존</td></tr>
<tr><td>러시아의 안보 전략</td><td>무제한적인 정치-군사적 팽창과 동맹</td><td>적절한 군사적 팽창과 지경학적 독재</td><td>정치-군사적 균형과 국가주도의 지경학적 계획</td><td>국가와 민간 주도하의 지역 간 경제발전</td><td>서구 지배에 적응</td></tr>
<tr><td>주요 파트너</td><td>독일,일본, 이란</td><td>중국, 인도, 여타 유라시아 국가들</td><td colspan="2">주된 파트너 국가 없음 (다양한 국가지향 외교정책)</td><td>서구 국가들</td></tr>
<tr><td>외부 환경</td><td>지정학적 제국</td><td>지역 문명권</td><td colspan="2">상호의존적이고 다원적인 환경 하에서의 강대국 간 경쟁</td><td>서구화된 상호의존</td></tr>
<tr><td>외부 위협</td><td>아틀란티스주의 자유무역주의</td><td colspan="3">서쪽과 동쪽으로부터의 지정학적 및 지경학적 압력</td><td>서구에 적대적인 국가</td></tr>
<tr><td>정치적 지향점</td><td>혁명적 보수주의</td><td>구 보수주의</td><td colspan="2">보수주의-자유주의 혼합</td><td>신자유주의</td></tr>
<tr><td>사회경제적 지지기반</td><td>강경 군부세력</td><td>군산복합체</td><td colspan="2">국가관료 국가 및 지역지향의 민영기업</td><td>서구지향적 민영기업</td></tr>
<tr><td>대표적인 학자</td><td>두긴</td><td>나르토프 쥬가노프</td><td>가지에프</td><td>꼴로쏘프 미로넨코</td><td>트레닌</td></tr>
</table>

출처: Tsygankov, Andrei P.(2003), p.111-12의 <표 1>과 <표 2>를 재구성.

30) Tsygankov, A. P,(1998), pp. 315-35.

두긴은 러시아 민족주의야말로 유라시아주의를 실현시키기에 가장 적합하다고 본다. 왜냐하면 그것은 다른 민족주의와는 달리 인종에 기초하고 있지 않기 때문이다. 그것은 영토 및 제국주의적 성향, 그리고 공동체주의와 관계된 종교적 요소를 가지고 있다. 바로 이러한 유라시아주의적 가치기반이야 말로 러시아를 중심으로 대륙세력을 결집시킬 수 있기 때문이다.[31)]

두긴은 미소 양극화 체제를 대륙과 바다 사이의 대립으로 발전시켰다. 그는 탈 냉전시대의 새로운 국제구도를 유라시아 세력과 아틀란티스 세력의 대결로 전망한다. 즉 근대화주의자와는 달리 팽창주의자들은 러시아의 즉각적이고 광범위한 팽창, 특히 중국과 무슬림 세계로의 팽창과 동맹을 주장한다. 즉 미래 세계를 유라시아주의 대 아틀란티스주의라는 두 개의 지정학적 라이벌로 양극화되고 이들이 갈등을 벌이는 것으로 본다. 두긴이 가정하는 유라시아 동맹은 러시아를 중심으로 한 독일-일본-아랍과의 4각 동맹에서 시작한다.[32)] 그리고 지정학적 전략 단위로서의 '범 유라시아' 국가들 즉 프랑스, 독일, 중국, 인도, 회교 국가들이 러시아를 중심으로 하는 '범 유라시아' 제국 안에 들어오게 되면 궁극적으로 미국과 영국을 동맹으로 하는 '범 아틀란티스' 제국과 대결하게 된다는 구도를 주장한다.[33)] 우리는 여기에서 미국의 대 이라크 전쟁에 대해 보여주었던 유럽과 러시아, 중국 및 일본의 반응을 떠올리게 된다. 즉 미국의 대 이라크 전쟁에 대해 영국은 전폭적인 지지를 보냈던 반면 독일과 프랑스, 러시아, 중국은 탐탁지 않은 반응을 보였다. 물론 국제정치적인 맥락에서 구체적인 요인을 더 따져 보아야 하지만 적어도 유라시아주의자들이 주장하는 것처럼 미국의 팽창에 대한 견제심리가 작용한 것은 분명하다.

31) Tsygankov, A. P.(2003), p. 123.
32) Laruelle, Marlene(2004), p. 130.
33) Tsygankov, A. P.(2003), p. 125.

Ⅳ. 러시아인의 의식 속에서의 유라시아주의

표트르 대제의 서구화 정책 이후 러시아 인에게 있어 서구는 항상 '의미 있는 타자'였다. 러시아는 서구의 발전모델을 따라갈 것인가 아니면 러시아의 고유한 발전방향을 추구할 것인가의 문제는 러시아 인에게 있어 러시아가 유럽의 한 부분인가 아닌가 하는 정체성의 문제와 이어져 있다. 그리고 그것은 유라시아라는 지정학적 위치와 역사 속에서 러시아 인들이 영원히 풀 수 없는 민족의식의 문제이며 자기정체성의 문제이기도 하다.

어번(Michael Urban)은 러시아의 새로운 정체의식 형성과 관련하여 러시아의 정치 및 사회적 정체의식의 문제는 개혁세력과 민족주의 집단 사이의 갈등해결에 달려있다고 보면서 해결방안으로 전 민족적 바탕에서 합의를 이끌어낼 수 있는 새로운 민족이데올로기(national ideology)의 형성을 논의하고 있다. 그리고 다음과 같이 까라 무르자(С. Кара-Мурза)의 말을 인용한다. "우리는 문화적 측면에서 우리를 유럽이 한 부분이라고 생각한다. 그러나 유럽은 러시아를 유럽의 한 부분이라고 생각하지 않는다. 바로 이것이 문제이다. 그들은 우리를 두려워하고 있다. 우리는 유럽의 손님으로 취급되고 있다." 그리고 어번은 다음과 같이 결론을 내리고 있다. "민족 이데올로기의 형성여부는 전적으로 서방으로부터의 위협과 서방의 거부에 달려있다."[34] 이렇게 본다면 지금의 러시아의 정체성 문제는 사회 전체가 신유라시아주의의 주장을 어떻게 인식하느냐의 문제와 직결되어 있다.

질리겐스키(Дилигенский, Г. Г)는 1990년대에 이루어진 여론조사결과를 인용하여 서구에 대한 러시아 인들의 의식을 분석하였다. <표 4>에서 보듯이 러시아의 발전모형에 대한 조사에서는 시장경제가 시작된 1992년부터 모라토리움 직전인 1997년까지는 서구적 시장경제 또는 글로벌 경제에의 참여를 선호하고 있었다(1994년, 71%). 그러나 모라토리움 직후인

34) Urban, Michael, "Remythologising the Russian State," *Europe-Asia Studies*, Vol.50 No.6(1998), pp. 985-86.

1999년도 조사에서는 최근 10년간 러시아는 서구압력에 의해 민족적 정체감을 상실했다는 응답(62%)과 자신의 발전의 길을 모색해야 한다는 민족주의적인 응답(69%)이 월등하게 높게 나타났다. 특히 30대 이하 가운데 30%만이 세계화를 지지한 반면 64%는 고립적 정서를 지지하고 있다는 점에서 1998년 모라토리움을 계기로 러시아 인들은 세계화에 대한 희망 즉 서구식 시장경제에 대한 기대를 상실하고 있는 것으로 나타났다.[35)]

❙ 표 4 ❙ 러시아의 발전모형에 대한 의식조사

조사연도	응 답 항 목	응답자비율(%)
1992	서구적 모형	34% 미 국형태-11% 스웨덴형태-23%
	소비에트 형태의 사회주의적 모형	14
	특별한 형태의 러시아적 모형	23
1994	러시아는 가능한 빨리 글로벌 경제, 정치, 문화에 동참해야 한다.	71
1997	서구식의 시장경제와 민주주의 정부 선호	47.1
	특별한 정부형태와 발전모형 필요	17.7
	소 연방과 같은 사회주의 정부 선호	20.6
1999. 7	러시아는 자신의 발전의 길을 가야 한다	69
	세계화의 흐름에 따라 발전의 길을 가야 한다	23
	최근 10년간 러시아는 서구의 압력에 의해 민족적 정체감 상실	62
	러시아는 고립에서 벗어나 세계 공동체로 되돌아가야 한다	21
2001. 12 (전러여론 소사센터)	러시아는 특정 유라시아 또는 정교문명권에 속해 있으며 서구의 발전경로를 따라갈 수 없다	71
	러시아는 서구문명의 한 부분이다	13

출처: Дилигенский, Г. Г,(2000), pp.5-19의 내용을 표로 재구성.
2001년의 조사는 Tsygankov, A.P. & Tsygankov, P.A.(2004), p.4를 재인용.

---

35) Дилигенский, Г.Г., "Запад' в российском общественном сознании," *Общественные науки и современность*, No.5(2000), с. 5-19.

서구에 대한 인식(<표 5>)에 있어서 질리겐스키가 발표한 자료는 의미 있는 결과를 보여주고 있다. 그는 서구 경험과 가치에 대해서는 냉전 시대에 비해서는 긍정적이며 특히 1998년 이전까지는 친 서구적 정서가 젊은 세대와 개인 기업가, 지식인들 사이에서 광범위하게 형성되었지만 1998년의 모라토리움 이후 점차 부정적으로 바뀌었다는 점을 지적하고 있다.

| 표 5 | 서구에 대한 의식조사

조사연도	응 답 항 목	응답자비율
1994	러시아는 항상 다른 국가로부터 적대감을 느꼈는가?	그렇다 - 42% 아니다 - 38%
1996	러시아는 서구 국가의 이익 때문에 나쁘게 되었는가?	그렇다 - 25%
1997	서구국가는 자신들의 이익 때문에 러시아를 희생시켰다	그렇다 - 51%
	NATO가 이전처럼 러시아에 적대적이다	그렇다 - 44% 아니다 - 25%
	러시아에 대한 군사적 공격 위협이 존재하는가?	그렇다 - 37% 아니다 - 47%
1998	러시아에 대한 국제적 음모가 존재하는가?	확신한다 - 15% 부분적확신 - 19% 믿지않는다 - 43.3%
1999	러시아가 자신의 결정과 행동에서 서구 국가에 지나치게 의존한다	그렇다 - 75%

출처: Дилигенский, Г. Г,(2000), cc.5-19의 내용을 표로 재구성.

1999년에 러시아의 서구 의존도를 묻는 질문에서 75%가 의존도가 높다고 응답하였으며 외국자본 유입에 대해서는 54%가 부정적이고 25%만이 긍정적이라고 응답함으로써 전체적으로 서구에 대한 부정적인 의식이 높아졌다는 것이다. 또한 2001년 12월에 행한 전 러시아 여론조사센터의 조사에서도 러시아는 유라시아 문명권에 속해 있다는 응답이 71%로 나타남을 볼 때 시장경제 도입 후 세계화의 흐름을 따라가고 있다 하더라도 러시아 인들의 의식에서는 여전히 유라시아적 측면이 두드러지게 나타나고 있음을 볼 수 있다.

이러한 서구로부터의 위협과 서구 의존도에 대한 러시아 인들의 의식을 보면 서구로부터의 위협은 최근까지도 변함없이 인식하고 있는 반면 러시아의 독자성은 점차 늘어나고 있는 것으로 인식하고 있다. 강윤희는 유라시아주의가 포스트 소비에트 러시아에서 특정 지식인들 사이에서 러시아의 대안적 정체성의 대안으로 주목을 받고 있음을 지적하면서 러시아 민족주의를 강화시키는 한 용인으로 되고 있음을 시민의식에 대한 러시아 여론조사 결과를 통해 밝히고 있다.[36]

러시아의 <여론재단>(The Public Opinion Foundation)이 2006년도에 한 여론조사에 따르면 나토가 러시아의 안보에 위협적이라고 생각하는 비율이 2002년부터 2006년까지 거의 변함없이 50% 내외로 나타나고 있는 반면 위협이 되지 않는다는 응답은 30% 내외로 나타나고 있다.(<표 6> 나토에 의한 위협의식 변화 참조) 또한 러시아가 서구에 의존하지 않고 독자적으로 결정을 하고 있는지 아니면 서구의 의견을 고려하여 결정을 하고 있는지에 대한 조사에서도 2006년의 경우 39%가 러시아가 독자적 결정을 하고 있는 것으로, 47%는 서구를 고려하는 것으로 나타났다.(<표 7> 러시아의 서구의존에 대한 의식 변화 참조) 그러나 2002년도부터의 변화과정을 보면 독자적 결정은 19%에서 39%로 늘어난 반면 서구의존은 71%에서

| 표 6 | 나토에 의한 위협의식 변화

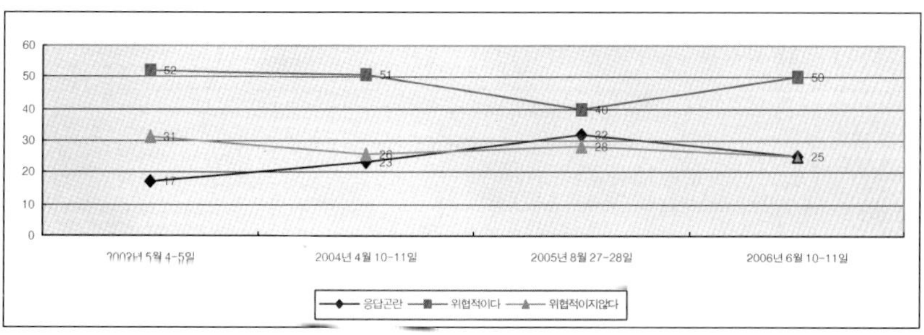

출처: The Public Opinion Foundation, 2006년 6월 10-11일(러시아 63개 지역 200개 거주시, 3,000명 대상, 오차범위, 2.5% 미만) http://bd.english.fom.ru/report/map/ed062311(검색일, 2008년 11월 24일)

---

36) 강윤희, "러시아 국가정체성의 재구성과 시민의식," 미발표논문(2008).

47%로 줄어들었다. 물론 이러한 현상의 원인에는 푸틴 통치 이후 경제성장과 대외적인 독자정책이 영향을 준 탓도 있겠지만 적어도 러시아 인들의 탈 서구적 의식이 증가하는 추세인 것은 분명하다고 할 수 있다. 또한 <표 8> 러시아의 세계적 영향력 변화에 있어서도 2001년도 이후부터 반수 이상이 증대되었다고 보는 반면 25% 내외는 변함없는 것으로 보며 단지 10% 내외만이 축소되었다고 보고 있다.

❙ 표 7 ❙ 러시아의 서구의존에 대한 의식 변화

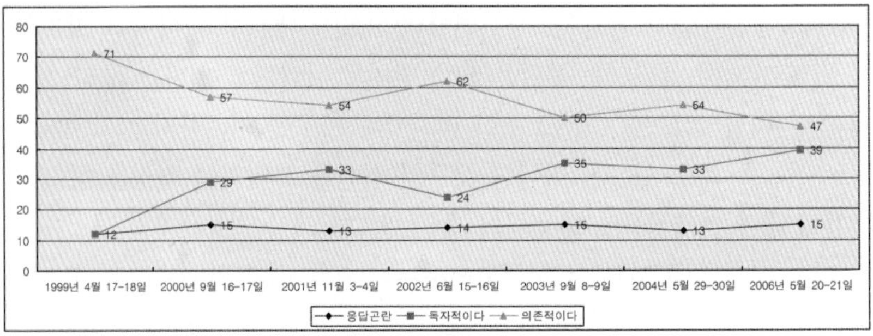

출처: The Public Opinion Foundation, 2006년 5월 20-21일(러시아 44개 지역 100개 거주지, 1,500명 대상, 오차범위, 3.6% 미만)
http://bd.english.fom.ru/report/map/projects/dominant/edominant2006/edom0620/domt0620_6/ed062018(검색일, 2008년 7월 24일) 강윤희(2008)에서 재인용.

❙ 표 8 ❙ 러시아의 세계적 영향력 변화

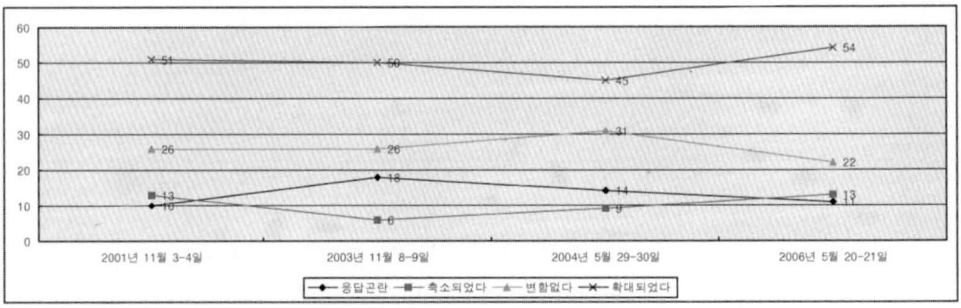

출처: The Public Opinion Foundation, 2006년 5월 20-21일(러시아 44개 지역 100개 거주지, 1,500명 대상, 오차범위, 3.6% 미만)
http://bd.english.fom.ru/report/map/projects/dominant/edominant2006/edom0620/domt0620_6/ed062018(검색일, 2008년 7월 24일) 강윤희(2008)에서 재인용.

V. 맺음말: 푸틴과 신 유라시아주의

2000년, 브루네이에서 열린 APEC 정상회담에서 푸틴은 러시아는 항상 자신이 유라시아 국가라는 것을 느꼈다라고 말하면서 중국 및 기타 아시아 국가와의 강력한 경제적 연결을 만들 것을 시도하였다. "경제성장이요? 거기에는 많은 흥미로운 과정, 즉 태평양 지역 국가들이 가치있는 지정학적 주제를 만들고 모든 수준에서 그들의 문명적 정체성을 지키기 위해 이 공간을 재구성하려는 지정학적 결정을 향한 열망이 있습니다. 그리고 우리 러시아는 이러한 것에 공감하며 참여할 준비가 되어 있습니다." 여기서 말하는 푸틴의 유라시아적 정책은 주로 경제적인 성격, 즉 경제성장과 관련된 것이다. 푸틴은 러시아를 아시아와 유럽 사이의 에너지와 수송 연결통로로 만드는 것에 관심을 가지고 있다. 그가 APEC 정상회담에서 러시아를 유라시아 국가라고 한 것은 이러한 경제적 맥락이다.[37)]

그러나 푸틴은 한편으로는 서구주의자이지만 다른 한편으로는 러시아의 전통적 가치관도 함께 가지고 있다. 그는 새로운 시대로의 전환점에 선 러시아에 대해 강한 국가와 사회적 결속이 가장 중요한 요소라고 강조하면서 유라시아적 정체성의 인식 속에서 아시아 국가와의 관계를 강조하고 있다. 그리고 원유와 천연가스의 파이프라인 및 시베리아 횡단철도를 기반으로 아시아에서 유럽까지 범세계적 또는 다지역적인 경제정책을 펴고 있다. 푸틴의 이러한 좌우대칭적인 대외정책과 유라시아적인 사고에 기초한 러시아의 정체성에 대한 정책은 러시아가 처한 새로운 세계화에 대한 응전이며 경제적 및 안보적 이해관계와 맞물려 있는 것이라 할 수 있다.[38)]

결국 푸틴은 유로 아틀란티스주의와 유라시아주의 논쟁을 두 개의 영역-즉 경제적 영역과 정치철학적 영역으로 분리시켰다. 푸틴은 러시아의 비

---

37) Schmidt, Matthew, "Is Putin Pursuing a Policy of Eurasianism?" *Demokratizatiya*, Vol.13 No.1(winter 2005), p. 93.

38) Tsygankov, A. P.(2005), p. 65.

즈니스 엘리트에게는 유로-아틀란티스적 서구 경제권으로의 통합을 요청한 반면 여전히 그의 정치질서에 대한 정책은 유라시아주의자들의 반 미국주의와 반 세계화주의를 강력하게 반영하고 있다.

푸틴이 보여주었던 여러 대미 정책들 - 중앙아시아 국가의 친미 저지와 친러시아화, 미국의 MD체제에 대항하는 다탄두 미사일 체제의 시험, 미국의 동유럽 국가에 대한 MD 구축에 대한 깔리닌그라드에의 크루즈 설치 경고 등은 바로 신 유라시아적 인식 속에서 나타난 러시아의 안보정책이라 할 수 있다.

19세기에 있었던 슬라브주의-서구주의 논쟁과 1920년대의 고전적 유라시아주의, 그리고 1990년대부터 나타나고 있는 신 유라시아주의는 바로 자신들의 공간적 환경과 역사적 경험을 기반으로 스스로의 정체성을 찾으려는 움직임이라 할 수 있다. 그러한 지리학적 공간개념은 19세기에는 단순한 철학적 질문을 던졌던 것에서 1920년대에는 사회문화적 공간으로 탈바꿈하고 다시 1990년대부터는 지정학적 공간으로 바뀌어 일상생활에서의 실천적인 움직임으로 바뀌게 되었음을 뜻한다.

신 유라시아주의가 주장하는 러시아의 사회문화적 전략은 이 점에서 보다 실천적이고 이중적이라 할 수 있다. 서구에 대해서는 유라시아적 측면을 가지는 반면 동양에 대해서는 아틀란티스적 측면을 가지는 것이다. 그리고 이를 기반으로 러시아가 동양에서의 문명사적 사명, 즉 제국을 정당화시키는 사명을 가지고 있다고 보고 있다. 결국 신 유라시아주의자들이 보는 러시아의 전략적 목표는 이러한 지정학적 역설을 기반으로 하고 있는 것이다.

따라서 탈 사회주의 이후 러시아가 겪었던 정체성의 위기는 역설적으로 새롭고 적절한 대안적 정체성을 모색할 수 있는 기회가 될 수도 있을 것이다. 소련의 해체가 단순히 사회주의 이념의 퇴조와 냉전체제의 종식이라는 관점에서만 볼 수 있는 것은 아니다. 오히려 러시아라는 거대한 사회가 역사적 실패를 또 하나의 기억으로 하여 새로운 길을 모색하는 것이기 때문이다.

결국 러시아 사회문화의 방향은 근대적인 것과 전통적인 것 사이-글로벌화와 유라시아화 사이의 어딘가로 귀착될 것이다.[39] 현재의 유라시아주의는 그 자체만으로는 권력을 붙잡을 수 없으며 앞으로도 그러한 기회를 가지기는 힘들 것으로 보이지만 그럼에도 불구하고 우리는 글로벌화에 대응하는 러시아 지식인들의 움직임에 대해서는 지속적으로 관심을 가져야 한다. 왜냐하면 러시아가 선택할 수 있는 정치사회학적 변화의 측면에서 본다면 그것은 부분적으로는 권력을 정당화시켜줄 수 있는 훌륭한 이론적 근거를 제공해 줄 수 있으며 이 경우 당연히 유라시아주의는 사상적인 측면에서 상당한 영향을 미칠 수 있기 때문이다.

39) Semenko, I., "Globalization and Russian Socio-Cultural Dynamics," *Russian Politics and Law*, Vol.41 No.5(2003), p. 94.

참고문헌

강윤희, "러시아 국가정체성의 재구성과 시민의식," 미발표논문 (2008)

김우승, "소비에트 지성의 두 뿌리: 서구파-슬라브파의 논쟁과 개혁의 문제,"『현상과 인식』, 14권 4호(1990, 겨울)

, "러시아 민족주의와 체제이행의 전망,"『배재대 사회과학연구』9집(1993)

, "러시아 민족주의의 기원과 전망: 정치사회학적 분석,"『사회비평』10집(1994)

, "러시아의 새로운 정체성 모색 - 세계화인가 유라시아주의인가,"『담론201』9권 3호(2006)

신범식, "고전적 유라시아주의의 두 측면에 대한 일 고찰,"『러시아연구』8권 2호(1998)

, "러시아: 유라시아주의와 아틀란티스주의 사이에서,"『역사비평』54(2001)

오원교, "신 유라시아주의 - 세계화 시대의 러시아적 대안 문화론,"『슬라브학보』20권 1호(2005)

우준모, "러시아의 지정학적 목표: 유라시아주의의 확립과 실현,"『국제정치논총』제45집 1호(2005)

Bilenkin, Vladimir, "The Ideology of Russia's rulers in 1995: Westernizers and Eurasians," Monthly Review, Vol.47 Issue 5(Oct. 95)

Goulnara Baltanova, "Islam and Globalization: Russian Muslims' Place in the Context," Journal of Muslim Minority Affairs, Vol.22 No.2(2002)

Job, Sebastian, "Globalising Russia? The neoliberal/nationalist two-step and the Russification of the West," Third World Quarterly, Vol.22 No.6(2001)

Kerr, David, "The New Eurasianism: The Rise of Geopolitics in Russia's Foreign Policy," Europe-Asia Studies, Vol.47 Issue 6(Sep. 95)

Laruelle, Marlene, "The Two Faces of Contemporary Eurasianism: An Imperial Version of Russian Nationalism," Nationalities Papers, Vol.32 No.1(March 2004)

Mazurek, Slawomir, "Russian Eurasianism - Historiography and Ideology," Studies in East

European Thought, 54(2002)

Rubinstein, Alvin Z. "Russia A Drift," Harvard International Review, Vol. 22 Issue 1 (Winter/Spring 2000)

Schmidt, Matthew, "Is Putin Pursuing a Policy of Eurasianism?" Demokratizatiya, Vol.13 No.1(winter 2005)

Semenko, I., "Globalization and Russian Socio-Cultural Dynamics," Russian Politics and Law, Vol.41 No.5(2003)

Shlapentokh, Dmitry, V., "Eurasianis: Past and Present," Communist and Post-Communist Studies, Vol.30(1997)

Shlapentokh, Dmitry, V., "Russian Nationalism Today: The Views of Alexader Dugin," Contemporary Review, Vol.279 Issue 1626(Jul 2001)

Shlapentokh, Dmitry, V., "The Illusions and Realities of Russian Nationalism," Washington Quarterly, Vol.23 Issue 1(Winter 2000)

Smirnova, Zinaida V., "The Debate about Slavophilism; Some methodological aspects of the study of early slavofilism," Soviet Studies in Philosophy, (winter, 1988-89)

Tsygankov, A.P., "Hard-Line Eurasianism and Russia's Contending Geopolitical Perspectives," East European Quarterly, XXXII, No.3(Fall 1998)

Tsygankov, A.P., "Mastering Space in Eurasia: Russia's Geopolitical Thinking after the Soviet Break-up," Communist and Post-Communist Studies, Vol.36 (2003)

Tsygankov, A.P. & Tsygankov, P.A., "New Directions in Russian International Studies: Pluralization, Westernization and Isolation," Communist and Post-Communist Studies, Vol.37 (2004)

Tsygankov, A.P., "The Return to Eurasia: Russia's Identity and Geoeconomic Choices in the Post-Soviet World," Eric Helleiner and Andreas Pickel(eds.), Economic Nationalism in A Globalizing World(Ithaca and London: Cornell University Press, 2005)

Urban, Michael, "Remythologising the Russian State," Europe-Asia Studies, Vol.50 No.6(1998)

Walicki, Andrzej, The Slavophile Controversy: History of a Conservative Utopia in 19th Century Russian Thought(Glasgow: Oxford University Press, 1975)

Дилигенский, Г. Г., "'Запад' в российском общественном сознании," Общественные науки и современность, No.5(2000)

Панарин Александр, Искушение глобализмом(Москва: Эксмо пресс, 2002)

Шишков, Ю. В, Глобализация экономики-продукт индусткиализации и информатизатии социума," Общественные науки и современность, No.2(2002)

Юрлов, Ф. Н., "Социальные издержки глобализации," СОЦИС, No.7(2001)

The Public Opinion Foundation, 2006년 5월 20-21일

http://bd.english.fom.ru/report/map/projects/dominant/edominant2006/edom0620/domt0620_6/ed062018(검색일, 2008년 7월 24일)

The Public Opinion Foundation, 2006년 6월 10-11일

http://bd.english.fom.ru/report/map/ed062311(검색일, 2008년 11월 24일)

10

러시아의 세계화와 기업들의 해외투자 그리고 국부펀드: 국가안보전략의 일환인가 아니면 Globalization의 추세인가?*

김 석 환

Ⅰ. 러시아의 적극적인 국제 경제체제 참여와 새로운 국제질서

1. 러시아 외교정책개념과 국제제도 참여

냉전 종식 후 러시아에서 벌어진 여러 현상 중 하나는 러시아의 세계 제도, 특히 세계 경제시스템에의 편입이라고 할 수 있다. 러시아는 냉전 종식 후 G8(주요 8개국회의), APEC(아태 경제협력체 회의), IMF(국제통화기금) 등에 가입했고 WTO(세계무역기구)에의 가입을 추진하고 있다. 특히 블라디미르 푸틴 대통령과 그의 뒤를 이은 드미트리 메드베데프 대통령 체제

* 본 논문 내용중 Ⅱ장은 슬라브연구 제24-1권(2008)에 게재된 "러시아 기업들의 해외투자와 러시아 국부펀드의 창설"을 기초로 새롭게 절을 추가하는 등 수정 보완한 것이다.

하에서 러시아는 WTO에의 가입을 국가의 주요한 목표로 설정해 러시아 경제의 국제화와 투자의 유치, 무역장벽의 완화를 꾀했으나 아직까지는 뜻을 이루지 못한 상태다. 이러한 러시아의 노력은 1993년 WTO의 전신인 GATT(관세와 무역에 관한 일반협정)에 대한 가입을 신청하던 때부터 계속된 것이며 비록 여러 정치·경제적 이유로 WTO에의 가입이 지연되고 있지만 러시아의 국제사회에의 편입 의지를 보여주는 것이라고 할 수 있다.[1]

러시아가 WTO와 같은 국제기구에 적극적으로 참여하고자 하는 것은 국제사회와의 유기적 역동성을 강화해 냉전 종식 후 변화된 상황 속에서 러시아 발전에 필요한 유리한 환경을 조성하고 러시아 기업 및 경제의 건전성을 도모하자는 목표 때문이다. 또 이러한 목표와 움직임은 2000년 6월 채택한 '러시아 연방 외교정책개념' 및 그 이후의 각종 외교지침 등에도 잘 드러나 있다.[2]

2000년의 외교정책 개념에 따르면 러시아는 경제발전을 위하여 G7 등 주요국들과의 경제 협력 확대는 물론이고, 세계 경제로의 편입을 적극 추진하고자 한다. 또 이를 위하여 러시아의 시장경제로의 체제 전환을 위한 호의적인 대외 환경의 조성, 세계 경제체제 편입에 따른 위험의 감소, 공평한 국제무역제도의 구축 노력, 수출 장려, 외국 투자 촉진, 능력에 부합되는 채무 상환 등을 추진해 나가겠다고 밝히고 있다.

때문에 소련 해체 이후 러시아가 국제경제체제의 규범을 정하는 국제기구에 적극적으로 가입을 추진하는 이유는 러시아의 세계화에 대한 의지를 보여주는 하나의 모습이자 외교안보정책개념의 한 수단으로 이를 활용하는 것이라고 할 수 있다. 흔히 세계화는 서로 상이한 시스템이나 다른 가치관에 의해 움직이던 사회가 하나의 공통된 규범이나 가치를 갖는 사회

1) Cooper, William H., "Russia's Accession to the WTO," CRS Report for Congress (The Library of Congress, 2006) 등 참고.

2) 러시아 대외정책개념에서 설정한 외교정책의 목표에는 러시아의 법치주의, 민주주의 및 시장경제를 정착시키기 위한 호의적인 대외 환경의 조성, 인접 국가들과의 분쟁 및 긴장을 제거하면서 접경 국가들과의 선린 및 협력 관계의 구축, 러시아의 국익이 관련된 이슈를 다루기 위한 외국 또는 국제기구들과의 협정 체결 및 동반자 관계의 확립 등이 포함되어 있다.

로 통합되거나 닮아가는 과정으로 정의된다. 또 이러한 세계화의 과정엔 경제적, 과학·기술적, 사회·문화적, 정치적 과정의 상호작용이 복합적으로 이루어진다고들 한다.[3] 그러나 20세기 들어 세계화는 주로 경제적 측면이 강조되었고 특히 무역과 외국인 직접투자, 이민 및 노동력의 이동, 자본이동 등을 통해 한 나라의 경제가 국제경제 시스템에 얼마나 편입되었는가를 세계화의 주요한 잣대로 활용해 왔다. 이런 점에서 본다면 러시아는 소련해체 이전 까지는 소위 경제적 측면의 세계화 과정에 소극적인 참여를 진행한 국가라고 할 수 있다.

물론 러시아는 국제경제 분야와 달리 국제정치 분야에서는 이미 소련시절에도 충분히 국제체제의 중요한 축이자 핵심적 플레이어로서의 역할을 수행해왔다. 국제정치의 주요 기구라 할 수 있는 유엔을 비롯해 국제원자력기구, 미사일통제기구를 비롯한 군비분야, 우주항공분야 등에는 창설멤버 혹은 핵심 회원국으로 이미 소련시절부터 참여했다. 이러한 기구들 또한 국제통화기금(IMF)등 국제 경제체제와는 달리 소련의 적극적인 참여하에서 비로소 국제적인 협력의 틀을 갖출 수 있었기에 소련의 참여에 대한 거부감이 없었다. 이처럼 비록 절반의 참여라고 할 수 있지만 소련은 마르크스 레닌이즘이 강렬하던 순간에도 세계 체제의 한 축으로서 기능하면서 정치·사회적 세계화에 적극적으로 참여했던 것이다.

또한 우리가 역사를 조금만 더 길게 본다면 러시아가 소련성립 이전부터 국제사회의 주요한 일원으로 기능하고 있었다는 것도 쉽게 확인할 수 있다. 나폴레옹 전쟁기의 전시외교와 나폴레옹 전쟁이후의 국제질서를 규정지은 1815년의 비엔나 회의기간[4], 제2차세계대전 후 얄타, 카이로 회담과 국제연합(UN)창설 과정 등 전후 세계체제를 형성하는 데 있어 러시아

---

3) Sheila L. Croucher, *Globalization and Belonging: The Politics of Identity a Changing World*. (Rowman & Little field, 2004). p. 10.

4) Zamoyski, Adam, 1812: *Napoleon's Fatal March on Moscow* (Harper Collins, 2004). B. Jelavich (1974) *St. Petersburg and Moscow, Tsarist and Soviet Foreign Policy 1814-1974* (Indiana University Press, 1974) 등 참고.

는 절대적이고도 결정적인 플레이어로서 기능했다.

표트르 대제의 통치기 동안 러시아가 보여준 서구화의 길 또한 당시 선진화된 유럽 세계에 대한 러시아의 편입 시도이자 동유럽 및 북유럽의 변화되는 국제정세에 맞서 러시아의 전략적 가치를 높이기 위한 시도라고 할 수 있다. 조선 산업 등 산업의 육성, 행정제도의 선진화, 외국인 투자와 기술자 등 인재유치, 교육제도 개선을 통한 세계수준의 인재양성, 국가안보의 기초가 될 군비 및 군편제의 개혁 등을 통해 국운 융성을 도모한 표트르의 개혁은 분명 세계화(당시로서는 유럽화)를 통한 국가 근대화 전략의 하나였다고 할 수 있다. 표트르의 개혁을 외교·안보 전략적 측면에서 이해한다면 당시 러시아가 유럽의 주요한 이슈의 행위자로서 참여하기 위해서는 육로만이 아닌 해로를 통해 유럽 본류 경제권에의 확대된 경제교류를 시도할 필요가 있었다는 측면을 간과할 수 없다.

당시 러시아와 유럽 대륙과의 경제교류는 리투아니아 및 북유럽 상권과 연계된 독일의 영향력 하에 있었으며 간헐적으로 영국 상인들이 북서항로를 따라 러시아 내륙으로 들어오던 상황이었지 러시아 상인들의 직접적인 서구 경제권에의 진출은 아직 미미한 수준이었다. 이에 따라 표트르 대제는 '유럽에 열린 창(窓)'으로서 철저한 계획에 입안해 완벽한 서구적 도시인 상트페테르부르크를 건설했다. 그는 이를 통해 발트해를 기반으로 한 물류와 인적 교류의 새로운 루트를 개설 했고 러시아는 표트르 대제 이후부터 유럽의 맹주 중 하나로 정세 변화의 주도적 세력으로서 폴란드 분할, 나폴레옹 전쟁 등에 참여한다. 표트르 대제 이전 러시아의 국제교류의 강력한 증거는 류릭 왕조 초기 성립과정을 둘러싼 지도층 및 지배계급 엘리트들의 북유럽으로부터의 집단적 이주와 관련된 역사적 증거들이라고 할 수 있다. 이러한 사례들은 러시아가 주변 외국, 당시의 발달된 왕조와의 국제적 교류의 강화라는 정책을 강력하게 추진해 왔음을 보여준다.

그러나 정치분야에서의 이와 같은 적극적인 세계적 플레이어로서의 역할과 달리 소련체제 형성이후의 러시아는 마르크스 레닌이즘적 세계관에 기초해 국제경제체제에 대한 편입에 대해서는 알레르기적인 반응을 보였다. 비록 소련체제 형성이전 제국 러시아의 말기에 유럽의 자본들이 우크라이나와 바쿠지역에 대한 투자에 적극적이었고, 러시아가 국내 철강 및 철도산업의 경쟁력 유지를 위해 해외자본을 받아들이거나 금본위제를 채택해 동시대 유럽의 금융질서에 동참했지만, 소련형성 이후 러시아의 모습은 가능한 한 국제경제체제에 편입되지 않는 원칙을 갖고 있었고 이에 따라 러시아에 대한 투자도 극히 저조해졌다. 이는 일부분은 냉전의 영향 때문이기도 했고, 일부분은 러시아와 상호 투자를 진행할 대상 국가들인 유럽이나 미국이 옛 제국 러시아의 대외채무 및 이의 청산과 연관한 볼셰비키 혁명 후 소련지도부의 태도에 대한 불쾌감과 거부감 때문이기도 했다.

어쨌건 소련지도부는 자본주의 경제침투의 폐해를 최소화하고자 러시아로부터나 혹은 러시아 안으로 자본의 이동이 자유롭게 흐르지 못하게 했고 그 결과 이 기간 동안 이루어진 국제적 규모의 투자는 극히 예외적인 상황에서나 가능했다. 때문에 상호간 국제투자나 인수·합병 등을 포함한 경제적 세계화에 대한 러시아 경제의 준비나 영향력 또한 상대적으로 국력에 비해 미미할 수밖에 없었다. 결국 이러한 일들은 미하일 고르바초프의 합영제와 페레스트로이카 정책 후 옐친대통령 시기까지를 기다려야만 했다. 이 시기 이전까지 소련체제는 사회주의적 분업체제에 입각해 자본주의권과 최소한의 접촉만을 유지했다. 그 결과 소련은 서방선진재무장관회담을 기초로 출발한 G7이나 국제통화기금, 아시아태평양 경제협력체회의 등에 참가하지 않았다.

2. 러시아의 적극적인 국제경제체제 참여와 G8가입

냉전이 종식되고 새롭게 탄생된 민주 러시아는 덴버 G8정상회담 때부터 새롭게 국제경제구조에 적극적인 참여가 허용되었다. 러시아에 대한 대규모 경제금융지원은 러시아를 국제 경제금융구조에 편입시킬 필요가 있었고 러시아의 입장에서도 이에 대한 적극적인 참여가 필수적이었다. 가장 큰 이유는 고르바초프의 페레스트로이카가 초래한 소련의 개혁이 이제는 소련의 해체를 넘어 소련시절 존재했던 국유체제를 급속히 사유체제로 이행시켜야한다는 욕구를 촉발했기 때문이다. 또한 이를 뒷받침하기 위한 각종 개혁에는 서구식 혹은 유럽식 시스템이 필요했고 막대한 자금이 필요했으며 이러한 자금을 받아들이기 위해서는 국제금융기구의 도움이 필수적이었다.

이 때문에 고르바초프 이래 러시아 지도자들은 러시아를 국제경제체제에 편입시키고자 하는 목표를 가지고 당시 세계 경제의 주요이슈를 결정하는 G7정상회담에 러시아의 (고르바초프 당시에는 소련의) 회원국 가입을 희망한다. 러시아가 G7에 회원국 참여를 희망한 것은 고르바초프가 당시 G7 정상회담 의장국이던 프랑스의 미테랑 대통령에게 서신을 보낸 1989년이 처음이었다. 당시 고르바초프의 G7 가입 의사 표시는 언론의 큰 관심을 끌었지만 회원국 정상들로부터는 '소련에 대한 경제적 도움을 요구하는 또 다른 절규'라는 식으로 폄하되면서 별다른 반응을 끌어내지 못했다.[5] 하지만 상황의 반전은 엉뚱한 곳에서 나왔다. 1990년 8월 이라크가 쿠웨이트를 침공하면서 중동의 안정과 당시 지속되던 국제 저유가 상황을 유지해야할 필요가 있던 서방 선진 7개국들은 소련의 도움이 절실했다. 또한 당시는 소련 내에서도 고르바초프의 개혁 정책에 대한 피로감이 급속도로 확산되던 시점이어서 고르바초프에 대한 서방의 지지를 표현할 필요도 있었다. 때문에 당시 차기년도(1991년) G7 정상회담 의장국이었던 영국의 대처 총리는 고르바초프의 소련에 G7 준회원국 지위를 부여하자고 회원국들을 설득했고 미국의 부시 대통령이 동의하면서 사상 처음으로 소련은 1991년 7월의 런던 G7 정상회담에 옵서버로 참석하게 된다.

당시 고르바초프는 소련의 G7 정상회담 준회원국 참여는 소련의 세계경제로의 편입과 시장경제체제로의 이행에 대한 확고한 의지를 표명하는 것이라고 강조하면서 채무상환 재조정, 경제개혁 지원 등을 요구했다. 이

---

5) Nicholas Bayne, 'The Course of Summitry,' *The World Today 48, No*. 2 (February 1992), pp. 27-30. http://www.g7.utoronto.ca/scholar/bayne1992/bayne3.htm에서 재인용.

에 따라 그해 G7 정상은 회담을 통해 소련에 대해 IMF, 세계은행의 준회원국 지위 부여, 군산복합체의 민수 산업체로의 전환을 위한 재정 및 기술지원 등과 같은 세계경제체제 편입을 허락했다.

이후 러시아는 계속해서 G7정회원국 지위를 얻으려고 시도하고 미국도 뮌헨 정상회담 때부터 조지 부시 대통령 등이 나서, 러시아의 회원국 가입을 지지했으나 다른 G7 회원국들의 반대에 부딪혀 좌절한다. 대신 G7은 국내에서 점점 수세에 몰리는 옐친의 개혁을 지지하고 러시아를 공산주의로 회귀하지 않도록 뒷받침할 필요를 느껴 IMF의 차관을 통한 원자력 발전소 현대화, 경제개혁을 위한 대러 재정·기술 지원 등 재정적 기술적 지원을 결의한다. G7의 이러한 재정·기술적 측면의 지원과 러시아의 국제시스템에의 편입 추진은 1993년 도쿄 G7 정상회담에서 대 공산권 수출통제기구인 코콤(COCOM)의 해체 등 대러 무역 제재 의 해제, 사유화 촉진 및 기업의 구조조정을 위한 재정지원 등을 이끌어낸다.

러시아의 G7가입에 결정적 계기가 마련된 것은 미국의 클린턴 대통령이 의장을 맡은 1997년의 덴버 정상회담에서였다. 클린턴은 NATO 확대에 대한 러시아의 반대를 약화시키는 한편 당시 러시아내에서 점증하는 공산주의 및 좌파세력의 영향력을 사전에 차단하기 위해 G7 정상회담을 홈페이지 등을 통해 G8 정상회담으로 지칭했고 각종 행사에 옐친을 참여시켰다. 이후 러시아는 1998년 5월 영국 버밍햄 정상회담을 계기로 G8의 정회원이 되었다. 하지만 미국의 적극적인 지원과 러시아의 세계경제체제에의 적극적인 참여 노력에도 불구하고 러시아는 G7의 핵심적 기능인 재무 장관 및 중앙은행 총재 회담에 참여가 불가능했다. 결국 러시아는 세계경제체제의 핵심적 기구 중 하나인 G7을 확대하는 데에는 성공했으나 정치적 기능이 확대된 G7에서 그 핵심적 기능인 재무장관 및 중앙은행 총재회담에는 배제돼, 정치적 논의에는 참여하나 경제이슈에는 참여가 제한되는 또다시 절반의 세계구조 편입이라는 결과를 낳게 된다.

하지만 러시아는 이후 G8내에서 확고한 위치를 다지는 작업을 진행한다. 시기적으로도 2000년 이후 계속된 고유가와 9·11이후 가속화된 테러와의 전쟁에서 러시아의 지원이 절실한 미국 등의 이해가 맞물리면서 러시아는 2006년 1월 1일부터 사상 처음으로 G8의장국이 되면서 명실상부한 정치·경제 모든 분야에 참여하는 실질적 정회원국으로서의 기능을 수행한다. 이후 러시아는 G8 재무장관·중앙은행 총재 회담을 2006년 2월에 개최했고 계속해서 에너지장관 회담(3월), 보건장관 회담(4월), 교육·과학·재무·내무·법무·외무 장관회담(6월)에 참여했다. 이로써 푸틴 대통령은 스탈린의 유엔창설 이후 처음으로 서구가 주축이 돼 사실상 유엔을 대체한다는 말까지 듣는 가장 강력한 국제기구중 하나인 G8에 러시아를 참여시키는 위업을 달성한다.

러시아가 G7에의 가입을 통해 얻으려했던 목적은 여러 가지로 분석해 볼 수 있다. G7은 세계에서 가장 발달된 자본주의 체제 국가이자 강대국들의 모임이다. 또한 G7은 유엔과 달리 진정한 실력자들의 모임이란 이미지가 있어 G7에의 가입은 러시아 및 푸틴의 위신 증대는 물론이고 소련해체 후 몰락의 이미지가 강했던 러시아의 강대국 이미지 회복에 절대적으로 기여할 것이라는 점을 고려했을 수 있다. 또한 체제이행과정에서 나타난 각종 경제적 어려움의 극복과 지속적인 경제발전을 위해선 서방 선진국들의 경제원조와 기술·제도적 지원이 필수적이며 러시아 경제의 국제 경제로의 편입 확대를 위해선 G7에의 가입이 필수적이라는 판단을 했다고 할 수 있다. 여기다 소련 해체 후 G7과 NATO가 유엔을 대신해 국제사회에서 반테러, 비확산, 지역분쟁 등 주요 국제문제 해결을 위한 협의의 과정을 주도하는 상황에서 러시아의 영향력 및 발언권 유지와 강화가 절대적으로 필요했기 때문이다.

앞에서도 언급했지만 2000년 6월 러시아가 채택한 '러시아 연방 외교정책개념'에는 러시아의 경제발전을 위한 전략 중 특히 G7 등 주요국들과의 경제 협력 확대는 물론이고, 세계 경제로의 편입을 적극 추진하고자 하는 의지가 드러나 있다. 러시아는 이 외교정책개념을 통해 러시아의 시장경제로의 체제 전환을 위한 호의적인 대외 환경의 조성, 세계 경제로의 편입에 따른 위험의 감소, 공평한 국제무역제도의 구축 노력, 수출 장려, 외국 투자 촉진, 능력에 부합되는 채무 상환 등을 추진해 나가겠다고 밝히고 있다.

이와 같은 투자 및 무역에 대한 관심은 고르바초프 시절부터 계속된 것이었으며 푸틴이 대통령에 취임한 후 처음으로 나왔던 20페이지 정도의 안보독트린에서도 확인할 수 있다. 2000년 1월에 발표된 당시의 안보독트린은 당시 대통령 권한대행이던 푸틴이 급변하는 국제정세 하에서 러시아의 외교안보적 대응의 필요성에서 만들어낸 것이다. 이 문건은 러시아 대통령에게 핵무기 사용의 편의성을 증대시키고 테러리즘 및 조직범죄와의 투쟁의 필요성을 강조하는 한편 러시아 경제 및 해외투자의 유치를 신장시키는 문제에 대해서도 많은 비중을 할애하고 있다.6)

이처럼 러시아는 고르바초프의 페레스트로이카 정책 추진 이후 전략적 관점에서도 일관되게 러시아 경제의 세계경제체제에의 편입을 적극적으로 추진해왔다. 때문에 G8의 일원이 된 러시아가 이후 전략적 목표를 WTO에 맞추고 회원국 가입을 강력히 추진하는 것은 전략적 일관성이라는 측면에서 볼 때 새로운 것이라고 할 수 없다. 위에서도 알 수 있듯 표트르 대제 이후 국가적 지도자의 판단에 따른 근대화 혹은 서구화의 추진은 러시아의 전통이었다.

비록 그 세계화의 표준 모델이 유럽식이냐 미국식이냐 아니면 제3의 러시아식이냐는 논쟁은 있을 수 있지만 고르바초프의 개혁과 옐친의 사유화, 그리고 그 이후 러시아 지도부의 자본주의화 정책은 모두 위로부터의 전략적 판단에 따른 밀어붙이기 식 개혁이었다. 이런 점에서 푸틴이나 메드베데프가 기회가 있을 때 마다 러시아의 WTO 가입 문제에 시비를 거는 서방에 대해 러시아에 대한 편견과 냉전적 사고에 기초해 경제를 정치의 볼모로 잡는다고 불만을 표하는 것은 그만큼 러시아 지도부가 현 단계에서 러시아의 국가 전략적 목표로 러시아의 국제경제체제 편입에 강한 의욕을 가지고 있음을 반증하는 것이라고 할 수 있다.

이 때문에 지난 2008년 8월에 있었던 러시아와 그루지야간의 전쟁 후 미

6) Voice of America, (January 2000). http://www.globalsecurity.org에서 재인용.

국과 서방이 러시아에 대한 응징의 수단 중 하나로 러시아의 WTO 가입 절차 지연 및 회원국 가입 보류, G8회원국 자격 박탈을 거론한 것은 세계경제 체제에 대한 적극적 참여를 통해 러시아 경제의 안정성을 고양하려는 러시아 지도부의 전략적 노림수에 타격을 주려고 했던 것임을 알 수 있다.[7)]

러시아는 G7 및 IMF 등 국제경제기구에 대한 가입을 추진하면서 러시아의 위상 증대와 해외투자 촉진, 러시아 경제의 대외위험요인 완화 등의 목표들을 단계적으로 수행했다. 초기엔 경제원조 및 서방 경제권, 세계 경제체제에의 편입에 대한 노력을 기울였고 어느 정도 러시아의 참여에 대한 회원국들의 거부감이 약화된 이후엔 G7 회원국들의 국제 정치적 비중과 러시아의 국제정치 위상을 활용해 차차 핵 비확산 문제, 코소보 문제, 아프리카 빈곤 퇴치문제 등 정치적 이슈에 대해서도 G7 시스템을 적절히 활용했다. 러시아는 또한 국제경제체제에서 러시아의 절대적인 영향력 강화 무기인 에너지와 자원을 G8 의장국이 된 후 주요 의제로 상정시키면서 러시아의 정치·경제적 주도권을 확보하는 데 활용했다. 푸틴은 2006년도 상트페테르부르크 G8 정상회담의 의제 중 하나로 국제 에너지 안보에 대한 협력방안을 올려 러시아와 세계의 협력, 러시아의 이 부분에 대한 주도권 및 정치`경제적 위상을 대내외에 과시했다.

물론 러시아가 에너지 문제를 주요 이슈로 제기한 것은 이때가 처음은 아니다. 러시아는 처음으로 G8이라는 말을 만들어낸 1997년 덴버 정상회담에서 세계 에너지 문제에 대한 대책을 주장했고 그 결과 1998년 3월 모스크바에서 G8 에너지 장관회담이 개최된 바 있다. 러시아가 상트페테르부르크 G8정상회담의 핵심 의제로 에너지 안보를 선정했던 것은 전 세계가 고유가로 고통을 겪는 상황이어서 시기적으로도 매우 적절했다. 이처럼 러시아는 G8정상회담을 효율적으로 활용하면서 러시아에 대한 국제적 관심 증대와 에너지 자원 부국인 러시아의 입지를 최대한 굳힐 수 있었다.

이런 맥락에서 본다면 러시아가 2012년 APEC정상회담을 블라디보스

7) '*U.S. Launches Airlift to Aid Georgia,*' Wallstreet Journal (2008.08.14).

토크에 유치한 것은 특별한 의미를 갖는다고 할 수 있다. 잘 알려져 있다시피 러시아 극동 시베리아 지역은 점점 증대하는 정치·경제적 위상 증대와는 정반대로 소련시기를 제외하고는 중앙정부의 관심과 지원이 감소하면서 경제침체, 인구감소 등을 겪고 있다.[8] 이 때문에 러시아는 유라시아 대륙국가로서의 역동성을 살리고 경제의 활성화를 도모하기 위해서는 극동 시베리아 지역을 세계에서 가장 역동적으로 성장하는 경제권역인 동북아 지역, 아태지역에 편입시켜 연동적으로 작동시키고자 한다. 그러나 현재로서는 푸틴 총리, 메드베데프 대통령의 적극적인 지원에도불구하고 '2013년까지의 극동 및 자바이칼 지역 경제개발계획'이 예정대로 진행될지는 미지수다. 하지만 러시아가 정치적 체면을 매우 중시하는 국가이고 2012년 APEC 정상회담을 블라디보스토크에서 실시할 예정임을 감안하면 러시아의 극동 지역의 국제화와 이 지역 국가들과의 경제적 상호의존의 증대는 급격하게 이루어질 수도 있다.

특히 사할린의 원유 및 가스, 캄차카 지역의 개발 및 동시베리아 송유관의 완공, 러시아 극동 시베리아 지역 전력의 중국 및 북한 지역 공급 등 러시아 에너지의 한반도 및 동북아 지역에 대한 공급이 현실화될 경우 이 지역과 러시아 극동 시베리아 지역 간의 경제적 상호의존은 매우 증대될 것이 확실하다. 그렇게 된다면 러시아는 소련시대 이전부터 한반도 분단과 동북아의 정치적 운명에 영향을 미친 것 만큼 이 지역의 경제적 운명에도 영향을 미칠 수 있으며 경제적 세계화 시도의 한 축으로서 동북아를 활용할 수 있게 될 것이다.

---

8) '*Неравномерности роста - Между регионами остаются серьёзные различия*,' Российская газета (2007.09.19) 등 참고.

Ⅱ. 냉전 종식 후 러시아 기업들의 해외투자와 세계화

1. 러시아를 둘러싼 국제투자와 교역의 증대, 그리고 국부펀드의 창설

냉전이 종식된 후 러시아에서 급속하게 진행된 사유화는 인류역사상 전대미문의 체제이행실험의 장으로서 세계 경제계 및 정치계의 이목을 끌었다. 1997년 새롭게 채택된 러시아 헌법에 따라 이루어진 국가 소유 및 사회적 소유의 축소 그리고 사적 소유 및 개인 재산권에 대한 대대적인 용인과 사적 기업인의 적극적인 육성 정책은 중국의 성장과 함께 자본주의 성격 논쟁에 불을 붙였다. 이러한 논쟁은 최근 서브 프라임 모기지 사태 후 미국 및 서유럽국가들의 적극적인 실물 경제에 대한 정책적 개입, 은행의 부분적 국유화와 구제금융 등으로 이어지면서 더욱 격렬해지고 있으며 학계의 관심을 넘어서고 있다.

특히 미국 금융시장의 붕괴에 이은 새로운 국제경제질서를 형성하기 위해 신 브레튼우즈 체제를 논의하면서 비자본주의 경제권 혹은 자본주의 경제를 닮으려 하나 여전히 사회주의적이라고 비난을 받아온 중국, 러시아, 브라질 등에 대한 미국 및 유럽의 적극적인 구애는 자본주의 다양성 논쟁에 더욱 불을 붙이고 있다고 할 수 있다.

냉전 종식 후 러시아 경제가 체제이행기를 거치면서 보여준 중요한 변화의 모습중 하나는 에너지, 철강 등 전략산업부분에서 나타났다. 러시아 경제에서 석유 가스등 에너지 분야가 담당하는 비중이 수출의 65%-70%, GDP의 28%-33% 수준임을 감안하면 이 분야에서 나타난 변화의 모습은 매우 중요한 시사점을 갖는 다고 할 수 있다. 러시아는 이러한 전략산업 중 석유 및 철강 회사 등을 민영화했고 외국 자본의 투자를 허용했다. 반면 가스산업에 대해서는 철저한 국유 단일 시스템을 강화해 가즈프롬을 유일한 수출창구로 지정했고 가스 석유 수송을 담당하는 송유관 회사인 트란스네프치 등도 독점구조 하에 놓았다. 반면 석유의 경우는 루코일(Lukoil), 유코스, BP-TNK등 다양한 형태의 사적 기업들이 출현할 수 있도록 허용했다.

이러한 과정을 거쳐 국제자본은 러시아에 대해 과감한 투자를 진행했으며 2000년 이후엔 러시아의 기업들도 과감한 형태의 해외투자를 진행했다. 그 과정에서 러시아의 전략적 공세에 부심하는 유럽과 미국 내 여론이 득세하기도 했고 해외투자를 받아들이는 데 있어 전략산업의 경우 외국정부의 직접 관여 하에 있는 자본의 참여를 제한하는 법안들이 마련되기도 했다. 이러한 사례들은 물론 러시아의 투자와 국부펀드에만 국한됐던 것은 아니다. 비록 전쟁 때였지만 제2차 세계대전 기간 독일 및 독일인 투자자본에 대한 미국 정부의 재산몰수 등의 사례도 있다.

세계에서 외국인 투자가 가장 집중적으로 몰리는 미국에 외국자본이 본격적인 투자가 시작된 이후 지난 1백 여 년 동안 해외자본은 미국 경제의 성장 및 활력유지에 중요한 역할을 해왔다. 하지만 그와 비례해 미국 내 여론도 이의 성격과 규제여부를 놓고 많은 논란이 일었다. 2006년 미국의 퓨 리서치 센터가 조사한 결과에 따르면 53%의 미 국민이 '외국인의 미국회사 소유는 미국에 나쁜 일'이라고 응답하기도 했다. 하지만 이러한 거부감정은 특히 1970년대 말 이후 석유 등을 기반으로 한 중동계 국가들과 1990년대 이후 중국 등 신흥개도국의 전략적 투자의 증대 그리고 2000년대 이후 러시아 등 브릭스 국가들의 투자 증대에 따라 더욱 첨예해진 느낌을 준다. 때문에 냉전이 종식되고 국제화와 세계무역의 개방성 및 투자 증대를 위한 자본의 자유로운 흐름의 효용성을 강조하는 가운데 러시아의 국제경제 체제 편입 노력은 매우 힘겨운 여정을 남겨놓고 있다고 할 수 있다. 러시아 기업 및 국부펀드를 활용한 해외투자에 대해 서방이 가졌던 의구심이 비록 글로벌 금융위기와 실물경제 침체로 인해 수면 밑으로 잠복해졌다고는 하지만 향후 언제든 새로운 논란을 불러일으킬 가능성은 충분하다.

제2차 세계대전 이후 국제경제 이슈, 특히 자본이동과 투자의 문제는 정치 이슈를 능가하는 대중의 관심을 끌어왔다. 대표적인 것이 1980년대 일본과의 공정무역 논쟁이었다. 또 가까운 사례로는 두바이 포트 월드의 미국 내 6개 항만 터미널 운영권 인수를 둘러싼 논쟁을 들 수 있다. 미국 국제경제연구소(IIE)의 조사에 따르면 지난 20여 년 동안 미국 내에서 두바이 포트 월드의 항만 인수를 둘러싼 문제보다 더 큰 대중적 관심을 일으킨 이슈는 1996년 미 연방정부의 파산선언과 1993년 미국 군대내의 게이 허용을 둘러싼 논쟁 뿐 이었다. 이처럼 20세기 중반 이후 전 세계적 전쟁이 위험이 사라진 이후 국제경제 특히 글로벌 투자문제는 안보 이슈와 미묘한 연관성을 가지고 국민들에게 받아들여지고 있다고 할 수 있다.[9)]

냉전 종식 후 이루어진 러시아의 적극적인 국제경제체제 편입 노력과 G8 정회원국 지위 획득 그리고 자본주의 체제로의 이행 속도의 가속화는 세계 고유가와 함께 러시아에 대한 서방의 관심을 고조시켰다. 그 결과 2000년 이후 러시아 경제에 대한 투자가 늘어났고 러시아로부터의 해외로의 투자 또한 증대되기 시작했다. 특히 9·11 테러와 2000년 이후 세계상품시장에서 원유, 가스, 금, 곡물, 비철금속 등의 가격이 급등하면서 비 아랍 권 국가와의 에너지 협력의 일환으로서 러시아와의 에너지 협력이 강조되었고 이에 따라 러시아에 대한 서방의 투자 등이 급증한다. 또한 석유, 가스, 비철금속 등을 기초로 한 러시아 주요 기업들의 대 서방 권 투자와 M&A도 적극화하기 시작한다. UNCTAD(유엔무역개발기구)등의 통계에 따르면 러시아는 2000년 이후 주요 신흥국 중 가장 많은 투자를 유치했고 또한 개도국 국가 전체로 따져도 해외투자에 있어서도 규모나 성장률에 있어 최고로 성장하는 모습을 보여줬다.[10)]

2008.2월엔 석유 및 가스 수출로 벌어들인 돈의 일부를 안정화기금에서 떼 내 해외민간기업 주식 등에 대한 공격적 투자를 가능하게 하는 320억 달러 규모의 국부펀드(일명 국민복지기금)도 출범시켰다.[11)] 또한 드미트

9) Edward M. Graham and David M. Marchick, *US National Security and FDI*, (IIE, 2006).

10) UNCTAD World Investment Report 2006년 및 2007년 통계를 보면 러시아 기업들의 해외투자는 이머징 마켓 중 1위이다. 2004년 러시아 기업들의 해외투자는 주식규모로 볼 때 이미 이머징 국가 중 5위에 위치했고 90억 달러를 초과했다. www.uncad.org, UNCTAD, 'World Investment Report 2006:FDI from Developing and Transition Economies, annex table B.1and FDI/TNC 등 참고.

11) 러시아 연방법 제63호에 따라 2007년 4월 26일 예산법의 개정이 이루어져, 안정화 기금은

리 메드베데프 신임 러시아 대통령은 물론이고 블라디미르 푸틴 총리까지 러시아 기업들의 해외투자를 촉구하고 있다.[12] 러시아의 풍부한 유동성을 활용해 해외투자 및 M&A등을 통한 러시아의 국제경제적 위상을 강화하고자 하는 전략인 것이다.

이러한 러 지도부의 전략과 관심은 2008년 10월 이후 글로벌 신용경색 상황 속에서도 나타난다. 당시 소집된 긴급 경제현안대책회의 등을 통해 메드베데프 대통령과 푸틴 총리는 러시아 해외 투자 및 대외교역의 절대적 비중을 담당하는 러시아 군수산업체 및 해외투자 기업들의 건전성 확보를 위한 긴급지원책을 마련할 것을 내각에 강력히 요구하기도 했다. 메드베데프 대통령은 특히 군산복합체, 금속 및 철강, 자동차 생산 건설 부분에 대한 관심을 표명하고, 부총리에게 국방산업의 어려움에 대해 대통령에 대한 직보를 요청했다.

이에 따라 러시아 경제발전통상부는 2020년까지 해외경제활동에 대한 전략을 새롭게 입안하고 이 전략 하에서 대외수출 및 투자 기업들의 활동을 지원하기 위해 '브네슈에코놈방크'(대외경제은행) 산하에 국가가 기업들의 수출계약 및 투자 등을 보증해주는 국가기구를 2009년까지 설립하기로 했다. 또한 이 과정에서 러시아는 자신들의 대외경제적 위상 강화와 러시아의 영향력 확대를 동시에 추구해 러시아 군산복합체 및 가스 업체들의 주요 수출 및 주요 투자 지역인 유라시아 경제공동체 국가들(벨라루스, 카자흐스탄, 키르기스스탄,타지키스탄, 우즈베키스탄)과 이란, 중국, 인도, 아프가니스탄 그리고 몽골을 우선적 수출 및 투자보증 지역 대상 국가로 선정했다.[13] 또한 독립국가연합(CIS) 회원국들이 최근의 금융위기와 관련해 미국에 경사됐던 정책을 수정하려는 움직임을 보이자 적극적으로 이들

예비기금과 차세대 기금(후에 푸틴의 명에 따라 국민복지기금으로 개명)으로 구분됐다.

12) 김석환, "러시아 메드베데프 대통령 체제 하의 신 국가발전 전략과 한러협력," e-kiet (2008.05.06) 참고.

13) "Наполнительское мастерство, Алексей Кудрин, Сергей Игнатьев и Игорь Шувалов," Коммерсантъ (2008.10.28).

을 끌어들이는 정책을 펴고 있다.

러시아는 2008년 10월 10일 키르기스의 수도 비슈케크에서 CIS 연례 정상회담이 열리는 것을 기화로 CIS 정상선언을 통해 글로벌 금융위기에 대응하기 위한 회원국 재무장관 회담을 열기로 합의하는 등 지도력을 과시했다. 특히 이 정상회담은 러시아와 그루지야 간 전쟁 후 처음 열린 것으로 12개 전체 회원국 정상들 가운데 대(對)러 전쟁 도중 CIS 탈퇴를 선언한 미하일 사카슈빌리 그루지야 대통령과 그루지야에 우호적인 빅토르 유셴코 우크라이나 대통령, 일함 알리예프 아제르바이잔 대통령이 불참했지만 우크라이나와 아제르바이잔은 국가안보위원회 의장과 총리를 대리로 각각 참석시켜 러시아의 주도력과 경제원조에 대한 의존도를 시사하는 것으로 이는 글로벌 금융위기 후 옛 소련 권 지역을 중심으로 한 러시아의 정치`외교적 영향력이 다시 강화되고 있음을 보여주는 것으로 경제 이슈와 외교안보 이슈가 결합될 수밖에 없음을 잘 보여준다고 할 수 있다.

러시아가 글로벌 금융위기를 대처하는 과정에서 메드베데프 대통령이 군산복합체와 철강 금속· 에너지 분야에 특별한 관심을 기울이는 이유 또한 경제이슈와 안보이슈의 분리 대응이 어려움을 보여주는 사례다. 주지하다시피 러시아 군산복합체와 철강 금속 등의 분야 기업들은 러시아의 양대 주식시장인 RTS 및 MICEX의 시가총액을 좌지우지하는 기업들이다. 또한 이들은 러시아의 해외투자와 글로벌화를 선도하고 있으며 러시아의 고용이나 국가 재정수입에 있어 절대적인 기여를 하고 있기도 하다. 때문에 러시아 지도부는 이들이 금융위기 과정에서 흔들리거나 지배구조의 취약성이 증대해 외국 기업사냥꾼들의 표적이 된다면 이것은 러시아 경제의 불안정성을 강화시킬 수 있으며 글로벌 금융위기의 전염성이 이들을 통해 확산되는 것을 최소화해야 한다는 생각을 갖고 있다. 물론 이는 1973년 이후의 고유가 사태나 1930년대의 대공황 때와 달리 러시아의 경제가 국제체제에 그만큼 깊숙이 연계돼 있다는 반증이기도 하다.

메드베데프 및 러시아 지도부의 국가전략산업에 대한 특별한 배려와 정책적 지원은 러시아만의 특수성은 아니다. 이미 프랑스의 경우도 글로벌 금융위기의 와중인 지난 2008년 10월 23일 니콜라 사르코지 대통령이 직접 나서서 글로벌 금융위기에서 자국 경제를 보호하기 위한 방안의 하나로 국부펀드의 설립을 발표하기도 했다. 사르코지는 금융위기 사태로 유럽의 기업들이 외국에 인수되는 것을 막기 위해 유럽연합((EU) 회원국에 국부펀드 설립을 요구해 온 바 있다. 이 같은 사르코지의 주장에 대해 유럽연합 소속 국가들이 모두 호응하는 것은 아니다. 특히 독일은 국부펀드 등에 의존하는 것은 마지막 수단이어야만 한다는 입장으로 매우 비판적이다. 하지만 사르코지는 2008년 10월 21일 스트라스부르에서 열린 유럽의회에 출석해 "비(非) 유럽 투자자들이 유럽의 기업을 인수하는 것을 막을 필요가 있다"면서 유럽기업 보호를 위해 회원국에 국부펀드 설립의 필요성을 강조한 바 있다.[14] 사르코지의 발언에 뒤이어 로랑 보키에즈 프랑스 고용부 장관도 사르코지 대통령이 발표한 국부펀드는 1천억 유로(1천280억 달러) 규모에 달할 것이라고 전했다.

이처럼 전략산업에 대한 보호를 위한 각국의 움직임을 감안할 때 메드베데프 등 러시아 지도부가 군산복합체 및 에너지 철강 업체 등에 각별한 관심을 갖는 것은 이들이 러시아 경제의 글로벌화를 선도하고 있고 이들을 통한 국제적 금융위기의 충격파가 러시아에 급격하게 전해질 수 있다는 점에서 이례적이라고 할 수 없다. 오히려 러시아의 외교안보전략적 판단에 기초한 대응이라고 보는 것이 더 타당하다.

잘 알려져 있다시피 소련해체 후 자본주의 체제로의 이행 기간 동안 러시아 내에서 이루어진 급격한 사유화는 가즈프롬, 노릴스크 니켈, 루코일 등 전략적 상품을 생산하는 산업체를 둘러싸고 국가 올리가르흐들의 지배구조가 매우 복잡하게 얽히는 상황을 연출했다. 때문에 급속한 사유화와 올리가르흐 위주의 부의 재분배의 후유증이 아직까지도 계속되고 있는 상황에서 이들 소유 기업체들이 국가경세에서 차지하는 비중 또한 매우 높아 이들에 대해 우선적 관심을 기울이지 않을 수 없는 상황이다.

14) 'Sarkozy to the rescue of French businesses,' http://www.france24.com (2008.10.23).

<표 1>에서 보듯 러시아의 해외투자 및 국내로 외국인 투자를 유치하는 선도 그룹은 25개 주요 대기업들이다. 또 이들 25개 대기업은 러시아로 들어오거나 러시아로부터 나가는 해외투자 및 M&A의 주요한 행위자들로 러시아 경제의 세계 무역·투자 구조 편입의 상징이라고 할 수 있다. 이들은 지배형태를 제외하고 본다면 대체로 자신들 분야에서의 기술력과 자금력 그리고 국제적 시장지배력을 확보하고 있다. 이들 해외투자 선도 25개 기업은 수출을 포함해 2천억 달러의 매출을 해외에서 올리고 있으며 13만 명의 임직원을 해외에서 고용하고 있다.2004년 이래 해외매출 규모 및 고용인원의 증가율도 매년 2배정도씩 늘고 있다.

2000년 이후 러시아로 들어온 국제투자의 상당부분이 석유, 가스, 비철금속 등 전략상품 분야에 집중된 것을 실증하듯 루코일이나 가즈프롬 그리고 세베르스탈이나 루살과 같은 국제적 경쟁력을 갖춘 에너지, 철강, 금속 분야 기업들의 해외자산취득 비중이 25개 투자 선도 기업들 전체의 78%를 차지한다. 투자 분야도 대체로 이들의 고유 업종과 연관된 석유, 가스, 그리고 금속분야에 집중되어 있다.[15] 비록 텔레콤 금융 및 유통 분야의 투자도 있지만 역시 주류는 에너지 및 금속분야라고 할 수 있다.

이처럼 러시아 경제가 2000년 이후 꾸준한 국제화와 국제금융 및 상품시장과의 연동 하에 성장해 왔기 때문에 러시아의 올리가르히들이 글로벌 금융위기의 와중에 석유, 철강, 금등 상품가격의 급격한 하락으로 곤경을 겪는 것은 어찌 보면 당연하다고 할 수 있다. 러시아 증시의 외국인 투자비율은 OECD평균인 25%보다 높은 65%대인데다 외국 투자가들의 투자도 이들 기업들을 집중적 대상으로 하고 있다. 이는 러시아 경제의 국제적 시스템에의 연동과 금융위기의 전염 속도가 과거와 다름을 보여준다고 할 수 있다.

15) UNCTAD TD/B/COM.3/EM.26/2/Add.4 및 World Investment Report 2006 및 Skolkovo 2007년 조사, "Russian multinationals bullish on foreign markets," 2007.12.10 일 발표 자료 등 참고.

| 표 1 | 2006년 Top 25 러시아 다국적기업(해외자산순)

(단위 : US$ 백만)

순위	기업명	산업분야	해외자산	총자산	진출국
1	Lukoil	석유	18,921	48,237	43
2	Gazprom	가스	10,572	204,228	32
3	Severstal	광업	4,546	18,806	5
4	Rusal	광업	4,150	14,200	15
5	Sovcomflot	운송	2,530	2,601	3
6	Norilsk Nickel	광업	2,427	16,279	9
7	AFK Sistema	통신	2,290	20,131	9
8	VimpelCom	통신	2,103	8,437	4
9	Novoship	운송	1,797	1,999	5
10	TNK-BP	석유	1,601	23,600	1
11	Evraz	광업	1,322	8,522	5
12	FESCO	운송	1,074	1,685	12
13	PriSCo	운송	1,055	1,093	2
14	Novolipetsk Steel	광업	964	8,717	7
15	RAO UES	전력	514	58,619	9
16	TMK	광업	490	3,548	10
17	Eurochem	비료	456	1,850	4
18	GAZ	자동차 제조업	366	2,162	7
19	OMZ	제조업	354	913	7
20	Alrosa	다이아몬드 광업	294	7,556	7
21	ChTPZ(Arkley Capital)	광업	244	1,978	2
22	Alliance Oil	석유	211	1,144	3
23	Acron	농업화학	200	1,073	6
24	Euroset	통신	147	896	11
25	Mechel	광업	116	4,449	12

출처: Skolkovo 2007년 조사 및 도이치방크 DB.

이러한 전염 속도의 파장을 보여주는 대표적인 사례가 러시아 최고 갑부 중 한명인 올레그 데리파스카의 경우다. 약 280억 달러의 재산을 보유, 2008년 3월 포브스 신정 세계 갑부 순위에서 9위를 차지한 데리파스카는 글로벌 금융위기의 와중에 자신이 소유한 캐나다 자동차 부품회사 '마그나' 주식 2천만 주(약 9억 1천200만 달러 상당)를 채권 은행에 넘길 수밖에 없었다. 마그나 주식은 그가 2007년 9월 지분 20%를 15억 4천만 달러에 인수한 것으로 그는 엄청난 손실을 기록했다. 세계 최대 알루미늄 기업 '루살(Rusal)'의 소유주인 그는 2007년 이래 오스트리아 대형 건설사 '스트라바그'의 지분 30%를 인수하는 등 해외투자에 적극적 이었다. 당시 그는 해외 은행들의 컨소시엄을 통해 45억 달러를 대출 받아 세계 최대 니켈 생산 회사인 '노릴스크 니켈' 주식 25%를 사들인 바 있다. 러시아 언론의 보도에 따르면 이번 금융위기로 은행권 대출이 막히면서 스트라바그의 경우 당초 러시아에서 추진하려 했던 총 2억300만 달러 상당의 건설 프로젝트를 중단했다. 또 MICEX에서 노릴스키 니켈 주가가 계속 폭락하면서 2008년 10월 중순 현재 지난해 11월의 시가 총액과 비교할 경우 시가총액이 60%나 하락했다.

데리파스카의 사례는 소련의 경제가 자본주의 경제체제와 분절돼 운영되던 1930년대의 대공황기나 세계경제체제에 대한 편입의 정도가 비교적 적었던 1970년대의 석유파동기와는 완전히 다른 양상으로 페레스트로이카 이후 러시아 경제의 세계경제체제에의 편입 및 연동의 정도를 보여주는 사례라고 할 수 있다. 또한 획득한 지배기업 주식을 현금 유동성을 확보하기 위해 헐값에라도 팔아넘기는 모습은 러시아 올리가르히에 의한 해외투자를 러시아 국가안보전략상 자본주의 핵심 산업에 대한 지배력 강화 전략에서 비롯됐다고 보는 일부 정치적 음모설 주의자들에 대한 하나의 반증사례라고도 할 수 있다. 러시아 기업의 해외투자 및 러시아 국부펀드의 창설이 전략적 고려에 의해 움직인다는 의심은 이번 글로벌 금융위기 후 어느 정도 잠잠해졌다. 하지만 이러한 분석과 주장이 과거 중동 국부펀드나 일본 기업들의 해외투자, 그리고 중국 국부펀드의 미국 기업 인수 등을 둘러싸고 민감한 논쟁을 일으키고 미국 내 외국기업들의 투자를 제한하는 전략산업법이 존재하는 것을 감안하면 어느 정도 시간이 지나면서 다시 등장할 가능성은 상존한다고 할 수 있다.

2. 러시아 기업들의 해외투자의 성격과 특징

러시아 기업들의 해외투자와 M&A 추진은 페레스트로이카 이후부터 2000년 초까지와 2000년 중반 이후로 나눠볼 때 시기적으로 약간의 차이를 보여준다. 러시아 기업들은 1990년대 말부터 2000년대 초기엔 주로 자신들의 과거 활동무대였으며 상업적 파트너들이 존재하는 옛 소련 권 기업들과의 연계를 회복하기 위한 투자를 진행했다. 지역적으로는 주로 CIS 국가들에 집중되었으며 2000년대 중반이후 점점 선진국 시장으로 확산됐고, 최근에는 아프리카 국가들에 대한 투자도 이루어지고 있다.

러시아는 CIS국가 중에서도 2000년대 초기까지는 아르메니아, 벨라루스, 우즈베키스탄 등에 집중 투자했다. 이들이 이 지역에 집중투자 한 이유는 선진국들의 이들 국가에 대한 관심이 상대적으로 적었다는 측면도 있지만 옛 소련시절부터 맺어진 전력 및 가스 파이프 연계망이나 산업적 보완 시스템, 인적 네트워크 등이 효율적으로 작용한 측면도 있었다. 또한 러시아의 국가안보상 지정학적 중요성이 컸다는 점도 부인할 수 없다. 이 시기 러시아 기업들은 옛 소련시절 구축된 단일 에너지망의 연계를 강화하거나 에너지 생산을 위한 인프라 자산 및 공급망을 통제하거나 합병하는 방식으로 투자를 진행했다. 예를 들어 통합에너지 시스템(UES)은 아르메니아,그루지야,몰도바,우크라이나 등에 전력공급망을 확대했고 가스프롬은 카자흐스탄과 몰도바의 가스 생산시설 등과 같은 인프라 설비에 대한 지배권을 강화했다.[16] 그 결과 2000-2006년 사이 러시아의 CIS 지역에 대한 해외투자 규모에서 아르메니아 33%, 벨라루스 28%의 비중이 상당히 높게 나타남을 알 수 있다.[17] 반면 같은 CIS권이라 해도 그루지야나 우크라이나 등 친서방 성향의 국가들에 대한 투자는 상대적으로 저조했다.

하지만 투자비중의 상대적 저조를 반드시 정치적 동기, 국가전략적 목적에 의해 이루어진 것으로 단정 짓기는 상당히 어렵다. 이는 유럽연합 가

16) 러시아 통계청 자료 및 가스프롬 연차 보고서 2000, 2001, 2003년 참고.

17) 아르메니아 33%, 벨라루스 28%, 우즈베키스탄 16%, 몰도바 12%, 우크라이나 7%, 기타 CIS국가 4% 등이다. 도이치방크 리서치 2008.04.30일 참고.

입 및 나토 가입 등을 추진하는 등 적극적인 친 서방정책을 편 중부유럽지역에 대한 투자가 이 기간에 대규모로 이루어졌던 점을 고려하면 더욱 그렇다. 2002년 러시아 기업들은 중부유럽 지역에서 산업을 기반으로 이루어진 해외투자 기업 상위 25개중 5개를 차지했다.[18] 이들 지역에 대한 투자도 앞서 언급한 것처럼 25개 기업이 선도했다. 이들은 해외투자를 진행할 여력이 충분하며 과거 옛 소련 권 지역에 막강한 연계망과 사업 파트너들을 확보하고 있는 것도 사실이다. 러시아 기업의 해외투자는 이후 계속 증가해 2004년엔 투자규모가 90억 달러를 넘어섰다. UNCTAD자료를 보면 그해 러시아 기업들의 해외투자 총액은 개도국 기업들의 해외투자 총액 순위 5위를 차지한다.

2000년 이후 지속된 고유가와 원자재 가격의 상승은 이를 기반으로 한 러시아 기업들의 해외매출의 증가와 시장 지배력의 확대를 가져온다. 또 이에 따라 투자 지역의 확대도 자연스럽게 이루어진다. 그 결과 해외투자 전체 총액에서 CIS지역에 대한 투자는 시간이 지나면서 점점 하락한다.2006년 조사에 따르면 서유럽 지역에 대한 투자가 52%, CIS지역은 22% 동유럽은 11%로 나타나고 있다.[19] 해외투자의 확대의 배경에 정치 전략적 고려가 작용했다고 보기엔 상당히 어려운 점이 있다고 할 수 있다. 위에서도 언급했듯 러시아 기업들은 정치전략적 차원에서 전 세계를 상대로 투자를 전방위적으로 확대한 것이 아니라 처음엔 연고가 강한 옛 소련권(CIS 지역 및 중부유럽)에서 시작해 서유럽, 미국, 아프리카 및 다른 지역 등으로 투자를 확장시켰다. 투자분야 및 방식도 자신들의 연관 산업을 위주로 했고 주가상승 및 단기순익에 치중하기 보다는 영업능력 확대나 수직계열화를 위한 중장기적 목표가 대부분이며 M&A와 그린필드 방식의 투자를 선호한다.

바로 이러한 점을 들어 러시아 정부 당국자들과 기업 관계자들은 러시

18) "*Outward foreign direct investments byRussia enterprises*," UNCTAD TD/B/COM.3/EM.26/2/Add.4 p. 3.

19) Skolkovo. 2007년 조사.

아의 해외투자는 러시아 기업들의 경쟁력 강화를 위해 해외 기업들과의 지분 교환 및 취득·투자 등에 의해 야기된 러시아 경제의 글로벌화 현상을 반영하는 것이라는 입장이다.

러시아는 중국과 달리 해외투자에 대한 국가차원의 프로그램이 없다. 메드베데프 신임 대통령과 같은 정치 엘리트들의 독려가 있었던 것은 사실이지만 아직은 국가차원의 재정이나 펀드를 활용해 투자한 경우가 없다. 첨단기술 및 발전된 경영 노하우가 있는 서유럽지역에 대한 투자가 급증하고 있는 것도 사실이지만 이것 또한 다른 지역에 대한 투자 없이 오로지 서유럽의 전략사업에만 투자하는 것도 아니다. 또한 러시아 기업들의 해외투자 규모를 개도국만이 아닌 선진국을 포함한 전 세계 순위로 따질 경우 128개국 중 30위에 불과하다.[20]

따라서 러시아 기업들의 해외투자에 대한 과도한 우려는 선진국들이 러시아를 여선히 냉전 당시의 잠재적 적국 혹은 비우호국가의 개념으로 보는 데에서 기인한다고 볼 수도 있다. 일부 전문가들이 이야기하듯 "과거 소비에트 시절의 사고를 갖고 있는 사람들이 외국에 대한 투자를 러시아의 정치적 영향력 확대로 해석하려는 경향이 있다"고도 할 수 있다. 메드베데프 또한 당선자 시절"러시아 기업이 외국기업에 관심을 갖는 이유는 러시아 회사들의 생산효율을 높이고 새로운 시장진입을 가능케 하기 위한 것일 뿐"이라는 입장을 밝힌 바 있다.

물론 러시아 기업의 해외투자에 정치적 동기를 결부시켜 의구심을 갖고 있는 의견들도 존재한다. 이들은 가장 큰 문제로 지배구조 문제를 거론한다. 실제로 UNCTAD나 Skolkovo의 조사에서 보이듯 해외투자를 선도하는 25개 기업의 상당수는 러시아 정부가 직`간접적으로 지배하고 있다. 메드베데프 신임 러시아대통령이 가즈프롬의 이사회의장이었다는 사실은 러시아 전략산업 부분이 직간접적으로 정부의 영향력 하에 있다는 것을 상징적으로 보여준다. 따라서 러시아 정부가 지배하는 기업들의 해외투자

20) UNCTAD Outward FDI Performance Index 참고.

결정에 대한 투명성 및 독자결정권에 대한 의구심엔 나름대로의 설득력이 있다고 할 수 있다.

이러한 불투명한 지배구조의 원인인지 아니면 다른 이유에서인 지 확실치 않지만 러시아 기업들의 해외투자 및 활동 중 일부는 상업적·기술적 측면에서 기인했다고 보기 어려운 모습들도 보여준다. 가즈프롬의 투자 및 활동 패턴이 대표적이다. 가즈프롬은 순수한 상업적인 측면만이 고려되었다고 말할 수 없는 사례들을 여러 번 노출시켰다. 대표적인 것이 우크라이나에 대한 가스수출 일시중단과 드니에스테르 공화국 등 일부 분쟁지역 친러시아 공화국에 대한 지속적인 가스공급 사례다. 가즈프롬은 우크라이나와는 가스가격 문제로 수출을 일시 중단했지만 가스 공급 물량에 대한 체납금이 쌓여있는 몰도바 국경의 드니에스트르 공화국에 대해선 천연가스를 지속적으로 공급했다. 또 그루지야와 영토분쟁을 일으키고 있는 남오세티아에 대해서도 가스공급을 지속하고 있다. 이들 국가들은 모두 러시아의 국가안보상 매우 중요한 지정학적`지경학적 위치를 점하고 있다.

이러한 사례에서 보듯 가즈프롬은 러시아 정부 정책에 대한 보조적 혹은 선도적 투자와 영업활동을 진행하고 있다. 더군다나 가즈프롬은 소련 시절 정부의 한 부처로서 출발했고 가즈프롬이 우크라이나에 대한 가스수출을 중단하던 당시 이사회 의장이 후일 대통령이 되는 메드베데프 당시 제1부총리였다. 당시의 시점은 우크라이나 내에서 친서방 및 친러시아 성향의 후보들이 치열한 정치투쟁을 벌이고 있었던 때다. 때문에 가즈프롬의 행동은 분명 러시아의 우크라이나에 대한 정치적 영향력의 행사라는 측면이 강하다는 의심을 받을 수 있는 것이다.

여기다 가즈프롬 뱅크 등 계열사에 러시아 정부 및 정보기관 출신들이 다수 포진해 있고 러시아 정부는 가즈프롬의 경영을 돕기 위해 경쟁을 무시하고 특혜성 지원을 하는 것을 서슴지 않고 있다. 이러한 점들은 러시아 기업들의 해외투자에 대한 결정과정과 기업의 거버넌스가 투명하지 않다는 점을 부각시켜 부정적 여론을 확산시키는 원인이 된다.

이런 가운데 메드베데프 대통령이 러시아 정부가 설립한 국부펀드를 활용해 해외첨단산업에 대한 러시아의 공격적 투자를 천명했고 2008년 10월 이후엔 글로벌 금융위기 상황 속에서 러시아 군산복합체 등 전략산업에 대한 보호를 강조하고 나선 것이다. 메드베데프가 대통령 당선자 시절 크라스노야르스크 경제포럼에서 행한 발언과 최근 글로벌 신용경색 위기 속에서 경제적 어려움을 겪는 옛 소련 권 국가 등을 대상으로 한 러시아의 영향력 확대 전략 등으로 인해 해외투자 또한 국가적으로 전략적 고려 대상이 될 것은 분명하다. 하지만 국제유가의 급격한 하락과 상품가격의 하락, 국제적 금융위기에 몰린 외국투자은행들의 러시아 주식 내다팔기 등으로 인해 올리가르히들의 현금 유동성이 상당한 타격을 받고 있기 때문에 철강 등 국제상품가격, 석유등 전략자원의 가격의 하락이 지속될 경우엔 해외투자도 위축될 수밖에 없을 것이다.

이와 관련해 많은 분석가들은 글로벌 금융위기가 과연 얼마나 큰 파장을 러시아 루블화 및 금융시장에 미칠 것인지는 6개월이 고비라는 입장이다. 위기가 짧게 간다면 현금을 많이 보유한 러시아로서는 전 세계 각지에 널린 자산을 싼 가격에 사들일 수 있어 도움이 되겠지만 금융 위기가 진정되지 않고 유가가 50달러 이하로 떨어지면 생산원가 보다 하락하는 원유가격에 피해를 볼 석유산업에 대한 보조금 등을 지불하기 위해서라도 보유 현금을 써야 할 것이기 때문이다.

3. 러시아 국부펀드의 창설 배경과 국내외적 영향

2008년 하반기부터 전 세계 경제를 강타한 글로벌 금융위기 하에서 많은 전문가들은 러시아가 예비기금 (소위 석유안정화 기금)을 언제 헐 것인지, 국제유가의 하락 속도가 가속화돼 러시아가 예비기금의 고갈 속도가 얼마나 빨리 진행될 것인지에 대해 관심을 기울였다. 하지만 러시아 정부는 2008년에는 석유 안정화기금인 예비기금에 대해선 손을 대지 않고 있다. 2005-2008년까지의 예산안을 이미 2004년 말에 의회의 승인을 얻은

데다 유가가 하락했다고 하더라도 2008년 예산안 작성 시 상정했던 예상 유가 70$를 금년 평균으로 따질 경우 상회하고 있기 때문이다.

그러나 2008년 10월 이후 유가가 급락하면서 배럴당 60달러를 밑돌자 러시아 정부는 이 상태가 지속될 경우 2009년도에는 예비기금에서 재정지출을 보완할 필요가 있음을 분명히 하고 있다. 가장 큰 이유는 3년 단위로 편성돼 상원과 하원의 심의를 받는 러시아 연방예산의 세입부분이 국제유가의 하락에 따라 상당부분 예측과 달리 진행될 것이기 때문이다. 러시아 정부는 2009-2011년도 예산안을 입안하면서 재정수입에 절대적 영향을 미치는 유가의 기준을 2009년에는 95$, 2010년에는 90$, 2011년에는 88$로 상정했었다.

하지만 이후 유가가 급락해 이의 수정이 불가피한 상황이며 이럴 경우 러시아 재정수입에 손실이 발생하고 이를 위해선 연방 예비기금을 헐어야만 하는 상황이다. 이와 관련해 러시아 재무장관이자 예비기금 등의 운용 책임을 맡고 있는 알렉세이 쿠드린 부총리는 지난 2008년 11월 12일 연방회의(상원) 예산위원회에 출석해 유가 예상치를 2009년도에는 50$, 2010년은 55$, 2011년에는 60$로 보고했다. 그러면서 그는 연방예산의 세입이 줄어들 수밖에 없지만 2009-2011년 예산은 계획대로 집행될 것이며 차액은 예비기금에서 충당하겠다고 밝혔다. 또한 연금기금 등 기타 기금 등의 보장을 위해 예비기금을 활용할 뜻을 분명히 했다.[21] 만약 유가가 재급등하지 않는다면 러시아는 석유안정화 자금인 예비기금 운용 후 처음으로 이를 헐게 되는 상황이다. 하지만 쿠드린의 이와 같은 예상은 국제에너지기구의 수정전망치인 2009년 1배럴당 80$보다 훨씬 낮은 것이다.[22]

러시아 경제에서 중요한 역할을 담당할 러시아의 국부펀드와 예비기금(석유안정화 기금)이 과연 어떤 식으로 운용되고 있는지, 앞으로 언제 이것을 활용할 것인지에 대해선 그 창설 배경부터 살펴보아야한다.

---

21) "Резервный фонд будет страховать обязательства внебюджетных госфондов," РИА Новости (2008.11.11).

22) 'В 2009 году нефть будет стоить 80 долларов за баррель - прогноз МЭА,' РИА Новости(2008.11.13).

예비기금은 국제고유가 현상에 대처하기 위한 러시아의 정책적 판단에 의해 창설됐다. 잘 알려져 있다시피 러시아가 국제 고유가로 인한 혜택을 본격적으로 받기 시작한 것은 2000년 이후다. 당시 급상승하는 원유가는 소련해체 후 처음으로 러시아 정부의 재정운용에 숨통을 틔워줬고 1997년 말 이후 흔들렸던 러시아 금융 산업의 안정화에도 상당한 기여를 하게 된다. 이러한 분위기에서 러시아 정부는 2004년 1월 1일 정부 결의를 통해 '러시아연방 안정화기금 설립'을 결정한다. 이는 고유가로 인한 경상수지 흑자와 연방예산의 안정적 운용이 장기적으로 지속되기 위해서는 국제 유가가 하락할 경우를 대비한 예방적 조치가 필요했고 그러한 대비책의 하나로서 노르웨이 등을 벤치마킹해 안정화기금을 설립한 것이다. 특히 브레즈네프 서기장 시절 석유수입의 급증을 제대로 활용하지 못해 앰플 주사 효과로 그친 후 러시아 경제가 장기적인 침체에 빠졌던 경험이 있었기에 러시아 정부의 결정은 큰 지지를 받았다.

| 표 2 | 러시아 안정화 기금의 연도별 총액 및 내역 (단위: 10억 루블)

	2004	2005	2006	2007	2008년1월	합계
수입	522.3	1,387.9	1,708.6	1,896.0	0.0	5,514.8
원유세수	416.3	1,170.7	1,637.8	1,587.4	0.0	4,812.2
채굴세	175.5	507.3	646.7	674.7	0.0	2,004.2
수출관세	240.8	663.4	991.2	912.7	0.0	2,808.1
운용수익	0.0	0.0	23.0	151.9	0.0	174.9
연방예산 연초잔고편입	106.0	217.2	47.8	156.7	0.0	527.7
지출	0.0	673.1	604.7	333.7	0.0	1,611.5
채무지불	0.0	643.1	604.7	33.7	0.0	1,281.5
파리클럽	0.0	425.8	604.7	0.0	0.0	1,030.5
기타	0.0	217.3	0.0	33.7	0.0	251.0
러시아연금기금	0.0	30.0	0.0	0.0	0.0	30.0
국가코퍼레이션 등에 대한 편입	0.0	0.0	0.0	300.0	0.0	300.0
환율손익	0.0	▲ 0.1	6.0	▲ 60.1	2.7	▲ 51.5
기말잔고/루블	522.3	1,237.0	2,346.9	3,849.1	3,851.8	…
기말잔고 /(10억 달러)	18.8	43.0	89.1	156.8	157.4	…

자료: 러 재무부 및 도이치방크 리서치 DB. ロシアNIS調査月報, 2008년 5월호.

당시 러시아는 우랄산 석유의 가격이 1배럴당 20달러 이하로 떨어질 것을 대비했다. 하지만 이후 유가가 지속적으로 상승하면서 러시아 정부는 안정화기금의 활용시점을 우랄산 원유의 가격이 1배럴당 27달러 이하로 떨어지는 때로 정하고 이를 기준점으로 삼아 기금을 운용하고 있다. 이 때문에 글로벌금융위기의 와중에서도 석유안정화기금에 대해서는 손을 대지 않고 있다.

2004년 당시 러시아 정부는 안정화기금을 국내 인플레 등에 영향을 미치지 않게 해외국채 등에 투자하겠다는 원칙을 세우면서도 기금의 총액이 5000억 루블을 초과할 경우 그 초과분에 한해 당해년도의 재정에 편입시켜 활용한다는 방침을 정했다. 러시아 정부의 이러한 방침은 국제유가의 급격한 상승으로 인해 석유 수출세 및 채굴세 등이 급증하면서 불과 1년도 안 돼 2004년 말에 달성된다. 문제는 5000억 루블을 돌파한 이후에도 안정화 기금이 급격한 증가세를 멈추지 않아 안정화기금은 출범부터 운용 및 활용방안을 전반적으로 재점검해야하는 상황이 됐다는 것이다. 때문에 이의 활용방안을 둘러싸고 러시아 정치권 및 각 부처, 경제전문가들 사이에 극심한 논쟁이 벌어지는 것은 지극히 당연한 일이었다.

일부에서는 낙후되어있는 인프라 사업에 투자해야한다는 주장을 폈고, 일부에서는 그럴 경우 현금유동성이 증가해 인플레가 극심해 질 것이므로 먼저 이자비용이 커지고 있는 해외채무를 우선적으로 상환해야한다고 주장했다.[23)]

이러한 격렬한 논쟁을 거쳐 러시아 정부는 소련시절부터 러시아 재정 및 사회 안정에 크게 기여해 오던 러시아 연금기금의 적자를 보전하고 IMF로부터 도입한 외채 잔액을 조기상환하는 등의 결정을 했다.[24)] 또한

23) 2007년 5월 21일 푸틴은 당시 하락하고 있던 가즈프롬, 로스네프치 등 러시아 주요 기업들의 주가가 하락하자 정부에 러시아 블루칩에 대한 안정화 기금의 투자를 촉구한 바 있다. 하지만 이후 인플레 우려 등을 들어 러 재무부 등은 국부펀드 및 예비기금의 국내 투자를 사실상 금하고 있다. 당시의 결정은 펀드자산 운용을 둘러싼 논쟁에서 전문가 집단의 승리로 기록된다.

24) 러시아 정부는 1992년 8월부터 1999년까지 9차례에 걸쳐 IMF로부터 총 153억 달러의 외채를 도입했는데, 이중 남아있던 33억 3천만 달러를 안정화기금의 액수가 급격히 불어나자

브네슈에코놈방크로부터 러시아 재무부가 1998-1999년에 빌렸던 43억 달러를 상환했다.

| 표 3 | 2005년 러시아 안정화기금 현금 운용표

사용처	규모 (10억 달러)
IMF에 대한 조기상환	3.33
파리클럽 회원국 부채 1차분 상환	15
1998-1999년 러 재무부가 외채 상환을 위해 브네슈에코놈방크로 부터 차입한 원리금 상환	4.3
러시아 연금기금 적자 보전	1.04

자료: 러 재무부 웹사이트 및 ロシアN I S調査月報, 2008년 5월호.

2005-2006년 대규모의 자금이 채무재조정 등에 사용되었지만 이러한 경향은 2007년에 들어서는 감소했다. 2007년엔 337억 루블만이 채무 재조정 등을 위해 지출된 반면 새로운 형태의 국가 투자가 이루어졌다. 또 2007년 11월 2일 연방법 제 246호를 통해 2007년 연방예산수정을 단행하고 국가주도로 설립한 국영기업들에 대해 3000억 루블의 투자를 단행했다. 즉 브네슈에코놈방크의 자본금 증액을 이룩하고 여기에 1800억 루블을 추가 출자했고 로시야나노테크놀로지에 300억 달러를 투자했으며 투자기금용도로 900억 루블을 출자한 것이다. 하지만 이러한 출자에도 불구하고 안정화기금이 국제고유가 등으로 인해 급격히 증가하면서 러시아 정부는 새로운 고민에 빠졌다. 급격한 증가를 막기 위해 러시아 정부는 원유관련 수출세를 경감시키기도 했다. 이는 신규유전 개발과 관련한 석유회사들의 자금소날을 원활하게 하기 위한 측면도 고려한 것이다.

하지만 급격한 고유가 현상은 러시아의 외환보유고와 안정화기금의 총

조기상환한 것이다. 러시아는 이후 2006년 8월 21일 옛 소련시절 국제 채권국 모임인 파리클럽에 지고 있던 외채 237억 달러를 조기지급 완료한다. 하지만 한국 등 파리클럽에 소속되지 않은 개별 19개 국가들에 대한 채무는 양자 간 협상을 통해 해결하겠다는 입장이어서 아직 상환이 완료되지 않고 있다.

액을 눈덩이처럼 불렸고 안정화기금 활용을 둘러싼 논쟁은 2008년 들어 재차 격렬하게 재연됐다. 또한 외환보유액 규모의 적정성 논란과 상관없이 러시아 내에서 국제원자재 가격의 급등 및 미국의 경상수지적자의 지속, 그리고 약 달러화 현상 등으로 인해 러시아가 외환보유액을 지나치게 안정성을 고려한 국채위주로 운용하는 것은 문제가 있다는 주장들이 힘을 얻어가면서 러시아에서 국부펀드를 만들어 높은 수익을 얻어야한다는 주장이 설득력을 갖기 시작했다.

여기에 국부펀드를 창설해 투자에 나선 나라들로 중국, 아랍에미리트 등은 물론이고 한국, 싱가폴, 노르웨이등 주요 선진 권 국가들이 있고 최근 들어선 일본도 이를 검토 하고 있다는 사실도 러시아 지도부에 국부펀드 결성 필요성을 강하게 인식시켰다고 할 수 있다. 결국 러시아는 2007년 하반기부터 면밀한 내부검토를 거쳐 2008년 2월 1일을 기준으로 석유안정화기금을 예비기금과 국부펀드로 나누기로 결정한다. 이렇게 해서 2008년 2월을 기준으로 해서 1300억 달러 규모의 안정화 기금과 320억 달러 규모의 국부펀드가 탄생하게 된 것이다.

현재 러시아의 외환보유액 5560억 달러(2008년 9월 IMF기준)[25]는 러시아 GDP의 1/3을 넘어선다. 그러나 외환시장 방어와 원유가 등의 하락으로 인해 2008년 11월 초에는 5천백억 달러 선으로 줄어들었고 원유가 및 철강비철금속 등의 가격이 계속 하락할 경우 러시아 무역수지의 흑자폭이 대폭 줄어들면서 보유액의 규모도 변동이 불가피해 보인다. 특히 환율 방어에 대한 푸틴 총리 등 러시아 고위층의 집착이 계속 유지될 경우 외환보유고의 급격한 감소도 예상된다.

2008년 2월 1일을 기해 러시아 정부가 러시아연방 안정화기금을 두 개로 나눠 1300억 달러 규모의 예비기금과 320억 달러 규모의 국부펀드로 운용하기로 했다고 발표한 후 러시아는 새롭게 국부펀드를 운용하는 국가군에 합류했다. 러시아의 국부펀드 창설에 대해 국제사회는 매우 민감하

25) http://www.imf.org.

게 반응했다. 이미 아랍에미리트 연방 및 중국, 싱가포르, 노르웨이 등의 국부펀드의 영향력이 커져가고 있는 가운데 대표적인 비자본주의 권 국가이자 자원부국인 러시아도 국부펀드를 만들어 공격적 해외투자에 나선다고 발표했기 때문이다. 특히 미국의 서브 프라임 모기지 사태 후 블랙스톤이나 시티뱅크 등 서방 투자은행 및 금융기관, 전략적 사업체등에 대한 중국의 공격적 투자와 지분인수에 대한 우려 섞인 시선들이 증가하는 가운데 러시아마저 석유와 지하자원으로 벌어들인 외화를 사용해 전략적 사업에 대한 투자에 나선다고 하기 때문에 러시아의 전략적 고려에 대한 관심과 우려가 증대했던 것이 사실이다.

이 때문에 미 하원에서도 관련 상임위 등을 중심으로 청문회를 개최하기도 했으며 전 세계적으로 선진국을 중심으로 국부펀드의 행태에 대한 부정적 여론이 증가하고 있어 국부펀드의 영향력 증대에 대한 관심은 이제는 단순한 경제적 이슈가 아니라 외교안보적 이슈로도 변모하고 있다.2008년 초 다보스 포럼에서도 이러한 관심은 매우 높아 세르게이 쿠드린 재무장관은 이 문제에 대한 질문에 시달리기도 했다. 그러면 러시아는 왜 새롭게 국부펀드를 만들었을까. 석유안정화기금의 목표가 다했기 때문인가? 아니면 풍부한 자금력을 가지고 서방에 대한 경제적 침공을 감행하려는 이유때문인가?

미국 등 선진국의 우려는 경제적 침공이라는 데 맞춰져 있다. 비록 미국을 비롯한 선진국들이 국제자본의 이동과 글로벌 M&A를 통한 경제적 상호의존의 증대 등을 외치고는 있지만 국가안보적 측면을 강조해 전략산업 분야에 대한 외국의 투자를 규제하는 법률을 갖고 있는 이들은 러시아의 국부펀드가 출현하자 다시 한 번 적성국 혹은 자본주의와 시장경제 체제라는 두 가지 핵심가치에 대해 이견이 있는 국가들의 선진국 전략산업 분야에 대한 투자에 매우 민감한 반응을 보였다. 이는 물론 러시아에 대해서만은 아니다. 하지만 미국 등 선진국은 러시아와 중국 중동 산유국들이 국부펀드를 형성해 미국 등 선진국 주요 산업체에 대한 적극적인 공세에 나서자 IMF와 세계은행 등이 나서서 국부펀드의 행동규범을 제정해 줄 것을 요구하고 나섰다. 문제는 수많은 국부펀드와 수 십 년에 걸친 개도국 및 해외기업들의 선진국 기업들에 대한 투자사례가 있음에도 불구하고 러시아의 국부펀드 및 투자패턴에 유독 민감한 경계심이 일어나고 있다는 것이다.

그 이유에 대해 필자는 시기의 민감성이 크게 작용하지 않았는가 하는 생각이다. 러시아 기업들의 해외투자와 국부펀드 창설시점이 중국의 공격적 해외투자와 에너지 확보전을 둘러싸고 벌어지는 각국의 전략산업 확보를 위한 국가적 투자경쟁이 경계심을 일으키고 있는 시점에 겹쳐졌다는 점이다. 여기다 러시아의 국부펀드는 대부분의 국가가 국제고유가 및 원자재 가격 급등에 따른 손해를 보고 있고, 이에 따라 국제 경제에도 큰 어려움이 야기된 상황에서 고유가의 혜택으로 조성됐다는 측면도 있다. 러시아의 국부펀드는 원유와 천연자원 수출 및 채굴세 등에 의존해 조성된 상품펀드(commodity fund)인데 이러한 자산을 기반으로 해외 기업에 대한 인수합병을 시도하기 때문에 당하는 입장에서는 심리적으로 경계심이 발동될 수 있다고 볼 수 있다. 또한 냉전시절 이미지를 갖고 있는 일부 여론 주도층에 러시아의 영향력이 강해진다는 두려움을 야기한다는 점과 러시아가 자국 내 에너지 분야 인프라를 확보한 후 이를 배타적으로 지배하는 형식으로 러시아의 영향력을 강화하면서 서방국가들에 대해 접근권을 용인하지 않는 상황도 부정적 여론을 일으키는 이유라고 할 수 있다.

하지만 러시아 국부펀드나 러시아 기업들의 투자가 해외 전략산업에 대한 장악을 목적으로 한 치밀한 국가적 전략 하에 만들어졌다고 보기엔 다소 무리가 따른다고 할 수 있다. 푸틴이나 메드베데프의 해외투자 촉구 발언과 이에 부응한 러시아 올리가르히들의 대외투자 증가추세, 미 하원과 유럽의회 등에서의 국부펀드 규제조치 논의 등이 국가이익과 연관해 전략적 관심을 끄는 것은 사실이다. 하지만 러시아 기업들의 대외투자만을 놓고 볼 때엔 러시아 정치권과 국가전략적 관점에 의해서 설명되기보다는 경제적 관점에 의해 설명하기가 더 편리한 요소들이 많다. 러시아의 대외투자는 2000년 이후 꾸준히 증대되어 왔다. 비록 러시아를 대표하는 25개

기업들의 대외투자가 최근 몇 년 사이 대폭적으로 증가해 2006년의 경우 개도국의 해외투자 순위 중 러시아를 3위로 올려놓은 것은 사실이다. 그러나 러시아 기업들의 대외투자도 다른 그들의 경쟁자들과 마찬가지로 포트폴리오 분산이나 국제 경쟁력 제고를 위한 지역협력 거점확보, 원료확보형, 시장확대형 투자의 성격을 강하게 가지고 있는 것을 부인할 수 없다.

SKOLKOVO의 2007년 조사가 보여주듯 러시아의 다국적 기업들의 해외투자 규모는 개별적으로 보았을 때 서방이나 다른 개도국 경쟁기업들과 비교해 비교적 적은 규모이다.25개 기업 중 100억 달러가 넘는 해외자산을 보유하고 있는 기업은 루코일(약 18억 9천만 달러)과 가즈프롬(약 10억 5천만 달러)뿐이다. 반면 수출을 포함한 25개 기업의 해외매출 규모는 2천억 달러 규모다. 또한 이들 25개 기업들의 국내 자산 취득 및 성장률, 그리고 고용율의 경우도 2004-2006년 사이에 비약적으로 늘어 국내 매출 규모는 평균 60% ,국내 고용인원은 평균 20% 정도 늘었다. 이에 따라 UNCTAD의 다국적성 지수(Transnationality Index)도 2004년의 27%에 비해 미미한 증가라고 할 수 있는 2006년 기준 30% 정도다. 그리고 2000년 이후 이들 25개 기업 중 9개 기업이 런던 주식시장에 그리고 그들 중 2개사는 뉴욕주식시장에 상장되어있다. 러시아 기업들의 해외투자가 러시아 기업의 국제화 추세와 연관이 있다는 설명에 설득력이 더해지는 근거들이라고 할 수 있다.

물론 미국과 유럽국가들은 러시아의 국부펀드 설치에 대해 대단히 민감한 반응을 보이고 있다. 마이클 맥코넬 미 국가정보국장은 2008년 2월 하원 청문회에 출석, "러시아와 중국 석유수출국 기구들의 재정능력이 정치적 목적을 위한 지렛대로 사용되고 있다"고 말하는 등 러시아 국부 펀드 및 기업들의 해외투자에 대한 불안감과 의구심을 반영하고 있다.[26]

룩셈부르그 재무장관인 장 클로드 융커는 "러시아 정부와 연계된 펀드가 유럽을 휘젓는 데 빈해 유럽기업들은 러시아에서 그러한 활동을 하지

26) 이 부분과 관련해서는 미 하원 웹사이트 http://wwws.house.gov 참고

못한다는 현실은 상호주의적이지 않다는 측면에서 받아들이기 어렵다는 입장을 피력했다. 유럽과 미국은 특히 가즈프롬 등과 같은 러시아의 국영 기업들이 대외정책의 한 수단이라는 측면을 강하게 인식하고 있다. 하지만 이런 우려는 독일, 프랑스에서 상대적으로 더 적다. 그 이유는 이들 국가기업들 E.ON, BASF, Total, Gaz de France 등이 가즈프롬 등과 같은 러시아 에너지 기업들과 20-30년에 걸친 장기 협력계약을 체결한 데에서도 기인한다고 할 수 있다. 때문에 단순히 시장이나 상업적 측면만을 따르는 반응이라고 볼 수 가 없다.

러시아의 해외투자를 놓고 벌어지고 있는 이와 같은 국내외적 논쟁은 냉전의 종식으로 국제정치에서 경제적 이슈가 얼마나 중요해 졌는지를 보여주는 상징이라고 할 수 있다. 마오쩌뚱은 중국 혁명 후 권력은 총구에서 나온다고 말했지만 세계는 1973년 석유파동 후 권력은 석유에서도 나올 수 있음을 알게 됐다. 그리고 2006년 이후엔 천연가스에 의해서도 나온다는 사실을 러시아의 가즈프롬이 입증한 바 있다. 러시아 기업들의 경제적 행동이 국제정치에서 외교안보 문제로 부각된 사례는 위에 언급한 가즈프롬의 우크라이나에 대한 천연가스 수출 중단 때 극적인 형태로 나타났다. 하지만 CIS국가 상당수는 가스만이 아니라 전기, 물류망, 통신망 등 상당한 인프라를 러시아에 의존하고 있다. 우크라이나에 대한 러시아의 영향력이 과거의 역사적·군사적·기술적 연계에서만 오지 않고 이제는 권력자원으로서의 가스 및 에너지에 의해서도 투사되는 것을 목격한 것처럼 CIS 국가들에 대한 가즈프롬을 비롯한 25개 러시아의 선도 해외투자기업들의 투자패턴과 내용이 상업적 측면 때문인지 외교안보 정책의 한 수단으로서도 기능하는 지는 보는 이의 관점에 따라 달라질 수 있다.

경제위기는 권력관계와 국가 간 영향력의 범위를 새롭게 변화시키기도 한다. 글로벌 금융위기 후 아이슬란드가 러시아에 긴급히 지원자금을 요청했던 것이 상징적으로 보여주듯 CIS국가들은 풍부한 유동성을 가지고 있는 러시아에 도움을 호소하고 있다. 비록 우크라이나, 벨로루시 등이 IMF 구제금융을 요청하고 일부는 지원을 받기도 했지만 이들 경제가 러시아에 의존하는 정도는 생각보다 훨씬 크다는 게 전문가들의 생각이다. 이런 면에서 지난 2008년 10월 23일 우크라이나 기업체들이 러시아와의 거래에서 기존의 달러 대신 루블화로 결제하기로 결정한 것은 시사하는 바가 매우 크다고 할 수 있다. 바딤 푸시카레프 VTB 은행 우크라이나의 이사회 의장은 러시아 루블화가 조만간 기축통화가 될 것이라고 믿는다며 "수년 내에 러시아 루블화가 위상을 확보해 세계의 제3 통화가 될 것"이라고 말했다. 그는 "유럽은 제2의 통화를 찾게 되고 결국 루블화를 선택한다"고 주장했다. 그는 또 2,3년 후에는 러시아가 석유와 천연가스 판매 대금을 루블화로 결제할 것으로 확신한다고 말했다.[27)]

러시아의 해외투자(선도 기업 25개+국부펀드)가 러시아의 외교안보 정책의 한 수단으로 작용하는 지에 대한 평가를 하려면 투자의 동기와 목표 그리고 결과가 국가의 정책 목표에 얼마나 부합했는지를 평가해야한다. 전체적으로 볼 때 아직은 판단을 내리기엔 러시아의 해외투자의 역사나 행동을 검토할 시간이 짧아 보인다. 비록 가즈프롬의 예에서 보듯 러시아 외교안보정책의 한 수단으로서 기능하고 있다는 의심이 드는 부분이 있지만 그렇다고 전체를 그렇게 볼 수만도 없다.

때문에 러시아의 국부펀드나 선도 기업 25개의 해외투자에 지나치게 민감한 반응을 보여 외자 혐오증이나 국가보호주의 정책을 쓰는 것은 장기적으로 선진국에도 도움이 되지 못한다. 이런 점에서 최근 글로벌 금융위기 하에서 러시아 해외투자를 선도했던 올리가르히들이 투자지분 등을 헐값에 내놓은 사례들이나 선진국에서 큰 의구심을 보이는 중국의 국부펀드 및 국가기업들의 해외투자 사례 중 블랙스톤 케이스 등은 시사하는 바가 크다고 할 수 있다. 중국은 블랙스톤의 지분 10%를 기업공개가격의 95.5%로 취득했으나 이후 서브 프라임 모기지 사태 발생으로 30%이상 되는 손해를 입었다. 80년대 록펠러 센터의 절반을 샀던 일본 미쯔비시는 미국 내 부동산 투기가 정점에 달하던 시섬에 고가로 이를 매입 그 후 부동

27) "우크라이나, 달러 대신 루블화 결제," 연합뉴스 (2008.10.23).

산 가격이 하락하면서 큰 투자손실을 보았다. 이러한 사례에서 보듯 지나친 투자 장벽과 간섭은 미국 및 선진국 경제의 보호주의 장벽을 높임으로써 경제에 악영향을 미칠 수 있다고 할 수 있다. 28)

4. 러시아의 해외투자, 그리고 국가펀드 성격 논쟁

러시아의 해외투자를 선도하고 있는 기업 대부분이 급등하고 있는 유가와 천연자원 가격에 힘입어 부를 축적한 기업들이다. 이들은 이를 기반으로 주로 유럽 선진국 기업에 대한 자산취득이나 유통망, 기술, 경영노하우 등에 집중적으로 투자하고 있다. 이러한 상황은 국제유가의 급격한 하락과 상품가격의 하락으로 인해 올리가르히들이 큰 손해를 입고 있기 때문에 최근 들어 상당히 둔화되고 있다.

블룸버그 통신 등에 따르면 러시아 주가가 최고점에 도달했던 지난 2008년 5월19일부터 지난 2008년 10월 6일 사이 러시아 주식시장에 상장된 기업들의 전체 주식 가치가 61% 하락했다. 그 결과 지난 5월 '포브스'지 선정 러시아 갑부 순위 25위에 든 억만장자들의 지난 5개월간의 재산 손실액도 거의 2천300억 달러에 달했다. 대표적 올리가르히인 '노보리페츠크 철강' 회장인 블라디미르 리신은 이 기간 220억 달러를 잃었고 영국 축구 클럽 '첼시' 구단주이자 철강기업 예브라즈의 대주주인 로만 아브라모비치는 203억 달러의 손실을 봤다. 올레그 데리파스카도 투자하고 있는 업체들의 주식이 폭락하면서 160억 달러를 날렸다. 1990년대 초 사유화, 1998년 금융위기 이후 국영화 과정에서 정권과 영합해 상당한 부를 축적한 이들 올리가르히(과두재벌)들도 이번 금융위기에 상처를 받으면서 러시아에서 다시 국가의 권한이 강화되고 있고 전략산업을 중심으로 국가가 최대주주 위치를 차지하고 인사권을 장악하고 있는 국가 코퍼레이션의 영향력이 증대하고 있다.

---

28) Daniella Markheim, "Sovereign Wealth Funds and U.S. National Security," Heritage Lectures (2008.02.07).

앞에서도 언급했지만 현재 러시아의 해외투자를 선도하고 있는 기업들 대부분은 <표 1>에서 보듯 국가와 긴밀한 관계를 맺고 있는 석유·가스·철강 등 전략적 산업체를 기반으로 한 기업들이다. 때문에 이들은 전 세계적인 상품가격 하락에 따라 현금 유보 및 유동성에서 심각한 타격을 입고 있으며 이는 해외투자에 대한 위축을 가져올 것이다. 이러한 현상은 러시아 국부펀드를 비롯한 개도국 펀드에 대한 선진국의 의구심을 상당부분 약화시킬 것이다.

그러나 개도국 소위 이머징 마켓 국가들의 해외투자는 어제 오늘의 일이 아니다. 1950년대부터 외국기업들의 무역흑자 자금이 본격적으로 미국 등 선진국에 투자됐으며 오일 머니에 기반한 국부펀드를 만들어 선진국 시장에 투자를 한 중동 국가들의 역사도 이미 30년이 넘는다. 싱가포르 같은 아시아 국가들도 역시 국부펀드를 활용해 세계 금융시장에서 선전하고 있다. 사무엘 존슨에 따르면 국부펀드는 1950년대부터 존재해왔으며 지난 10-15년 기간 동안 비약적으로 그 규모가 커졌다. 1990년 국부펀드의 규모는 약 5천억 달러에 달했고 현재는 2-3조 달러 규모다. 물론 국부펀드 규모는 연구자에 따라 달라 약 1.9조 달러에서 2조5천억 달러 규모로 보는 이도 있다. 국부펀드는 현재의 추세대로라면 2012년에는 10조 규모에 달할 것으로 보이며 2015년에는 약 12조 달러 규모에 달할 것으로 예측된다. 이 규모는 2007년 미국의 국내 GDP에 맞먹는 것이다.[29)]

러시아 국부펀드는 중국 등 개도국의 '국부펀드'에 대한 미국 등 선진국의 경계심이 높아지는 가운데 창설됐고 메드베데프, 푸틴 등 국가지도자가 나서서 해외첨단기업 등에 대한 적극적 투자를 촉구해 선진국 여론 주도층을 중심으로 한 부정적 여론을 야기한 바 있다. 미국 등 선진국들은 개도국이 '국부펀드'를 전략적으로 이용할 경우 국가안보에도 악영향을 미칠 것이라는 경계심을 풀지 않고 있으며 이는 앞서 언급한 사르코지 프랑스 대통령의 프랑스 국부펀드 창설 추진 선언에서도 나타난 바 있다. 또

29) Simon Johnson, "The Rise of Sovereign Wealth Funds," IMF 2007.09, http://www.imf.org.

한 중동의 '두바이 포트 월드'가 미국 내 주요 항만에 대한 운영권을 사들이려고 했을 때 미국은 9`11이후 강화된 국가안보 개념과 분위기를 살려 이를 좌절시킨 바 있다. 중국도 석유기업 유노칼을 인수하려 했으나 역시 부정적 여론에 밀려 이를 포기한 바 있다. 실제로 IMF는 유가 등 국제 원자재 가격이 하락할 경우 산유국등 원자재 생산국이 국부펀드를 활용해 가격흐름을 바꿀 수 있다는 우려를 발하기도 했다. 이 때문에 2006년 이후 미국은 기존에 존재하는 EXON-FLORIO법을 개정하여 국부펀드 등 외국 정부 또는 대리인에 의한 미국 기업에 대한 투자도 외국인 투자관련 필수 조사대상에 포함시키기도 했다. 또 EU는 유럽금융위원회 위원장인 알무니아(Joaquin Almunia)의 발언을 통해 유럽 내 주요 전략자원,(가스 및 전력 사업-필자 주)에 대한 국부펀드의 투자를 제한할 계획을 갖고 있다고 밝혔다. 독일 또한 미국의 외국인투자위원회(CFIUS)와 같은 감시기구 설립을 추진하고 있다.[30)]

국부펀드를 비롯한 해외투자자본의 영향에 대해서는 많은 선행연구들이 있다. 그러나 적어도 지난 수 십 년 동안 미국경제 그리고 선진국 경제는 개도국의 잉여자금이 투자의 형태로 유입되지 않았다면 경제의 혁신 등에 있어 상당한 어려움에 직면했을 것이라는 게 중론이다.[31)]

때문에 러시아의 해외투자의 적극화를 선도할 국부펀드 창설을 둘러싸고 벌어졌던 유럽 및 미국의 반응이 과연 국가안보적 측면에서의 정당성을 갖는 것인지, 아니면 외국자본에 대한 주기적인 공포심에 기반한 보호주의의 발로인지는 논란의 여지가 있다고 할 수 있다.

물론 러시아의 해외투자와 국부펀드에 대해 부정적 여론이 고개를 들고

---

30) 이와 관련해서는 미하원 웹사이트 http://wwws.house.gov, 크리스천사이언스 모니터지 2008.03.12일자 "In global capital markets, Russia eyes larger role," 및 코메르산트 2007.11.30일자 "EC ограничит России суверенность инвестиций,Еврокомиссия готовит правила вложений госструктур третьих стран,"참고.

31) Edward M. Graham and David M. Marchick, "US National Security and FDI," IIE(2006) 및 Kenneth Rogoff, 'Foreign holdings of U.S debt:Is Our Economy Vulnerable?' http://budget.house.gov.

있는 데에는 나름대로의 이유가 있었다. 우선 무엇보다 러시아 기업들의 거버넌스의 투명성 문제다. 러시아의 해외투자를 선도하는 기업들 중 일부는 그 성격이 민간기업인지 국영기업인지, 그리고 이들의 투자가 순수한 상업적인 것인지 아니면 다른 국가전략적 정치적 목표에 의한 것인지에 대한 의구심을 불러일으킬 만한 요소를 갖고 있다. 잘 알려져 있다시피 러시아의 전략산업 이사회는 대부분 크렘린 내 실세들과 관련 부처 장관들이 장악하고 있다. 러시아의 해외투자는 과연 국가전략적 차원에서 이루어졌던 것인가, 또한 현재의 국제적 금융위기 하에서 일시적 침체의 모습을 보이겠지만 조만간 다시 공격적 투자를 나설 것이며 이를 둘러싼 논란은 다시 격화될 것인가 아니면 국제화와 상업적 측면에서 이루어진 투자를 놓고 유럽 및 선진국의 반응이 지나치게 정치적인 것인가 하는 질문에 대한 대답은 아직 더 시간을 필요로 할 지 모른다.

Ⅲ. 러시아 세계화의 방향과 모델, 전략 그리고 시사점

지리적 측면과 문명적 측면에서 볼 때 러시아의 역대 지도자들 중 특히 계몽군주로 평가받는 지도자들은 그가 어느 시대의 인물이었든 가의 여부와 상관없이 러시아 개방과 국제화의 모델로서 유럽을 강력하게 선망했다. 물론 러시아의 유럽화 혹은 세계화의 표상으로서의 유럽은 다양한 목표로서 존재했다. 예를 들어 유럽형 모델을 기초로 국가의 행정제도 등을 선진화하고자 했던 시도는 유럽을 제도의 전범(典範)으로 규정한 사례였다. 반면 유럽을 인권과 국가개입의 제한, 관용 등 가치적 개념과 이념의 진범으로 삼아 이를 구현하고자 하는 시도는 유럽을 러시아 세계화의 이념적 지향으로 삼은 사례라고 할 수 있다. 또한 지리적 인접성과 기독교 문명을 기초로 한다는 문화적 동질성을 기초로 해 동시대 유럽의 일원으로서 국제기구나 각종 회의, 유럽 왕조와의 결혼을 통한 혈연적, 문화적 동질성을 시도한 사례들은 정서적 접근의 대상으로서 유럽을 삼은 것이라고 할 수 있다.

표트르 대제와 푸틴의 모습, 그리고 소련시절 및 러시아 역사 전체를 통틀어 가장 강력한 서구화주의자 중 한명으로 꼽힐 고르바초프에 이르기까지 러시아는 동양국가들이 중국을 다양한 모델로서 상정했듯 동시대의 유럽을 러시아가 추구해야할 발달된 제도, 부강한 문명, 강력한 안보의 모델로서 간주했다. 또한 러시아의 지식인들은 유럽의 가치와 관용에 흠뻑 젖어 유럽의 일원으로서의 러시아를 추구하고 지향했다고 할 수 있다.

수세기 동안 러시아와 유럽 사이에서 진행된 그리고 현재도 진행되고 있는 러시아는 유럽의 일원인가 아니면 유럽 밖의 세력인가 하는 질문은 러시아의 국제화 노력과 성과에 대한 평가에 따라 다양하게 달라질 수 있다고 할 수 있다. 이 문제에 대한 대답이 쉽지 않은 이유는 여러 가지가 있지만 그것이 지리적 질문에 대한 대답과 문명적 성격에 대한 질문을 동시에 포함하고 있기 때문이다.

지리적으로나 문명적으로 볼 때 러시아는 이미 16세기 이후 하나의 문명권에 소속된 국가가 아니라 유럽과 아시아의 경계를 넘나드는 유라시아의 대국으로서, 아시아의 상당부분을 영토로 포함시키는 대제국으로서 수백 년을 존재해왔다. 러시아의 국제화 혹은 세계화의 특징 중 하나는 러시아가 유라시아에 펼쳐진 대륙국으로서 다민족적 다문명적 성격의 국가로서 기능해왔고, 13세기부터 15세기말 까지는 동시대 유럽과 완전히 단절된 채 아시아 세력인 몽골의 지배하에 있었고 러시아 영토의 절반 이상과 역사의 상당기간을 아시아와 밀접한 연관을 맺었음에도 불구하고 러시아의 세계화 혹은 국제화의 시도가 항상 유럽 쪽에 치중되어 있었다는 것이다. 이는 동시대 유럽인들이 러시아적 가치의 상당부분을 비유럽적으로 간주함에도 불구하고 러시아가 일관되게 '유럽 다가가기'를 시도하는 데에서도 알 수 있으며 동시대 유럽에 의해 배척을 받게 되는 태생적 한계를 의미한다고도 할 수 있다.

러시아의 국제화 모델로서의 유럽은 표트르 대제 때나 블라디미르 푸틴과 드미트리 메드베데프 치세 때에도 변함이 없었다. 유럽은 러시아가 본받을 가장 중요한 대상이었으며 세계화의 표준이었다. 때문에 소련시절이나 소련 해체후의 러시아 시대 혹은 로마노프 왕조 시대 때 국가 지도자의 유럽에 대한 관념과 동경의 정도, 세계적 표준 및 가치에 대한 유럽의 비중에 대한 평가의 향방은 간혹 흔들린 적이 있지만 거의 항상 동시대 표준 혹은 국제화 모델의 상징이자 한계였다. 비록 제2차 세계대전 후 핵전력 및 군사적 측면에서 유럽보다 미국이 러시아 국가전략 및 외교안보정책의 우선순위에 놓이는 경우도 있지만 유럽에 대한 접근의 경계와 한계설정은 러시아의 모든 국가전략에 영향을 미쳤고 특히 러시아 외교안보정책의 중요한 고려요소였다. "러시아는 유럽의 일원으로 받아들여질 수 있는가?" 라는 질문에 대한 대답의 방향에 따라 러시아의 국가안보 전략이 크게 변모했던 것이다.

실제로 1812년 나폴레옹과의 전쟁 후 전후 유럽질서를 재편하는 과정에서 러시아는 전승국이자 유럽의 지도를 재편할 기회를 잡고 1815년의 비엔나 회의를 주도했다. 하지만 당시 러시아 황제 알렉산드르 1세는 유럽국경선을 획정하는 가운데에서도 러시아가 과연 유럽의 일원으로서 어느 정도까지 받아들여질 것인지에 대한 고민을 한 후 오스트리아의 메테르니히 등과 연합해 보수주의적 관점에서 국경선을 획정했다. 폴란드 및 베싸라비아 등의 영토에 대한 욕심을 숨기지 않았지만 알렉산드르 1세는 특히 유럽식 통치의 기초로 기독교에 기반한 사회를 꿈꾸었으며 나폴레옹의 혁명사상에 반감을 가지고 유럽의 정통왕조의 복권에 대한 열망을 강력하게 표출했다. 알렉산드르 1세의 이러한 생각의 결과는 오스트리아의 메테르니히와 영국의 캐슬레이(Castlereugh)의 의도와 묘한 결합을 이뤄 유럽에 다시 보수주의 기운을 복권시키는 유럽의 세력균형과 신성동맹, 4국동맹의 형태로 나타났다.

잘 알려져 있다시피 기독교 사상에 기반한 유럽분할과 통치에 대한 알렉산드르 1세의 생각은 터키와 영국의 반발에 직면했다. 터키는 이슬람 문명국으로서 신성동맹 및 기독교에 근거한 유럽식 통치원칙을 받아들이기 어려웠고 영국은 알렉산드르 1세의 생각이 지극히 이상론적이며 심지어 나이브하다고까지 생각했다. 영국은 유럽이 알렉산드르 1세의 생각처럼 기독교에 의해 통치되는 하나의 가족국가처럼 경략되기 어려울 것으로 생각했지만 영국 대표 인 외무장관 캐슬레이(Castlereugh)는 유럽 내에 혁명의 기운을 가둔다는 목표 하에 세력균형에 치중했다. 때문에 영국은 신성동맹 대신 실질적으로 프랑스가 보복에 나설 수 없도록 유럽의 세력과 질서를 유지할 4국동맹을 제안해 이를 관철시켰다. 또한 다른 국가들과 달리 영국과 영국기업의 해외 무역과 투자에 대한 보호를 위해 유럽 대륙 바깥의 해외영토 및 섬들에 대한 권리를 획득하기를 희망했고 알렉산드르 1세는 이러한 영국의 의도를 따라주는 대신 오스트리아와 영국을 통해 러시아가 유럽의 실질적 일원임을 인정받고자 했다.

또한 이 시기를 전후해 독일과 프랑스에 러시아군대가 3년 이상 주둔하면서 유럽의 생활에 대한 목격과 동경심을 가지고 러시아에 돌아오면서 후일 짜르에 대한 데카브리스트의 반란을 일으키는 계기가 된 것 또한 러시아 사회의 동시대 유럽과의 접촉에 따른 국제화의 파장이라고 할 수 있다.

이처럼 국제정치계의 주역으로 러시아가 참여한 비엔나 회의의 파장은 장기적으로 러시아 사회의 자유주의적 기운의 자양분이 되었다. 러시아의 세계화, 국제화의 과정은 러시아가 강대국으로 성장하면서 필연적인 측면이 있었지만 이는 또한 유럽에서 성장한 자유주의 기운의 러시아로의 급속한 전염의 원인이 되기도 하였다. 이는 개방과 세계화로 인해 기성 체제에 난관이 초래될 수 있다는 것을 보여준 사례이기도 하다. 비엔나 회의와 멀리는 표트르 대제의 서구화의 결과가 초래한 이러한 난관의 모습은 이후 경제적 측면에서도 그 사례를 찾아볼 수 있다. 우리가 기억할 수 있는 또 한 번의 난관은 러시아가 냉전종식 후 국제금융체제에 급속히 편입된 지난 1998년에 나타났다.1997년 동아시아에서 발생한 금융위기는 태국, 말레이시아 등을 거쳐 한국에 상륙했고 이는 통합된 금융시장의 흐름을 타고 빠르게 러시아 등으로 확산됐다. 당시 미셸 캉드쉬 IMF총재를 비롯한 국제금융전문가들은 점령군들처럼 기세등등한 모습으로 러시아에 상룩했다. 이들은 특유의 해법인 구제금융 대신 과감한 구조조정과 이자율 인상 등 거시경제조정정책을 받아들일 것을 요구했다. 하지만 러시아는 이러한 IMF의 요구에 동의하지 않고 예브게니 프리마코프를 앞세워 아주 강력한 저항을 해했다. 러시아의 역사적 특성과 자존심을 존중하는 방식 하에서의 국제적 개입과 협력이 가능하다는 것이 당시 프리마코프가 내세운 논리였다.

Ⅳ. 세계화와 국가안보 개념의 융합적 운용

표트르 대제의 서구화 개혁과 근대화, 에카테리나 여제의 계몽주의와 자유주의 사상 도입, 옐친의 탈소련, 탈국가주의적인 자유주의 사상에 입각한 헌법 세정, 푸딘의 대러리즘과의 전쟁 동참 및 G8가입 그리고 러시아의 일관된 국제경제 체제 편입 노력은 러시아와 서구와의 관계를 획기적으로 개선하고 국내 정치사회경제 체제의 변화를 초래했지만 다른 한편으로는 항상 국가주의적이고 연방의 절대적 권한의 강화에 기초한 질서강조로 흐르면서 권위주의적 문화를 강화 시켜 왔다.

이 때문에 동시대 서구 혹은 유럽은 러시아의 근대화와 자유주의 정책을 적극적으로 지원하고 정책의 변화에 열광하다 시간이 흐르면서 러시아 개혁의 한계와 좌초에 대해 실망하고 비난하며, 대립하는 모습을 반복적으로 보여 왔다. 이러한 모습들은 러시아가 국제사회의 또 다른 주역으로서 세계의 질서와 세력 재편의 역할을 담당한 1945년 제2차 세계대전 이후의 상황 때에도 마찬가지였다.

나치 독일과 무솔리니의 군국주의, 일본의 제국주의에 맞서 연합국에 참여했던 소련은 제2차 세계대전 후 이념대립의 격화가 심해지면서 동서 냉전의 한 축으로 서방과의 화해의 길을 갈 수 없었고, 고르바초프와 옐친을 거치면서 전쟁을 통하지 않고 평화적으로 냉전을 종식시켰던 러시아는 냉전을 종식시킨 후 NATO의 확대와 EU(유럽연합)의 확대에도 불구하고 점점 고립감을 느끼게 되었다. 이 때문에 옐친 말기에 들어서는 냉전(cold war)은 종식되었으나 세계에는 여전히 평화가 오지 않고 차가운 평화(cold peace)만이 존재한다는 푸념들이 러시아 지도부에 의해 끊임없이 표출됐다.

이러한 모습들은 푸틴과 메드베데프 시대에 이르러서도 마찬가지로 이들은 "왜 서구는 우리를 동등하게 취급하지 않는가? 러시아는 동맹이 아닌가?"[32]라는 질문을 끊임없이 던지고 있다. 하지만 냉전 종식 후 지금까지의 상황을 보면 러시아는 이러한 불만과 정치적 대립과 갈등의 부침에도 불구하고 경제 부분에 있어서 일관되게 국제시스템에 대한 참여를 추진하고 있다. 또한 에비앙 유럽정책포럼에서 메드베데프에 의해 제안된 새로운 유럽안보조약 구상처럼 유럽에 대한 새로운 형태의 대화와 접근 노력을 강조하고 있다. 이러한 러시아의 노력은 비록 동시대 표준으로부터 완전한 동료로서의 편입을 유보당하면서도 동시대 세계화의 모델로 삼는 국가 및 문명권에 대해, 끊임없이 접근과 도전을 감행하던 과거의 역사를 상기시킨다고 할 수 있다.

물론 '러시아는 유럽의 일원인가?'라는 질문은 시대에 따라 "자유세계의 일원인가 혹은 문명의 동맹국인가?"라는 식으로 때때로 변화하지만 모두 당시의 세계 선진 모델 혹은 시스템의 일원으로서 러시아의 편입여부와 가능성에 대한 질문이라는 측면에서는 동일한 것이었다. '러시아는 유럽의 일원인가?, 러시아는 유럽에 어떤 형태로 받아들여질 것인가?, 러시아는 어떤 방식으로 어떤 정도로 영향력을 행사해야할 것인가?'라는 질문에 대한 대답은 러시아 외교안보 전략가 뿐 아니라 지도자들 그리고 러시아를 활용해야할 주변국 모두에게 엄청난 숙제였고 대답하기 힘겨운 과제였다. 그러나 러시아인들과 러시아 지도부는 자신들의 유럽 다가가기 혹은 서구화의 시도 혹은 세계 시스템에의 편입 노력이 편견과 차별에 의해

32) "Person of the Year 2007", TIME (2007.12.18) Putin Q&A: Full Transcript 및 TIME의 블라디미르 푸틴 대통령 인터뷰(http://www.time.com)를 비롯한 각종 자료에서 이러한 발언과 분위기를 찾아볼 수 있다.

서구의 위기시를 제외하고는 제대로 된 대접을 못 받는 다는 생각이 강하며 이는 역사의 고비 고비마다 표현되고 있다.

러시아의 이와 같은 차별 혹은 소외에 대한 반응은 국제금융위기가 발생한 후 메드베데프 대통령에 의해서도 여러 차례 표출되고 있다. 메드베데프는 지난 2008년 10월 프랑스 에비앙에서 개최된 세계정책포럼(World Policy Forum)에서 세계금융위기를 불러온 미국을 맹비난하면서 이번 위기는 "특정한 국가의 경제적 이기주의에서 비롯된 것"이라고 강조했다. 또한 "세계질서와 관련된 어떠한 경제적 문제도 러시아의 참여 없이는 해결될 수 없다는 것을 유럽은 반드시 이해해야한다"고 강조했다. 러시아는 글로벌 금융위기 해법을 논의하는 2008년 10월 11일 워싱턴 G7재무장관회담에서 배제됐고 대신 G20정상회담에 초청받는 식으로 취급을 받자 이에 대한 분노를 표시한 것이다.

당시 프랑스의 사르코지 대통령은 메드베데프를 달래기 위해 세계정책회의 폐막 후 별도로 회담을 갖고 "세계 각국은 최악의 금융위기 사태를 맞아 새로운 해결책을 찾기 위해 협력해 나갈 필요가 있다"고 밝혔다. 사르코지는 "어떤 국가도 금융위기를 독자적으로 해결해 나갈 수는 없다"라면서 "국제기구들도 시대의 필요에 맞게 바뀌어야 하며 유엔안보리, G8(선진8개국) 등에 신흥개발국을 참여시키는 것도 하나의 방법이 될 수 있다"라고 말했다.

한편 메드베데프는 금융위기와 관련한 회의에 러시아의 참여 및 그 이후의 세계질서 구축에 러시아의 배제는 있을 수 없다는 인식을 강하게 하면서 '유로-대서양' 지역을 관할하는 새로운 유럽 안보조약을 창설 필요성을 강조했다. 메드베데프는 "미 정부의 야심이 민주적인 세계질서를 구축할 수 있는 기회를 빼앗았을 뿐만 아니라 평화를 파괴했다"라면서 9.11 테러 후 미국이 취한 외교정책을 호되게 비판했다. 그는 "금융 위기를 돌파하기 위한 방안과 함께 새 유럽안보 조약 문제를 유럽 국가들과 논의해야 한다"고 말하고 이러한 그의 의견을 크렘린 대통령 사이트에 동영상으로 올리기도 했다.

그는 “국제 정치나 세계 금융위기는 어느 한 국가가 해결할 수 있는 일이 아닌 신속하면서도 공동의 노력을 필요로 한다”면서 러시아는 오랫동안 균형이 유지돼온 대서양 지역의 전략적 안정성이 미국 주도의 북대서양조약기구(나토)에 의해 무의미해졌다며 유럽-대서양 지역의 군사적 균형을 회복하기 위해 이 지역의 모든 국가와 기구들을 포괄하는 새로운 유럽-대서양 안보조약기구(EATO) 창설을 주장하고 있다.

글로벌 금융위기의 와중에 러시아가 들고 나온 이러한 안보이슈는 사실 별다른 주목을 받지 못하고 있다. 또한 유럽연합 국가들이나 동유럽 체제전환국들이 호응할 가능성도 별로 높아 보이지 않는다, 그러나 러시아는 미국의 경제패권이 흔들리는 상황에서 군사패권 이슈를 제기하고 있다. 이것은 단순한 우연이 아니다. 러시아가 소련해체기 자신들의 군사패권 및 정치패권의 상실기에 글로벌 경제체제에 대한 적극적인 접근 노력을 펼치면서 서방에 공세적 접근을 한 것과 마찬가지로 러시아는 경제패권의 전환기에 세계적 패권 전환에 대한 새로운 논의를 촉발하고 있는 것이다.

러시아의 이와 같은 이슈 제기는 러시아의 세계화와 국제경제체제에 대한 편입의 노력, 그리고 러시아 인들 마음속에 있는 서구화의 길에 대한 그들 스스로의 중간평가이자 서구화의 길에 대한 또 다른 방향전환의 측면이 강하다는 게 필자의 생각이다. 때문에 시간이 가더라도 서방과 러시아의 상호 평가의 간극 또한 쉽게 메워지지 않을 것이다. 러시아는 표트르대제의 개혁 이후 또 다른 보수화의 길을 갔듯 전 세계적으로 경제위기를 극복하는 수단으로 국가의 개입이 강화되는 시기를 맞아 그들만의 새로운 길을 갈 가능성이 매우 높아 보인다. 러시아의 국제경제체제 편입과 참여의 노력 또한 국가안보 및 외교정책 개념과 완전히 분리된 상태로 진행되기는 어려울 것이며 융합적 모습으로 진행되면서 상황에 따라 때로는 분절적으로 때로는 안보 및 정치적 판단을 우선시하는 모습으로 진행될 것으로 보인다.

참고문헌

김석환, "러시아 메드베데프 대통령 체제하의 신국가발전 전략과 한러협력." 『e-kiet』(산업연구원, 2008.5.6).

B. Jelavich, St. Petersburg and Moscow, Tsarist and Soviet Foreign Policy 1814-1974. Indiana University Press, 1974.

Cooper, William H., Russia's Accession to the WTO. CRS Report for Congress. The Library of Congress 2006.

Daniella Markheim. "Sovereign Wealth Funds and U.S. National Security." Heritage Lectures, Heritage Foundation. 2008.02.07.

Edward M. Graham and David M. Marchick., "US National Security and FDI." IIE, 2006.

"FDI from Developing and Transition Economies." World Investment Report UNCTAD. 2006.

Financial News Securities & investment banking. 2008.04.21.

Gasprom annual report 2000, 2001, 2003년

Kenneth Rogoff. "Foreign Holdings of U.S Debt: Is Our Economy Vulnerable?" http://budget.house.gov

Nicholas Bayne. "The Course of Summitry." The World Today 48 No.2 (February, 1992) http://www.g7.utoronto.ca

"Person of the Year 2007." http://www.time.com

Sauvant Karl P., "New sources of FDI: the BRICS-Outward FDI from Brazil, Russia, India and China." The Journal of World Investment&Trade Vol. 6 (October, 2005)

"Sarkozy to the rescue of French businesses." http://www.france24.com

Sheila L. Croucher, Globalization and Belonging. The Politics of Identity a Changing World. Rowman & Littlefield, 2004.

Simon Johnson,"The Rise of Sovereign Wealth Funds." IMF 2007.9.

Skolkovo. Russian multinationals bullish on foreign markets. Moscow: SKOLKOVO-CPII, 2007.

World Investment Report. UNCTAD. 2006, 2007.

http://www.csmonitor.com

http://wwws.house.gov

http://www.minfin.ru

http://www.uncad.org

Zamoyski, Adam. 1812: Napoleon's Fatal March on Moscow. Harper Collins, 2004.

ロシアＮＩS調査月報. 2008년 5월호.

“ЕС ограничит России суверенность инвестиций, Еврокомиссия готовит правила вложений госструктур третьих стран.” Комерсантъ.

“Неравномерности роста - Между регионами остаются серьёзные различия.” Российская газета.

11

분열된 '움마': 러시아 이슬람의 현재와 공인 종교인

현 승 수

Ⅰ. 서 론

러시아는 벌써 20년 넘게 무슬림들과 전쟁을 치루고 있다. 20년 전에는 아프가니스탄의 '무자히딘'이 적이었다면 지금은 카프카즈의 '바예비키'가 없애버려야 할 증오의 대상이다.[1] 이런 상황 속에서 러시아 사회 안에 이슬람에 대한 좋은 감정이 생겨나길 바라는 것은 무리일 것이다. 러시아에서는

---

1) 무슬림(muslim)은 이슬람교도를 의미한다. 무자히딘(mujahideen)은 이슬람의 성전(聖戰)을 수행하는 전사들을 뜻하나 아프가니스탄 전쟁에서 소련군과 맞서 싸운 아프간 반군은 스스로를 무자히딘으로 불렀다. 바예비키(boeviki)는 전투원을 의미하는 러시아어로 러시아의 언론은 일반적으로 체첸 저항파를 이렇게 부른다. 체첸 민족의 독립을 위해 싸우는 이들을 정규군으로 인정하고 싶어 하지 않는 러시아 측의 관점이 반영된 용어이다.

이슬람혐오증(islamophobia)을 우려하는 목소리가 심심치 않게 들린다.

그러나 오늘날 러시아에서 이슬람은 규모와 신자 수로 볼 때 러시아 정교에 버금가는 제2의 종교이다. 러시아는 이미 16세기부터 끊임없는 식민지 확장 과정 속에서 수많은 무슬림 민족을 제국 속으로 통합해 왔다. 러시아 제국 영역을 그대로 계승한 소비에트 연방 역시 전무후무한 무신론 체제를 표방했음에도 불구하고 세계에서 두 번째로 큰 무슬림 대국으로 건재했었다. 비록 이슬람 사원은 파괴되고 종교인들은 추방되었으며 이슬람과 관련된 풍습과 관행은 억압당했을지라도 이슬람은 다양한 형태로 민중들 속에 명맥을 유지했다. 소비에트 체제가 몰락하기도 전에 이슬람이 빠른 속도로 부활할 수 있었던 것도 이 종교가 갖고 있던 생명력과 편재성(遍在性) 때문이었다.

러시아연방 헌법은 종교와 국가의 분리를 명시하고 있다. 그러나 양자 간의 상호관계가 전혀 부재한 것은 아니다. 세속 정권과 러시아 정교회 사이의 긴밀한 유착 관계는 이미 공공연한 비밀이 되고 있으며, 이에 질세라 대다수 이슬람 종교인들도 국가 권력에 접근하기 위해 노심초사하고 있다. 1789년 러시아 제국의 예카테리나 여제가 러시아정교회의 '성(聖)시노드'를 본따 만든 이슬람 행정 기구는 소비에트시기를 거쳐 오늘날까지 러시아 이슬람만의 독특한 종교 시스템을 만들어냈다. 이 시스템 하에서 무슬림종무국(宗務局, 이하 종무국)에 소속된 공인(公認) 종교인들은 자기 지역 무슬림의 이익을 대변하면서 국가와의 관계를 유지 · 발전시켜 왔으며, 국가는 종무국을 통해 무슬림 대중을 통제, 감독한다. 교의상 성직자 계급을 인정하지 않는 이슬람의 제도적 성격을 고려할 때 소비에트/러시아의 종무국 제도와 공인 종교인의 역할은 대단히 독특한 것이다.[2)]

---

2) 이슬람에서는 종교와 관련된 업무만을 전담하는 성직자를 인정하지 않는다. 신과 인간 사이의 중재자를 일체 거부하는 이슬람의 기본 교리 때문이다. 따라서 기독교에서 보이는 성직자 간의 위계도 물론 존재하지 않는다. 하지만 예배를 인도하거나 모스크를 관리하고 기타 종교 업무를 취급하는 이들이 성직자와 비슷한 역할을 담당해 왔다. 이맘(예배 인도자)이나 무프티(이슬람 법학자), 카디(이슬람 법관)로 불리는 이들은 엄밀히 말해 성직자는 아니지만, 신자 공동체 안에서 절대적인 권위를 갖고 있는 경우가 많다.

그러나 모든 이슬람 종교인들이 국가에 협력적인 것은 아니다. 세속 정권을 부정하고 이슬람 국가를 건설하고자 하는 이슬람주의자들이 있으며 그들 중에는 폭력 사용은 물론 세속 권력과의 일전을 불사하는 과격파도 존재한다. 흔히 '와합파'로 불리는 이들 반체제 종교인들은 러시아 국가에 협력하는 공인 종교인을 배교자로 간주한다. 세속 정권에 협력적인 이른바 체제 무슬림 종교인들과 반체제 이슬람주의자들 사이의 긴장과 대립 관계는 체첸 분쟁으로 격화되면서 언론의 관심사로 부상했다.

하지만 러시아 이슬람의 미래를 예측하는 데 있어서 보다 중요한 문제는 체제 이슬람 내부의 갈등 관계이다. 논문의 제목인 '움마'(ummah)란 무슬림의 공동체를 의미한다. 이슬람에서는 인종과 민족을 초월해 이슬람을 신앙하는 모든 무슬림을 '움마'의 일원으로 간주한다. 러시아 연방 내의 움마는 체제와 반체제, 체제내 분열로 몸살을 앓고 있다.

본 논문은 러시아연방의 정치, 사회, 문화 속에서 이슬람과 무슬림의 역할이 증대되면서 발생하는 다양한 현상들을 고찰하고, 특별히 러시아 이슬람만의 독특한 풍경을 만들어내는 종무국 제도와 종무국을 중심으로 활동하는 체제 공인 종교인들의 분열 및 경쟁의 갈등 관계를 분석하고자 한다. 이러한 작업을 통해 종교의 영역과 정치의 영역이 명확히 분리되지 않는 이슬람이 러시아라는 특수한 환경 속에서 어떻게 적응해 가고 있는가를 규명할 수 있을 것이다.

논문은 다음과 같은 순서로 구성된다. 먼저 복잡다단한 러시아의 이슬람을 이해하기 위해 2장에서 러시아와 이슬람과의 관계를 역사적으로 개관한 후, 3장에서는 소비에트 해체 이후 현대 러시아에서 이슬람이 부활하고 정치화하는 과정을 고찰한다. 여기서는 오늘날 러시아가 안고 있는 난제들 중 하나인 '와합파' 문제도 짚어 본다. 뒤이어 4장에서는 종무국과 공인 종교인의 분열과 경쟁 관계를 분석한다. 러시아 이슬람이 직면한 과제는 체제 이슬람과 반체제 이슬람 사이의 대립 이상으로, 친 정부적인 체제 이슬람 내부의 갈등관계를 해결하는 것이다. 마지막으로 결론에서는 본론의 논점을 재정리하고 향후 러시아 이슬람이 나아갈 방향에 대해서도 생각해 본다.

Ⅱ. 러시아 역사 속의 이슬람

러시아는 1552년 이반 4세가 카잔 칸국을 정복한 이후 약 300년 간에 걸쳐 중앙 유라시아로 영토를 확장했다. 그 결과 러시아 제국은 그 영토 안에 거대한 무슬림 인구를 포함하게 되었고, 1900년대 초 크림 반도에서부터 카프카즈, 볼가・우랄 지방, 중앙아시아, 서시베리아에 이르는 지역 안에는 약 200만 명의 무슬림 민족이 거주했다. 이는 러시아 제국 전체 인구의 약 13%에 달하는 수치였다. 이들 무슬림 민족의 대다수는 수니파 이슬람에 속하며 언어적으로는 투르크계였으나 각 지역과 민족에 따라 다양한 사회・문화적 전통을 갖고 있었다. 러시아는 무슬림 제(諸) 민족을 러시아 정교를 핵심으로 한 러시아 문명 안에 편입시키려는 이념적 의도를 갖고 있었다. 그러나 이슬람이라는 강력한 종교 전통 앞에서 무슬림을 러시아 문명화하기란 불가능했다.

볼가・우랄 지방의 타타르인은 러시아의 통치를 받은 최초의 무슬림 민족이었다. 러시아인이 갖게 된 이슬람에 대한 인식은 바로 이들 타타르인과의 상호관계 속에서 처음으로 형성되었다고 할 수 있다. 러시아는 타타르인에 대해 개종과 동화 정책을 지속적으로 추구했고, 그 결과 '크랴셴'(kryashen)이라 불리는 정교도 타타르인 집단이 생겨나기도 했다. 대체로 19세기 중반까지 러시아제국 내의 무슬림 처우는 그다지 좋은 것이 아니었다.

그러나 18세기 말 서구 계몽주의에 감화 받은 예카테리나 2세는 대대적으로 무슬림 정책을 바꾸었다. 이슬람교도의 종교적 자유를 허용하고 '이슬람종무협의회'를 만들어 이슬람 성직자를 양성하는 한편 타타르인의 경제와 문화가 활성화되는 여건을 조성해 주었다.[3] 특히 이 시기에 만들어

3) 이미 언급했듯 기독교와는 달리 교리적으로 이슬람은 성직자를 인정하지 않지만 예카테리나 2세는 러시아 정교회의 국가 성직자 기관인 '시노드'를 모델로 하여 '오렌부르그이슬람종무협의회'(Orenburgskoe magometanskoe dukhovnoe sobranie)를 우파에 설치하고 공인 이슬람 종교인을 양성했다.

진 '이슬람종무협의회'는 이후 소비에트시기를 거쳐 오늘에 이르기까지 러시아의 무슬림 사회를 특징짓는 '종무국' 제도의 시발점이 된다.

러시아 제국의 무슬림 통치는 푸가쵸프의 반란(1773~75), 카프카즈 전쟁(1817~64), 카자흐 케네사르의 반란(1837~47), 투르키스탄의 안디잔 봉기(1898) 등 각지에서 무슬림의 저항을 불러일으키기도 했다. 그러나 이들 저항은 모두 러시아군에 의해 철저히 제압되었고 무슬림 지역의 제국 통합은 착실하게 진행되었다.

한편 19세기 말부터 타타르인 무슬림 지식인들 사이에서 러시아 문명과의 공존을 모색하면서 무슬림 사회를 개혁하고자 하는 '자디드(jadid) 운동'이 활발하게 일어났다. 크림 타타르 출신의 무슬림 지식인인 이스마일 가스프린스키(Ismail Gasprinsky)가 주창한 자디드 운동은, 무슬림 사회의 후진성을 극복하고 이슬람이 새로운 시대에 걸맞은 종교로 거듭나기 위해서는 근대화된 새로운 방식의 대중 교육이 중요하다고 보았다. 러시아 제국 속에 식민지로 편입된 무슬림 지역에 확산되기 시작한 자디드 운동은 중앙아시아 무슬림 지식인들에게도 개혁의 바람을 불어넣었고,[4] 그 결과 1905년 혁명 후에는 신문과 잡지의 간행, 러시아 무슬림 대회의 개최 등을 통해 점차 정치・사회 운동으로 확대되어 나갔다. 더구나 1917년 러시아 2월 혁명을 계기로 러시아 내 무슬림 지역에서 불길처럼 번진 민족자치 운동은 자디드 운동이 확대된 것이었다. 하지만 볼셰비키 정권의 등장으로 근대화된 이슬람 사회를 구현하고자 했던 자디드 지식인들의 꿈은 좌절되고 말았다. 무신론을 표방하는 사회주의자들에게 있어서 종교란 개량의 대상이 아니라 파괴의 대상이었기 때문이다.

1920년대 후반부터 소비에트 정권은 이슬람 제도와 관행이야말로 무슬림 지역의 후진성을 촉발한 주된 요인일 뿐 아니라 사회주의 건설의 걸림돌이 된다는 이유로 강력한 종교 탄압 정책을 추진했다. 이슬람법과 아라

---

4) 러시아 무슬림의 주요 거주 지역인 북카프카즈에서 자디드운동은 성공하지 못했다. 그곳에서는 개혁을 거부하는 보수적 이슬람이 그때나 지금이나 여전히 강세다.

비아 문자를 폐지하고 이슬람 사원인 모스크와 마드라사 등의 종교·교육 시설을 폐쇄하는 한편 이슬람 종교인들의 경제적 기반이 되었던 와크프 재산을 국유화했다.[5] 무슬림 여성은 해방되었으나 무슬림 지식인과 종교인들은 탄압 대상 1호였다. 특히 1930년대에 자행된 스탈린의 대숙청은 무슬림 지역이 갖고 있던 지적 전통에 큰 타격을 주었다.[6]

제2차 세계 대전 중에 독일과의 전쟁이 불가피해지자 소비에트 정부는 소련 내 무슬림 민족들의 협력과 동원이 절실하게 필요해졌다. 이를 위해 정부는 탄압 일변도의 종교 정책을 일부 수정하여 무슬림과의 타협을 모색했다. 1944년 스탈린이 만든 무슬림 종무국은 모두 4개로 그 가운데 소연방 이후 독립한 중앙아시아와 남카프카즈 지역의 종무국을 제외한 나머지 2개 종무국이 오늘날의 러시아연방 지역에 설치되어 있었다. 하나는 '소련 유럽부 및 시베리아 무슬림 종무국'으로 바쉬코르토스탄 공화국 수도 우파(Ufa)에, 또 하나는 '북카프카즈 무슬림 종무국'으로 다게스탄 공화국 수도 마하치칼라(Makhachkala)에 각각 위치하면서 담당 지역의 이슬람 관련 업무를 총괄하는 임무를 수행했다.[7]

그러나 전쟁이 끝나자마자 정권의 조직적인 무신론 선전은 다시 강화된다. 이후 고르바초프의 등장으로 전면적인 종교의 자유가 허용되기까지 소비에트 이슬람은 국가의 허가와 감시를 받는 종무국의 공인 종교인들과 이를 피해 지하에서 활동하는 반체제 이슬람 종교인들, 그리고 결혼이나 장례 등 민족 전통 속에서 이슬람적 요소를 유지하고자 하는 일반 무슬림 대중들이 혼재된 독특한 풍경을 만들어냈다.

---

5) 마드라사(madrasa)는 이슬람 지역의 전통적 교육 기관이다. 일례로 중앙아시아의 정치·문화 중심지인 부하라의 경우, 볼셰비키 혁명 전에도 100개 이상의 마드라사가 운영되고 있었다. 와크프(waqf)란 자선을 목적으로 한 이슬람의 기부 제도로서, 모아진 돈은 모스크나 마드라사 등 이슬람 사회를 유지하는 데 필요한 시설에 사용되었다.

6) 1930년대에 타타르인 민족 사회주의자인 미르사이드 술탄갈리예프(Mirsaid Sultan-Galiev)가 스탈린에 의해 숙청·제거된 사건은 타타르 자디드주의의 비극적인 종말을 상징한다.

7) 나머지 2개의 종무국은 '중앙아시아·카자흐스탄 무슬림 종무국'(타쉬켄트)과 '자카프카즈 무슬림 종무국'(바쿠)이었다. 4개 무슬림 종무국은 모두 '종교문제평의회'라는 국가기구의 감독을 받는다. 이 기구 역시 1944년 스탈린이 만든 것이다.

무신론을 표방한 세속 정권의 종교 탄압과 감시 하에서 소비에트 무슬림들은 스스로 새로운 환경에 적응하고 변화해야 했다. 공개적으로 종교 의식을 행할 수도 없고 또 종교 교육도 불가능한 상황에서 일부 무슬림 종교인들은 당국에 협력하여 공인 종교인으로 살아가야 했다. 그러다 보니 그들은 세속 정권이 허용하는 범위 내에서 종교 관련 업무를 도맡아 하는 공무원으로 변질되었고, 무슬림 주민들의 동태를 파악하여 상부에 보고하는 스파이의 역할도 담당해야 했다. 한편 신앙심을 저버리고 싶지 않은 일반 무슬림 대중은 종교의 모습을 전통과 관혼상제 속에 뒤섞여 드러나 보이지 않도록 노력했다. 자연히 이슬람이 갖고 있던 본래의 모습이 많이 왜곡되고 변질될 수밖에 없었다. 1980년대부터 언론에 조금씩 모습을 드러내기 시작하는 반체제 종교인들이 이슬람의 왜곡과 변질을 바로잡으려는 근본주의적 성향이 강한 것도 이 때문이었다.

Ⅲ. 러시아 이슬람의 현재

1. 이슬람의 부활

페레스트로이카에 따른 소비에트 사회 전반에 걸친 자유화 바람은 종교에도 불어 닥쳤다. 모스크 건축은 붐을 이루었으며 종교 교육 기관도 급속하게 늘어났다. 소련의 무슬림 지역에서 이슬람은 70년 간 금기였으나 이제는 이슬람을 언급하지 않고서는 개혁을 이야기할 수 없을 정도였다. 정치가들은 종교의 부활을 바라던 바라지 않던 간에 세속적이고 정치적인 목적을 달성하기 위해서는 이슬람에 호소해야 했다. 금지되던 성지 순례가 전면적으로 허용되었을 뿐 아니라 이슬람 관련 출판물이 홍수를 이루었다. 종교의 부활은 중앙아시아와 카프카즈 그리고 볼가・우랄 지역의 무슬림 사회에 민족주의와 함께 활력을 불어넣었으며 이러한 현상은 소연방이 붕괴된 지 20여년이 지난 오늘까지도 계속되고 있다.

현재 러시아연방 안에 거주하는 무슬림 인구의 수는 정확하지 않으나 1,500만 명 정도로 추산된다. 그러나 여기에 러시아 이외 지역에서 온 무슬림 이주민, 특히 아제르바이잔이나 중앙아시아 계 이민을 더하면 그 수는 2,000만 명까지 늘어난다. 일반적으로 이슬람 종교인들은 무슬림 인구수를 부풀려 말하는 경향이 있는데, 그 점을 감안하더라도 1,200만~1,800만 명은 족히 될 것이라는 게 러시아의 저명한 이슬람 연구가인 알렉세이 말라셴코(Aleksei Malashenk)의 견해다.[8] 이는 러시아연방 전체 인구의 1/7에 해당한다. 물론 이러한 숫자가 이슬람이 규정한 모든 계율을 착실히 지키면서 종교가 정한 하루 다섯 번의 예배를 준수하는 '진정한' 무슬림의 수를 반영하지는 않는다. 이 논문에서 말하는 무슬림이란 엄밀히 말해 스스로를 무슬림으로 인정하면서 이슬람의 전통 속에 살고 있는 이들을 가리킨다.

흥미로운 사실은 최근 러시아의 학자와 언론인들 사이에서 러시아의 이슬람 국가화에 대한 담론이 유행하고 있다는 점이다. 러시아・슬라브계 민족의 인구수가 급감하고 있는 데 반해 무슬림 민족의 인구 증가율이 큰 폭으로 증가하고 있기 때문에 머지않은 장래에 러시아가 이슬람 국가로 변모할 것이라는 예측인데, 출산율뿐만 아니라 CIS 내 무슬림 민족의 러시아 이민도 증가 추세에 있어 이러한 전망을 완전히 부정할 수도 없는 노릇이다.[9]

러시아연방의 무슬림 인구는 연방 전역에 걸쳐 고루 분포하지만, 특히 타타르스탄 공화국과 바쉬코르토스탄 공화국을 포함한 볼가・우랄 지역과 체치냐, 다게스탄 등 소수민족 공화국이 밀집되어 있는 북카프카즈가 무슬림 민족의 집중 거주 지역이다.(그림 1 참조) 러시아 최대의 무슬림 민족은 타타르인(550만 명)이며 바쉬키르인(160만)이 그 뒤를 따른다. 민족 구성이 복잡하기로 유명한 북카프카즈에서 인구수가 가장 많은 무슬림 민족은 체첸인(130만)이지만 두 차례에 걸친 전쟁으로 상당수의 체첸인들

8) А. Малашенко, *Ислам для России* (М., 2007), p. 10.

9) Mark A. Smith, *Islam in the Russian Federation* (Swindon: Conflict Studies Research Centre, 2006), pp. 1-2.

이 러시아연방 각지와 해외에 난민으로 유출되어 있어 그 수는 더 많을 것으로 추정된다. 체첸인을 포함해 북카프카즈 전체의 무슬림 수는 대략 600만 명으로 추산한다.10)

2004년 당시 러시아에는 3,537개의 무슬림 조직(모스크 포함)이 등록되어 있었다. 러시아연방 전체의 등록 종교 조직이 21,664개임을 감안하면 16.3%에 해당한다. 그러나 이 숫자는 어디까지나 당국에 등록한 조직의 수일 뿐 비등록 단체까지 포함하면 그 수는 훨씬 늘어날 것이다.11) 그렇다고 해도 1917년 사회주의 혁명 이전에 오늘날의 러시아연방 역내에서 활동하던 이슬람 조직 수가 12,000개였던 것에 비하면 그 규모의 축소를 가히 짐작할 수 있다. 아직도 러시아에서는 이슬람의 부활 과정이 진행 중이다.

러시아와 관련된 대부분의 통계가 그렇듯, 연방 내 각 공화국 영내에서 활동하는 모스크와 무슬림 조직 수를 정확히 집계내기는 힘들다. 이유는 위에서 언급한 것처럼 비등록 모스크와 조직이 훨씬 많기 때문이다. 일례로 북카프카즈 안에서도 이슬람 전통이 특히 강한 다게스탄 공화국의 경우, 2000년에 간행된 «다게스탄 공화국의 종교 조직 수에 관한 통계» 자료집에 따르면 이 공화국 안에는 1,585개의 모스크가 정식 등록되어 있다.12) 하지만 전문가들은 비등록 모스크를 포함하면 그 수가 1,800~3,000개에 이를 것으로 추산한다.13)

이슬람의 부활은 종교 생활에만 그치지 않고 러시아 무슬림들의 일상적인 삶의 모습도 바꾸고 있다. 그들에게 이슬람은 더 이상 전근대적이고 후

10) Малашенко (2007), p. 11. 볼가·우랄 지역은 구체적으로 다음 행정단위로 구성된다. 타타르스탄, 바쉬코르토스탄, 우드무르티야, 추바쉬야(이상 공화국), 울랴노프, 사마라, 아스트라한, 페름, 니쥐니 노브고로드, 예카테린부르그(이상 주). 한편 북카프카즈 지역에는 다게스탄, 체치냐, 인구셰티야, 북오세티야, 카바르디노·발카리야, 카라차예보·체르케시야, 아디게야(이상 공화국)가 속한다.

11) 러시아 법무부가 발표한 2004년 1월 1일자 통계이다.

12) *Справка ≪Общие сведения о количестве религиозных организацийв РД. По уточненным сведениям горрайадминистрации на октябрь 2000 г.≫.*

13) 2007년 현재 체치냐의 경우는 공식 등록 모스크가 465개, 인구셰티야는 약 300개이다. Малашенко (2007), p. 18.

진적인 구습의 상징이 아니다. 단적인 예로 사회주의 체제 하에서 해방되었다고 간주되던 무슬림 여성들이 오히려 이슬람 전통으로 회귀하는 경향을 보인다.[14)]

이슬람의 사회적 역할 확대는 특히 북카프카즈 지역에서 현저하다. 러시아 사회정치조사연구소 산하 북카프카즈센터의 조사(1997년)에 따르면, "종교가 사회에서 어떤 역할을 해야 한다고 생각하는가?"라는 질문에 체첸인의 60%, 인구쉬인의 41%, 다르긴인의 30%, 아바르인의 27%, 쿠미크인의 20%, 카라차이인의 30%, 발카르인의 17%가 "사회생활의 모든 영역을 관장해야 한다"고 답했다. 또 체첸인의 21%, 인구쉬인의 31%, 다르긴인의 13%, 아바르인의 33%, 쿠미크인의 43%, 카라차이인의 34%, 발카르인의 48%는 "종교가 사회생활에 실제적인 영향력을 행사해야 한다"고 응답했다.[15)] 북카프카즈의 주민들은 그 민족 여하에 상관없이 60% 이상이 이슬람의 사회적 역할 강화에 찬성하는 셈이다.

4장에서도 언급하겠지만, 국가와 세속 정권에 협조하면서 사회의 재이슬람화, 예를 들어 일부다처제의 부활이나 종교적 금기의 법제화 등을 추구하는 북카프카즈의 공인 종교인들은 자기 지역 사회를 보다 보수적인 이슬람 사회로 만들기를 바란다. 2006년에 다게스탄에서는 무슬림 종교인

---

14) 타타르스탄 공화국의 수도 카잔에는 '알틴 아이'라는 이름의 이슬람 패션 상점이 문전성시를 이루고 거리에서 이슬람 복장을 착용한 여성들을 발견하기는 어려운 일이 아니다. 북카프카즈 지역의 다게스탄 공화국에서는 검은 천으로 전신을 가린 여성들을 도시에서도 쉽게 목격할 수 있다. 또 타타르스탄과 바쉬코르토스탄에서는 모범적인 무슬림 주부가 되기 위한 신부 수업 학교가 성업 중이며, 무슬림만을 위한 남녀 교제 사업도 생겨났다. 카잔에서는 2006년 제1회 전 러시아 여성 무슬림 미인대회가 개최되었는데 이 행사는 단순한 미모의 경쟁이 아니었다. 대회에 참가하려면 이슬람이 정한 하루 다섯 번의 예배를 준수하고 모범적인 주부여야 하며 차크차크를 요리할 줄 알아야한다는 규정을 충족해야 했기 때문이다. 첫 대회의 우승자인 딜랴라 사디코바는 "가장 매력적인 무슬림 여성"이라는 칭호를 부여받았다. Малашенко (2007), p. 18.

15) К. Кривицкий, "Религиозный фактор в этнополитической ситуации на Северном Кавказе," *Религия и политика в современной России* (М., 1997), p. 45. 다르긴인, 아바르인, 쿠미크인은 다게스탄 공화국에 거주하는 무슬림 민족이다. 이 공화국의 민족 거주 분포는 특히 복잡하며 상기한 3개 소수민족 외에도 레즈긴, 라크, 타바사란, 노가이, 루툴, 아굴, 차후르 등 30개 이상의 민족이 거주하고 있다.

들이 사우나나 카지노 등 환락업소의 소유주들에게 영업을 중단하거나 업종을 변경하도록 요구했다. 환락업소가 이슬람법에 위배된다는 것이 이유였다. 또 다게스탄의 종교 행정기구인 이맘평의회는 2006년에 다게스탄에서 콘서트를 하는 것이 바람직하지 않은 가수들의 '블랙리스트'를 작성해 화제가 되기도 했는데 리스트 안에는 웬만한 러시아의 유명 팝가수들이 거의 다 들어 있었다.

물론 이 같은 사회의 재이슬람화 노력이 북카프카즈에만 국한된 것은 아니다. 사회 전체가 훨씬 러시아화된 타타르스탄 공화국에서도 사회의 보수화를 주장하는 목소리가 심심치 않게 들린다. 타타르인 이슬람 지도자인 탈가트 타줏딘(Talgat Tadzhuddin)은 일부다처제가 인구 감소에 시달리는 러시아의 인구 상황을 호전시킬 수 있다고까지 주장한다.[16)]

하지만 북카프카즈의 경우에는 단순한 이슬람의 재생 혹은 부활과는 차원이 다른 사회의 '탈(脫)세속화 경향'이 강하게 드러난다. 이슬람은 그저 부활하는 데만 그치지 않고 사회의 비종교적 영역까지도 포섭한다. 그리고 이러한 탈세속화 경향으로 인해 종교들 사이에서 또 사회 안에서 분쟁이 발생할 가능성이 높다는 것이 북카프카즈의 특징이다. 탈러시아 분리 독립 운동이 국제 이슬람주의 운동과 결합해 변질되어 버린 체치냐가 가장 단적인 사례를 제공하지만, 아디게인들의 민족주의 운동도 어느새 이슬람 슬로건을 다용하는 종교운동의 성격을 띠게 되었다. 북카프카즈 전역에서 활발하게 전개되고 있는 정치운동은 대부분 이슬람 종교운동과 중첩된다. 이 지역 주민들은 종교 조직을 통해 단순히 신앙적인 문제뿐 만 아니라 그동안 세속 정부가 담당하던 사회 문제의 해결까지 도모한다.

현재 북카프카즈 지역에서 청년층을 중심으로 급속히 확대되고 있는 '자마아트'(jamaat) 운동은 사회를 규제하는 법 장치로서 세속법이 아닌 샤리아(sharia), 즉 이슬람법을 주장한다. 그들은 샤리아만이 자신들의 정의를 구현할 수 있다고 믿으며 또 이를 성취하기 위해서는 폭력도 정당화

16) С. Новохатский,"Исламизация России?" *Москва* № 6 (2006), p. 164.

된다고 생각한다.

주민의 대다수가 무슬림인 사회 속에서 이러한 재이슬람화 현상이나 종교인들의 반세속 움직임이 활발해지는 현상 자체를 비난할 수는 없을 것이다. 문제는 이러한 보수화 요구가 종종 그 사회 내에 존재하는 비이슬람교도 또는 세속주의적 성향을 갖는 주민들과 충돌을 빚을 수 있다는 점이다. 아직 러시아에서는 무슬림 여성들의 스카프 착용을 둘러싸고 프랑스처럼 첨예한 사회적 긴장 상태가 조성되지는 않았으나 2002년 타타르스탄에서 일부 무슬림 여성들이 여권 사진을 찍을 때 스카프 착용을 허용해주도록 요구한 사례가 있다. 당시 공화국 내무부가 이들의 요구를 받아들이지 않자 여성들은 사법부에 정식으로 이 문제를 제소하기도 했는데 연방 내무부 장관이었던 보리스 그리즐로프(Boris Gryzlov)의 개인적 결단으로 여성들의 요구가 받아들여지면서 위기 상황은 해소되었다.

한편 종교가 자유화되고 이슬람의 사회적 영향력이 확대되기 시작한지 20여 년이 지난 현재까지도 러시아 전체적으로 무슬림 지도자들의 교육 수준이 낮아 신자 공동체를 제대로 계도하지 못한다는 문제점이 지적되고 있다. 바쉬코르토스탄의 경우 1997년 통계를 보면 무슬림 종교인들의 59%가 독학으로, 18%가 모스크 부속 마드라사에서 교육을 받았고, 단지 3명의 이맘만이 고등 교육기관에서 정식으로 이슬람 신학을 공부한 것으로 나타났다.[17] 사정은 타타르스탄이나 북카프카즈의 경우에도 마찬가지이다. 그러나 시간이 경과하면서 전문 종교인들에 대한 사회적 요구가 커짐에 따라 상황은 차츰 개선되고 있다. 최근 타타르스탄에서는 종교인의 25%가 정식으로 중등 종교 교육을 이수한 것으로 알려져 있다.[18]

사실 러시아에서 문제가 되고 있는 이슬람 과격주의의 확산도 종교 교육의 결여와 일정 정도 관련되어 있다. 소연방 붕괴 이후 적지 않은 수의 러시아 무슬림 젊은이들이 정식 종교 교육을 받기 위해 중동이나 터키 등

---

17) А. Юнусова, *Ислам в Башкортостане* (Уфа, 1999), p. 299.

18) Р. Беляков, "III Съезд мусульман Татарстана," *Бюл. Сети этнологического мониторинга и раннего предупреждения конфликтов* № 65 (Янв.—февр. 2006), p. 41.

무슬림 국가로 유학을 떠났다. 그들은 국내에서는 생각도 할 수 없는 높은 수준의 이슬람학을 배워 돌아왔으나 귀국한 후 전문 종교인으로 활동하면서 문제가 발생하기 시작한 것이다. 이들이 해외에서 배워온 이슬람이 러시아 내 이슬람과는 '이질적'인 경우가 많았기 때문이다. 해외 이슬람 선교 단체의 지원 하에 우후죽순처럼 설립된 러시아 내 종교 교육 기관에서도 카프카즈 민족들이나 타타르인이 신앙하는 이슬람과는 성격이 다른 이슬람이 '정통'이라는 명목 하에 교육되었다.

2000년대 들어 이러한 위험성을 자각한 러시아의 무슬림 종교인들은 많은 어려움에도 불구하고 '러시아 이슬람'을 가르치는 독자적인 종교 교육 기관을 설립하려 노력하고 있다. 모스크바에서 문을 연 이슬람 고등 교육 기관은 2006년 현재 218명의 학생을 교육하고 있다. 한편 타타르스탄에서는 '러시아이슬람전문대학'이 설립되어 활발히 교육 활동을 전개하고 있으며 우파에 있는 '리자엣딘 파흐렛딘 명칭 전문대학'(학생 수 250명)은 아스트라한과 오렌부르그, 사마라 주, 펜자 주, 울리야노프 주 등 연방 내 각지에 분교를 두고 있다. 또 1994년 울리야노프 주에서 문을 연 마드라사는 사우디아라비아에 있는 마디나 대학의 분교로 지정되기도 했다.

러시아 전체에서 이슬람 교육이 가장 활발하게 전개되고 있는 지역은 역시 다게스탄이며 공화국 수도 마하치칼라에 있는 '이맘 샤피 명칭 이슬람 대학'을 비롯하여 공화국 내에 1,410개의 정규 마드라사와 324개의 초등 종교 학교가 운영 중이다.[19] 인근 인구셰티야 공화국에 설립된 '인구셰티야 이슬람 전문대학'은 200~300명의 학생 수를 자랑한다.[20] 그러나 러시아 무슬림들의 뜨거운 종교열을 충족시키기에는 종교 교육기관의 수나 규모가 여전히 부족한 실정이다.

---

19) А. Магомедов, "Основы религиозной политики в Республике Дагестан," *Ислам и право в России* Вып. 1 (М., 2004), p. 131.

20) У. Арапханов, "Право и ислам в Ингушетии," *Ислам и право в России* Вып. 1 (М., 2004), p. 79.

2. 이슬람의 정치화

러시아 내 이슬람의 부활 현상은 지역적, 민족적으로 정도의 차이는 있지만 보편적이며, 무슬림들이 종교를 개인과 사회의 영역을 뛰어넘어 정치적 영역으로까지 확대하려는 요구 또한 보편적으로 강해지고 있다. 정치와 종교의 영역이 명확히 구분되지 않는 이슬람의 특징을 고려한다면 당연한 현상이라고 하겠다.

정치가는 아니지만 러시아연방 내 무슬림들 사이에서 막강한 권위를 자랑하는 이슬람 종교인 라빌 가이눗딘(Ravil Gainutdin)은 2005년 9월에 러시아 이슬람 정치화와 관련하여 중요한 발언을 해 주목을 끌었다. 그는 러시아 정부가 가까운 미래에 자국 내 무슬림들의 이해를 대변해 줄 부통령직을 신설해야 할 것이라면서, 러시아에서 무슬림 인구 비율이 급증하고 있는 상황을 무시해서는 안 된다고 주장했다.[21)]

문제는 세속 국가인 러시아가 정치와 종교의 분리를 원칙으로 하고 있기 때문에 빚어지는 갈등이다. 이 갈등은 지역에 따라 과격한 경향을 보이기도 하는데, 특히 북카프카즈에서 가장 심각하게 노정된 '와합파' 문제가 그 대표적인 갈등 사례이다.

러시아에서 '와합주의'로 통칭되는 이슬람 과격주의는 세계 각국의 여론을 통해 확산되고 있는 '이슬람근본주의'라는 용어와 거의 같은 의미로 사용된다. 러시아에서 와합주의의 확산은 종교적인 원인, 예를 들면 이슬람에 대한 세속 정권의 억압이나 사회 내부의 무슬림 차별 때문이기도 하지만, 그 대부분은 사회 전반에 대한 불만이 무슬림의 경우 종교적인 형태로 표출된 것이라고 보는 게 타당하다. '와합파'는 러시아의 주된 반체제 이슬람의 핵심 세력인 바, 이에 대해서는 다음 절에서 구체적으로 다루기로 하고 여기서는 연방 차원에서 전개된 러시아 이슬람 전반의 정치화 현상에 초점을 맞추어 고찰하기로 한다.

---

21) Tatar-Inform news agency, Kazan, in Russian 1437 gmt 28 September 2005; BBC Mon FS1 MCU 280905 rj/lr.

공화국이나 지역의 틀을 벗어나 연방 정치에 진출하려는 무슬림의 정치화 요구는 이미 종교가 부활된 그 시점에서 시작되었다. 공식적으로는 1990년 아스트라한에서 창설된 전연방 '이슬람부흥당'을 그 시초로 한다. 이 당은 비록 연방 전역을 무대로 하여 활발한 활동을 전개하지 못한 채 1990년대 중반에 분열, 해체되고 말았지만 북카프카즈, 특히 다게스탄에서는 사회의 이슬람화에 지대한 영향을 미쳤다. 또 중앙아시아의 이슬람 정치 조직을 활성화시키는 역할도 했다. 타지키스탄과 우즈베키스탄에서는 이 당의 지부가 독립하여 독자적인 활동을 전개하기도 했다.

1995년에 전 러시아 무슬림 운동 '누르'(Nur)가 설립된 것을 필두로 '러시아 무슬림 연맹'과 '러시아이슬람위원회'가 창설되었으며 1996년에는 전 러시아 사회 · 정치 운동 '러시아의 무슬림들'이 활동을 시작했다. 이듬해에는 활발한 활동으로 잘 알려진 정치가이자 이슬람문화센터의 회장이기도 한 압둘바헤드 니야조프(Abdul-Vakhed Niyazov)가 연방 전체를 포괄하는 종교정당 '무슬림연맹'을 창당하려 시도하기도 했다. 비록 그의 노력이 '러시아 무프티평의회' 의장인 나디르샤흐 하칠라예프(Nadir-Shakh Khachilayev)의 반대로 좌절되기는 했지만 그래도 니야조프는 1998년 '레파흐'(Refakh)라는 이름의 조직을 만들어 정치활동에 의욕을 보였다.

사실 옐친 정권 시기까지만 해도 총선과 대선에서 후보자들이 지역 무슬림들의 지지를 얻기 위해 선거 운동 과정에서 신경을 썼었다. 다게스탄에서는 1996년 대선 1차 경선에서 옐친이 28.52%를 득표한 데 반해 경쟁자인 공산당 당수 주가노프(Gennady Zyuganov)는 63.2%를 득표하는 이변이 연출되기도 했으니 무슬림 지역의 표 하나가 옐친에게는 아쉽기만 했을 것이다. 이러한 상황을 이용해서 당시 무슬림 정치가들은 의회 하원(국가두마) 내에 무슬림 파벌을 구축할 수도 있을 것이라고 생각했다.

그러나 푸틴 집권기로 들어서면서 무슬림 파벌의 꿈은 요원해졌다. 크렘린 안에서 무슬림 정치가들의 약진도, 또 그들에 대한 관심도 사라져갔다. 1999년과 2003년의 의회 선거 그리고 2000년과 2004년의 대통령 선거에서 연방 정권이 이슬람에 보여준 관심과 배려는 별로 없었다. 지역 무슬림 종교 지도자들의 후원을 받는 무슬림 정치가들은 선거에서 주도적인 역할을 하기는커녕 주요 유력 후보들의 경합에 '곁다리'로 껴서 우왕좌왕하는 추태를 연출할 뿐이었다.

예를 들어 1999년 선거에서 이슬람 정치 연합체인 '메질리스'(Medzhlis)가 보여준 실망스런 이합집산이 대표적인 사례다. 석유 가스 기업인 '네프테가즈'(Neftegaz)의 경영주 레오나르드 라피코프(Leonard Rafikov)와 마라트 하이룰린(Marat Khairullin)이 설립한 선거 연합 '메질리스'는 '레파흐'와 '러시아무슬림들'을 비롯하여 '전러시아이슬람회의', '누르' 등 러시아 연방 차원에서 활동하는 굵직한 정치 조직들을 묶어 선거에서 무슬림의 이익을 대변하는 정당을 지원하고자 했다. 당시 그들의 이익에 부합하는 정당은 체르노미르딘(Viktor Chernomyrdin) 총리가 이끄는 '우리집 러시아' 당이었다. 그러나 체르노미르딘의 정당이 무슬림 정치가들에게 약속한 의석수는 대단히 미미했을 뿐만 아니라 선거도 치루기 전에 벌써 '우리집 러시아' 당은 패색 짙은 전망에 휩싸여 있었다. 당시 '레파흐'의 지도자 니야조프는 돌아가는 상황을 깨닫고 크렘린이 결성한 정치 통합체인 '통일'로 재빨리 소속을 바꿨다. '통일'도 '레파흐' 당원들의 의회 입성을 도와주겠다고 약속했다. 이로 인해 '메질리스'는 분열되고 말았다.

현재 러시아연방 내 이슬람 정당과 정치 조직들이 자신들의 목표, 즉 연방 정치에 성공적으로 참여하고 있다고 보기는 어렵다. 위에서 언급한 '누르'의 경우 1995년 의회 선거에서 0.58%의 표를 얻는데 그쳤고 1999년 선거에서 '러시아이슬람위원회'는 0.5%보다 약간 많은 득표수를 획득한데 불과했다.

기대 이하의 부진을 면치 못하고 있는 무슬림 정치가들은 스스로 처한 상황에 적응하려 노력하고 있다. 더 이상 크렘린으로 진출하거나 의회에서 파벌을 구축하려 하기보다는 이슬람이라는 종교성을 드러내지 않으면서 소수민족의 이익을 대변하는 역할이나 다민족, 다종교 국가인 러시아의 정체성 유지에 협력하는 쪽으로 활동 방향을 바꾸고 있다. 2001년 3월에 '레파흐'는 당명을 '러시아유라시아당 「행복한 생활」'로 고치고 정치 블록 '위대한 러시아 유라시아연맹'에 참가했다. 이 정치 블록은 이슬람과는 전혀 상관없는 파벨 보로딘(Pavel Borodin)이 주도하고 있다. 또 2003년 총선을 앞두고 다게스탄 공화국 출신의 기업가인 마고메드 라자보프(Magomed Radzhabov)가 창당한 '러시아이슬람당'도 선거운동 당시에는 '러시아의 진정한 애국자들'이라는 이름으로 활동했다.22) 그러나 라자보프의 정당은 0.25%라는 득표수와 함께 정치 무대에서 모습을 감췄고 여타 정당들도 아직 이렇다 할 성과는 보여주지 못하고 있다.23)

이 같은 이슬람계 정당의 부진에는 여러 원인이 있겠으나 무엇보다 정당 지도자들의 개인적인 야심 때문에 당의 입장이 좌지우지되는 경향이 많은 점과 당 내의 민족 간 불화 그리고 참모진의 미비 등이 주된 원인으로 지적된다. 이들은 이슬람을 중요한 강령으로 채택하고는 있으나 종종 세속적인 정치권력을 손에 쥐기 위해 종교를 이용한다는 비판도 받아왔다.

그렇다고 해서 종교 정당의 지도자들이 연방 정권에 대해 예찬 일변도로 나간 것만은 아니었다. 특히 체첸 분쟁을 둘러싸고 연방 정권과 일부 무슬림 정치가들 사이에 불협화음도 일었다. 그러나 대다수 정치가들은 푸틴 전대통령이 추진한 대테러 전쟁을 지지하고 있으며, 정권에 대한 지나친 아부로 빈축을 사는 경우가 더 많다. 푸틴 정권도 이슬람 계 정당의 취약성을 간파하고 오히려 이러한 상황에 만족하고 있었던 것처럼 보인다. 자국 내 무슬림의 정치 세력화는 국가의 안정된 일체성 유지라는 푸틴 정권의 최대 목표에 걸림돌이 될 수 있기 때문이다.

하지만 푸틴 전 대통령과 그의 정책 노선을 계승한 메드베데프 대통령으로서는 체첸 전쟁으로 고착화되고 있는 러시아의 반이슬람적 이미지를 불식시키기 위해서, 또 다극화되고 있는 세계 질서 하에서 중동, 아프리카

22) '러시아이슬람당' 당수 라자보프는 자기 당의 당원 수를 350만 명이라고 주장했지만 신빙성은 떨어진다. 이 당에서는 '러시아의 정의와 발전'이라는 명칭의 조직도 갈라져 나갔다. http://www.strana.ru/stories/04/04/29/3493/220978.html (검색일: 2008.11.3)

23) 러시아 총선에서 무슬림계 정당의 이합집산에 관한 구체적인 설명은 다음 문헌이 상세하다. Shireen T. Hunter, *Islam in Russia: The Politics of Identity and Security* (Armonk, New York: M.E.Sharpe, 2004).

의 무슬림 국가들로부터 지지를 획득하고자 하는 의도 때문에라도 이슬람을 홀대할 수는 없는 실정이다. 이러한 러시아 정부의 '이슬람 끌어안기' 노력은 2005년 러시아가 이슬람국가회의기구(OIC)의 옵저버 자격을 획득하는 데 성공함으로써 일정한 결실을 보았다고 할 수 있다. 이 기구는 전세계 무슬림 국가들의 공통 이익을 대변하고 이슬람과 관련된 문제를 협의하는 대표적인 국제기구이다. 푸틴 전대통령은 러시아가 향후 OIC에 정식 회원국으로 가입할 가능성을 역설하면서, "러시아 땅에는 기독교가 도입되기 200년 전에 이미 이슬람이 유입되었다"는 역사적 사실을 강조했다.

3. '와합파' 문제

러시아연방의 모든 무슬림들이 체제에 협조적인 것은 아니다. 러시아에는 이른바 '와합파'로 통칭되는 반체제 이슬람주의자들이 다수 존재한다. 사실 와합파라는 용어는 이들 이슬람주의자를 지칭하기에 적합한 개념이 아니다. 와합주의는 원래 18세기 초 아라비아 반도에서 발생한 종교회귀 운동으로서, 당시 이 지역의 이슬람 종교인인 압둘 와합(Abd al-Wahhab)이 '오염된' 이슬람을 본래의 '순수한' 이슬람으로 되돌릴 것을 주장한 데서 비롯된 것이다. 그러나 주창자인 압둘 와합의 이름에서 유래된 와합주의는 어디까지나 이 극단적 원리주의 성향의 종교운동을 비난하는 이들과 서구의 이슬람 학자들이 붙인 명칭일 뿐, 와합파로 불리는 이들 자신은 스스로를 단순히 '무슬림' 혹은 '일신교도'(一神教徒)로 부른다. 철저한 유일신 사상과 엄격한 교리 해석, 불신자들에 대한 적대감을 기반으로 한 압둘 와합의 사상은 현재 사우디아라비아 왕국의 국가 이념으로 규정되어 있는데, 최근 과격파 이슬람주의자들의 활동이 범지구적으로 활발해지면서 와합주의는 부정적인 의미에서의 '이슬람원리주의'와 거의 동일한 의미로 사용된다.

러시아에서는 과거 소비에트 시기부터 중앙아시아 지역에서 활동하던 반체제 이슬람주의자들을 와합파로 불러왔는데, 오늘날은 체첸의 반러시아 저항파를 비롯해 반정부적, 반체제적 성향의 이슬람교도는 모두 와합파로 낙인찍혀 공포와 제거의 대상이 되고 있다. 하지만 엄밀한 의미에서 과격파 혹은 반체제적 이슬람주의자들을 뭉뚱그려 와합파로 통칭하는 것은 옳지 않다.

현재 러시아연방 내에서 활동하는 와합파, 즉 반체제 이슬람주의자들의 정확한 규모를 파악하기는 불가능하다. 왜냐하면 그 누구도 스스로를 와합파로 자칭하지도 않을 뿐 아니라, 또 반러시아, 반체제, 반세속적 입장을 견지하는 무슬림들이 공공연하게 스스로를 드러내서 활동하지도 않기 때문이다.

러시아연방 안에서 와합파 문제가 가장 심각하게 대두되는 지역은 북카프카즈이다. 그 원인에 대해서는 여러 가지 설이 있지만, 이 지역이 구소련 영내 무슬림 지역 안에서 이슬람 전통을 고수하는 경향이 가장 강하다는 역사적, 지역적 특수성을 이해하는 것이 중요하다.[24] 이 지역에서는 발생하는 모든 문제(세속적이건 종교적이건)를 종교적으로 해결하려는 세력들의 입지가 꾸준히 강화되고 있으며, 주민들의 지지도 높다.

북카프카즈에서 목격되는 반체제 이슬람은 아랍화를 그 특징으로 한다. 뒤에서 언급하겠지만 북카프카즈 이슬람은 전통적으로 이슬람 신비주의 종파인 수피(Sufi) 교단의 영향력이 강했는 바,[25] 최근 들어 지역 무슬림들이 토착적인 수피 이슬람을 버리고 정통으로 간주하는 아랍화된 이슬

---

24) 단지 북카프카즈 안에서도 지역별로 정도의 차이는 있다. 다게스탄과 인구셰티야, 체치냐가 위치한 동부 지역이 카라차예보·체르케시야, 카바르디노·발카리야, 카라차예보·체르케시야, 아디게야 공화국이 위치한 서부 지역에 비해 이슬람 전통이 강하다. 하지만 최근 북카프카즈 서부 지역에서도 이슬람의 영향력이 커지고 있다.

25) 수피즘(Sufism)은 이슬람 신비주의를 의미한다. 일반적인 이슬람이 확고한 유일신 사상과 이슬람 율법의 준수를 골사로 하는 데 반해, 수피즘은 명상과 경건한 생활을 통한 인간과 신의 합일을 궁극적 목적으로 한다. 수피즘을 수행하는 종교인들은 주로 자신의 교단을 만들어 제자를 육성하며 이러한 교단은 전 세계 이슬람 지역에 고루 분포되어 있다. 러시아 지역에서는 특히 북카프카즈에 수피 교단이 성행하며 그 정치적, 사회적 영향력도 대단히 크나, 소련 붕괴 이후 중동 지역 등에서 유입된 정통파 이슬람과 종종 갈등을 겪기도 한다. 난석으로 사우디아라비아나 쿠웨이트에서는 수피 교단을 이단으로 간주한다.

람, 특히 사우디아라비아가 신앙하는 형태의 초강경 보수 이슬람으로 선회하려는 경향을 보이면서 문제가 심각해졌다. 이러한 변화는 사회주의 무신론 체제 하에서 취약해진 이슬람의 신학적 기반을 되살리기 위해 중동으로 유학을 다녀 온 북카프카즈의 젊은 종교인들이 고국에 돌아와 자기 지역의 이슬람을 사우디아라비아 식으로 '바로잡으려고 한' 데 주된 원인이 있다.

한편 소련 말기부터 불기 시작한 종교의 자유화 덕분에 러시아 남부 무슬림 지역에는 많은 수의 중동 이슬람 종교인들이 활동할 수 있었다. 중동 각국의 정부 및 비정부 종교 단체들, 국제 이슬람 자선 조직들이 풍부한 오일 달러를 기반으로 러시아의 젊은이들을 교화하는 데 힘썼다. 그들은 북카프카즈의 토착 수피 이슬람을 이단시했다. 카프카즈 젊은이들의 눈에는 과거 소련 시절부터 소비에트 당국과 KGB에 협력하면서 껍데기 같은 종교 의식과 친정부적 선전 선동에만 열을 올리는 자기네 공인 종교인들이 달가울 리 없었다.

북카프카즈에서 타 지역에 비해 이슬람의 아랍화가 보다 활발하게 진전된 또 하나의 원인으로는 비교적 중동 지역과 가깝다는 지리적 요건도 작용했을 것이다. 하지만 무엇보다 체첸 분쟁의 영향을 언급하지 않을 수 없다. 체첸 저항파가 저항의 이데올로기로서 초기의 순수한 체첸 민족주의를 버리고 아랍화된 이슬람 운동으로 이행한 첫 사례가 되기 때문이다. 현재 체치냐 남부의 산악 지역을 거점으로 반러시아 게릴라전을 전개하고 있는 체첸 저항파는 친러 성향의 토착 수피 이슬람을 적대시하면서 '아랍화'된 이슬람을 저항의 이데올로기로 채택하고 있다.[26]

2004~2005년을 기점으로 체치냐 내부에서 활동하던 반러시아 저항파가 주변 북카프카즈 공화국들로 세력을 확대해 나가고 있다는 사실에 주목해야 한다. 이들의 영향을 받은 북카프카즈의 이슬람주의자들은 자기

26) 玄承洙, "知られざる紛争の真実," 玄承洙 外 編, 『コーカサスを知るための６０章』(東京: 明石書店, 2006), pp. 172-175.

지역에서 반체제적 무장투쟁을 전개할 뿐 아니라 다게스탄의 경우처럼 현지의 정계에도 진출했다. 이들은 부패하고 폭력적인 현지 당국에 불만을 품는 지역 주민들의 지지를 바탕으로 동원력을 키워가고 있다. 하지만 체첸 분리파 세력의 지도자들이 기대하는 것처럼 북카프카즈 각 공화국의 이슬람주의 세력이 상호 끈끈한 연대감을 형성하면서 긴밀하게 협조하고 있는 것 같지는 않다. 단지 빈발하는 테러와 암살의 악순환, 치안의 부재가 심각한 북카프카즈에서 향후 이슬람주의자들이 상호 연계하면서 세력을 확대할 기반이 충분히 조성되어 있는 것만은 사실이다.

북카프카즈에 얼마나 되는 이슬람주의자가 존재할까? 어디까지나 추측에 불과하지만, 체치냐를 제외하면 이슬람주의의 확산이 가장 활발한 것으로 알려진 다게스탄 공화국의 경우, 전문가들은 적극적으로 활동하는 '와합파'의 숫자를 2만 명에서 10만 명까지로 다양하게 추정하고 그들의 조직인 자마아트는 적어도 12개가 넘을 것으로 본다. 그러나 이 공화국 내에서 활동 중인 '와합파'가 2,000명을 넘지 않을 것으로 보는 전문가들의 견해도 있으며 다게스탄의 내무부 통계에 따르면 그 수는 939명으로 훨씬 더 축소된다.[27)]

상황은 다른 공화국에서도 마찬가지이다. 인구셰티야 공화국의 유력 일간지인 《인구셰티야》는 자국 내에서 활동하는 자마아트에 "공화국 내 모든 성인 남자들이 가입해 있다"고까지 주장하는 반면, 전문가들은 와합파의 수가 수백 명에 불과할 것이라는 견해를 편다.[28)] 또 2004년 12월 카바르디노・발카리야 공화국 수도 날치크(Nalchik)에서 이슬람 과격파와 군경 사이에 총격전이 발생하기 직전, 이 공화국 내에서 활동하는 수 개의 자마아트에는 2만 명 정도가 가입해 있었던 것으로 알려져 있다. 가장 규모가 큰 '카바르디노・발카리야 자마아트'의 경우 6,000~7,000명의 회원 수를 자랑하고 있었다. 그러나 공화국 종무국의 무프티인 샤피그 프쉬하체프

27) К. Ханбабаев, "Возрождение мусульманского права в Дагестане: теория и практика," *Ислам и право в России* Вып. 2 (2004), p. 130.

28) Малашенко (2007), p. 32.

(Shafig Pshikhachev)가 작성한 '와합파' 리스트에는 고작 50명의 이름이 실려 있을 뿐이다. 와합파 문제의 발단이 된 체치냐의 경우에는 이 공화국에 파견되어 있는 연방보안국(FSB) 부부장 알렉산드르 포타포프(Aleksandr Potapov)가 13,500명의 자마아트 회원과 1,500명의 무장 테러리스트라는 구체적인 숫자를 제시한다.29) 그러나 정확한 숫자는 물론 아니다.

한편 볼가・우랄 지역에도 이른바 와합파가 전무한 것은 아니다. 러시아의 이슬람 문제 전문가인 게오르기 엔겔가르트(Georgy Engelgardt)는 러시아연방 내에 총 만 명의 이슬람 과격파가 존재하고 있는데 그 가운데 4,000명은 볼가 강 연안과 러시아 중부 지역에서 활동 중이라고 주장한다. 비록 북카프카즈와 비교할 때 볼가・우랄 지역에서 와합파는 극소수에 불과할 뿐 아니라 활동이 제한되어 있고 주민들의 지지도 낮은 편이지만, 최근 들어 사회 내에 존재감이 증대되고 있는 것 또한 사실이다. 이 같은 와합파의 부상은 위에서 언급한 아랍화된 청년 종교인들의 역할과 직결된다. 그들은 카프카즈의 무슬림들과 교류를 강화하는가 하면, 중앙아시아 지역에서 세력을 확대하고 있는 '이슬람해방당'과도 관계를 긴밀히 하려 시도하고 있다.30)

이 지역에서 와합파 문제가 가장 심각하게 대두된 시기는 1999~2002년이었다. 당시 나베레쥐니예 첼니(Naberezhnyye Chelny)에 있던 '욜두즈'(Yolduz) 모스크는 와합파들의 거점으로 알려졌었다. 1999년에는 쿰코르(Kumkor)에 200명 규모의 이슬람주의자 단체가 결성된 바 있으며, 뱌츠키예 폴랴니(Vyatskiye Polyany, 100~150 명)와 녜프테캄스크(Neftekamsk, 50 명)에서도 와합파 조직이 활동했다. 타타르스탄 공화국의 오그리즈(Ogriz) 지구 내 한 마을에는 30 명의 이슬람주의자들이 '이슬람 영토'를 선언하고 당국과 대치한 적도 있었다. 그러나 이들 와합파 조직은 즉각 치안 당국에 의해 해산되었다.

29) В. Речкалов, "Почему не могут поймать Шамиля Басаева," *Известия* (2004.12.06).
30) Малашенко (2007), p. 33.

오늘날 러시아에서 와합파로 통칭되는 이슬람주의, 혹은 이슬람주의 과격파 문제는 완전하게 정리하기 힘든 복잡한 양상을 띠고 있다. 세속 정권과 정보기관, 언론이 와합파에 대한 '전설'을 끊임없이 가공, 확대하고 있으며, 이슬람주의자들 스스로도 그러한 전설을 재생산하는 데 기여하고 있기 때문이다. 그래서 사실과 진실을 분간하기가 대단히 어렵다.

누가 와합파이며 또 누가 반체제파인가? 이 질문과 관련하여 2005년 날치크에서 발생한 유혈 사태는 체제와 반체제가 결코 고정된 것이 아니고 언제든 뒤바뀔 수 있다는 교훈을 준다. 카바르디노・발카리야에서 1993년 설립된 이슬람센터(1999년에 카바르디노 발카리야 이슬람학연구소로 개칭)는 루슬란 나후셰프(Ruslan Nakhushev)와 안조르 아스테미로프(Anzor Astemirov), 무사 무코제프(Musa Mukozhev) 등 3 인이 설립한 이슬람 조직으로, 그들은 '새로운 이슬람'을 주창하면서 과격한 수단을 동원하지 않고 세속 당국과의 대화를 모색하려 노력했다. 그들은 세속 당국의 신자 탄압과 종교 조직 감시 등에 반대하면서도 이웃 체치냐에서 발생한 것처럼 무력을 동원해 세속 정권과 대립하는 길을 택하지 않았다. 사실 1998년에 체치냐의 분리 저항파 지도자인 샤밀 바사예프(Shamil Basayev)가 북카프카즈 전체를 아우르는 이슬람 신정 국가 건설과 반러시아 지하드에 참여하도록 제안했을 때도 카바르디노・발카리야의 '새로운 무슬림'들은 이를 거절, 비난했었다. 더욱이 사우디아라비아의 자금 지원을 받지 않음으로써 외부의 간섭 없이 공화국 스스로의 이슬람을 유지 발전시키려 노력했던 사실이 최근 밝혀졌다. 그러나 세속 당국의 무시와 탄압이 계속되자 아스테미로프와 그의 지지자들은 체첸 저항파와의 연대로 입장을 급선회했고, 그 결과 2005년의 유혈 참사로 수십 명이 목숨을 잃게 된 것이다.[31)]

---

31) 카바르디노 발카리야 공화국 대통령 아르센 카노코프는 대통령에 취임한 직후, 과거 공화국의 이슬람 정책에 오류가 있었다고 발언함으로써 2005년의 유혈 사태에 세속 정권의 책임이 일정 부분 있었음을 인정했다.

Ⅳ. 공인 종교인의 분열과 경쟁

1. 종무국의 '핵분열'

소비에트 체제가 붕괴된 후 종교의 자유가 전폭적으로 허용된 오늘날까지도 중앙아시아를 비롯한 구소련 내 무슬림 지역에서는 국가의 보호를 받는 공인 종교인 제도가 그대로 유지되고 있으며 북카프카즈와 볼가·우랄 지역도 예외는 아니다. 공인 종교인들은 과거 소비에트 시기에도 그랬듯 오늘날에도 각 공화국과 지역의 종무국을 중심으로 활동한다. 단 하나, 소련의 종무국과 오늘날의 러시아 내 종무국이 다른 점은 더 이상 종무국이 국가의 행정기구는 아니라는 점이다. 다시 말해 러시아연방 내에 산재해 있는 다수의 종무국은 엄연한 독립 기관이며 종교 조직일 뿐이다. 종교 조직의 자유를 규정하고 있는 현 러시아 헌법상, 종무국은 행정과 운영 그리고 제반 종교적인 결정을 국가의 간섭 없이 독자적으로 행사할 수 있다. 그러나 러시아 연방 정부와 지역 정부는 여전히 종무국을 통해 지역 무슬림을 통제, 관리하고 있으며, 신자들도 종무국에 소속된 공인 종교인들을 통해 국가와 소통한다. 이 점이 러시아 이슬람과 중동, 동남아시아 등 타 지역 이슬람 사이에 내재한 가장 큰 차이이다.

소연방 붕괴 직전에 각 민족들의 민족주의와 독립 열기가 팽배한 가운데, 소연방 내 4개 종무국도 각각 공화국과 지역의 이해관계에 따라 분열되어 나갔다. 소비에트 시기의 이슬람이 국가와 종무국을 중핵으로 하여 과도한 중앙집권적 성격을 띠고 있었다면, 탈 소비에트 시기 러시아의 이슬람은 '핵분열'을 특징으로 한다.

먼저 소비에트시기에 설치되어 있던 4개의 종무국이 소연방이 붕괴되기도 전에 각 민족 공화국 별로 분열되었고, 뒤이어 민족 공화국 안에서 소수민족이나 이해관계를 달리하는 집단들이 다시 분리되어 나갔다. 우파에 있던 '소련 유럽부 및 시베리아 무슬림 종무국'은 1994년 '러시아 및 CIS(독립국가연합) 유럽부 무슬림 중앙 종무국'(이후 중앙종무국)으로 명칭을 바꿨다. 종무국 의장은 최고 무프티라는 직함을 가진 타타르인 출신의 탈가트 타줏딘(Talgat Tadzhuddin)이었다.[32] 그러나 새로운 출발을 선언한 직후 곧 분열이 초래되었다. 모스크바에서 활동하던 바쉬키르인 출신의 유력한 이맘, 라빌 가이눗딘이 중앙종무국과는 별도로 새로운 조직을 만들어 중앙종무국의 권위에 도전한 것이다. 가이눗딘은 1998년에 자기 조직의 이름을 '유럽부 러시아 무슬림 종무국'으로 정했다. 러시아연방의 유럽 지역에 두 개의 종무국이 등장한 셈이다. 타줏딘과 가이눗딘의 경쟁 관계는 시베리아 지역에서도 재현되었다. 그 결과 러시아연방의 아시아 지역에도 두 개의 독립된 종무국이 새로 생겨났다.

한편 볼가·우랄 지역, 그중에서도 타타르스탄 공화국과 바쉬코르토스탄 공화국에는 각각 자기 공화국만의 종무국이 창설되었고, 그렇지 않아도 민족 문제가 심각했던 북카프카즈는 물론 러시아 연방 각지의 주와 지역마다 독립된 종무국이 우후죽순처럼 생겨났다. 종무국의 춘추전국 시대라 할만 했다. 현재까지도 러시아 연방 전역에 얼마나 많은 수의 종무국이 활동하고 있는지를 알려주는 정확한 통계는 없다. 단지 이 문제를 연구하는 전문가들과 이슬람 종교인들은 대략 40개에서 60개라는 숫자를 제시한다. 분열은 종무국에만 그치지 않고 그 하부에 있는 이슬람 관련 종교 조직과 집단의 수도 불려 놓았다.

이러한 핵분열 현상은 탈 소비에트 러시아가 경험한 민주주의의 발전과도 무관하지 않지만, 무엇보다 러시아 무슬림이 지니고 있는 민족, 문화, 지리적 다양성을 보여주는 것이다. 단지 여기에서 문제가 되는 것은 이슬람 계 정당이 그렇듯이 이들 종교 조직과 집단, 종무국 사이에 전개되는 경쟁과 대립도 종종 종교인 개인의 야망과 정치적 의도를 위해 이용되거나 부추겨진다는 사실이다. 그 단적인 사례는 상기(上記)한 탈가트 타줏딘과 라빌 가이눗딘의 경쟁관계가 여실히 보여준다. 두 사람의 대립은 타타르인

32) 무프티(mufti)란 이슬람 법학자를 가리키며 재판에서 판사(카디)에게 조언을 하거나 일반 신도들의 질문에 답하여 파트와(이슬람법 규정에 관한 권위 있는 견해)를 내는 역할을 한다.

과 바쉬키르인의 전통적 경쟁관계의 연장선상에서 이해할 수 있지만,[33] 러시아 연방 차원에서는 가이눗딘과 타줏딘 개인의 '이슬람 움마 나눠먹기'로 비화되고 있다. 특히 가이눗딘은 러시아연방 내 각 지역의 종무국들 중에서 자신에게 충성을 서약한 종무국을 따로 모아 '러시아무프티평의회'(이후 평의회)를 만들었다. 타줏딘의 '중앙종무국'도 자기 휘하에 지역 차원의 크고 작은 종무국을 거느리고 있다. '중앙종무국'과 '평의회'는 서로 배타적이며 각자 자기 기관이 소비에트 당시 이 지역에 군림하던 '소련 유럽부 및 시베리아 무슬림 종무국'의 정통 계승자라고 주장한다. 논문 뒤에 실은 <그림 2>와 <그림 3>은 두 기관의 조직도를 각각 보여주고 있다.

푸틴 집권기에 들어 두 기관의 주도권 경쟁은 더욱 치열해졌다. 경쟁은 러시아 내 이슬람교 신자들을 자기 쪽으로 더 많이 끌어들이기 위해서도 벌어지지만, 동시에 연방 중앙 정부로부터 자기 기관이 러시아 이슬람을 대표하는 기관으로 인정받기 위해서도 전개된다. 특히 연방 대통령의 관심을 선점하기 위한 노력은 대단하다.

현 시점에서 양대 세력의 경쟁구도는 일단 '평의회'의 우위 속에서 전개되고 있다. 이 기관이 스스로 밝힌 통계에 따르면 러시아연방 내 6,000개의 무슬림 조직들 가운데 80%가 '평의회'의 감독을 받는다고 한다. 이 숫자 속에는 정식으로 등록된 조직뿐만 아니라 비등록 조직도 포함되어 있다는 게 평의회의 주장이다.[34] 연방 정부, 특히 푸틴 전 대통령과의 친밀도를 놓고 볼 때 처음에는 '평의회'가 불리한 입장에 놓여 있었다. 앞장에서도 언급한 1999년의 의회 선거에서 크렘린이 미는 '통일'과 루쥐코프(Yury Luzhkov) 모스크바 시장이 지휘하는 정치 연합체 '조국 전 러시아'가 마지막으로 경합을 벌였다. 문제는 당시 '평의회'가 루쥐코프를 지원하고 있었던 데 있다. 주지하다시피 선거는 '통일'이 최종적으로 승리를 거두었고 그 결과 푸틴 총리가 대통령 선거에서도 압승을 거두는 기틀이

33) Shireen T. Hunter (2004), p. 47.

34) Малашенко (2007), p. 13.

마련된다. 자연히 '평의회'는 크렘린으로부터 배제되지 않을 수 없었다. 대신 '평의회'와는 경쟁 관계에 있던 타즈딘의 '중앙종무국'이 크렘린과의 유착관계를 강화하는 계기가 마련되었다.

하지만 2001년 9.11 테러 사건으로 전세는 역전되었다. 미군의 이라크 침공 직후 타즈딘이 미국에 대해 '지하드' 즉 이슬람 성전을 선포했다가 취소하는 해프닝이 발생한 것이다. 당시 푸틴 대통령의 노여움이 상당히 컸다는 후문이다. 자연히 정권과 타즈딘과의 관계가 소원해지면서 '중앙종무국'의 입지도 약화될 수밖에 없었고, '평의회'가 다시 우위에 서게 되었다.

이슬람의 정치화는 단지 정치인들만의 관심대상이 아니다. 공인 종교인들 역시 이슬람이 국가적, 사회적 역할을 더욱 강화하기 위해서 정치적으로 활동해야 한다고 생각한다. 오늘날 러시아 연방 정치에서 이슬람의 중요성이 옐친 시기에 비해 상당 정도 감소했다는 점은 이미 지적한 대로이다. 그러나 오히려 지역 정치 차원에서는 정반대의 현상이 목격된다. 각 지역의 무슬림 종무국을 책임지는 무프티들은 자기 지역의 정치 지도자들을 물심양면으로 지원하면서 유착 관계를 구축하려 노력한다. 가이눗딘과 모스크바 시장 루쥐코프와의 긴밀한 관계가 그렇고, 또 '볼가지역 종무국'의 지도자 무캇다스 비바르소프(Mukaddas Bibarsov)가 사라토프 주의 전 주지사 드미트리 아야츠코프(Dmitry Ayatskov)와 현 주지사인 파벨 이파토프(Pavel Ipatov)를 지원한 사례도 이에 해당한다.[35]

무슬림 종교인 간의 경쟁이 정치 투쟁으로까지 비화된 단적인 사례는 펜자 주에서 발생했다. 1998년에 설립된 펜자 주의 '독립무슬림종무국'이 당시 주지사 선거에서 아나톨리 코블랴긴(Anatoly Koblyagin)을 지원한 반면, 그 반대 이슬람 세력인 '통일무슬림종무국'이 코블랴긴의 경쟁자인 바실리 보치카레프(Vasily Bochkarev)를 지원하면서 두 종무국의 대립이 격화되었다. 선거 결과, 보치카레프가 승리를 거두자 코블랴긴을 지원했

35) "Muftis woo non-Muslim Russians." http://slashnews.co.uk/index.php?id=3438 (검색일: 2008.11.3)

던 '독립무슬림종무국'은 정권의 압력을 받아 결국 해체되고 말았다.

또 무슬림 종교인들과 세속 정권 사이에 공공연한 갈등이 빚어지는 사례도 있다. 2001년 연해주(프리모리예) 지방 종무국의 수장인 우즈베크인 출신 알림한 마그루포프(Alimkhan Magrupov)는 "모스크를 세우기 위해 무슬림들에게 주어진 신성한 토지가 빼앗겼다"는 내용의 유인물을 살포하고, 그 주범으로서 블라디보스토크 시장인 유리 코필로프(Yury Kopylov)를 지명하면서 공개적으로 비난했다. 마그루포프의 직속상관에 해당하는 '러시아 아시아부 무슬림 종무국' 의장 나피굴라 아쉬로프(Nafigullah Ashirov)는 사태가 확대되는 것을 막기 위해 마그루포프를 해임하고 좀 더 유연한 책임자를 그 자리에 앉혔다.[36]

2. 국가와 공인 종교인

사실 국가 권력에 충성하는 종교인들이 보여주는 수동적인 모습은 공개적이고 개방된 근대적인 이슬람과는 거리가 먼, 보수적이고 때로는 시류에 영합하는 기회주의자의 전형처럼 보인다. 이러한 정교관계가 푸틴이 지향하는 국가 지상주의적 정서에 더욱 부합한다는 것은 두 말할 나위가 없다. 그러나 공인 종교인과 국가와의 협력 관계를 반드시 부정적으로만 간주할 수는 없다. 특히 다민족, 다종교적인 역사 전통으로 인해 국가와 사회의 통합에 어려움을 겪어온 러시아의 특수성을 고려한다면 국가와 종교의 유착 관계가 바람직한 것은 아닐지라도 일면 이해할 수 있는 것이기는 하다. "국가와 종교가 원칙적으로 분리되어 있지만 국가는 사회의 종교적 요구를 무시해서는 안 된다"고 강조하는 가이눗딘의 발언이나,[37] "사회가 영적으로 건강해지기 위해서는 국가와 협력하고 공동의 노력을 경주

36) М. Тульский, "Взаимоотношения мусульманских организаций России с федеральными и региональными властями," М. Тульский, А. Верховский, *В пределах светскости* (М., 2005), p. 235.

37) Р. Гайнутдин, *Экономическое и финансовое управление религиозными и благотворительными организациями — реалии и перспективы: Доклад на четвертом Всероссийском семинаре руководителей духовных управлений мусульман* (Б. м., 2005).

해야 한다”고 강조하는 다게스탄의 무프티, 아흐메드하지 압둘라예프(Akhmed-hajji Abdullaev)의 발언도 러시아적 맥락에서 이해되어야 한다.[38] 공인 종교인들은 러시아 사회 전체적으로 이슬람혐오증과 무슬림 차별이 급증하고 있는 현 상황 하에서 무슬림 소수의 안전과 신앙의 자유를 보장해 주며 무슬림이 피해를 당했을 때 적절한 법적 조치를 취할 수 있는 능력은 지금으로서는 국가 밖에 갖고 있지 않다고 생각한다.

또 러시아 정교의 사회적 지위와 역할이 날로 증대되고 있는 현 상황을 고려할 때 이슬람과 기독교의 화해와 공존을 위해서는 그 중재자가 되어 줄 국가의 역할에 협력해야 한다고 그들은 생각한다. 사실 러시아 정교회의 수장인 알렉시(Aleksy) 2세가 푸틴 대통령과 자주 개인적인 만남을 갖는 장면이 방송이나 신문 지상에 등장할 때마다 러시아의 무슬림들은 소외감을 느낀다. 대통령 자신이 러시아를 다민족, 다종교 국가로 자처하면서도 부활절이나 성탄절 등 행사 때마다 교회를 방문해 예배를 드리는 것은 종교 편향이 지나치다는 게 러시아 무슬림들의 불만이다. 정교회가 군대 내에서의 종교 활동을 강화하고 있을 뿐 아니라 학교 안에서 정교 교과목을 개설하는 등 정치적, 사회적인 역할과 지위 상승을 도모하고 있다는 지적도 심심치 않게 들린다. 러시아의 언론이 이슬람에 호의적이지 않은 기사를 내보내면서 이슬람 혐오증을 부추긴다는 주장도 있다.[39]

또 하나 러시아의 공인 종교인들이 국가에 의존할 수밖에 없는 주된 이유 중 하나는 경제적인 문제에서 온다. 국가가 지방의 해당 부서를 통해 모스크나 마드라사 등 종교 시설의 확충과 종교인 개인의 봉급 지급 등을 위한 재정 지원을 하기 때문이다.[40] 1990년대 초에는 해외 무슬림의 재정

38) Магомедов (2004), p. 137.

39) 1997년 10월 다게스탄 공화국 의장 가이눌라와 러시아무프티평의회 의장 가이놋딘은 당시 연방 민족문제부 장관인 뱌체슬라프 미하일로프와 부총리인 라마잔 압둘라티포프를 만나, 러시아군 안에 무슬림 특수연대를 창설해 주도록 요청하기도 했다. Algis Prazauskas, “Russia and Islam.” http://www.sipa.columbia.edu/ece/russia-and-islam.pdf (검색일: 2008.11.3)

40) 아디게야 공화국과 카바르디노 발카리야 공화국의 무프티들은 자기 공화국 대통령에게 이맘들의 급여를 지불해 주도록 요청한 바 있다. 또 카라차예보 체르케시야에서는 2005년 12

지원이 대단히 활발했다. 그러나 푸틴 전 정권은 체첸 분쟁이 외국 이슬람 과격파와 밀접히 관련되어 있다는 이유를 들어 해외 이슬람 조직과 러시아 무슬림과의 협력 관계를 엄중하게 통제, 감시했으며 이 때문에 해외로부터의 재정 지원은 대폭 줄어들 수밖에 없었다. 그 공백을 이제는 국가가 대신하고 있는 것이다.

특히 '북카프카즈 무슬림 협력센터'의 이스마일 베르디예프(Ismail Berdiev) 의장이 "정권 측과의 긴밀한 관계없이 와합주의와 테러리즘을 억제하기는 불가능하다. 이들 악과 맞서 싸우려면 우리는 함께 나가야 한다"고 주장한 것처럼 반체제 이슬람과의 투쟁을 위해서는 국가의 협력이 불가결하다는 것이 공인 종교인들의 공통된 견해다.[41]

그렇다고 해서 모든 공인 종교인들이 국가의 정책과 언제나 한 목소리를 내는 것은 아니다. '러시아 아시아부 무슬림 종무국' 의장 아쉬로프는 2005년 12월 러시아연방의 국가 문장 속에 새겨져 있는 십자가 문양이 기독교라는 특정 종교를 상징하는 것이기 때문에 이를 시정해야 한다고 주장해 물의를 빚은 바 있다.[42] 뿐만 아니라 와합파에 대한 러시아 정부의 탄압에 반대하는 이들도 있으며 또 발칸 분쟁에서 정교 계통인 세르비아가 아닌 무슬림 계 보스니아나 알바니아 쪽을 지지하는 이들도 있다. 주지하다시피 러시아 정부는 같은 슬라브계 민족인 세르비아를 일관되게 지지하지만, 무슬림의 입장에서는 보스니아와 알바니아가 같은 신앙을 나눈 무슬림이기 때문이다. 이 문제로 러시아 외무부가 분노의 감정을 표명하기도 했다.[43]

3. 전통 이슬람의 수호자

러시아의 공인 종교인들은 스스로를 '전통 이슬람'의 수호자로 자처한

월부터 130명 이맘의 봉급 3300 루블과 연금을 공화국 정부가 지급하기 시작했다.

41) *Интерфакс* (2006.02.06).

42) А. Самарина, А. Петров, "Политика на вере," *Независимая газета* (2005.12.7).

43) 종교인은 아니지만 타타르스탄 대통령 민티메르 샤이미예프가 발칸 분쟁에서 러시아 정부의 입장을 지지하지 않은 사실도 흥미롭다.

다. 하지만 러시아적 맥락에서 '전통 이슬람'이라는 개념은 다른 이슬람 지역에서 흔히 이해하듯 전통으로 회귀하려는 보수적 이슬람만을 의미하지 않는다. 오늘날 러시아 정부와 공인 종교인들이 즐겨 사용하는 이 용어는, '와합주의'로 통칭되는 '비전통 이슬람'에 대항하기 위해 만들어진, 다분히 정치적인 개념이다. 러시아 땅에서 역사적으로 뿌리를 내려온 '러시아화'된 이슬람이 정통이라면, 소련 말기의 자유화 바람을 타고 외부에서 유입된 '비전통 이슬람'은 이단이 된다. 공인 종교인들은 스스로를 전통 이슬람의 수호자로 자처하면서 와합파가 토착적인 전통 이슬람을 파괴하려 한다고 비난한다.

그런 한편으로 경우에 따라서는 공인 종교인과 와합파가 비슷한 취지의 발언을 하기도 하는데, 예를 들어 이슬람의 사회적 역할이 강화 돼야 한다는 데 대해서는 양자의 견해가 대부분 일치한다. 단지 정도의 차이가 있을 뿐이다. 특히 주민의 54%가 이슬람이 교조(教祖)인 무함마드 당시의 시대와 동일한 방식으로 역할 해야 한다고 생각하는 다게스탄 공화국의 경우, 와합파와 공인 종교인을 그들의 발언만 가지고 무 자르듯이 양분하기는 힘들다. 또 아프가니스탄과 이라크 등 전 세계 이슬람 지역에서 자행되고 있는 무슬림 탄압에 대한 비난도 양자가 공유하는 공감대로 작용한다.

한편 체제를 용인하면서도 전통을 극복해야 한다고 생각하는 이들도 있다. 러시아 문명과 이슬람 문명과의 공존을 모색하기 위해서는 단순히 이슬람이 전통으로 회귀하거나 이를 계승하는 정도로는 힘들다고 생각하는 이들이다.

타타르스탄 대통령 민티메르 샤이미예프(Mintimer Shaimiev)는 다음과 같이 말한 바 있다. "타타르인들은 중앙아시아나 카프카즈와는 구별되는 특별한 정서를 갖고 있다. 단순히 외모 상으로도 타타르인들은 오히려 유럽인들과 비슷하다." 동시에 샤이미예프의 다음 발언이 갖는 함의는 대단히 중요하다. "우리가 원하던 원하지 않던 간에 오늘날 전 세계에 이슬람과 기독교의 충돌이 있는 것은 사실이다. 하지만 우리는 다른 경험을 갖고 있다." 타타르스탄 대통령이 강조한 자기들의 경험이란 바로 자디드 운동

의 전통을 계승한 이슬람 개량(개혁)주의이다.[44)]

타타르 지식인들 사이에서는 자디드주의의 전통이 미약하나마 면면히 계승되어 왔다. 타타르스탄 공화국에서 대통령 정책고문을 맡고 있는 라파엘 하키모프(Rafael Khakimov)는 대표적인 이슬람 개량주의자로 꼽힌다. 그는 자디드주의가 갖고 있는 역사적 의의와 현대적 가능성을 높이 평가하면서, 바야흐로 오늘날 자디드주의가 '유로이슬람'(Euroislam)으로 거듭나야 한다고 주장한다. 하키모프에 따르면 '유로이슬람'이란 "자디드주의의 현대적 변형(신자디드주의)이며 이슬람의 의례적인 부분보다는 문화적 측면을 반영하는 것"이다.[45)] 그 용어 자체가 의미하듯 유로이슬람이란 유럽화된, 즉 근대화된 이슬람이다. 이슬람은 언제나 시대와 사회의 변화에 따라 능동적으로 해석되고 적용되어야 한다는 것이 그 요체다.

그러나 유로이슬람의 가능성은 타타르 지식인들, 그중에서도 수도 카잔의 인텔리들 사이에서만 회자되고 있을 뿐이다. 100년 전에 그랬듯이 지금도 전통 이슬람 종교인들은 유로이슬람을 반대한다. 타타르스탄 공화국 종무국 의장 구스만 이스하코프(Gusman Iskhakov)와 부의장 발리울라 야쿠포프(Valiula Yakupov) 등 대다수 타타르스탄의 공인 종교인들은 유로이슬람을 공격하는 데 여념이 없어 보인다. 대표적인 타타르 민족주의자이자 여류 시인인 파우지야 바이라모바(Fauziya Bairamova) 역시 하키모프를 비난하면서, 여하한 자유주의적 종교 개혁에 참가할 뜻이 없음을 공언한 바 있다.[46)]

한편 북카프카즈, 특히 다게스탄에서는 낙쉬반디야(Nashbandiya), 카디리야(Qadiriya), 샤질리야(Shaziliya) 등 이슬람 신비주의인 수피 교단의 영향력이 대단히 크다. 이는 오늘날도 변하지 않고 있는데, 교단의 지도자인

---

44) М. Шаймиев, "Я взял ответственность на себя," *Московский комсомолец* (2005.04.29).

45) Р. Хакимов, "Двести лет исламской реформации," *Вестн. Ин-та Кеннана в России* № 6 (2004), p.44.

46) Yaacov Ro'i, *Democracy and Pluralism in Muslim Eurasia* (London and New York: Frank Cass, 2004), p. 294-299.

샤이흐(shaikh)들은 자신의 제자들(뮤리드 murid)을 통해 사회 전체에 권위를 구축하고 있다. 오늘날 다게스탄 공화국에서는 낙쉬반디야 교단과 공화국 정권과의 유착 관계가 공공연할 뿐 아니라, 국가 기관의 요직에 교단 멤버가 진출해 있는 경우도 많다. 이들 역시 북카프카즈 전통 이슬람의 수호자를 자처한다.

소비에트 체제 몰락 과정에서 발생한 종무국의 분열에 관해서는 위에서 고찰했는 바, 북카프카즈에서 각 공화국 별로 독립한 종무국은 대부분 기존의 공인 종교인이 아닌 수피 교단 지도자들이 장악하는 결과가 초래되었다. 이 사건은 소비에트시기에 종무국과 당국에 의해 탄압 대상이었던 수피 교단이 바야흐로 종교 권력을 재탈환했다는 의의를 갖는 것은 물론, 반체제였던 수피 종교인들이 이제 체제파 공인 종교인으로 탈바꿈하게 되는 계기가 되었다. 그렇다고 해서 러시아연방 진역에서 다게스탄의 경우처럼 수피 교단이 공인 종교 시스템을 완전히 장악한 것은 아니다. 지역에 따라서는 공인 종교인들과 수피 교단 간에 갈등과 대립이 현저한 곳도 있다. 하지만 일반적으로 수피 교단은 공인 종교인들이 그런 것처럼 전통 이슬람의 수호자를 자처하면서 '와합파'와는 대립한다.

한편 두 번의 전쟁으로 참화를 입은 체치냐 공화국에서는 수피 교단을 둘러싸고 비극적인 상황이 전개되었다. 원래 제정 러시아의 식민화에 맞서 성전을 수행한 것은 수피 교단 중에서도 낙쉬반디야의 종교인들이었다. 그러나 카프카즈 전쟁에서 러시아가 최종적인 승리를 거둔 후 낙쉬반디야 교단은 친러파로 입장을 바꿨다. 이 지역의 주인이 제정 러시아 황제에서 소비에트 공산당으로 넘어가는 시기에 반러시아, 반볼셰비키 저항을 주도한 것은 쿤타하지(Kunta-Khadzhi) 교단이었다. 이후 소비에트 70년 동안 낙쉬반디야는 공인 종교인의 공급처가 되었고, 쿤타하지는 반체제 이슬람의 상징이 된다.

소련 붕괴 이후 체치냐 독자적인 무슬림 종무국이 세워질 때, 기존의 낙쉬반디야 계열의 공인 종교인들은 대거 몰락하고, 그 자리를 쿤타하지 교단의 종교인들이 차지하게 되었다. 종무국을 쫓겨난 낙쉬반디야는 친러파를, 쿤타하지는 반러시아 분리주의의 길을 걸으면서 상호 불신과 대립의 골은 깊어만 가고 있다.

4. 와합파 논쟁

러시아연방 전체에서 '전통 이슬람'의 수호자를 자처하는 공인 종교인들이 외래 종파로 간주하는 비전통 이슬람에 적대적이라는 사실은 이미 언급하였다. 전통 이슬람과 비전통 이슬람과의 갈등이 가장 현저하게 노정되는 지역은 북카프카즈이다. 이 지역에서는 소연방 붕괴 이전부터 '와합파' 문제가 대두되었고 굳이 체첸 분쟁을 언급하지 않더라도 양자 간의 갈등이 종종 폭력 사태로까지 확대되곤 한다.

북카프카즈의 공인 종교인들과 토착 수피 이슬람 종교인들은 아랍화된 이슬람에 강한 공격성을 보이면서 자국 내에 아랍화된 이슬람이 확산되지 못하도록 노력하고 있다. 그 실제적인 노력의 결과가 바로 와합파 금지의 법제화다. 1999년 9월 16일 다게스탄 공화국 의회는 공화국 종무국의 제안을 받아들여 와합파를 금지하는 법안을 정식으로 통과시켰다. 하지만 문제는 법안 어디에도 와합파에 대한 구체적인 정의가 부재하다는 점이었다. 이현령비현령 식으로 종무국과 세속 당국에 따르지 않는 모든 무슬림이 와합파로 낙인찍힐 수 있는 근거가 마련된 셈이다. 다게스탄에 질세라, 인구셰티야, 카바르디노·발카리야, 카라차예보·체르케시야가 와합파 금지법을 통과시켰고 체치냐도 그 뒤를 따랐다.[47]

그렇지만 와합파를 '파문'했다고 해서 전통주의 이슬람 종교인들의 입지가 강화된 것은 아니었다. 와합파는 여전히 세력을 확대하고 있으며 세속 당국과 이에 협력하는 공인 종교인들에 대한 비난의 강도는 더해만 가고 있다. 이슬람주의 세력이 비교적 약하다는 아디게야 공화국에서도 전통 이슬람 종교인들과 와합파 사이에 격렬한 논쟁이 발생했다. 논쟁의 화

47) 공인 종교인들은 연방 차원에서 와합파를 금지하는 법이 제정되도록 노력해 왔으나 아직 뜻을 이루지 못하고 있다. 종교 이념을 금지하는 법의 제정이 가져올 부작용에 대해 러시아의 이슬람 전문가들이 크렘린을 설득했다는 후문이다.

두는 장례식에서 모자를 착용하는 것이 온당한가였다. 전통주의를 옹호하고 와합파를 비난하는 무라트 베자노프(Murat Bezanov) 교수는 모자의 착용이 아디게인의 민족 전통에 부합하는 것이라고 주장했다.[48] 그러나 와합파는 모자를 쓰는 습관이 과거 소비에트시기에 당 관료들에 의해 유행처럼 번진 잘못된 관습에 불과하다고 반박하면서, 모자를 쓰고 안 쓰고에 따라 공산당원인가 아닌가를 판별하던 과거의 악습은 일소되어야 한다고 주장했다.[49] 다게스탄이나 체치냐에서 빈번한 것처럼 와합파와 전통 종교인들 간의 대립은 종종 무력 갈등으로 번지기도 한다. 흥미롭게도 전통 이슬람과 아랍화된 이슬람의 종교인들이 거의 정확하게 친러와 반러로 나뉘어 있어 양자의 대립은 그대로 합법과 불법의 투쟁인 셈이다.[50]

흥미로운 것은 러시아 연방 내에서 활동하는 저명 무슬림 종교인과 정치인들이 적어도 한번 이상은 와합파로 몰린 경험을 갖고 있다는 사실이다. 다시 말해 자신의 경쟁 상대나 정적을 비난하는 수단으로 와합파라는 낙인을 상대에게 갖다 붙이고 또 때로는 자신도 와합파로 낙인찍혀 해명을 하는 사태가 자주 발생한다. 이러한 웃지 못 할 현상은 실제적으로 와합파의 무력 준동이 심각한 북카프카즈뿐 아니라, 바쉬코르토스탄, 우드무르티야, 추바쉬야 등 이슬람의 사회적 역할이 상대적으로 미미한 곳에서도 발생한다. '러시아 아시아부 무슬림 종무국'의 최고 지도자인 나피굴라 아쉬로프, 러시아무슬림평의회 의장 라빌 가이눗딘[51], 가이눗딘의 정적인 탈가트 타줏딘 등이 모두 와합파로 비난을 받은 경력을 갖고 있다. 특히 타줏딘은 1991년에 울리야노프 주를 방문한 사우디아라비아 사절단으로부터 2만 달러를 받았다는 이유 때문에 와합파로 몰렸다. 그 돈은 울리야노프 주에 두

---

48) M. Беджанов, *Ислам — мировая религия* (Майкоп, 2005), p. 46.

49) A. Семенов (Петр), "От лепешки до экстремизма — один шаг," *Свет* (2006.02), p. 4.

50) 북카프카즈 지역 무슬림들의 분열상을 극복하고 와합파에 대항하기 위해 1998년 '북카프카즈 무슬림협력센터'가 설립되었다. 그러나 이 지역 내 각 공화국의 무슬림 지도자들의 주된 관심은 자기 공화국의 세속 정권에 쏠려 있다. 다게스탄을 제외한 모든 공화국에서 종무국의 역할은 대단히 제한되어 있으며 또 종교 문제를 스스로 처리하고 결정할 권한도 갖고 있지 못하다.

51) 아쉬로프는 가이눗딘 조직의 부의장을 역임한 바 있다.

번째로 세워지는 모스크의 건축비 명목으로 받은 것이었다. 더구나 당시 사우디아라비아 사절단의 대표가 오늘날 이슬람 테러리즘의 수괴로 간주되는 우사마 빈 라딘(Osama bin Laden)의 형제인 타리크(Tariq bin Laden)였다는 사실이 와합파 소동을 더욱 부채질했다.

안타깝게도 공인 종교인들 사이의 분열상을 극복하고 러시아 움마를 통일하려는 움직임이 종교인들 일각에서 일어났을 때 이를 저해한 원인 역시 와합파 논쟁이었다. 2003년에 러시아연방 전역의 무슬림을 통괄하는 이른바 '최고무슬림평의회'를 설립하자는 논의가 활발해졌는 바, 러시아연방 정부가 이를 지지하면서 설립 가능성에 탄력이 붙었다. 하지만 움마의 통일은 역시나 타줏딘과 가이눗딘 두 사람의 갈등으로 뜻을 이루지 못했다. 타줏딘은 통일기구 자체의 설립에는 반대하지 않았지만 만일 이 기구 안에 가이눗딘이 주도하는 '평의회'가 포함된다면 찬성할 수 없다고 주장하면서, 그 이유로 가이눗딘과 '평의회'가 와합파 조직을 지원한다는 점을 들었다. 이에 대해 가이눗딘은 와합파라는 용어가 종종 잘못 이해되고 있다고 지적하고 북카프카즈에서 친러파 정권에 맞서 싸우는 체첸 저항파가 모두 와합파는 아닐 뿐 아니라, 자신이 와합파 조직을 지원한다는 것은 터무니없는 모함이라고 반발했다. 그러자 곧바로 타줏딘의 비난이 쏟아졌다. 그는 가이눗딘의 발언이야말로 와합주의라는 과격 이론을 러시아에서 합법화시키기 위한 고의적 술수에 지나지 않는다고 주장했던 것이다.[52)]

V. 결 론

러시아연방 내 이슬람은 결코 단일한 모습을 하고 있지 않다. 이슬람이 궁극적으로 지향하는 신자들의 통합된 '움마'는 형성되지 않고 있으며 또 가까운 시일 안에 그렇게 될 가능성도 없어 보인다. 일례로 타타르인 종교

52) Smith (2006), p. 4.

인들은 과거에도 그랬듯 지금도 북카프카즈에서 별로 인기가 없으며, 북카프카즈 출신 무슬림들은 타타르인이 모이는 모스크에 나가 예배를 보는 경우가 드물다. 러시아 연방 내 무슬림이 자기 지역 혹은 자기 민족의 토착 이슬람만을 인정하고 다른 민족이나 지역의 이슬람을 이단시하거나 혹은 배타하는 경향이 강한 것 또한 사실이다. 이러한 이슬람의 '민족화' 경향이 소비에트 70년 체제를 거쳐 오면서 외부 이슬람 세계와 단절되었기 때문에 더욱 강화된 것도 부정할 수 없다. 그러나 이 같은 경향 자체는 전 세계 이슬람교도 모두가 안고 있는 것이며, 결코 러시아 무슬림만의 고질적인 문제는 아니다.

오히려 이러한 종교, 민족 차별을 억제하고 볼가・우랄 지역과 북카프카즈 지역의 무슬림 종교인들을 화해시키고 통합하려는 노력은 러시아연방 중앙 정부가 주도하고 있다. 그러나 오늘날 러시아 정권이 과연 연방 내 무슬림의 통합을 진정으로 원하는가라는 질문에는 대부분의 학자들이 회의적이다. 러시아 연방 정부는 자국 내 무슬림이 어떤 형태로든 단합하여 국가 정책에 영향력을 행사할 수 있을 정도로 세력화되기를 결코 원하지 않을 것이기 때문이다.

이러한 조건들을 감안한다면 가까운 장래에 러시아연방 내 모든 무슬림들을 통괄하는 단일 기구가 국가에 의해서든, 아니면 종교인들 스스로에 의해서든 만들어지기는 힘들 것으로 보인다. 지금까지 전 세계 무슬림 움마의 통합을 이루기 위한 전초단계로서 러시아 안에 단일한 무슬림 움마를 건설하려는 노력이 없었던 것은 아니지만, 그러한 시도는 늘 큰 효과 없이 무산되고 말았다. 이슬람을 신앙하는 모든 소수민족들의 경제, 정치, 종교적 권리를 수호하기 위해 2007년 설립될 예정이었던 전 러시아 사회・정치 조직도 구상 단계에서 좌절되었으며, 연방 전역에 거주하는 무슬림들의 교류 확대를 목적으로 2005년 설립된 '러시아의 이슬람 유산'이라는 이름의 재단도 별다른 성과를 보지 못하고 있는 실정이다.

혹여 러시아연방 자체가 분열되는 극단적인 상황이 발생한다 해도 볼가・우랄 지역의 무슬림과 북카프카즈의 무슬림이 통합을 시도할 가능성은 전무하다는 게 이슬람 전문가들의 견해이며 본고의 필자도 이에 동의한다. 특히나 북카프카즈 지역 내 무슬림계 공화국들 스스로가 통합을 이뤄낼 가능성도 지금으로서는 없어 보인다. 하지만 러시아 내에서 발생하는 정치, 사회적 혼란이 와합파로 통칭되는 이슬람주의 과격파의 활동을 자극하는 매력적인 요소가 될 수는 있을 것이다.

현재 러시아연방 내에서 활동하고 있는 반체제 이슬람주의자들을 모두 와합파로 단죄하고 적대시하는 것은 어리석은 일이다. 하지만 확실한 것은 온건에서부터 초과격까지 다양한 성향을 갖고 있는 러시아 내 이슬람주의자들 중에서 무력 사용을 지양하고 세속 정권과의 대화와 타협을 모색하려는 온건주의 성향의 이슬람주의자가 거의 자취를 감추었다는 사실이다. 러시아나 세속 정권과의 대화를 거부하고 당국의 탄압을 피해 지하로 숨어들어간 이슬람주의 과격파는 오늘날 청년층을 지지기반으로 제2의 도약을 꿈꾸고 있다. 그들의 숫자가 얼마나 되고 또 그들의 사회 파괴 능력이 어느 정도나 되는지를 학술적 연구를 통해 파악하기는 힘들겠지만, 이들 반체제 이슬람에 대한 정확한 이해 없이 러시아의 미래를 점치는 것 또한 어려운 일일 것이다.

▌그림 1▐ 러시아연방 무슬림 집중 거주 지역

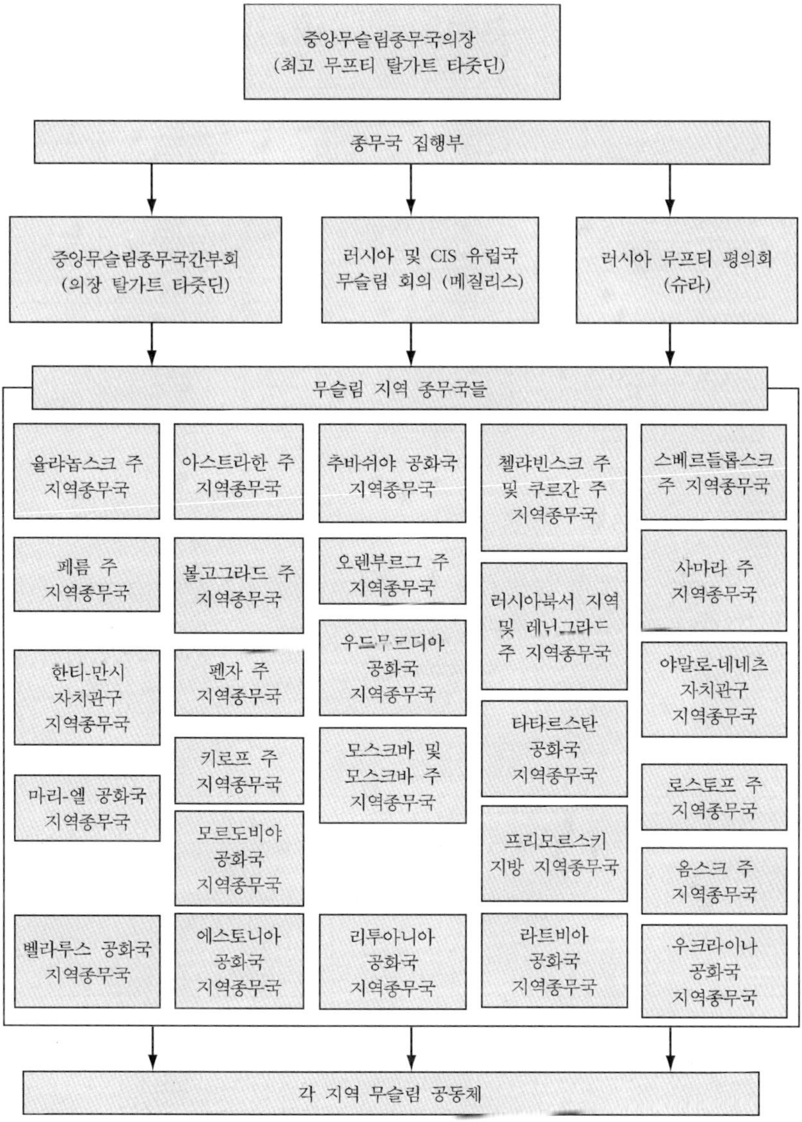

▌그림 2▐ 중앙무슬림종무국 조직도

Shireen T. Hunter, *Islam in Russia: The Politics of Identity and Security* (Armonk, New York: M.E.Sharpe, 2004), p. 54-55를 바탕으로 필자가 작성.

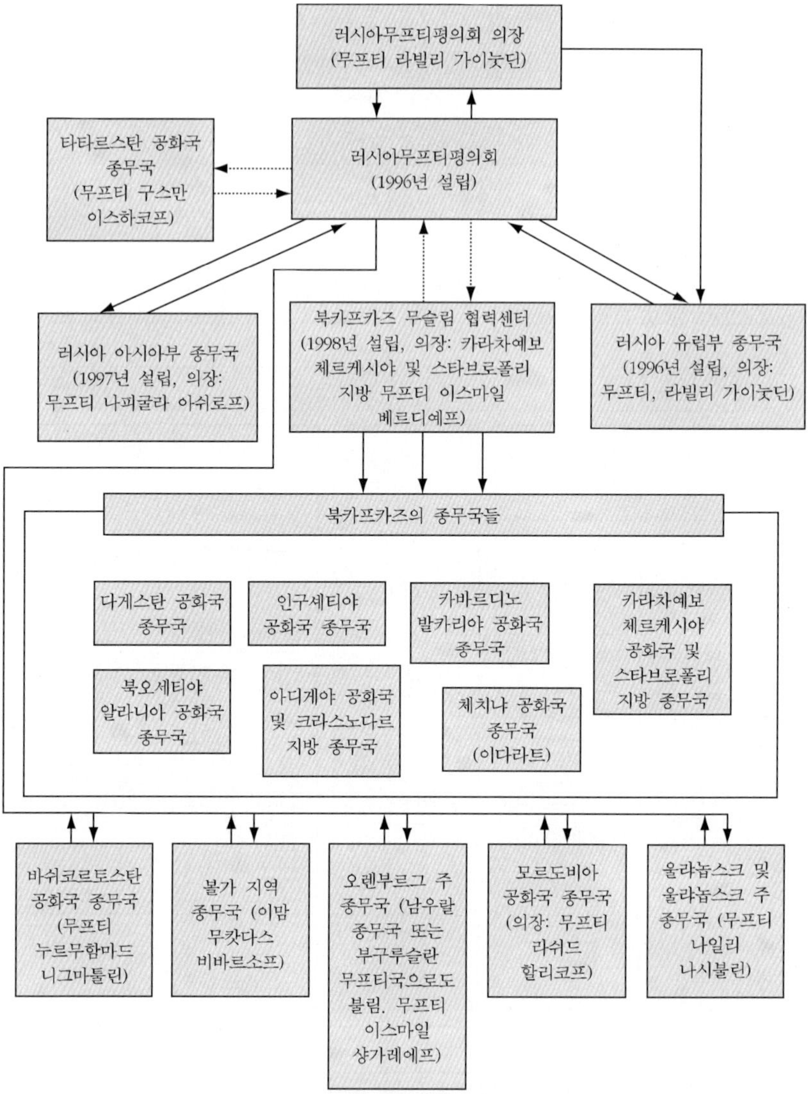

‖ 그림 3 ‖ 러시아무프티평의회 조직도

Shireen T. Hunter, *Islam in Russia: The Politics of Identity and Security* (Armonk, New York: M.E.Sharpe, 2004), p. 58-59를 바탕으로 필자가 작성.

참고문헌

Hunter, Shireen T. *Islam in Russia: The Politics of Identity and Security*. Armonk, New York: M.E.Sharpe, 2004.

Prazauskas, Algis. "Russia and Islam." http://www.sipa.columbia.edu/ece/russia-and-islam.pdf (검색일: 2008.11.3)

Ro'i, Yaacov. *Democracy and Pluralism in Muslim Eurasia*. London and New York: Frank Cass, 2004.

Smith, Mark A. *Islam in the Russian Federation*. Swindon: Conflict Studies Research Centre, 2006.

Арапханов, У. "Право и ислам в Ингушетии." *Ислам и право в России*, Вып. 1. М., 2004.

Беджанов, М. *Ислам — мировая религия*. Майкоп, 2005.

Беляков, Р. "III Съезд мусульман Татарстана." *Бюл. Сети этнологического мониторинга и раннего предупреждения конфликтов* № 65 (Янв.—февр. 2006).

Гайнутдин, Р. *Экономическое и финансовое управление религиозными и благотворительными организациями — реалии и перспективы: Доклад на четвертом Всероссийском семинаре руководителей духовных управлений мусульман*. Б. м., 2005.

Интерфакс (2006.02.06).

Кривицкий, К. "Религиозный фактор в этнополитической ситуации на Северном Кавказе." *Религия и политика в современной России*. М., 1997.

Магомедов, А. "Основы религиозной политики в Республике Дагестан." *Ислам и право в России*. Вып. 1. М., 2004.

Малашенко, А. *Ислам для России*. М., 2007.

Новохатский, С. "Исламизация России?" *Москва* № 6 (2006).

Речкалов, В. “Почему не могут поймать Шамиля Басаева.” *Известия* (2004.12.06).

Самарина, А., А. Петров. “Политика на вере.” *Независимая газета* (2005.12.7).

Семенов, А. “От лепешки до экстремизма — один шаг.” *Свет* (2006.02).

Справка ≪Общие сведения о количестве религиозных организацийв РД. По уточненным сведениям горрайадминистрации на октябрь 2000 г.≫.

Тульский, М. “Взаимоотношения мусульманских организаций России с федеральными и региональными властями.” М. Тульский, А. Верховский. *В пределах светскости*. М., 2005.

Хакимов, Р. “Двести лет исламской реформации.” *Вестн. Ин-та Кеннана в России* № 6 (2004).

Ханбабаев, К. “Возрождение мусульманского права в Дагестане: теория и практика.” *Ислам и право в России*, Вып. 2 (2004).

Шаймиев, М. “Я взял ответственность на себя.” *Московский комсомолец* (2005.04.29).

Юнусова, А. *Ислам в Башкортостане*. Уфа, 1999.

玄承洙. “知られざる紛争の真実.” 玄承洙 外 編.『コーカサスを知るための６０章』東京: 明石書店, 2006.

찾아보기

ㄱ

가이눗딘 425, 427, 428
가이눗딘(Ravil Gainutdin) 414
가이눗딘과 타줏딘 개인 426
가즈프롬 254, 279, 283, 284, 289, 290, 291, 293, 294, 298, 299, 301, 306, 307, 369
가즈프롬(Gazprom) 186
가즈프롬과 로스네프트 300
가즈프롬네프트사 295
가즈프롬방크 258
가즈프롬뱅크 293
가즈프롬이 지분 292
거대 에너지 게임 143
경화 223, 227
계획경제 184, 247, 248, 249
고농축우라늄 119
고르바초프 7, 38, 82, 86, 105, 318, 324, 325, 357, 358, 361, 392, 406
고르바초프가 81
고르바초프시대 112
고르바초프의 대외 331
고르바초프의 소련 113
고스빙크 249, 250, 252
고전적 유라시아주의 330, 333, 335
고전적 유라시아주의의 역사관 334
고전적 유라시아주의의 이념 326
고정변동환율제 233
공공재 114
공동성명 111
공인 종교인 321, 322, 403, 406, 407, 424, 428, 433, 434
공인 종교인들 321, 420, 427, 429, 430, 431, 432, 433, 434, 436
공인 종교인의 역할 402
관등표 24
관료주의 224
관료주의적 90, 105
교통전략 2020 282
구신스키 288
국가미사일방어체제(MD) 115
국가성 43
국가안보개념 82, 83, 84, 91, 92, 102
국가자본주의 186
국가전략산업 368
국가주의 5, 30, 335
국가주의자 푸틴 186
국가주의자이자 29
국가주의적 395
국가통계위원회의 자료 99
국방법 95, 103
국부펀드 282, 319, 364, 365, 366, 369, 372, 377, 378, 382, 383, 384, 387,

389, 390
국부펀드 설치 385
국영농장 197
국유화 364, 406
국유화시킨 225
국제모스크바은행 259
국제수지표 228, 231, 235
국제수지표(BOP) 183, 231
국제통화기금(IMF) 355
국제회계기준 267, 271
군관구 축소 101
군사개혁 5, 9, 17, 18, 19, 29, 92
군사독트 86
군사독트린 82, 83, 84, 85, 91, 102
군산복합체 81, 82, 359, 367, 368, 369, 377
군산복합체의 이해 136
권력 수직화 57, 71
권력 수직화 작업 74
귀족회의 9, 10, 22
그레프 158
극동연방지구 257, 258
글로벌 전체주의 334
금융산업그룹 266, 285
꼴레기야 23
끌류체프스끼 5, 30

ㄴ

나디르샤흐 하칠라예프(Nadir-Shakh Khachilayev) 415
낙쉬반디야 433
낙쉬반디야 교단 433
낙쉬반디야(Nashbandiya) 432
남부유럽 가스관(South Stream) 165
남카프카즈 지역 406
냉전 353, 357, 364, 365, 395, 396
냉전 시대 344
냉전 종식 354, 366
냉전시기 84, 338
냉전시절 113, 384
냉전의 종식 386
냉전적 83
냉전적 사고 361
냉전종식 394
냉전체제 348
노릴스크 니켈 369, 372
농노제 9, 21, 30, 328
농업 개혁 189, 190, 195, 197, 200, 210, 211, 212, 213
농지매매법 207, 208
농지매매법 제정 192, 209
누르 415, 416

ㄷ

다게스탄 408, 410, 411, 413, 415, 421, 431, 432, 435
다게스탄 공화국 406, 409, 433
다게스탄의 무프티 429
다국적성 지수 385
다극체제 92, 102
다극체제로 84
다변수성 333

다중심주의(polycentrism) 333
다차 208
다칭 168
다칭(Daqing) 167
달러통용화 223
대량살상무기 39
대량살상무기 보유 124
대량살상무기 비확산 127
대량살상무기 통제레짐 122
대량살상무기 확산 123
대량살상무기(WMD) 83
대량살상무기확산방지구상(PSI) 135
대외지급능력 184, 241
대이라크 전쟁 129
대통령 권한대표자 59, 64, 65
독립무슬림종무국 427
동북아 5자 에너지 대화 171
동시베리아-태평양 석유 파이프라인 건설사업 282
동시행동 118
두긴 337, 338, 339, 341
두바이 포트 월드 365, 366, 390
두브나 핵연구 콤플렉스 112
뜨루베쯔꼬이 329

ㄹ

라드이긴 280, 307
라이파이젠은행 255, 259, 260
러시아 무슬림 연맹 415
러시아 아시아부 무슬림 종무국 435
러시아 연방 외교정책개념 354
러시아 정교회 25, 26, 27, 28, 402, 429
러시아 혁명 189
러시아무슬림평의회 의장 라빌 가이눗딘 435
러시아무프티평의회 415
러시아이슬람당 417
러시아이슬람위원회 415, 416
레바다 센터 286
레바다 센터(Levada Center) 285
로디오노프 96
로슈코프 116
로슈코프 외무차관 117
로스나노테크 296
로스네프트 279, 291, 293, 294, 295, 298, 300, 306
로스네프트(Rosneft) 186
로스네프트사 290
로스아톰 296, 297
로스테크놀로기 296, 304
루블화 223, 377, 387
루블화 발행 권리 250
루블화 안정화 251
루블화의 태환성 225
루블화의 평가절하 234
루코일 364, 369, 370, 385

ㅁ

마피아 183, 224, 227
메드베데프 4, 107, 146, 147, 248, 309, 320, 361, 367, 368, 369, 375, 376, 377, 384, 389, 393, 397

메드베데프 대통령 353, 363, 417
메드베데프 시대 396
메시아니즘 327
메시아니즘적 318
메시아니즘적 성격 325
메질리스 416
모노방크 249
모노방크 시스템 251
모스크바-제3 로마론 335
몰도바 373
무슬림연맹 415
무정부주의 30
문명충돌 338
문명화론자-안정화론자-지리경제학자 337
문지제 9, 10
미·일 동맹체제 125
미니스쩨르스뜨보 23
미수령 수출대금 235
미인수 수입대금 235
민족분리주의 2
밀러 146, 158, 291

ㅂ

바쉬코르토스탄 50, 53, 64, 412, 425
바쉬코르토스탄 공화국 406, 408
바쉬키르인의 전통적 426
바우처 215
반(反)확산 123
반체제 이슬람 430, 438
반체제 이슬람 종교인들 406
반체제 이슬람의 핵심 세력 414
반체제 이슬람주의자들 403, 418, 438
발류예프스키 104
방코델타아시아은행(BDA) 111
뱌히레프 289, 290, 291
범 아틀란티스 341
베레좁스키 288
베르나드스끼 329, 330
베슬란 66
변강 68
병행조치 118
보예보다 23
복합기업 254
볼가·우랄 지역 407, 408, 422, 424, 425, 437
볼쉐비즘 30
부르가스-알렉산드루폴리스 석유 파이프라인 282
북방전쟁 5, 8, 15, 16, 17
북서연방지구 257, 258, 259
북유럽 가스관(North Stream) 165
북카프카즈 101, 409, 410, 419, 420
북카프카즈 무슬림 협력센터 430
북카프카즈 전통 이슬람 433
북카프카즈의 공인 종교인들 410
분리주의 43, 46, 47, 49, 50, 53, 55, 56, 62, 69, 73, 92, 330
분리주의 운동 63
분리주의 현상 54
분리주의의 434
분리파 교도들 26
불능화 119
불량국가 123

브네쉬토그방크 252
브릭스 239
브릭스 국가 365
브릭스(BRICs) 234
블라디보스 362
블라디보스토크 363
블라디보스톡 선언 113
블랙스톤 케이스 387
블루스트림 II(Blue Stream II) 166
비대칭성 48, 51, 55
비전통 이슬람 322, 431
비확산 123, 360
비확산 규범 124
비확산 문제 362
비확산 체제 134
비확산문제 130
빠나린 333, 334, 335
쁘로하노프 337
쁘리까즈 23

ㅅ

사유화 35, 42, 154, 161, 181, 186, 187, 188, 190, 197, 207, 215, 233, 252, 279, 280, 284, 285, 286, 289, 290, 300, 302, 307, 308, 364, 369
사유화 과정 182
사유화 정책 278
사유화 촉진 359
사유화 토지 209
사유화과정 224
사유화된 건물 203
사유화된 토지 208
사유화된 항공 287
사할린 2 프로젝트 282
상비군 9, 18, 19, 22
상비군 창설 24
상응조치 119
상트페테르부르크 G8 정상회담 362
상트페테르부르크 국립 광물연구소 146
상트페테르부르크 액션플랜 164
상하이협력기구 104
샤리아(sharia) 411
샤이미예프 431
서구주의 30, 317, 328
서구주의 논쟁 329
서구주의 대 슬라브주의 318, 324
서구주의 비교 328
서구주의와 슬라브주의 327
서구주의자 347
서구화 개혁 5, 29, 395
석유안정화기금 383
세계무역기구(WTO) 226
세계원자력기구(IAEA) 122, 123
세그먼트 274
세력균형 38, 113, 121, 393, 394
세력균형자 135
세르게예프 92, 94, 96
세르게예프 국방장관 95
세르게이 이바노프 93, 304
세습석 점유권 195
셀릭 해리슨 128, 137
셔틀외교 110, 117
소드비즈네스방크(Содбизнесбанк) 249

소보르노스찌 327
수피 교단 432
수피 교단 지도자들 433
순차행동 118
스베르까사 252
스베르방크 185, 252, 253, 254, 255, 258, 259, 265, 268, 269, 272, 273
스코보로디노 168
슬라브주 328
슬라브주의 30, 328, 329
슬라브주의 사이 317
슬라브주의-서구주의 논쟁 319, 348
슬라브주의적 전통 330
시민사회 36, 45, 63, 72, 74, 336
시민사회 형성 36
시민사회발전 44
시베리아연방 257, 258
시베리아횡단철도 116, 125
시티은행 259
시티은행(Citibank) 254
신 유라시아주의 348
신군사독트린 96
신사고 81
신성종무원 17, 27, 28
신속대응군 84
신유라시아주의적 정체성 319
실로비키 187, 288, 289
실로비키 출신 160, 290
10 · 3 합의 111
씨브네프트 279, 293, 298
씨브네프트(Sibneft) 186

ㅇ

아톰스트로엑스포르트 158
아틀란티스주의 335
아틀란티스주의(atlanticism) 대 유라시아주의(eurasianism) 324
아틀란티스주의의 소산 336
악의 축 123, 135, 136
안보회의 92, 93, 94, 148
안정화기금 366, 377, 380, 381, 382
안정화기금 설립 379
안정화기금에서 떼어 319
알렉산드르 2 7
알파그룹 254
압둘바헤드 니야조프(Abdul-Vakhed Niyazov) 415
앙가르스크 유전 116
얕은 금융(shallow fiance) 242
에너지 믹스(mix) 164
에너지 헌장 155
엑손 모빌 128, 129
연방 토지법 182, 192, 197, 198, 207, 209, 214
연방 토지법 제정 206
연방개입제도 62, 65, 75
연방개입제도 도입 61, 74
연방관계 35, 36, 42, 43, 44, 45, 46, 47, 51, 53, 55, 56, 57, 58, 59, 61, 62, 64, 66, 67, 68, 72, 73
연방관계 발전 63
연방관계 평가 54, 71
연방관계의 48

연방관계의 특성 75
연방관구 58, 59, 64, 65
연방관구 대통령 권한대표자 59
연방관구 전권대표자 68
연방보안국 90, 288
연방보안국 국장 92
연방제도 66
연방조약 44, 46, 47, 48, 49, 50, 52
연방주의 35, 36, 45, 72, 73
연방주의 원칙 67
연방주의의 74
연방주체 52, 60, 68, 70, 71
연방주체 통합 74
연방주체들 47, 48, 53, 57, 58, 68, 69
연방체제 56
연방토지법 205
연방헌법 44, 46, 50, 51, 52, 53, 54, 62, 73
연방회의 59, 61, 65, 206
연방회의(상원) 378
예금보험제도 271
옐친 3, 4, 36, 37, 45, 46, 47, 49, 50, 52, 53, 54, 55, 56, 61, 71, 75, 81, 85, 90, 92, 95, 96, 97, 100, 102, 104, 105, 106, 198, 199, 223, 233, 279, 289, 325, 357, 359, 396, 415
옐친 대통령 2
옐친 시기 324, 427
옐친 시대 121, 129
옐친 정부 69, 73, 120, 288
옐친 통치 57
옐친과 푸틴 시기 44
옐친대통령 80, 83, 88
옐친시기 82, 87, 93, 98
옐친시대 35, 183, 222, 224
옐친의 사유화 361
옐친의 서구주의 339
옐친의 충격요법 331
옐친정부 317
옐친페밀리 89
올리가르히 2, 3, 187, 223, 289, 298, 317, 324, 372
올리가르히 자본주의 288
올리가르히들 308, 370, 377, 384, 387
올림프스트로이 296
와합파 403, 414, 418, 419, 421, 422, 423, 430, 431, 433, 434, 435, 438
와합파 소동 436
왕권신수설 9
외교정책개념 91, 353, 360
움마 321, 403, 436, 437
원자바오 1
원자바오 총리 169
유라시아 340
유라시아경제공동체 172
유라시아적 정체성 347
유라시아주 318
유라시아주의 2, 3, 30, 318, 319, 323, 325, 326, 330, 332, 334, 337, 345, 347, 349
유라시아주의 - 쁘로하노프와 두긴 336
유라시아주의의 336, 342
유라시아주의의 등장 331
유라시아주의자 333, 338
유라시아주의자들 335, 339

유라시아주의적 341
유럽 에너지 헌장 163, 174
유럽의회 369, 384
유로 아틀란티스주의 318
유로-아틀란티스적 서구 경제권 319
유로이슬람(Euroislam) 432
유코스 145, 234, 279, 364
유코스 사건 298, 300
유코스(YOKOS) 225
유코스(Yukos) 186
유코스(ЮКОС) 249
2020 장기 경제 개발 전략 282
2·13 합의 111
이르쿠츠크 주 70
이스마일 베르디예프 430
이슬람 개량(개혁)주의 432
이슬람 움마 나눠먹기 426
이슬람부흥당 415
이슬람의 부활 407
이슬람의 부활 과정 409
이슬람의 부활 현상 414
이슬람의 정치화 427
이슬람종무협의회 404, 405
이슬람주의 411, 421, 423
이슬람주의 과격파 438
이슬람주의자 418
이슬람주의자 단체 422
이슬람주의자들 403, 419, 438
이슬람혐오증 402, 429
인두세 9, 21
인민주의 30
인수합병 384
일괄타결 110, 118
일괄타결방안 117, 118, 128, 134
일라리아노프 161

ㅈ

자동군사개입조약 113
자디드 운동 405, 431
자마아트 411, 421
자본도피 183, 184, 220, 221, 222, 223, 224, 225, 226, 231, 242, 243, 244
자본도피 규모 232, 240
자본도피 방법 235
자본도피 추정 229
자본도피 현상 228
자본도피도 234
자본유출 183, 220, 221, 228, 230, 233, 236, 237, 243
자본축적 224
자유주의적 경제정책 336
자치관구 68, 69, 70
자치주 68
전략산업 187, 225, 292, 297, 364, 365, 369, 375, 377, 384, 388, 391
전략산업법 372
전략산업부문 186, 280
전략지역사령부 100
전러시아여론연구센터 287
전러시아여론연구센터(VTSiOM) 286
전제정치 9, 22, 329
전통 이슬람 431, 432, 434, 435
전통 이슬람의 수호자 430

절대군주제 10
절대주의 29
절대주의자 29
정체성 3, 104, 319, 324, 342, 347, 348
정체성 유지 416
정체성 혼란 317, 331
정체성의 대안 345
조세도피지 227, 237, 244
조약관계 52
조약관계 체제 54
종무국 402, 403, 405, 406, 424, 425, 426, 427, 430, 433
종무국이 존재 322
종무원 9
주지사 임명제 65, 66
주지사 임명제도 67, 68
중앙 종무국 424
중앙종무국 425, 426, 427
중앙집권주의 9, 25, 30
중앙집권주의의 17
지방 엘리트 36, 61
지방 엘리트 집단 68
지방 엘리트들 55, 72, 74
지방의회 62, 65, 67
지방의회 간 64
지방의회 의원 60
지방의회 의장 59
지방의회의 54
지방자치제도 36, 62, 63, 74
지정학적 공간 324, 329
지하드 427
직업군인제 37, 85, 88
집단농장 189, 190, 191, 194, 195, 196
짜리 11, 22, 26
짜리 당국 21
짜리 표트르 14
짜리만 28

ㅊ

체르노미르진 289, 290
체제 이슬람 403
체제이행 35, 42, 55
체제이행 과정 324, 325, 331
체제이행과정 360
체제이행기에 체르노미르진 291
체제이행실험 364
체첸 분쟁 403, 417, 420, 430, 434
체치냐 408, 411, 422, 423, 433, 435
체치냐 공화국 433
체치냐 남부 420
총고정자본형성 239, 240
총주교제 27
총참모부 92, 95, 96, 100, 103, 104
추바이스 160
추바이스 행정 88
충격요법 88, 285, 317, 324

ㅋ

카라차예보・체르케시야가 와합파 금지법 434
카바르디노・발카리야 423, 434
카바르디노・발카리야 공화국 421

카자흐스탄 154, 159, 161, 165, 172, 283, 284, 367, 373
카자흐스탄-러시아 156
카즈로스가스사(Kazrosgas) 284
카즈무나이가스사(Kazmunaigas) 284
카프카즈 50, 401, 404, 405, 407, 431
카프카즈 민족들 413
카프카즈 전쟁 433
카프카즈 출신 437
코소보사태 83, 91
쿤타하지 433, 434
쿤타하지(Kunta-Khadzhi) 433
크라스노야르 변강 70
크라스노야르스크 경제포럼 377
크라스노야르스크 선언 113
크레믈린 1, 4, 12, 38, 114, 186, 320
크레믈린 전략가 125
크바쉬닌 92, 94, 95, 96
크바쉬닌 총참 94
크바쉬닌 총참모장 104

ㅌ

타줏딘 425, 427, 435
타줏딘과 가이눗딘 436
타타르스탄 50, 52, 53, 198, 412, 413
타타르스탄 공화국 408, 411, 425, 432
타타르스탄 대통령 431
타타르스탄 대통령 민티메르 샤이미예프 (Mintimer Shaimiev) 431
타타르인 404, 405, 408, 413
타타르인 종교 436
타타르인들 431
타타르인이 모이 437
탈가트 타줏딘 411, 425
탈국가주의적 395
탈냉전 35, 42, 83, 85
탈냉전 이후 123
테러지원국 지정 119
테러지원국 해제 111
토지 193
토지 사유화 181, 182, 190, 191, 193, 194, 197, 198, 205, 206, 209, 210, 211, 212, 213, 215
토지 사유화 과정 192, 214
토지 사유화법 제정 190
토지 사회화령 189
토지령 189
토지법 189, 192, 198, 199, 205
토지법 제정 206
토지사유화 203
통일무슬림종무국 427
통합 러시아당 65
투르크메니스 284
투르크메니스탄 159, 283, 284
트란스네프(Transneft) 291

ㅍ

파벨 보로딘(Pavel Borodin) 417
파이프라인 102, 116, 129, 137, 148, 149, 150, 152, 154, 156, 167, 347
파이프라인 건설 116, 138
파이프라인 건설사업 282

파이프라인 부설 143
파이프라인 사업 40, 155, 165
파이프라인 프로젝트 166, 175
파이프라인회사 157
패권주의 137
팽창주의자 336, 337
페레보즈나야 168
페름 변강 70
포브스 388
포브스 선정 371
포트폴리오투자 227, 237
포트폴리오투자 순흐름 232
폭정의 전초기지 123
표자 임명 74
표트르 5
표트르 1세 15
표트르 대제 1, 3, 4, 7, 8, 11, 28, 392
푸틴 3, 4, 5, 30, 36, 45, 56, 57, 58, 60, 61, 62, 63, 64, 65, 66, 72, 73, 85, 125, 130, 143, 144, 146, 147, 148, 157, 159, 160, 161, 162, 167, 185
푸틴 대통령 71
푸틴 시기 75
푸틴 정권 129
푸틴 정부 40, 63, 69, 74, 116, 145, 155, 158, 164, 165, 168, 169
푸틴 총리 1
푸틴대통령 37, 80, 83
푸틴시기 82
푸틴시대 35, 38
푸틴의 국가주의 정책 318

ㅎ

하랴가-인도 석유파이프라인 건설사업 282
한·러 가스협력협정 169
한·중·일 3자 에너지 대화 171
한반도종단철도 116, 125
합동군 84
합병 159, 186, 280, 281, 295, 301, 306, 357, 373
핫머니 229, 232
핫머니 방법 228
핫머니(Hot Money) 231
해군독트린 84
해외직접투자(FDI) 227, 237
해외투자 361, 365, 366, 367, 368, 370, 372, 373, 374, 375, 376, 383, 384, 386, 387, 388, 389, 391
해외투자 순위 385
해외투자 진행 319
해외투자 촉진 362
해외투자자본 390
핵전략군 94
핵확산금지조약 119, 122
행정개혁 5, 9, 17, 22, 24, 29
허무주의 30
허위 유가증권거래대금 송금(remittances against fictitious transactions in securities) 236
헌법재판소 36, 64, 74
헷징 223
혁명민주주의 30

호도르코프스 225
호도르코프스키 145
호도르코프스키 회장 163
황제교황주의 28

A

APEC 정상회담 347

E

export under-invoicing 226

G

Gazprom, Transneft 150, 154
GUAM 173
GUAM 국가 162

I

IMF 264, 270, 359, 362, 380, 386, 390
IMF 자료 263
IMF기준 382
IMF의 요구 395
IMF총재 394
import over-invoicing 227

S

South Stream 166, 173
sovornosti 327

T

Transneft 155, 156, 157, 158
TSR-TKR 연결사업 116

W

WTO(세계무역기구) 353

Z

Zarubezhneft 159, 160

필진 약력

■ 기연수

· 한국외국어대학교 대학원 국제관계학과 정치학 박사
· 현(現) 한국외국어대학교 서양어대학 러시아어과 교수, 한국학술협의회 이사
· 주요 논저로 《ПОНИМАНИЕ СОВРЕМЕННОЙ РОССИИ》 (공저, 2002), "러시아인의 文化코드와 의사소통 방식"(2004), "상트페테르부르크로의 천도(遷都) 논의의 현황과 배경"(2004), "고르바쵸프의 改革에 관한 考察"(2005), "러시아의 신국가전략과 북카프카즈 지역의 지정학적 의의"(2006), "뾰뜨르大帝의 改革과 볼쉐비끼革命의 比較研究"(2007), "러시아 자유주의 연구"(2008) 등이 있다.

■ 고재남

· 미국 미주리대학교(Univ. of Missouri-Columbia) 정치학 박사
· 현(現) 외교통상부 외교안보연구원 교수, 유럽·아프리카 연구부장
· 주요 논저로 《구소련지역 민족분쟁의 해부》 (1996), 《현대 국제정치 핵심논쟁 12제》 (공편, 2006), "중부 유라시아 지역의 '신 거대게임'과 관련국 대응"(2005), "유라시아 내 다자 지역협력"(2007), "한국의 대 중앙아시아 외교정책"(2008) 등이 있다.

■ 김상원

· 국립모스크바대학교(MSU) 경제학 박사
· 현(現) 한국외국어대학교 러시아연구소 연구교수
· 주요 논저로 "EU 확대와 동유럽 경제의 변화"(2008), "EU와 러시아의 에너지 경제협력"(2008), "카자흐스탄의 에너지개발과 외국인투자"(2008), "러시아의 국가전략으로서 자카프카지예 에너지 경제학"(2008), "우크라이나의 탈러시아 에너지 안보전략"(2007), "러시아의 국가전략으로서 북카프카즈 에너지 경제학"(2006) 등이 있다.

■ 김석환

· 국립모스크바대학교 대학원 국제경제학부 박사과정 이수
· 중앙일보 기자, 모스크바 특파원(초대 및 3대), 국제부장, 논설위원 역임
· 대통령 자문 정책기획위원(외교안보분과), NSC 정책자문위원 역임
· 현(現) 한국외국어대학교 국제지역대학원 러시아·CIS학과 겸임 교수
· 주요 논저로 《러시아 정치경제의 이해》 (공저, 2005), 《푸틴과 현대 러시아-올리가르흐, 가신 그리고 대통령》 (2004, SM미디어), "러시아 메드베데프 대통령체제의 신국가발전전략과 한러협력"(2008), "한국의 자원 에너지 안보 확보방안과 한러협력 촉진전략"(2008), "러시아 가스산업의 국제화 방향과 한국에의 시사점"(2008), "주변국의 중장기 외교안보전략연구"(공저, 2005), "중·러 관계 진전이 동북아에 미치는 영향 : 상하이협력기구(SCO)를 중심으로"(공저, 2005) 등이 있다.

■ 김우승

· 연세대학교 대학원 사회학과 문학 박사
· 현(現) 배재대학교 러시아학과 교수
· 주요 논저로 《현대 러시아의 이해》 (공편, 2001), "러시아 중간계급에 형성과정에 대한 연구: 모스크바 지역의 소규모 기업가를 중심으로"(2006), "러시아 지방 소도시 소규모 기업가의 생활양식과 의식구조 - 연해주, 블라디보스톡의 경우"(2007), "The Rise and Their Values of the Middle Class in Current Russia"(2008) 등이 있다.

■ 박정호

· 국립모스크바국제관계대학교(MGIMO) 정치학 박사
· 현(現) 한국외국어대학교 러시아연구소 연구교수
· 주요 논저로 《붉은 광장의 아이스링크》 (공저, 2008), 《푸틴의 러시아》 (공저, 2007), 《21세기 유라시아 도전과 국제관계》 (공저, 2006), "2007년 우크라이나 총선 분석: 평가와 전망"(2008), "전환기 우크라이나 대외정책의 기본방향 및 특성 연구,(2007), "우크라이나 민족정체성과 국가발전전략"(2006) 등이 있다.

■ 이종문

· 국립모스크바국제관계대학교(MGIMO) 국제경제학 박사
· 현(現) 부산외국어대학교 러시아-인도 통상학부 교수
· 주요 논저로 《현대 러시아 경제》 (2007), 《푸틴의 러시아》 (공저, 2007), 《카자흐/우즈베키스탄 진출 방안》 (2006), "시장경제로의 체제전환과정에서 나타난 러시아에서의 자본도피"(2005), "러시아경제의 글로벌화와 북카프카즈 지역의 외국인투자"(2006), "자카프카지예지역의 외국인투자 분석"(2006), "아제르바이잔의 에너지안보와 외국인투자"(2007) 등이 있다.

■ 이홍섭

· 한국외국어대학교 국제관계학과 정치학 박사
· 현(現) 국방대학교 국제관계학부 교수
· 주요 논저로 《미·일·중·러의 군사전략》(공저, 2008), 《한반도와 주변4강: 체제안전성 모형정립과 활용》(공저, 2007), 《현대 러시아정치론》(공저, 2005), "Progress or Regress in Russian Mass Media?"(2008), "푸틴의 리더십과 러시아의 군 개혁"(2008), "카자흐스탄의 전방위 외교정책: 실용주의 노선의 모색"(2007), "중앙아시아의 자원정치와 세계주요국의 에너지전략"(2007), "중앙아시아의 부상과 미-러 관계: 에너지자원과 9.11테러를 중심으로"(2006) 등이 있다.

■ 조영관

· 국립모스크바대학교 경제학 박사
· 현(現) 한국외국어대학교 러시아연구소 연구교수
· 주요 논저로 "러시아의 연해주 개발 전략: 논의와 쟁점"(2008), "뿌찐 정부의 사유화정책과 기업 소유구조의 변"(2007), "극동 연해주의 소규모 기업가와 의식구조"(공저, 2007), "러시아와 중국의 경제협력관계: 극동러시아 지역을 중심으로"(2007) 등이 있다.

■ 현승수

· 일본 도쿄대학 학술 박사 (러시아 및 중앙아시아 지역연구 전공)
· 외교통상부 외교안보연구원 책임연구원
· 현(現) 한국외국어대학교 중앙아시아연구소 연구교수 겸 국회의원 이상득 정책특보
· 주요 논저로 《コーカサスを知る60章》(공저, 2006), "체첸 전쟁과 국제 이슬람 무자히딘 운동: 아랍인 야전사령관 카탑의 사례를 중심으로"(2007), "중앙아시아 해방당의 활동 양상과 담론의 유형 분석"(2007) 등이 있으며 역서로는 《부활하는 러시아의 자원외교》(2008)가 있다.

■ 홍완석

· 국립모스크바국제관계대학교(MGIMO) 정치학 박사
· 현(現) 한국외국어대학교 국제지역대학원 러시아·CIS학과 교수
· 현(現) 한국외국어대학교 러시아연구소 소장
· 주요 논저로 《21세기 한국 왜 러시아인가?》(2005), 《현대 러시아 국가체제와 세계전략》(편저, 2005), "Стратегия России в отношении северокорейской ядерной проблемы и российско-южнокорейское сотрудничество: взгляд из Сеула"(2008), "우크라이나의 EU 가입 전망: 가능성과 한계"(2008), "탈 소비에트 공간에서 러시아-우크라이나 관계와 유라시아 정치경제안보질서"(2007), "러시아의 한반도 평화체제 구축 구상과 전략"(2006) 등이 있다.

러시아, 위대한 강대국 재현을 향한 여정

초판 인쇄 2009년 2월 20일
초판 발행 2009년 2월 28일

편저자 ▪ 기연수
펴낸이 ▪ 박 철
펴낸곳 ▪ 한국외국어대학교 출판부
130-791 서울시 동대문구 이문동 270
전화 (02)2173-2495~6
팩스 (02)2173-3363
홈페이지 http://press.hufs.ac.kr
전자우편 press@hufs.ac.kr
출판등록 ▪ 제6-6호(1969. 4. 30)
디자인 · 편집 ▪ (주)이환디앤비 (02)2254-4301
인쇄 · 제본 ▪ (주)동화인쇄공사 (02)719-7181

ISBN 978-89-7464-531-1 93300 정가 25,000원

* 잘못된 책은 교환하여 드립니다.